印紙税実務問答集

四訂増補版

見﨑 治久【編】

税務研究会出版局

は　じ　め　に

　印紙税は，日常の経済取引等に関連して作成される各種の文書のうち，印紙税法に規定する特定の文書（課税文書）を課税対象とし，その課税文書を作成した者がその課税文書に定められた額の収入印紙を貼り付け，これに消印する方法によって納付する税金です。

　したがって，その作成する文書が課税文書に該当するかどうか，課税文書に該当するとどの号の文書としていくらの収入印紙を貼ることになるのかを自ら判断し，納税することとなります。

　そこで，適正な納税をしていただくためには，関係法令がなによりも簡単で，だれにでも解りやすいものであることが好ましいのですが，残念ながら税法に共通してみられる読みづらい，解りにくいなどという意見もしばしば寄せられているところです。

　私ども税務に携わるものにとっては，納税者の皆様が税法を正しく理解していただき，適正な納税をしていただくことが心からの願いであり，とりわけ自主納税を基本とする印紙税にあっては，実際に課税文書を作成することとなる納税者の方々に，印紙税法に対する正しい知識と理解をもっていただくことが最も必要なことであると考えています。

　この本は，昭和52年4月に刊行した「印紙税実務問答集」について，その後における印紙税法及び印紙税法基本通達等の改正を織り込むとと

もに，よくご質問をいただく事項や問題点について，最近の事例などを加えて改訂し，解説したものです。また，編集に当たっては，問答を項目別に分類し，必要箇所が検索しやすいようにし，印紙税の解説書としても活用できるよう，配意しました。

　なお，文中意見にわたる部分は，私見であることを念のため，おことわりいたします。

　この本が，印紙税を理解していただくうえで，皆様方のお役に立てば幸いです。

　　平成27年7月

　　　　　　　　　　　　　　　　　　　　　　　　　編　　　者

目　　次

1　総　則　編

第1　課税文書の意義等……………………………………2
- 1　課税文書の意義……………………………………2
- 2　課税文書に該当するかどうかの判断……………4
- 3　印紙税が納付されていない文書の効力…………5
- 4　他の文書を引用している文書の判断……………6
- 5　課税単位である「一の文書」の意義……………8
- 6　各別の文書と判断される場合……………………9
- 7　付属覚書を原契約書にとじ込む場合……………9
- 8　証書と通帳等の区分………………………………10
- 9　証書兼用通帳の取扱い……………………………11

第2　文書の所属の決定等…………………………………13
- 1　2以上の号の課税事項が記載されている文書…13
- 2　2以上の号に該当する文書の所属の決定………14
- 3　変更契約書の所属の決定…………………………18

第3　契約書の取扱い………………………………………22
- 1　印紙税法上の契約書の意義………………………22
- 2　予約契約書の取扱い………………………………24

3	更改契約書の取扱い	25
4	変更契約書の取扱い	26
5	補充契約書の取扱い	27
6	代物弁済契約書の取扱い	28
7	譲渡に関する契約書の範囲	30
8	契約書を正副2通作成した場合等	30
9	覚書・念書の取扱い	32
10	仮契約書の取扱い	33
11	契約当事者以外の者に提出する文書	34
12	申込書等と表示された文書の取扱い	35
13	見積書に基づく注文書と注文請書	37
14	見積書とワンライティングで作成される注文書	39
15	複写式で作成される「整備売上(控)」	39
16	公正証書の正本	40

第4　記載金額 … 41

1	記載金額の意義	41
2	交換契約書の記載金額	43
3	贈与契約書の記載金額	45
4	代物弁済契約書の記載金額	45
5	債務承認弁済契約書の記載金額	46
6	土地の賃貸借契約書等の記載金額	47
7	同一の号の記載金額が2以上ある場合	48
8	2以上の号の記載金額がある場合	49
9	見積書等を引用した契約書	50
10	国外で作成した契約書の記載金額を引用した文書	51
11	契約金額が明らかである契約書	52
12	単価,数量,記号等により記載金額を計算できる場合	53

目　　次

- 13　売上代金の受取書に記載金額があるとみなされる場合……………53
- 14　外国通貨により表示された文書の記載金額………………………54
- 15　予定金額，最高金額等の記載がある文書……………………………55
- 16　契約の一部の金額だけ記載されている場合………………………56
- 17　手付金額，内入金額の記載がある文書………………………………56
- 18　月単位等で契約金額を定めている契約書……………………………57
- 19　最低金額の計算ができる基本契約書…………………………………59
- 20　契約金額を変更する契約書……………………………………………60
- 21　契約金額の記載はないものとされる変更契約書……………………62
- 22　月額単価を変更する契約書の記載金額………………………………63
- 23　内訳金額を変更する契約書……………………………………………66
- 24　税金額を記載した受取書等……………………………………………66
- 25　消費税額等が区分記載された契約書等………………………………67
- 26　消費税等の金額のみが記載された金銭又は有価証券の受取書……70
- 27　消費税額等の区分記載後に一括値引きした場合……………………70
- 28　記載金額1万円未満の不動産の譲渡等に関する契約書（第1号文書）
  又は請負に関する契約書（第2号文書）……………………………71
- 29　無償等と記載された文書………………………………………………73

第5　追記等のみなし作成……………………………………………………75
- 1　追記と併記又は混合記載の区分………………………………………75
- 2　追記により課税文書の作成とみなされる範囲………………………75
- 3　通帳等を1年以上継続使用する場合の課税…………………………77
- 4　通帳等に付け込むことが課税文書の作成となる場合………………78

第6　作成者等…………………………………………………………………80
- 1　課税文書の作成者の意義………………………………………………80
- 2　代理人が作成する課税文書の作成者…………………………………80

3　課税文書の作成時期……………………………………………81
　　4　同一の号の課税事項が2以上記載されている文書の作成者……82
　　5　2以上の号の課税事項が記載されている文書の作成者…………83
　　6　契約立会人が所持する契約書の作成者………………………83
　　7　共同作成した文書の連帯納税義務……………………………84

第7　納税地……………………………………………………………87
　　1　外国で作成される契約書………………………………………87
　　2　印紙納付による文書の納税地…………………………………88
　　3　印紙納付以外の納付方法による文書の納税地………………90

第8　非課税文書………………………………………………………91
　　1　非課税法人等から業務の委託を受けた者が作成する文書……91
　　2　外国大使館等の作成した文書…………………………………91
　　3　国等の職員が作成した文書……………………………………92
　　4　国等と国等以外の者とが共同して作成した文書……………92

第9　その他の共通事項………………………………………………94
　　1　後日正式文書を作成する場合の仮文書………………………94
　　2　同一法人内で作成する文書……………………………………94
　　3　受託事務に基づき同一法人名義で作成する文書……………95
　　4　有価証券の範囲…………………………………………………96
　　5　営業の意義………………………………………………………97

第10　納付方法…………………………………………………………99
　　1　印紙の範囲………………………………………………………99
　　2　収入印紙の消印の方法…………………………………………99
　　3　収入印紙を貼らないで印紙税を納付する方法………………101

| | 目　　次 | 7 |

　　4　税印押なつによる納付の特例……………………………………103
　　5　印紙税納付計器による納付の特例…………………………………105
　　6　納付印が押せる文書の範囲…………………………………………107
　　7　印紙税納付計器による被交付文書の範囲…………………………107
　　8　金融機関等が企業再編した場合の印紙税納付計器に係る手続………108
　　9　書式表示による納付の特例…………………………………………109
　　10　書式表示の承認の効力………………………………………………110
　　11　金融機関等が企業再編した場合の書式表示に係る手続…………111
　　12　非課税文書への書式表示……………………………………………112
　　13　預貯金通帳に係る納付の特例………………………………………112
　　14　預貯金通帳に係る一括納付の承認区分……………………………113
　　15　一括納付をする場合の口座の数の計算方法………………………114
　　16　複合預金通帳及び複合寄託通帳に係る口座の数の計算…………115
　　17　金融機関等が企業再編を行った場合の一括納付の適用関係……117
　　18　e-Tax による印紙税の申告・納付…………………………………123

第11　印紙税の還付等……………………………………………125
　　1　誤って納付した印紙税の還付………………………………………125
　　2　印紙税の還付が受けられる範囲……………………………………126
　　3　納付印を誤って押した場合の印紙税の還付………………………127
　　4　交付を受けた文書に過誤納があった場合の還付…………………128
　　5　印紙税の還付請求権の消滅時効……………………………………129
　　6　被合併法人に係る過誤納の還付請求………………………………130
　　7　分割法人が作成した課税文書に係る過誤納の還付請求…………130
　　8　使用する見込みのなくなった収入印紙の処理（収入印紙の交換）………131
　　9　収入印紙を貼り付けなかった場合の過怠税………………………132

2　課税物件編

不動産，鉱業権，無体財産権，船舶若しくは航空機又は営業の譲渡に関する契約書（第1号の1文書）……134
 1　不動産の範囲……134
 2　不動産の従物の取扱い……135
 3　解体撤去を条件とする不動産の売買契約書……136
 4　不動産の売渡証書……137
 5　不動産と動産との交換契約書の記載金額……137
 6　買戻約款付不動産売買契約書……138
 7　共有不動産の持分の譲渡契約書……140
 8　遺産分割協議書……141
 9　土地寄附証書……142
 10　不動産の現物出資引受証……143
 11　賃借人がいる土地の売買契約書……143
 12　土地の譲渡承諾書……145
 13　無体財産権の範囲……146
 14　特許出願権の譲渡契約書等……148
 15　出版契約書……149
 16　船舶の範囲……150
 17　船舶委付証……150
 18　航空機の範囲……151
 19　営業の譲渡の意義……151
 20　会社の吸収分割契約書に不動産等の承継に関する事項が記載されている場合……152

地上権又は土地の賃借権の設定又は譲渡に関する契約書
(第1号の2文書)……………………………………………………154
 1 地上権,地役権,土地の賃借権等の区分……………154
 2 土地の転貸借契約………………………………………155
 3 建物の新所有者に引き続き土地を賃貸することの承諾書……156
 4 立退料支払契約書………………………………………156
 5 電柱敷地承諾書…………………………………………158
 6 1万円未満の土地の賃貸借契約書……………………159
 7 地上権設定契約書の記載金額…………………………160
 8 土地の賃貸借契約書の記載金額………………………161
 9 敷地面積を付記した建物賃貸借契約書………………162
 10 駐車場利用契約…………………………………………163

消費貸借に関する契約書 (第1号の3文書)……………………164
 1 消費貸借の意義…………………………………………164
 2 限度(極度)貸付契約書の記載金額…………………165
 3 債務確認弁済契約書……………………………………166
 4 手形借入約定書…………………………………………167
 5 手形債務残高確認弁済契約書…………………………168
 6 買掛債務の弁済契約書…………………………………169
 7 返還期日等を記載した借受金領収書…………………170
 8 借用金弁済期限延長差入証……………………………171
 9 借入金の利率などを約する念書………………………172
 10 消費貸借の変更契約書…………………………………173
 11 借入金利息の支払方法についての承諾書……………174
 12 借入金金利の見直し回数変更同意書…………………176
 13 出張旅費前借金領収証等………………………………177
 14 総合口座取引約定書……………………………………177

15	建設協力金, 保証金の取扱い	179
16	ゴルフクラブの会員証等	180
17	学校債券	181
18	貸付決定通知書	182
19	有価証券の賃貸借契約書	182
20	当座勘定借越約定書	183
21	コミットメントライン設定契約書及び借入申込書	184

運送に関する契約書 (第1号の4文書) ……189

1	運送の意義	189
2	運送状	189
3	運送引受書・発送伝票	190
4	送り状・運送状等の控	191
5	貨物受取書	191
6	用船契約書の意義	192
7	定期用船契約書	192
8	裸用船契約書	193
9	揚荷・積荷役協定書	193
10	車両賃貸借契約書	194

請負に関する契約書 (第2号文書) ……197

1	請負の範囲	197
2	売買と請負の判断基準	198
3	取付工事を伴う機械の売買契約書	199
4	大型産業設備 (プラント) の売買契約書	201
5	職業野球の選手, 映画の俳優等の役務の提供契約	202
6	映画出演契約書等	203
7	広告契約書	204

目　　次

8	協賛契約書	204
9	商品大量陳列契約・チラシ広告契約	206
10	エレベーターの保守契約書	207
11	機械保守契約書	208
12	保守条項を含むリース契約書	209
13	テレビ受信障害に関する協定書	211
14	工事注文請書	212
15	会社監査契約書・会計監査人就任承諾書	213
16	税理士委嘱契約書	214
17	仮工事請負契約書	214
18	工事目的物引渡書	216
19	下請加工に関して作成する文書	217
20	修理品の預り証	218
21	クリーニング承り証	219
22	オーダー洋服の引換証	219
23	書物の製作契約書	220
24	催物の貸切契約書	220
25	アフターサービスの委託契約書	220
26	土地測量及び実測図作成委託契約書	221
27	宿泊申込請書	221
28	計算事務の受託処理契約書	222
29	売掛金の口座振込依頼書	223
30	技術援助契約	224
31	臨床検査委託契約書	225
32	割戻金の計算方法等を定める契約書	226
33	ソフトウェア開発委託業務基本契約書	226
34	森林経営委託契約書	229
35	反社会的勢力排除条項を追加する変更契約書	233

約束手形又は為替手形（第3号文書）……234
  1　白地手形……234
  2　白地手形の作成者及び作成時期……235
  3　金額白地手形……237
  4　一覧払の手形の範囲……238
  5　金融機関を振出人及び受取人とする手形……239
  6　外国通貨により手形金額が表示される手形……240
  7　外国為替手形の複本……240
  8　輸出入取引に関連する手形……241
  9　月賦手形……244

株券，出資証券若しくは社債券又は投資信託，貸付信託，特定目的信託若しくは受益証券発行信託の受益証券（第4号文書）……245
  1　課税される出資証券の範囲……245
  2　課税される社債券の範囲……246
  3　投資信託の受益証券等……247
  4　合併存続会社等が訂正して発行する株券……248
  5　譲渡制限の旨を記載する株券……249
  6　株券の印紙税額の算定方法……249

合併契約書又は吸収分割契約書若しくは新設分割計画書（第5号文書）……256
  1　合併契約書の範囲……256
  2　吸収分割契約書と新設分割計画書の範囲……257
  3　合併契約等の変更又は補充の事実を証するものの範囲……258

定款（第6号文書）⋯⋯⋯⋯⋯⋯⋯⋯⋯⋯⋯⋯⋯⋯⋯⋯⋯⋯⋯⋯⋯⋯⋯⋯⋯260
　1　課税される定款の範囲⋯⋯⋯⋯⋯⋯⋯⋯⋯⋯⋯⋯⋯⋯⋯⋯⋯⋯⋯260
　2　変更定款⋯⋯⋯⋯⋯⋯⋯⋯⋯⋯⋯⋯⋯⋯⋯⋯⋯⋯⋯⋯⋯⋯⋯⋯⋯261

継続的取引の基本となる契約書（第7号文書）⋯⋯⋯⋯⋯⋯⋯263
　1　継続的取引の基本となる契約書⋯⋯⋯⋯⋯⋯⋯⋯⋯⋯⋯⋯⋯⋯263
　2　契約期間が3月を超えるものの判断⋯⋯⋯⋯⋯⋯⋯⋯⋯⋯⋯⋯264
　3　特約店契約書等（令第26条第1号文書）の要件⋯⋯⋯⋯⋯⋯⋯266
　4　代理店契約書等（令第26条第2号文書）の要件⋯⋯⋯⋯⋯⋯⋯272
　5　販売代金等の収納事務委託契約書⋯⋯⋯⋯⋯⋯⋯⋯⋯⋯⋯⋯⋯274
　6　生命保険の代理店契約書⋯⋯⋯⋯⋯⋯⋯⋯⋯⋯⋯⋯⋯⋯⋯⋯⋯275
　7　生命保険外務員委嘱契約書⋯⋯⋯⋯⋯⋯⋯⋯⋯⋯⋯⋯⋯⋯⋯⋯276
　8　銀行取引約定書等（令第26条第3号文書）の要件⋯⋯⋯⋯⋯⋯276
　9　信用取引口座設定約諾書等（令第26条第4号文書）の要件⋯⋯277
　10　保険特約書等（令第26条第5号文書）の要件⋯⋯⋯⋯⋯⋯⋯⋯278
　11　契約期間が3月以内の文書の所属⋯⋯⋯⋯⋯⋯⋯⋯⋯⋯⋯⋯⋯279
　12　継続的取引の基本となる契約書（第7号文書）と他の号に該当する
　　文書の所属の決定⋯⋯⋯⋯⋯⋯⋯⋯⋯⋯⋯⋯⋯⋯⋯⋯⋯⋯⋯⋯280
　13　基本契約書の契約期間を延長する契約書⋯⋯⋯⋯⋯⋯⋯⋯⋯⋯282
　14　商品の売買契約書⋯⋯⋯⋯⋯⋯⋯⋯⋯⋯⋯⋯⋯⋯⋯⋯⋯⋯⋯⋯283
　15　販売用電気の供給に関する契約書⋯⋯⋯⋯⋯⋯⋯⋯⋯⋯⋯⋯⋯284
　16　貨物運送基本契約書⋯⋯⋯⋯⋯⋯⋯⋯⋯⋯⋯⋯⋯⋯⋯⋯⋯⋯⋯285
　17　内装工事の基本契約書⋯⋯⋯⋯⋯⋯⋯⋯⋯⋯⋯⋯⋯⋯⋯⋯⋯⋯287
　18　下請基本契約書⋯⋯⋯⋯⋯⋯⋯⋯⋯⋯⋯⋯⋯⋯⋯⋯⋯⋯⋯⋯⋯288
　19　委託品加工契約書⋯⋯⋯⋯⋯⋯⋯⋯⋯⋯⋯⋯⋯⋯⋯⋯⋯⋯⋯⋯289
　20　貨物の保管及び荷役契約書⋯⋯⋯⋯⋯⋯⋯⋯⋯⋯⋯⋯⋯⋯⋯⋯290
　21　取引代金の銀行口座振込承諾書⋯⋯⋯⋯⋯⋯⋯⋯⋯⋯⋯⋯⋯⋯292
　22　代理業者が委託者のために行う取引の基本契約書⋯⋯⋯⋯⋯⋯293

23 商品継続取引根抵当権設定契約書······················293
   24 水道の「計量（検針）業務委託契約書」··············295
   25 保険料収納事務委託契約書····························296
   26 株式事務代行委託契約書·······························296
   27 団体取扱契約書···297
   28 旅行券等の販売に関する覚書····························297
   29 クリーニング取次営業契約書·····························299
   30 保養所設置契約書··301

預貯金証書（第8号文書）······································302
   1 預貯金証書の意義··302
   2 積金証書··302
   3 預金証書の名義変更·······································303
   4 定期預金証書に対する追記·······························303

貨物引換証，倉庫証券又は船荷証券（第9号文書）······305
   1 貨物引換証の範囲···305
   2 倉庫証券の範囲··306
   3 船荷証券の範囲··306

保険証券（第10号文書）··308
   1 保険証券の意義··308
   2 保険証券の名称··308

信用状（第11号文書）··310
   1 信用状の範囲···310

信託行為に関する契約書（第12号文書）………311
   1   信託行為に関する契約書の範囲………311
   2   財産形成信託取引証………312

債務の保証に関する契約書（第13号文書）………314
   1   債務の保証の意義………314
   2   損害担保契約………315
   3   保証委託契約書………315
   4   主たる債務の契約書に併記した債務の保証契約………316
   5   契約書に追記する保証契約………316
   6   契約の申込文書に併記された保証契約………317
   7   住宅ローン保証契約書………318
   8   身元保証に関する契約書………320
   9   入社誓約書………320
   10 品質保証書………321
   11 取引についての保証契約書………322

金銭又は有価証券の寄託に関する契約書（第14号文書）………323
   1   寄託契約の範囲………323
   2   預り証………323
   3   依頼票（控）………324
   4   敷金の預り証………325
   5   差押物件等の保管証………326
   6   クイック・カード利用申込書………326
   7   勤務先預金の「受入票」………328
   8   勤務先預金明細書等………330
   9   現金自動預金機から打ち出される紙片………331
   10 公共料金等の口座振替依頼書………331

　　11　金融機関に対する債務等の預金口座振替依頼書 332

債権譲渡又は債務引受けに関する契約書（第15号文書） 334
　　1　債権譲渡の意義 334
　　2　債務引受けの意義 334
　　3　債務の履行引受契約書等 335
　　4　債権譲渡通知書，譲渡承諾書 337
　　5　電話加入権の譲渡契約書 337
　　6　根抵当権設定契約書 338
　　7　不動産を信託財産とする「信託受益権売買契約書」 339
　　8　電子記録債権割引利用契約書 339
　　9　電子記録債権譲渡担保約定書 342

配当金領収証又は配当金振込通知書（第16号文書） 345
　　1　配当金の範囲 345
　　2　配当金領収証の範囲 345
　　3　株式の預託先が発行する配当金領収証等 346
　　4　配当金振込通知書の範囲 346
　　5　再発行の配当金振込通知書等 347

金銭又は有価証券の受取書（第17号文書） 348
　　1　金銭又は有価証券の受取書の範囲 348
　　2　売掛金を集金した際に作成する仮領収証 348
　　3　売掛金を集金した際に作成する預り証 350
　　4　受取金引合通知書等 351
　　5　振込済みの通知書等 352
　　6　受領事実の証明以外の目的で作成される文書 352
　　7　銀行の発行する入金通知書等 353

8	銀行間で作成する手形到着報告書	353
9	不渡手形の受取書	354
10	提出株券預り証等	354
11	現金販売の場合のお買上票等	355
12	ポスレジから打ち出される「仕切書」や「納品書」等	355
13	支払通知書受領書等	356
14	支払通知書控等	357
15	資産を譲渡することの対価の意義	357
16	資産を使用させることの対価の意義	358
17	資産に権利を設定することの対価の意義	359
18	役務を提供することの対価の意義	359
19	売上代金の受取書に含まれるものの範囲	360
20	売上代金に該当しないものの事例	361
21	売上代金から除外されるもの	365
22	端株処分代金の受取書	367
23	手付金,内入金等の受取書	368
24	利札の受取書の記載金額	369
25	売上代金の受取書の記載金額	370
26	売上代金と売上代金以外の金額の受取書の記載金額	371
27	書換え手形の受取書	372
28	営業用建物の売却代金の受取書	374
29	船荷証券の売買代金の受取書	375
30	旅館等におけるタクシー代等の受取書	377
31	事務代行者が受け取る租税相当額の受取書	379
32	競売代金等の受取書	380
33	記載金額5万円未満の受取書の判定	381
34	共同企業体と構成員の間で作成する受取書	382
35	相殺したことを証明する領収書	384

36	一部を宿泊予約券で受け取った場合の記載金額	385
37	非課税規定のかっこ書の意義	386
38	利益金又は剰余金の分配ができる法人	386
39	学校法人等が作成する受取書	388
40	公益社団法人等が作成する受取書	388
41	人格のない社団の作成する受取書	390
42	医師等の作成する受取書	390
43	薬剤師が作成する受取書	391
44	法人組織の病院等が作成する受取書	392
45	茶華道の先生の謝礼領収書	392
46	内職代金の領収書	393
47	受取金額の記載中に営業に関するものと関しないものとがある場合	394
48	租税過誤納金等の受取書	395
49	株式払込金領収証等	396
50	担保品預り証	396
51	災害義援金の受取書	397
52	権利金等の受領文言のある建物賃貸借契約書	397
53	担保品預り証書	399
54	取次票	399
55	代金取立手形の預り証	400
56	株式名義書換取次票等	400
57	輸出免税物品購入記録票に貼付・割印するレシート	401
58	遺失物法の規定に基づき交付する書面の取扱い	401

預貯金通帳，信託行為に関する通帳，銀行又は無尽会社の作成する掛金通帳，生命保険会社の作成する保険料通帳又は生命共済の掛金通帳（第18号文書）······403

| 1 | 預貯金通帳の意義 | 403 |

目　　次　　　　　　　　　　　　　　　　　　　　　19

　　2　勤務先預金通帳……………………………………………403
　　3　当座勘定入金帳……………………………………………404
　　4　現金自動預金機専用通帳…………………………………405
　　5　総合口座通帳………………………………………………405
　　6　非課税の預金通帳…………………………………………406
　　7　非課税限度額を超える付込みとなった預貯金通帳……407
　　8　こども銀行の作成する預貯金通帳………………………408
　　9　信託行為に関する通帳……………………………………408
　　10　保険料通帳…………………………………………………408
　　11　生命共済の掛金通帳………………………………………409

第1号，第2号，第14号又は第17号に掲げる文書により証されるべき事項を付け込んで証明する目的をもって作成する通帳（第19号文書）……………………………………………410

　　1　第19号文書の範囲…………………………………………410
　　2　クリーニング預り品引合せカード………………………411
　　3　金銭又は有価証券の受取通帳……………………………412
　　4　家賃の領収通帳……………………………………………412
　　5　貸付金の支払通帳…………………………………………413
　　6　入金取次帳…………………………………………………413
　　7　担保差入通帳………………………………………………414
　　8　積金通帳……………………………………………………414
　　9　授業料納入袋………………………………………………415
　　10　宗教団体の献金袋…………………………………………415
　　11　付込みによる金銭消費貸借契約書等のみなし作成……416

判取帳（第20号文書）……………………………………………418

　　1　判取帳の範囲………………………………………………418

2　営業に関しない金銭の受取用の判取帳………………………………418
　　3　配当金支払帳………………………………………………………………419
　　4　諸給与一覧表………………………………………………………………419
　　5　団体生命保険契約の配当金支払明細書…………………………………420
　　6　判取帳への付込みによる受取書のみなし作成…………………………420

非課税文書……………………………………………………………………422
　　1　非課税法人等から委託を受けた者の作成する文書……………………422
　　2　非課税法人名で代理人が作成する受取書………………………………422
　　3　返還された保管金の受取書………………………………………………423
　　4　コンビニエンスストアが国庫金の納付委託を受けた場合の領収
　　　　証書……………………………………………………………………………423
　　5　地方公共団体の行う奨学金事業についての奨学金借用証書…………424
　　6　法別表第2　非課税法人の表………………………………………………428
　　　　別表に掲げる法人（財務省告示第56号）………………………………430
　　7　法別表第3　非課税文書の表………………………………………………437
　　8　特別法により非課税となる文書…………………………………………442
　　9　震災特例法により非課税となる文書……………………………………444

租税特別措置法の一部改正（平成25年）に伴う軽減措置の内容……450
　　1　印紙税の軽減措置の概要…………………………………………………450
　　2　軽減措置の対象となる建設工事の範囲…………………………………452
　　3　2以上の号の課税事項が記載されている文書…………………………456
　　4　不動産の譲渡とその他の事項が記載されている第1号文書…………457
　　5　建設工事の請負とその他の事項が記載されている第2号文書………458
　　6　請負金額を変更する契約書等……………………………………………459
　　7　不動産の譲渡や建設工事の請負に関連して作成される文書…………459

〔参考〕 1 印紙税法の一部改正（平成元年）に伴う課税廃止文書の内容……………………………………………………461
　　　 2 平成2年以後の印紙税の主な改正点…………………464

【附録】

○ 課税物件表……………………………………………………474
○ 重要な事項の一覧表…………………………………………493

凡　　例

○　法──印紙税法（昭和42年法律第23号）
○　令──印紙税法施行令（昭和42年政令第108号）
○　規則──印紙税法施行規則（昭和42年大蔵省令第19号）
○　基本通達──印紙税法基本通達（昭和52年4月7日付間消1－36国税庁長官通達）
○　課税物件表──印紙税法別表第1の課税物件表
○　通則──印紙税法別表第1の課税物件表の適用に関する通則
○　第1号文書──課税物件表の第1号に掲げる文書

1

総 則 編

第1　課税文書の意義等

1. 課税文書の意義

> [問]　印紙税法に規定する「課税文書」とは，どのようなものをいうのでしょうか。

[答]　課税文書とは，印紙税を納めなければならない文書のことです（法第3条第1項）。課税となる文書は課税物件表に掲げられた第1号文書から第20号文書のいずれかに該当する文書をいうのですが，同表に掲げられた文書には，約束手形，株券，社債券のように法令又は慣行により形式及び内容がある程度定形化されているものと，契約書のように形式，内容とも作成者の自由にまかされているものがあります。

定形化された文書については，同表に掲げられた文書の名称と現実に作成される文書の名称とがおおむね一致しますから，容易に課否を判断することができます。しかし，定形化されていない文書については，同表に掲げられた文書の名称と現実に作成される文書の名称とが必ずしも一致しないところから，「課税物件表に掲げられた文書」というだけではその範囲が明らかとはいえません。

そこで，課税文書の範囲をより明確にするために，基本通達において，課税物件表の課税物件欄に掲げる文書により証されるべき事項（以下「課税事項」といいます。）が記載され，かつ，当事者の間において課税事項を証明する目的で作成された文書をいうこととしています。すなわち，課税文書とは，当事者の間において課税事項を証明する効力を有する文書で，かつ，その課税事項を証明する目的で作成されたもののうち，法第5条《非課税文書》により印紙税を課さないこととされている文書以外の文書をいうのです（基本通達第2条）。

したがって、当事者の間において課税事項を証明する効力を有する文書であっても、その課税事項を証明する目的以外の目的で作成された文書は課税文書とはならないのです。例えば、預金払戻請求書は、銀行等にとって預金者が預金の払戻しを受けたこと、すなわち、預金者が金銭を受領したことを証明する効力を有する文書ですが、預金者はその文書を預金の払戻しを請求する目的で作成したのであって、預金の払戻しを受けたこと（金銭を受領したこと）を証明する目的で作成したものではありませんから、金銭の受取書（第17号文書）には該当しないのです（基本通達第17号文書の5）。

なお、課税事項を証明する目的で作成された文書であるかどうかの目的判断は、その文書の形式、内容等から客観的に行うもので、作成者の恣意的な判断で行うものではありません。すなわち、文書の形式、内容等を取引社会の一般通念に照らして客観的に判断する必要があります。

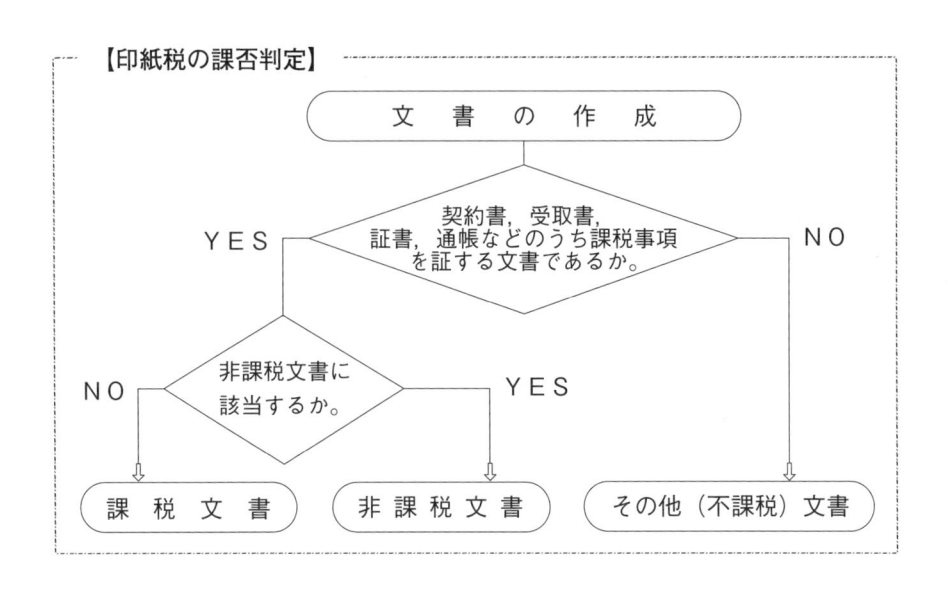

【印紙税の課否判定】

```
              ┌─────────────┐
              │  文書の作成  │
              └──────┬──────┘
                     │
            ┌────────▼────────┐
            │ 契約書，受取書，  │
      YES   │ 証書，通帳などの  │   NO
    ┌───────┤ うち課税事項を証 ├───────┐
    │       │ する文書であるか。│       │
    │       └────────┬────────┘       │
    │                │                │
    │       ┌────────▼────────┐       │
    │  NO   │ 非課税文書に    │  YES  │
    │ ┌─────┤ 該当するか。    ├─────┐ │
    │ │     └─────────────────┘     │ │
    ▼ ▼                             ▼ ▼
┌────────┐        ┌──────────┐    ┌──────────────┐
│課税文書│        │非課税文書│    │その他(不課税)│
│        │        │          │    │    文書      │
└────────┘        └──────────┘    └──────────────┘
```

2. 課税文書に該当するかどうかの判断

> [問] ある文書が課税文書に該当するかどうかは，具体的にはどのように判断するのでしょうか。
>
> 例えば，借入申込書の下欄に連帯保証人の署名，押印がある借入申込書は，文書全体の判断のみによって決めるのでしょうか。それとも申込書の下欄の事項だけについても判断するのでしょうか。

[答] 一の文書に2以上の異なる事項が記載されている場合には，その異なる事項ごとに課税文書に該当するかどうかを判断することになります（通則2）。

契約書のような文書は，その形式，内容とも作成者の自由にまかされているところから，通常，その内容には種々の事項が織り込まれますが，印紙税の課否は，その文書の全体的な評価によって決めるのではなく，その文書に記載されている事項の一つ一つについて検討し，その中に課税事項が一つでも含まれていれば，その文書は課税文書となるのです。

例えば，借入申込書に，債務者がその債務を履行しない場合に保証人がこれを履行することを約するために，署名，押印した場合，その事項は債務の保証に関する契約書（第13号文書）の課税事項に当たりますから，文書全体からみれば課税文書に該当しない借入申込書の形式となっているものであっても，その中に含まれる債務保証事項に着目し，債務の保証に関する契約書（第13号文書）として課税対象となるのです。

次に，印紙税は，特定の契約や権利等それ自体を課税対象とするのではなく，それらの事項を証明する目的で作成された文書を課税対象とするものです。——いわゆる文書税。

このように，印紙税は文書税ですから，課税文書に該当するかどうかは，その文書に表されている事項に基づいて判断することとなり，その文書に表されていない事項は判断の要素にとり入れません。

例えば、「金10万円受領しました」と記載された文書は、たとえ当事者は借用証書として作成したものであっても、文書に記載されているのは金銭の受領事実のみですから、消費貸借に関する契約書（第1号の3文書）としてではなく、金銭の受取書（第17号文書）として取り扱うことになります。しかし、金銭の受領事実とともに返還期日、返還方法、利率等が記載されていると、もはや単なる金銭の受領書ではなく借用証書として作成されたことが文書の上からも明らかですから、消費貸借に関する契約書（第1号の3文書）として取り扱われます（基本通達第1号の3文書の4）。

また、当事者の約束により文書の名称や文言は種々の意味に用いられますから、文書の内容判断は、その文書の名称、呼称や形式的な記載文言によるのではなく、その文書に記載されている文言、符号等の実質的な意義に基づいて行われます——記載文言による実質判断（基本通達第3条）。

例えば、文書に記載されている単価、数量、記号等により、当事者間において金額が計算できる場合はそれを記載金額とし（通則4のホの（一）、基本通達第25条）、また、売掛金の請求書に「相済」、「了」と表示してあり、その「相済」や「了」の表示が売掛金を領収したことの当事者間の了解事項であれば、その文書は金銭の受取書（第17号文書）に該当することとなります（基本通達第17号文書の1）。

3. 印紙税が納付されていない文書の効力

　　問　印紙税が課される書類に収入印紙を貼らなかった場合に、その書類は無効となるのでしょうか。

　　答　一般に、契約書のような重要な書類には、印紙税が課されるのが通例で、そのために、大切な書類に収入印紙が貼られているのが普通であることから、なにか収入印紙の貼られていない書類はあたかも効力のないもののように考えられがちですが、収入印紙が貼られているかいないかは、書類のもって

いる証明力には全く関係がありません。

しかしながら、印紙税が課される文書に収入印紙が貼られていないものには、当然、印紙税法上の責任が追及されることになります。

印紙税法上は、通常の場合、過怠税として不足する印紙税額の3倍に相当する金額の追徴を受けることになります。

ただし、自主的に監査を行い収入印紙を貼っていなかったことを申し出た場合（印紙税の調査があったことにより3倍の過怠税の決定があるべきことを予知してなされた場合を除きます。）には、過怠税は不納付となっている印紙税額の1.1倍に軽減されます。

なお、過怠税は、3倍又は1.1倍のいずれにおいても、その全額が法人税や所得税を計算する上で損金や必要経費に算入されませんので注意する必要があります。

4. 他の文書を引用している文書の判断

> [問] 注文請書において「7月1日付けの注文書のとおりお請けします」と記載した場合には、その引用した文書の評価はどのようになるでしょうか。
>
> また、注文書には金額の記載があるものの、注文請書には金額を記載していない場合にはどうなるでしょうか。

[答] 契約書のような文書には、その文書の内容を特定するために他の文書を引用する場合がしばしばあります。このような文書については、引用されている他の文書の内容はその文書に記載されているものとみて課税文書に該当するかどうか、また課税文書に該当する場合には第何号文書に該当するかを判断することとなります。ご質問のように、「7月1日付けの注文書のとおりお請けします」と記載された注文請書については、その文書のみからは何の注文請書か判断できなくても、7月1日付けの注文書が請負についてのものであれ

ば請負に関する契約書（第2号文書）となり，物品の売買についてのものであれば不課税文書となります。

　なお，記載金額と継続的取引の基本となる契約書（第7号文書）における契約期間については，法が「当該文書に記載された金額」（通則4），「契約期間の記載のあるもの」（課税物件表の第7号の物件名欄）というように，その文書に記載された金額及び契約期間をいうことを明らかにしていますから，たとえ引用されている他の文書の内容をとり入れると金額又は期間が明らかになる場合であっても，その文書の記載金額又は契約期間とはみられません（基本通達第4条）。

　例えば，エレベーター保守契約における月額単価を取り決める覚書において「基本契約書に定める契約期間の月額単価は10万円とする。」と記載されていて，基本契約書の内容をとり入れれば契約金額が算出できるとしても，契約期間自体はその覚書に記載されていないので，結局この覚書は，請負に関する契約書（第2号文書）ではなく，継続的取引の基本となる契約書（第7号文書）となります（第2号文書と第7号文書とに該当する文書については，契約金額の記載のあるものは第2号文書として，また，契約金額の記載のないものは第7号文書としてそれぞれ取り扱われます。）（通則3イただし書）。

　ただし，不動産の譲渡等に関する契約書（第1号文書），請負に関する契約書（第2号文書）及び売上代金に係る金銭又は有価証券の受取書（第17号の1文書）の記載金額については，通則4のホに特別の規定があって，他の文書の記載内容を引用することにより，記載金額があるとみられる場合がありますから注意を要します（基本通達第4条第2項注書）。

（注）　他の文書の記載内容を引用することにより，記載金額があるとみられるものについては，第4の問9（50頁）及び問13（53頁）を参照してください。

5．課税単位である「一の文書」の意義

> **問**　印紙税は「一の文書」ごとに課税されるとのことですが，この「一の文書」とはどういう意味ですか。また，どのような基準により判断することになるのでしょうか。

答　印紙税法では，一の文書であれば，その内容に課税物件表の2以上の号の課税事項が記載されていても，そのうちの一つの事項の文書として印紙税が課されることとなっています（通則2，3）ので，一の文書の範囲を確定することが印紙税の取扱いの基本となります。

一の文書の判断基準については，文書の外形すなわち物理的な形状によるものと文書の記載証明の形態によるものとの二つが考えられますが，通則2及び3の規定は，文書の物理的な形状によることとした場合の方がより素直に理解できるところから，形状を重視した取扱いによることとしています（基本通達第5条）。

この取扱いを例をあげて説明しますと，1枚の用紙に消費貸借契約の成立事実を記載した上で当事者双方が署名押印し，また，同時のその用紙の下部余白又は裏面にその消費貸借契約について借入金の受取事実を記載したものは，その記載証明の形態からみれば消費貸借契約書と金銭の受取書との二つの文書とみられますが，印紙税法上は一の文書として（この場合は，消費貸借契約書として）取り扱われます。また，請負基本契約書とその契約についての付属協定書を同時に作成し，それらをとじ合わせるほか契印で結合されているようなものも一の文書となります。

しかし，このような文書であっても，各別に記載証明されている部分がそれぞれ独立しており，たまたまとじ合わせているにすぎないと認められるものまで一の文書となるのではありません。すなわち，作成時には一の文書の形態をとっているものであっても，将来切り離して行使したり保存したりするようなものは，その切り離して行使したり保存したりする部分ごとに各別の一の文書

となります。なお，1枚又は1つづりの用紙により作成された文書でも，その文書に各別に記載証明された部分の作成日時が異なるもの（課税事項が追記されたもの）は，後から作成された部分は，法第4条第3項の規定により新たな課税文書が作成されたものとみなされます。

したがって，このような文書は，最初に作成された部分について収入印紙を貼るほか，後から作成された部分についてもさらに収入印紙を貼らなければなりません。

6．各別の文書と判断される場合

問 消費貸借契約に当たり，金銭の貸付けに関する事項と約束手形を一つの文書に併記して貸主が所持しておき，後日債務不履行が生じた場合は手形を切り離して単独で使用することとしている文書は，全体を一つの文書と考えてよいのでしょうか。

答 金銭の貸付けに関する部分と約束手形の部分は一枚の用紙に記載されていて形態は一つの文書となっていますが，これは切り離して行使することが予定されている文書ですから，各別に課税文書に該当することになります（基本通達第5条）。

7．付属覚書を原契約書にとじ込む場合

問 原契約書を作成した後，付属覚書を作成しましたが，これは原契約の一部をなすべきものですから原契約書の後にとじ込んで保存することにしています。このような場合，全体で一つの文書とみて，付属覚書には印紙税を納めなくてもよいのでしょうか。

答 関連する文書として併わせて保存することとしているものであって

も，日時を異にして作成される文書は，それぞれ作成された時点において印紙税の課否を判断することになります。

したがって，それぞれが各別の文書となりますから，その付属覚書に課税事項が記載されている場合には，原契約書とは別に印紙税を納付しなければなりません。

8. 証書と通帳等の区分

> 　問　印紙税の課税文書は，証書（第1号から第17号までの文書）と通帳等（第18号から第20号までの文書）とに区分できますが，この区分は，どのような基準によって行うのでしょうか。

　答　印紙税の課税文書は，証書と通帳等に大別することができます。ごく常識的には，証書とは1枚の用紙で作成されたもの，通帳等とは2以上の複数の用紙で作成されたものと受け取られがちですが，印紙税法上の区分は，そのような紙数の単複によるのではなく，課税事項を1回限り記載証明する目的で作成されるか，継続的又は連続的に記載証明する目的で作成されるかという文書の作成目的によるのです。

　文書の作成目的は，文書の形式，内容等に基づいて判断するのですから，その文書の作成時に，課税事項を2回以上付込み証明する欄が設けられているようなものは通帳等となり，そのような欄が設けられていないものは証書であるといえましょう。

　このように，証書か通帳等かの文書の性格判断は，文書作成時における作成目的に照らして行うものですから，その後の事情の変化により証書に課税事項を追加して記載しても，また，通帳等に2回目以降の付込み証明がされなかったとしても，当初の文書の性格まで変わるものではありません。

　例えば，通帳（第19号文書）についてみますと，課税となる付込み証明する事項は課税物件表の第1号，第2号，第14号又は第17号についてのものに限ら

れています。したがって，これらの事項以外の事項を継続的又は連続的に付込み証明する文書を作成したとしても通帳（第19号文書）とはなりませんし，第19号文書として作成した金銭の受取通帳（第17号により証されるべき事項を付込み証明するもの）に，結果として1回の付込みしかなされなかったとしても後から金銭の受取書（第17号文書）となるものではありません。

9．証書兼用通帳の取扱い

> [問] 証書の裏面を利用して各月分の金銭の受取事実を付け込むようなものは，証書と通帳を兼ねたものといえますが，このような文書は，証書としての課税と通帳としての課税の双方を受けることになるのでしょうか。

[答] 印紙税の税額は，証書については1通を単位として，通帳等については1冊を単位として定められています。

証書と通帳等とが一の文書となっているものには，例えば生命保険の保険証券と保険料受取通帳とが一つに組み合わされているもの，金銭消費貸借契約書と元利金の返済通帳とが組み合わされているもの等多くの事例があります。このような文書の取扱いは，通則3及び法第4条第3項に規定されています。

通帳等の作成の時期は，通帳等への最初の付込みがなされた時ですから（基本通達第44条），証書兼用通帳の取扱いは，証書の作成時に通帳等への最初の付込みがなされているかいないかによって異なります。証書の作成時に通帳等への最初の付込みがなされていないものは，たとえ通帳等への付込み欄が設けられていてもそれは単に通帳等として使用するための用紙の調製にすぎず，いまだ通帳等の作成がありませんから証書のみに該当し，通帳等には該当しません。したがって，単に証書として取り扱われます。そして，その後，通帳等としての最初の付込みをしたときに，はじめて通帳等の作成があったものとみなされ，結局，証書の部分も通帳等の部分も印紙が必要となるのです。

一方，証書の作成時に通帳等への最初の付込みがなされる文書は，通則3のホの規定の適用がある場合を除き，通帳等として取り扱われます（通則3のニ）から通帳等の課税だけで済むことになります。

(**注**) 通則3のホの規定に該当する場合には，証書とみなされますから，通帳等としての最初の付込みをしたときに通帳等としての課税も受けることに注意を要します（基本通達第7条第1項）。

第2　文書の所属の決定等

1．2以上の号の課税事項が記載されている文書

　　問　　一の文書に，課税物件表の2以上の号に該当する課税事項が記載されている場合，その印紙税の取扱いはどのようになりますか。

　　答　　一の文書に課税物件表の2以上の号の課税事項が記載されているものも，印紙税法ではいずれか一の号の課税文書としてだけ課税することとされています。

　そのため，まずどの号に該当する課税事項が記載されているのかを判断し（通則2の規定），これを通則3の規定によって一の号に所属を決定した上で，その所属する号のみの課税文書として取り扱われます。

　一の文書に2以上の号の課税事項が記載されているものは，おおむね次の三つの形態に分類できます（基本通達第10条）。

(1) 当該文書に課税物件表の2以上の号の課税事項が併記され，又は混合して記載されている場合

　（例）　不動産及び債権売買契約書（第1号の1文書と第15号文書）

(2) 当該文書に課税物件表の1又は2以上の号の課税事項とその他の事項（課税事項以外）が併記され，又は混合して記載されている場合

　（例）　1　土地売買及び建物移転補償契約書（第1号の1文書とその他の文書）
　　　　2　保証契約のある消費貸借契約書（その他の文書と第1号の3文書）

(3) 当該文書に記載されている1の内容を有する事項が，課税物件表の2以上の号の課税事項に同時に該当する場合（いわゆる法条競合）

　（例）　継続する請負についての基本的な事項を定めた契約書（第2号文書と第7号文書）

2. 2以上の号に該当する文書の所属の決定

> **問** 一の文書が2以上の号に該当する文書は、そのうちの一の号に所属が決定されるとのことですが、その所属の決定方法を具体的に説明してください。

答 一の文書が課税物件表の2以上の号に掲げる文書に該当する場合には、通則3の規定によりその所属を決定することとなるのですが、通則3の規定のみではなかなか理解しにくいと思われますので、これについては、基本通達第11条において、次のとおりそれぞれの代表的な例について規定しています。

なお、通則3の規定により所属が決定された文書については、その所属が決定された号に掲げる文書に見合う収入印紙を貼ることとなり、所属しなかった号に掲げる文書の部分については収入印紙を貼る必要はありません。

(1) 第1号又は第2号文書と第3号から第17号までの文書とに該当する文書（ただし、(2)又は(3)に該当する文書は除かれます。）⇨ 第1号（又は第2号）文書

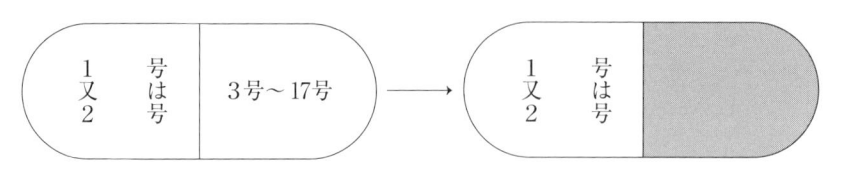

```
┌─────────┬─────────┐         ┌─────────┬─────────┐
│ 1号又は │         │         │ 1号又は │░░░░░░░░░│
│  2号   │ 3号～17号│   ──→   │  2号   │░░░░░░░░░│
└─────────┴─────────┘         └─────────┴─────────┘
```

> (例) ⅰ 不動産及び売掛債権の譲渡契約書（第1号の1文書と第15号文書）⇨ 第1号の1文書
>
> ⅱ 請負工事の内容とその代金の受領事実を記載した契約書（第2号文書と第17号の1文書）⇨ 第2号文書

(2) 第1号又は第2号文書で契約金額の記載のないものと第7号文書とに該当する文書⇨ 第7号文書

第2　文書の所属の決定等　　　　　15

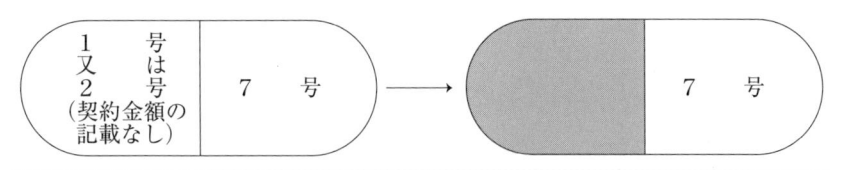

```
┌─────────────┬─────────┐      ┌─────────────┬─────────┐
│ 1号         │         │      │             │         │
│ 又は        │         │      │  (網掛け)   │         │
│ 2号         │  7 号   │  →   │             │  7 号   │
│ (契約金額の │         │      │             │         │
│  記載なし)  │         │      │             │         │
└─────────────┴─────────┘      └─────────────┴─────────┘
```

(例)　継続する物品運送についての基本的な事項を定めた契約書で契約金額の記載のないもの（第1号の4文書と第7号文書）⇨　第7号文書

(3)　第1号又は第2号文書と第17号の1文書とに該当する文書のうち，売上代金に係る受取金額（100万円を超えるものに限ります。）の記載があるものでその金額が第1号若しくは第2号文書についての契約金額（その契約金額が2以上ある場合には，その合計額）を超えるもの又は第1号若しくは第2号文書についての契約金額の記載のないもの⇨　第17号の1文書

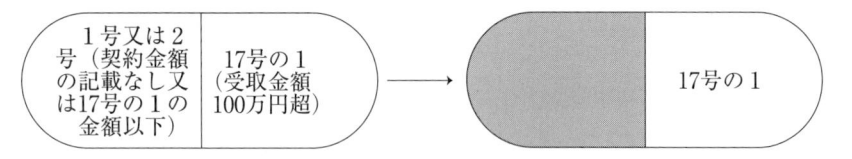

```
┌─────────────┬─────────┐      ┌─────────────┬─────────┐
│ 1号又は2    │ 17号の1 │      │             │         │
│ 号（契約金額│ (受取金額│ →   │  (網掛け)   │ 17号の1 │
│ の記載なし又│ 100万円超)│     │             │         │
│ は17号の1の │         │      │             │         │
│ 金額以下）  │         │      │             │         │
└─────────────┴─────────┘      └─────────────┴─────────┘
```

(例)　売掛金800万円のうち600万円を領収し，残額200万円を消費貸借の目的とする旨が記載されている消費貸借及び金銭の受取書（第1号の3文書と第17号の1文書）⇨　第17号の1文書

(4)　第1号文書と第2号文書とに該当する文書（ただし，(5)に該当する文書は除かれます。）⇨　第1号文書

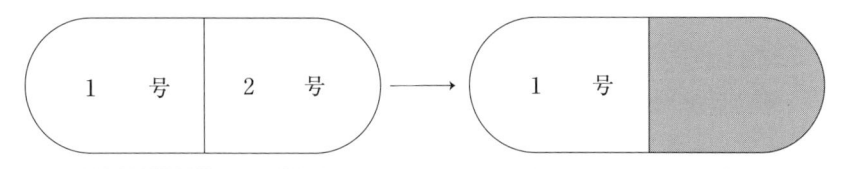

```
┌─────────┬─────────┐      ┌─────────┬─────────┐
│  1 号   │  2 号   │  →   │  1 号   │ (網掛け)│
└─────────┴─────────┘      └─────────┴─────────┘
```

(例)　機械製作及びその機械の運送契約書（第2号文書と第1号の4文書）⇨　第1号の4文書

(5)　第1号文書と第2号文書とに該当する文書で，その文書にそれぞれの契約金額が区分記載されており，第2号文書についての契約金額が第1号文書に

ついての契約金額を超えるもの ⇨ 第2号文書

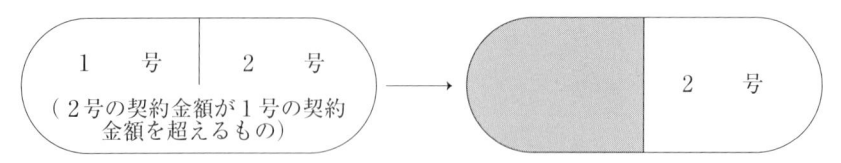

```
┌─────────┬─────────┐        ┌─────────┬─────────┐
│  1 号   │  2 号   │   →    │░░░░░░░░░│  2  号  │
│(2号の契約金額が1号の契約│        │░░░░░░░░░│         │
│  金額を超えるもの)      │        │░░░░░░░░░│         │
└─────────┴─────────┘        └─────────┴─────────┘
```

(例) 機械製作費200万円及びその機械の運送料10万円とが区分記載されている請負及び運送契約書(第2号文書と第1号の4文書) ⇨第2号文書

(6) 第3号から第17号までの2以上の号に該当する文書(ただし、(7)に該当する文書は除かれます。) ⇨ 最も号数の少ない号の文書

```
┌─────────┬─────────┐        ┌─────────┬─────────┐
│ 3号～17号│ 3号～17号│   →    │最も号数の│░░░░░░░░░│
│         │         │        │少ない号の│░░░░░░░░░│
│         │         │        │  文 書  │░░░░░░░░░│
└─────────┴─────────┘        └─────────┴─────────┘
```

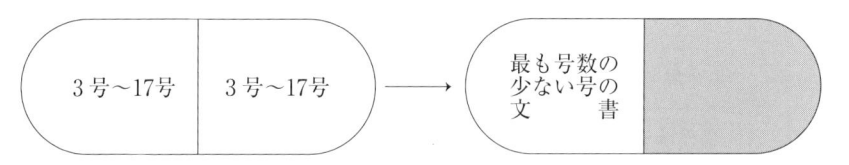

(例) 継続する債権譲渡についての基本的な事項を定めた契約書(第7号文書と第15号文書) ⇨ 第7号文書

(7) 第3号から第16号までの文書と第17号の1文書とに該当する文書のうち、売上代金に係る受取金額(100万円を超えるものに限ります。)の記載されているもの⇨ 第17号の1文書

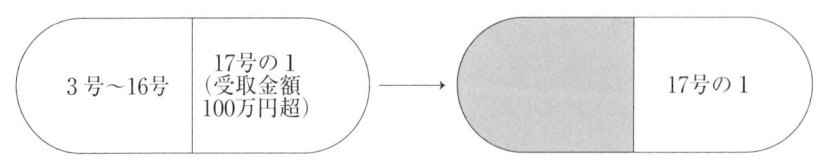

```
┌─────────┬─────────┐        ┌─────────┬─────────┐
│ 3号～16号│ 17号の1 │   →    │░░░░░░░░░│ 17号の1 │
│         │(受取金額│        │░░░░░░░░░│         │
│         │100万円超)│        │░░░░░░░░░│         │
└─────────┴─────────┘        └─────────┴─────────┘
```

(例) 債権の譲渡契約書にその代金200万円の受取事実を記載したもの(第15号文書と第17号の1文書) ⇨ 第17号の1文書

(8) 第1号から第17号までの文書(証書)と第18号から第20号までの文書(通帳等)とに該当する文書(ただし、(9)、(10)又は(11)に該当する文書は除かれます。) ⇨ 通帳等(第18号～第20号文書)

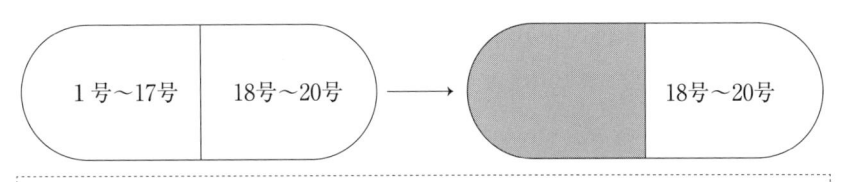

第2　文書の所属の決定等　　　　　　　　　　　　　　　17

```
┌─────────────┬──────────┐        ┌─────────────┬──────────┐
│  1号～17号  │ 18号～20号 │  ───▶  │ ▓▓▓▓▓▓▓▓▓ │ 18号～20号 │
└─────────────┴──────────┘        └─────────────┴──────────┘
```

（例）　生命保険証券兼保険料受取通帳（第10号文書と第18号文書）⇨　第18号
　　　文書

(9)　第1号文書で契約金額が10万円（注）を超えるものと第19号又は第20号文書とに該当する文書（第19号又は第20号の通帳等に，契約金額10万円（注）を超える第1号の課税事項の付込みをしたものも含まれます。）⇨　第1号文書

　（注）　平成26年4月1日以降，印紙税の軽減措置が適用される第1号文書である場合には，50万円となります。

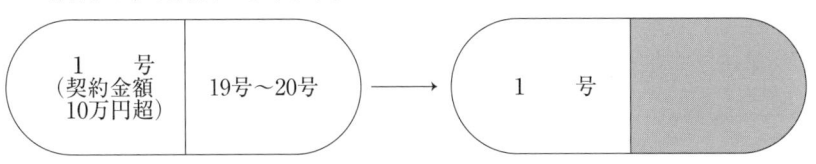

```
┌─────────────┬──────────┐        ┌──────────┬─────────────┐
│   1  号    │           │        │          │ ▓▓▓▓▓▓▓▓▓ │
│ （契約金額 │ 19号～20号 │  ───▶  │   1  号  │ ▓▓▓▓▓▓▓▓▓ │
│  10万円超）│           │        │          │ ▓▓▓▓▓▓▓▓▓ │
└─────────────┴──────────┘        └──────────┴─────────────┘
```

（例）　契約金額が500万円の不動産売買契約書とその代金の受取通帳（第1号の1文書と第19号文書）⇨　第1号の1文書

(10)　第2号文書で契約金額が100万円（注）を超えるものと第19号又は第20号文書とに該当する文書（第19号又は第20号の通帳等に，契約金額100万円（注）を超える第2号の課税事項の付込みをしたものも含まれます。）⇨　第2号文書

　（注）　平成26年4月1日以降，印紙税の軽減措置が適用される第2号文書である場合には，200万円となります。

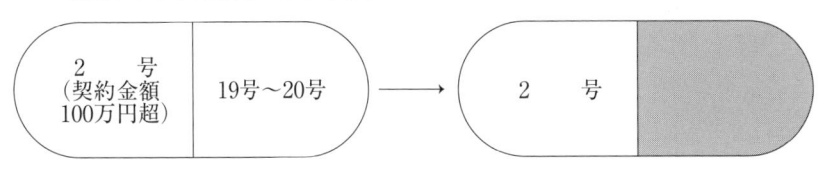

```
┌─────────────┬──────────┐        ┌──────────┬─────────────┐
│   2  号    │           │        │          │ ▓▓▓▓▓▓▓▓▓ │
│ （契約金額 │ 19号～20号 │  ───▶  │   2  号  │ ▓▓▓▓▓▓▓▓▓ │
│ 100万円超）│           │        │          │ ▓▓▓▓▓▓▓▓▓ │
└─────────────┴──────────┘        └──────────┴─────────────┘
```

(例) 契約金額が150万円の請負契約書とその代金の受取通帳（第2号文書と第19号文書）⇨ 第2号文書

(11) 第17号の1文書で売上代金の受取金額が100万円を超えるものと第19号又は第20号文書とに該当する文書（第19号又は第20号の通帳等に，100万円を超える売上代金の受領事実の付込みをしたものも含まれます。）⇨第17号の1文書

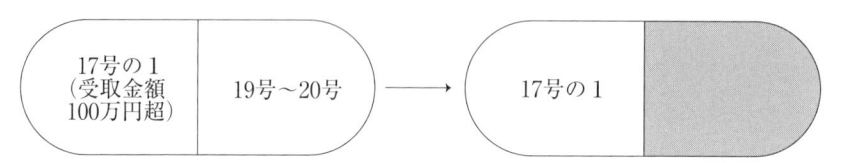

```
┌─────────┬─────────┐      ┌─────────┬─────────┐
│ 17号の1  │         │      │         │         │
│(受取金額 │ 19号～20号│  →  │ 17号の1  │         │
│100万円超)│         │      │         │         │
└─────────┴─────────┘      └─────────┴─────────┘
```

(例) 下請前払金200万円の受領事実を記載した請負通帳（第17号の1文書と第19号文書）⇨ 第17号の1文書

(12) 第18号文書と第19号文書とに該当する文書⇨ 第19号文書

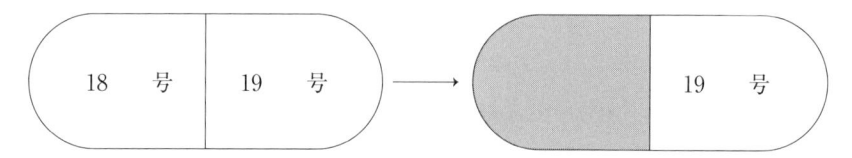

```
┌─────────┬─────────┐      ┌─────────┬─────────┐
│  18 号  │  19 号  │  →  │         │  19 号  │
└─────────┴─────────┘      └─────────┴─────────┘
```

(例) 預貯金通帳と金銭の受取通帳が1冊となった通帳（第18号文書と第19号文書）⇨ 第19号文書

3. 変更契約書の所属の決定

　　[問]　当事者が当初契約した契約書（原契約書）を，例えば次のように変更する契約書の所属の決定はどうなりますか。

(例) (1) 原契約書は，物品売買の基本的な事項を定めた契約書（第7号文書に該当）であるが，その契約事項のうち「単価」を変更する契約書を作成した場合（契約期間は1か月で更新の定めはないもの）

(2) 原契約書は，契約期間1年間の清掃請負契約書で，第2号文書

と第7号文書に該当し，契約金額の計算ができることから第2号
　　文書に所属が決定されたものであるが，契約期間の途中で，月額
　　単価の変更契約書を作成した場合（契約変更後に適用されることと
　　し，終期の定めがないもの）
　(3)　原契約書は，(2)と同様に契約期間1年間の清掃請負契約書で，
　　第2号文書と第7号文書に該当し，契約金額の計算ができること
　　から第2号文書に所属が決定されたものですが，契約期間の途中
　　で月額単価の変更契約書を作成した場合（契約変更後に適用され，
　　原契約書における契約期間の終期までの期間において適用される な
　　ど，終期の定めがあることから変更後の契約金額の計算ができるもの）

　答　変更契約書は，原契約書により証されるべき事項の「重要な事項」
（基本通達別表第二参照）を変更するものとして作成した場合には，課税文書と
なります（通則5，基本通達第17条）。
　この場合の変更契約書の所属の決定は，次のとおりに取り扱われます。
イ　原契約書が，課税物件表の一の号のみの課税事項を含む場合で，その課税
　事項のうち重要な事項を変更するものであるとき⇨原契約書と同一の号に所
　属が決定されます。
ロ　原契約書が，課税物件表の二以上の号の課税事項を含む場合で，
　①　その二以上の号のいずれか一方の号のみの重要な事項を変更するもので
　　あるとき⇨その一方の号に所属が決定されます。
　②　その二以上の号のうち二以上の号の重要な事項を変更するものであると
　　き⇨それぞれの号に該当することとなり，通則3の規定により所属が決定
　　されます。
　以上のことを前提に，ご質問の内容にしたがってそれぞれの変更契約書につ
いて所属を判断すると，次のとおりとなります。
1　ご質問の(1)の場合，継続する物品売買契約の「単価」を変更する契約書
　は，継続的取引の基本となる契約書（第7号文書）の重要な事項である「単

価」を変更する契約書であり，上記イに該当しますから，この変更契約書は，原則として継続的取引の基本となる契約書（第7号文書）に該当することとなります。

　ただし，ご質問の変更契約書は，契約期間が1か月であり，かつ，更新の定めがないとのことですから，継続的取引の基本となる契約書（第7号文書）には該当せず，「単価を変更する物品売買契約書」となりますから，課税文書には該当しないこととなります（契約期間が3か月以上である場合又は契約期間の記載がない場合には，継続的取引の基本となる契約書（第7号文書）に該当します。）。

2　ご質問の(2)の場合，原契約書が，請負に関する契約書（第2号文書）と継続的取引の基本となる契約書（第7号文書）に同時に該当し，契約金額の計算ができることから第2号文書に所属が決定されたものです。この原契約書について，月額単価を変更することは第2号文書と第7号文書の両方の重要事項を変更するものですから上記のロの②に該当します。したがって，ご質問の変更契約書は通則3のイの規定により，契約金額の計算ができるか否かにより所属が決定されることとなりますが，変更単価の適用される期間の定めの記載がないため変更後の契約金額の計算ができませんから，第7号文書に所属が決定されます。

3　ご質問の(3)の場合も(2)と同様に，変更後の契約において契約金額の計算ができるか否かにより所属が決定されることになりますが，適用期間の終期の定めの記載があり，変更後の契約金額の計算ができますから，通則3のイにより第2号文書に所属が決定されます。

　なお，この場合，所属が決定された後の税率の適用に当たっては，通則4のニが適用されることとなり，変更後の契約金額が増額されたものであるか，減額されたものであるかに応じ，それぞれ次のようになりますから留意が必要です。

(1)　契約金額を増額する場合には，その変更金額を記載金額とする請負に関する契約書（第2号文書）に該当します。

(2) 契約期間の途中で契約金額を減額する変更契約書は、記載金額のない請負に関する契約書（第2号文書）に該当します。

【参考】
1 変更契約書の具体的な取扱いについては、第3の問4「変更契約書の取扱い」(26頁)を参照してください。

2 契約金額の計算方法等については、第4の問20「契約金額を変更する契約書」(60頁)及び問21「契約金額の記載はないものとされる変更契約書」(62頁)を参照してください。

3 契約内容を補充する契約書を作成した場合の所属の決定についても同様となります（基本通達第18条）。

第3　契約書の取扱い

1. 印紙税法上の契約書の意義

> **[問]**　「契約書」という場合は，一般に2以上の契約当事者が共に署名押印する形態のものを指称していると考えられますが，印紙税法では「請書」のように当事者の一方だけが署名押印するような書類も契約書に該当するといわれました。それはどういう理由によるものでしょうか。

[答]　通則5では「課税物件表の第1号，第2号，第7号及び第12号から第15号までにおいて『契約書』とは，契約証書，協定書，約定書，その他名称のいかんを問わず，契約（その予約を含む。以下同じ。）の成立若しくは更改又は契約の内容の変更若しくは補充の事実（以下「契約の成立等」という。）を証すべき文書をいい，念書，請書その他契約の当事者の一方のみが作成する文書又は契約の当事者の全部若しくは一部の署名を欠く文書で，当事者間の了解又は商習慣に基づき契約の成立等を証することとされているものを含むものとする。」と規定されています。したがって，普通考えられているような契約書形態の文書だけでなく，請書，覚書，念書等のように契約当事者の一方が署名押印して相手に交付するような文書であっても，その文書によって契約の成立等が証明されるものは，印紙税法上の「契約書」に該当することになります。

なお，契約書には，課税事項の全てを網羅したものだけでなく，課税事項のうちの一つの重要な事項（基本通達別表第2参照）を証明する目的で作成されるものも含まれます。

当事者の一方だけが署名押印する形式の文書の具体的な事例としては，次のようなものがあります。

第3 契約書の取扱い

1 注文請書

　注文を請けた者が注文主に対して提出する注文請書は，契約の申込み（注文）に対する承諾の事実を証明するもので，この注文請書によって，その請負契約等の成立が証明されますから，契約書に該当します。加工請負等の場合に広く作成されています。

2 念書

　一般には，「念書を入れる」というようにいわれていますが，実際には種々雑多で一定の内容に限られるものではありません。例えば，既に成立している長期取引契約等に関連し，「その取引代金は毎月20日締切り，月末までに相手方の甲銀行口座に支払います。」というような約定を記載したもの，売却済みの土地の引渡方法を記載して売主が買主に対して誓約するもの等その内容は千差万別です。

3 売渡証書

　不動産の売買の際売主が売渡物件を表示してその受渡事実を証明し，併せて代金の受領事実を記載する文書で，売主が一方的に作成して，買主に交付する文書です。

4 承諾書・承認書

　「私所有の土地下記のとおり売買することを承諾しました。……」というような表現で契約の成立の事実を承諾書の形式で作成したもの，または「平成○○年○月○○日付，貴第○○号により申出のありました取引単価決定の件，貴申出のとおり承諾しました。」というような文書は，その文書によって契約の成立等が証明されます。

　ところで，契約の成立等に関して作成される文書には，通則5に規定する契約証書，協定書，約定書，念書，請書のほか種々の名称や形態のものがあります。通則5は，契約書とは，契約の成立等を証すべき文書と規定していますが，「証すべき」という用語の意義を，証明することができると解するか，証明する目的で作成すると解するかにより，その取扱いは大きく異なってきますが，基本通達では，これを後者の意義にとっています（基本通達第2条）。

印紙税は，課税事項を証明する目的で作成された文書を課税対象とするものですから，契約書についても契約の成立等を間接的に証明することができるような文書までは含まず，契約の成立等を証明する目的で作成されたもののみが契約書に該当するのです。

例えば，社債券は，金銭を借用するという契約に基づいて発行されるものであり，また，一般にその文書上にはその契約に関する事項が記載されていて契約の成立等を証明することができるものですが，この債券の作成目的は契約に基づく権利を証券に表彰することにありますから，契約書には該当しないのです。すなわち，一般に，有価証券の性質を有する文書は契約書とはなりません。

(注) 有価証券の性質を有する文書で課税対象となるのは，手形，株券，受益証券，船荷証券等課税物件表に掲げられた特定の文書に限られています。

2. 予約契約書の取扱い

[問] ある契約について，後日改めて本契約を締結することとしている場合に作成する予約契約書は，これによって契約の履行を求めることはできないものですから，印紙税の課税文書には該当しないと考えてよいでしょうか。

[答] 印紙税法上は，予約契約は本契約と全く同一に取り扱われることになっています。すなわち，通則5において印紙税法上の契約書を意義付けていますが，この中で契約には予約を含むことが明らかにされています。

したがって，予約契約書は，その成立させようとする本契約の内容によって課税される文書の所属が決定される（基本通達第15条）ほか，予約としての記載金額がある場合には，その金額も印紙税法上の記載金額に該当することになります。

なお，予約には，予約上の権利者が本契約を成立させようといった場合に，

相手方が承諾の義務を負うものと，承諾なしに直ちに本契約が成立するものとの2種がありますが，いずれも印紙税の課税対象となる契約に含まれます。

また，予約と似た契約体系として停止条件や解除条件のついた契約がありますが，こうした条件付きの契約書も，当然印紙税の課税対象となる契約書に含まれます。

3．更改契約書の取扱い

　　問　契約を更改する契約書は，印紙税法上の契約書に含まれるとのことですが，「更改」とはどういうことですか。また，どのような文書として課税されますか。

　　答　「契約の更改」とは，契約によって既存の債務を消滅させて新たな債務を成立させることをいいます。例えば，請負代金の支払債務を消滅させて，新たに土地を給付する債務を成立させる契約などがこれに当たります（基本通達第16条）。

（注）　代物弁済契約と類似した性格をもっていますが，次のような差異があります。
　　代物弁済——ある債務の支払いに代えて現実に他の給付を行う。
　　更改——ある債務を消滅させて，他の債務を成立させる（契約の際には履行を伴わない。）。
　　代物弁済の予約——将来ある債務の支払いに代えて，他の給付を行うことを約する（契約の際には既存の債務は消滅しない。）。

更改には，①債権者の交替による更改，②債務者の交替による更改，③目的の変更による更改の3種の型があります。債権譲渡や債務引受けの方法によっても債権者の交替や債務者の交替と実質的に同様な効果が得られますが，更改と債権譲渡や債務引受けとは債権債務に同一性があるかどうかによって区分されます。

（注）　更改における新旧両債務は同一性がないので，旧債務に伴った担保，保証，抗弁権等は原則として消滅することになります。

なお，更改は，一方の債務の消滅と他方の債務を成立させることですから，

債務の消滅部分は課税事項には該当しません。したがって，新たに成立する債務の内容の文書として所属が決定されることになります。

4．変更契約書の取扱い

> ［問］　原契約の内容を変更する契約書は，印紙税法上の契約書に含まれるとのことですが，「契約の内容の変更」とはどういうことですか。また，どのような文書として課税されますか。

　［答］　印紙税の課税対象となる契約書には，原契約の内容を変更する契約書も含まれます（通則5）。
　変更契約書とは，原契約の同一性を失わせないでその内容を変更するものをいい，原契約と同一性を失わせるような変更は更改契約書であって変更契約書ではありません。また，変更契約書とは，原契約の内容を変更する契約書をいうのですから，原契約について契約書が作成されている場合はもとより，原契約について契約書が作成されていない場合も含みます。
　ところで，契約は，形式，内容とも当事者の自由に任されていますので，売買，消費貸借という典型契約についての契約書であっても，その契約に関連する特約事項がいろいろと織り込まれます。このような状況にあるところから，変更契約書の取扱いについて，①原契約の内容となっている事項を変更するものであれば全て課税対象とする，②原契約の内容のうち，通常，契約の内容となる事項を変更するもののみを課税対象とし，付随的な特約事項を変更するものは課税対象としないとする二つの考え方があります。
　法は，契約書を「……に関する契約書」としてとらえているところからみて，変更契約書もそれを独自に評価した場合に「……に関する」事項が含まれていることが必要であると解されますので，通常，課税物件表に掲げられている契約の内容となると認められる事項（重要な事項）を変更するもののみを課税対象とすることとされています（基本通達第17条）。

そして，その取扱いが区々にわたらないようにするため，契約の類型ごとに重要な事項を列挙した一覧表が基本通達別表第２（附録「重要な事項の一覧表」参照）に定められていますから，それぞれの文書ごとにこの一覧表に掲げられている事項を変更するものであるかどうかを検討すればよいことになります。なお，この一覧表に掲げられている事項は，例示として掲げられているものですから，これらに密接に関連する事項や，例示した事項と比較してこれと同等以上に契約上重要な事項を変更するものも課税対象となります。
　また，一覧表には，契約当事者に関する事項はありませんが，契約当事者が変更になるものは，一般に，契約の更改（新規の成立）として評価されるからであって，非課税として取り扱う趣旨ではありません。
　変更契約書は，変更する事項がどの号に該当する重要な事項であるかにより文書の所属を決定することになるのですが，２以上の号の重要な事項が２以上併記又は混合記載されている場合とか一つの重要な事項が同時に２以上の号に該当する場合には，それぞれの号に該当する文書として原契約書の所属の決定方法と同様に所属を決定することになります。
（所属の決定の例）
1　報酬月額及び契約期間の記載がある清掃請負契約書（請負に関する契約書（第２号文書）と継続的取引の基本となる契約書（第７号文書）に該当し，所属は第２号文書）の報酬月額を変更するもので契約期間又は報酬総額の記載のない契約書──➤継続的取引の基本となる契約書（第７号文書）
2　報酬月額及び契約期間の記載がある清掃請負契約書（請負に関する契約書（第２号文書）と継続的取引の基本となる契約書（第７号文書）に該当し，所属は第２号文書）の報酬月額を変更するもので契約期間又は報酬総額の記載のある契約書──➤請負に関する契約書（第２号文書）

5．補充契約書の取扱い

　　問　原契約の内容を補充する契約書は，印紙税法上の契約書に含ま

れるとのことですが,「契約の内容の補充」とはどういうことですか。また,どのような文書として課税されますか。

　　答　印紙税の課税対象となる契約書には,原契約の内容を補充する契約書も含まれます（通則5）。

「契約の内容の補充」とは,原契約の内容として欠けている事項を補充することをいいます。この場合において,原契約が文書化されていたか,単なる口頭契約であったかは関係ありません。

補充契約書の取扱いについては,前問の変更契約書で説明したのと同じですから,便宜,「変更」を「補充」と読み替えて判断してください。

6. 代物弁済契約書の取扱い

　　問　債務の担保手段として代物弁済契約の予約契約を結ぶ場合がありますが,これは同じような担保手段である抵当権などとも違っていて,どの文書として課税されるのか迷うところです。そこで,この代物弁済に関する印紙税の取扱いについて説明してください。

　　答　代物弁済契約は,本来の給付に代えて他の給付を行い,これにより債務を消滅させる弁済手段ですから,本来の性格は債権担保の手段には適さないものといえます。

一般に代物弁済契約として広く行われているのは,代物弁済の予約契約のことで,これによれば,債務を期限までに履行しない場合には,債務の支払いに代えて一定の物を給付するなどと約定することができ,債権担保の手段として利用することができるのです。

抵当権を設定する場合には,債権者は抵当物を処分した換価代金の中から優先して弁済を受けることができるのにとどまるのに対し,代物弁済の予約契約の方法によれば,目的物を自己の所有物とすることができる利便があります。

印紙税は，文書に記載されている課税事項の内容によっていずれの号の文書に該当するかを検討することになりますから，代物弁済の予約契約書の場合にどのような課税事項が含まれているのかまず見分けることが必要となります。

　第一に，代物弁済の予約は，本来の給付を目的とする債務が存在する場合にのみ約定されますから，本来の給付に代えて他の給付を行うという約定は，当初の債務の支払方法を変更することとなり，契約の内容を変更する契約ということになります。

　例えば，債権の売買代金についての代物弁済の予約であれば債権譲渡に関する契約書（第15号文書）の課税事項に，借入金についてのものは消費貸借に関する契約書（第1号の3文書）の課税事項に，請負代金についてのものは請負に関する契約書（第2号文書）の課税事項に該当してくるといったように，当初の債務の内容に応じたその債務の支払方法の変更契約として課税文書に該当することになるのです。

　第二に，代物弁済の予約は，一定の給付に代えて他の給付を行うという約定ですから，当然他の給付（物の譲渡，権利の移転）を内容とする文書に該当することになります。

　例えば，他の給付として移転する目的物が不動産であれば不動産の譲渡に関する契約書（第1号の1文書）に該当し，有価証券，物品であれば不課税文書に該当するといったように，給付される目的物のないように応じて課税文書又は不課税文書に該当することになるのです。

　第三に，代物弁済の予約契約書は，契約の必要上他の課税事項を併せて記載する事例が多いようです。

　例えば，代物弁済の実行により，相手方に土地の所有権が移転した場合には所有権者のために賃借権を設定することとすれば，土地の賃借権の設定に関する契約書（第1号の2文書）の課税事項に，継続する売買契約の基本的事項の約定とともにその債権担保の手段として代物弁済の予約を約定するものは，継続的取引の基本となる契約書（第7号文書）の課税事項に該当してくるといったように，他の課税事項も包含する事例が多く見受けられます。

このように，いくつかの課税文書に同時に該当する場合には，そのうちの一つの文書として印紙税が課されることになりますから，どの文書として課税されるのかという所属の決定をする必要があります。

所属の決定については，通則の規定によって自動的に定まる仕組みになっています（第2の問2「2以上の号に該当する文書の所属の決定」(14頁) 参照）。

7. 譲渡に関する契約書の範囲

> [問] 印紙税が課される文書の中には「譲渡に関する契約書」というのがありますが，売買契約書のほかどんな場合の契約書がこれに該当するのでしょうか。

[答] 譲渡とは，資産，権利その他の財産をその同一性を保持したまま他人に移転させることをいいますから，譲渡することについて対価を受けるかどうかは全く関係がありません。

したがって，「譲渡に関する契約書」には，売買契約書，交換契約書，贈与契約書，代物弁済契約書，法人等に対する現物出資契約書，寄附行為書などのほか競売，公売，収用，物納等に伴って作成される契約書など所有権などの権利を移転することについての契約書は全て含まれます（基本通達第13条）。

8. 契約書を正副2通作成した場合等

> [問] 一つの契約について契約書を2通作った場合には，そのうち正本だけに収入印紙を貼ればよいのですか。それとも正副の2通とも収入印紙を貼らなければならないのですか。また，副本としないで写しとした場合はどのようになりますか。

[答] 印紙税は，契約が成立したという事実そのものを課税対象とするの

第3　契約書の取扱い　　　　　　　　　　31

ではなく，契約の成立を証明する目的で作成された文書を課税対象とするものですから，一つの契約について2通以上の文書が作成された場合であっても，その2通以上の文書がそれぞれ契約の成立を証明する目的で作成されたものであるならば，全て印紙税の課税対象となります。契約書は，契約の当事者がそれぞれ相手方当事者に対して，成立した契約の内容を主張するために作られるものですから，各契約当事者が1通所持する必要が生じます。この場合，契約当事者の一方が所持するものには正本又は原本と表示し，他方が所持するものには写し，副本，謄本などと表示することが一般に行われています。しかし，写し，副本，謄本などという表示をしても，それが契約の成立を証明する目的で作成されたものであれば，正本又は原本と同様に印紙税の課税対象となります。

　ところで，契約書に写し，副本，謄本などと表示された文書の中には，契約の成立を証明するためではなく，単なる控えとするためのものもあります。そのため，写し，副本，謄本などと表示された文書が，契約の成立を証明する目的で作成されたかどうかは，その文書の形式，内容など文書に記載された形態から判断することとなります。おおむね次のような形態のものは，契約の成立を証明する目的で作成されたことが文書上明らかですから，印紙税の課税対象となります（基本通達第19条）。

(1) 契約当事者の双方又は一方の署名又は押印があるもの（ただし，文書の所持者のみが署名又は押印しているものを除きます。）

(2) 正本（原本）と相違ないこと，又は写し，副本，謄本などであることの契約当事者の証明（正本との割印も含みます。）のあるもの（ただし，文書の所持者のみが証明しているものを除きます。）

　このように，写し，副本，謄本などと表示された文書が契約の成立を証明する目的で作成されたかどうかは，契約当事者の署名又は押印の有無を重視して判断することとしていますが，これはわが国においては，一般に印鑑の有無が文書の証明力の有無の一つの判断基準にされているからです。

　なお，このように契約書に写し，副本，謄本などと表示されたものも印紙税

の課税対象となるとしても，契約書の単なる写しや控えまで課税対象となるものではありません。すなわち，自己の所持する文書に自己のみの印鑑を押したものは，契約の相手方当事者に対しては証明の用をなさないものですから，一般に課税対象とはなりません。また，契約書の正本を複写機で複写しただけのものは，たとえ精巧なものであっても単なる写しにすぎませんから課税対象とはなりません。

9．覚書・念書の取扱い

　　[問]　当社は特殊な機械の製作注文を受け，契約書を取り交わしました。契約書の作成段階では，機械の細部の設計ができていなかったので，とりあえず製作金額2,000万円と決めておき，最終設計ができた時点でそれを確定することとしていました。このたび機械の最終設計ができ製作金額を2,500万円とすることに合意しましたので，その旨を記載した覚書を作りました。また，これと同時に，当初の製作金額との差額金額500万円は，当初の製作金額の支払と合わせて行うことについての念書を作成しました。
　　この場合の，覚書及び念書はどのように扱ったらよいでしょうか。

　　[答]　印紙税法上の契約書には，契約（予約を含みます。）の成立についての契約書だけでなく，その更改，変更，補充についての契約書も含み，また，契約書という名称のものだけでなく，協定書，請書，念書，覚書などの名称のものも含まれます。したがって，ご質問の機械製作契約書に関連して作成される覚書は当初の契約書の製作金額を変更する契約書として，念書は当初の契約書の製作金額の支払方法を補充する契約書として，いずれも請負に関する契約書（第2号文書）に該当します。
　　なお，「請負に関する契約書」の印紙税額は記載金額（この場合は契約書に記載された製作金額）によって異なることとなっています。覚書には最終設計後

の製作金額2,500万円のみが記載されていますから、その金額に応じた印紙税額を、また、念書は製作金額を定めるものでなく、製作金額の支払方法を定めるものですから、当初の製作金額との差額金額500万円は、債務金額を確定させた契約書を引用している限り、記載金額のない契約書としての印紙税が課税されることになります。

(注) 契約金額を変更する契約書の詳しい説明は、第4の問20「契約金額を変更する契約書」(60頁)を参照してください。

10. 仮契約書の取扱い

　[問]　不動産の売買に当たって、当初仮契約を締結し、その後本契約を締結する場合が多いのですが、このような場合に、当初作成する「仮契約書」には収入印紙を貼る必要があるのでしょうか。また、仮契約書に収入印紙を貼ってあれば、後日、本契約書を作成する場合には、収入印紙を貼る必要はないと考えられますが、いかがでしょうか。

　[答]　印紙税は、「文書税」といわれているように、課税文書を作成する都度課税される税金です。その反面、たとえ何億円という高額な取引があっても、文書（例えば「不動産売買契約書」）を作成しない限り、課税されないことになっています。もっとも、一般には、取引に当たって何らかの証拠書類が作成されるのが通例ですが、要するに文書税の建前上、文書が作成される限り、たとえ1個の取引について数通の契約書が作成される場合でも、また、仮契約と本契約の2度にわたって契約書が作成される場合であっても、それぞれの契約書に印紙税が課されることになっています。

　したがって、たとえ仮契約書に収入印紙を貼っている場合でも、別に本契約書を作成した場合は、この本契約書にも収入印紙を貼る必要があります（基本通達第58条）。

11. 契約当事者以外の者に提出する文書

> [問] 課税事項を記載している文書であっても，契約当事者以外の者（例えば監督官庁等）に提出する文書には印紙税が課されないと聞きましたが，それに間違いないでしょうか。

[答] 契約書とは，契約当事者の間において，契約の成立等を証明する目的で作成される文書をいいますから，契約当事者以外の者に提出又は交付する目的で作成される文書は，契約書には該当しません。しかし，文書の作成目的は，文書作成者の単なる主観に基づいて判断するのではなく，文書の形式，内容等から客観的に判断するのですから，契約当事者以外の者に提出又は交付する目的で作成されたものかどうかの判断も，文書の記載文言に従って行うこととなります（基本通達第20条）。

したがって，一般的には，その文書に提出又は交付先の記載のあるものがこれに該当することになります。

なお，文書の内容は，記載文言の実質的な意義に基づいて判断するのですから，文書に提出又は交付先を記載していたとしても，契約当事者が所持するものは，契約当事者以外の者に提出又は交付する文書ではなく，契約書そのものですから，課税されない文書とはなりません。

また，提出又は交付する目的は文書の作成時に判断するものですから，契約当事者の間における証明目的のために作成された文書が，たまたま結果的に契約当事者以外の者に提出又は交付されたとしても，このことをもって課税されない文書に該当することになりません。

ところで，ここでいう契約当事者とは，その契約書において直接の当事者となっている者のみでなく，その契約の前提となる契約及びその契約に付随して行われる契約の当事者等その契約に参加する者の全てを含みます。例えば，不動産売買契約における仲介人，消費貸借契約における保証人のような者は，ここにいう契約当事者に含まれることになります。したがって，契約当事者以外

第3　契約書の取扱い　　　　　　　　　35

の者とは，その契約に直接の利害関係を有しない，例えば監督官庁，融資銀行のような者をいいます。

　このように，保証人や仲介人の所持する契約書は課税されることとなるのですが，保証人や仲介人自身は当該契約に参加する者である一方，課税事項の直接の契約当事者（文書の作成者）ではありませんから，その契約書の納税義務は，消費貸借契約又は不動産売買契約の成立等を証明する者（借主，貸主又は売渡人，譲受人）が負うことになります。

12. 申込書等と表示された文書の取扱い

> 　　問　　申込書，注文書，依頼書等と称する文書には，課税となるものとならないものがあると聞いていますが，その判断基準はどこにあるのでしょうか。

　　答　　申込書，注文書，依頼書等と表示された文書（以下「申込書等」といいます。）は，一般的には契約の申込み事実を証明する目的で作成されるものですが，中には，契約の成立等を証明する目的で作成される文書なのに，取引の慣行等から，申込書等と表示するものがかなり多く見受けられます。

　契約書とは，契約の成立等を証明する目的で作成される文書をいい，証明する目的は文書の記載文言等その文書上から客観的に判断するというのが印紙税の基本的な取扱いですから，申込書等と表示された文書が契約の成立等を証明する目的で作成されたものであるかどうかの判断も，基本的にその文書上から行うこととなります（基本通達第2条，第3条）。

　このような契約の成立等を証明する目的で作成される文書は当然に契約書に該当するのですが，実務上，申込書等と表示された文書が契約書に該当するかどうかの判断はなかなか困難なので，基本通達第21条において一般的に契約書に該当するものを例示しています。

(1) 契約当事者の間の基本契約書，規約又は約款等に基づく申込みであること

が記載されていて，一方の申込みにより自動的に契約が成立することとなっている場合における当該申込書等。ただし，契約の相手方当事者が別に請書等契約の成立を証明する文書を作成することが記載されているものは除かれます。

　約款等に基づく申込みであることが記載されている申込書等は，原則として契約書に該当します。この場合の約款等に基づく申込みであることが記載されているかどうかは，申込書等に，約款等に基づく申込みである旨の文言が明記されているもののほか，約款等の記号，番号等が記載されていること等により，実質的に約款等に基づく申込みであることが文書上明らかなものも含まれます（このことは，次の(2)の場合も同じです。）。

　また，自動的に契約が成立するかどうかは，実態判断によります。すなわち，約款等で，例えば「申込書を受理した時に自動的に契約が成立するものとする。」とされている場合は，その申込書を提出した時に自動的に契約が成立するのは明らかですし，また，「申込書提出後，当方が審査を行った上了解したものについて契約が成立するものとする。」とされている場合は，その申込書を提出しても自動的に契約が成立しないことが明らかです。しかし，約款等にそのような明文の記載がない場合は，事実上その申込みによって自動的に契約が成立するかどうかを判断することになるわけです。

　ところで，約款等に基づく申込書等であっても，その申込書等に対してさらに請書等を作成することとしている事例がありますが，このように請書等を作成することとしているものは，契約当事者の間では請書等を契約の成立等を証明する文書とし，申込書等は単なる申込み事実を証明する目的で作成しているものと認められます。この場合は，請書等を契約書として取り扱い，申込書等は契約書としては取り扱わないこととしています。ただし，文書の作成目的は，文書上から客観的に判断するのですから，この場合でも，申込書等の文書上に，さらに請書等を作成する旨が記載されていることが必要です。請書等を作成する旨が記載されていないときは，申込書等も契約書として，また請書等も契約書として取り扱われます（このことは，次の(2)の

第3　契約書の取扱い　　　　　　　　　　　　　37

　場合も同じです。）。
(2) 見積書その他の契約の相手方当事者の作成した文書等に基づく申込みであることが記載されている当該申込書等。ただし、契約の相手方当事者が別に請書等契約の成立を証明する文書を作成することが記載されているものは除かれます。

　　見積書等契約の相手方当事者の作成した文書等に基づく申込みであることが記載された申込書等は、原則として契約書に該当します。この場合は、(1)の場合と違って、申込みにより自動的に契約が成立するかどうかは、契約書に該当することの要件とはなっていません。これは、契約の相手方当事者が作成する見積書等がいわば契約の申込みであり、これに基づく申込書等は、請書と同様の性格を有するからです。

(3) 契約当事者双方の署名又は押印があるもの

　　契約当事者双方の署名又は押印があるものは、一般に契約当事者の意思の合致を証明する目的で作成されたものと認められますから、原則として契約書に該当します。例えば、2部提出された申込書のうちの1部に署名又は押印して返却する申込書等がこれに該当します。

　　なお、申込書控等に署名又は押印して返却する場合であっても、その署名又は押印が意思の合致を証明する目的以外の目的でなされたことが明らかなものは、契約書には該当しません。例えば、単なる文書の受付印と認められるものや手付金とか申込証拠金の受領印を押印して返却したものなどがこれに該当します（頭金、初回金などの受領印のある場合は、契約の成立に伴って受け取るものといえますから、契約書に該当することとなります。）。

13. 見積書に基づく注文書と注文請書

　　[問]　当社は機械を製作している会社です。機械の部品の多くは下請会社に製造させていますが、その際には、まず下請先に見積書を提出させ、当社はその見積書に基づいて注文書を交付することとしています。こ

のような見積書に基づく注文書には，収入印紙を貼る必要があるのでしょうか。

　答　機械の部品を注文によって製造させることを内容とする契約は請負契約であり，それについて作成される契約書は，請負に関する契約書（第2号文書）として印紙税の課税対象となります。

　一般に注文書という表示は，契約の申込事実を証明する目的で作成される文書につけられますから，たとえ見積書に基づく注文書であっても，ただ単に注文書とのみ表示され，見積書に基づく注文である旨が記載されていないものは，契約書ではなく契約の申込文書と判断されます。これに対し，注文書と表示されている文書でも，見積書に基づく注文である旨が記載されているものは，もはや単なる申込文書ではなく，契約の申込みに対する承諾を内容とする文書であることがその文書上，明らかとなりますから，契約書に該当することとなります。

　次に，見積書に基づく注文である旨が記載された注文書に対してさらに注文請書を作成する場合ですが，注文請書が契約書に該当することについては疑問のないところです。

　印紙税の納税義務は，課税文書の作成のときに成立し，その納税義務は，後日発生した事実によって左右されません。したがって，見積書に基づく注文書が課税文書に該当するかどうかは，その注文書を作成するときに判断するものであり，その判断結果は，後日，さらに注文請書が作成されたかどうかという事実の影響を受けません。すなわち，見積書に基づく注文である旨が記載された注文書は，たとえ後日，注文請書が作成されたとしても印紙税の課税対象となります。

　なお，見積書に基づく注文である旨が記載された注文書であっても，その注文書に対してさらに注文請書を作成することがあらかじめ予定されている場合には，当事者の間では注文書は単なる申込文書であり，注文請書でもって契約の成立を証明することとしていると認められますから，この場合の注文書は契

約書とはいえません。ただし，後日，注文請書を作成することとしている場合の注文書であっても，その注文書上にその旨が記載されていないものは，契約書として扱われることとなります。すなわち，注文書も注文請書も印紙税の課税対象となるのです（基本通達第21条）。

14. 見積書とワンライティングで作成される注文書

　　問　ワンライティング形式による見積書及び注文書は，見積書に取引内容を記入することにより，同じ内容が注文書に記載されますが，このように見積書とワンライティングで作成される注文書は，契約書に該当するのでしょうか。

　　答　見積書に基づく申込みであることが記載されている注文書は，原則として契約書に該当することになります（前問「見積書に基づく注文書と注文請書」参照）。
　ところで，注文を受けようとする者が事務の簡素合理化等の見地から，ワンライティングで見積書と注文用紙にその内容を記載し，発注者がその交付を受けた注文用紙を注文書として使用する場合は，実質的には見積書に基づく注文書ではないかという疑問も生じますが，見積書に基づく申込みであることが記載されていませんから，契約書には該当しないものとして取り扱われます。

15. 複写式で作成される「整備売上（控）」

　　問　当社は，車のディーラーですが，自動車の整備を請け負い，作業が完了した際に，作業内容，代金の支払方法等を記載した「整備売上（控）」を「請求書」とともに顧客に交付します。このうち，「整備売上（控）」については，顧客から署名を受けて回収しますが，契約書に該当しますか。

[答]　印紙税の課税対象となる「契約書」とは，課税の公平を期する観点から，世間一般の常識よりはかなり広い範囲で定義されています（第3の問1「印紙税法上の契約書の意義」（22頁）参照）。

　ご質問の文書は，請負契約に伴う代金の支払方法が記載されていて，それに注文者が署名していますから，単なる控えではなく，請負契約の重要事項である代金の支払方法について補充（合意）した事実を証明する文書，すなわち，契約書として評価されます。

　なお，ご質問の方法により作成した場合は，ディーラーは単に用紙を調製したにすぎませんから，署名する注文者（顧客）が作成者（納税義務者）となります。

16. 公正証書の正本

> [問]　公証人から交付を受ける公正証書の正本は，印紙税の課税事項が記載されていても，印紙税は課されないとのことですが，なぜでしょうか。

　[答]　公証人法は第43条に「公証人ハ嘱託人ヲシテ印紙税法ニ依リ証書ノ原本ニ印紙ヲ貼用セシムヘシ」と規定し，公正証書については原本のみを課税対象とすることを明らかにしていますから，公証人が公証人法第47条の規定により嘱託人又はその承継人の請求によって交付する公正証書の正本や謄本は，印紙税の課税対象とはなりません（基本通達第22条）。

第4 記載金額

1. 記載金額の意義

> **問** 課税文書に該当する契約書の中には契約金額によって税率の異なるものや一定金額未満のものを非課税としているものがありますが、この場合の契約金額とはどういうものをいうのか説明してください。

　答 契約金額とは、契約の成立等に関し直接証明の目的となっている金額をいいます。直接証明の目的となっている金額とは、契約書において証明しようとする事項についての金額、すなわち、契約の成立についての契約書であれば成立に係る金額を、契約の変更についての契約書であれば変更に係る金額を、契約の補充についての契約書であれば補充にかかる金額をいうのです。

　具体的な取扱いは基本通達第23条で次のとおり明らかにされていますから、これにより判断することになります。

(1) 不動産等の譲渡に関する契約書（第1号の1文書）及び債権譲渡又は債務引受けに関する契約書（第15号文書）のうちの債権譲渡に関する契約書譲渡の形態に応じ、次に掲げる金額

　イ　売買　　売買金額

　　（例）　土地売買契約書において、時価60万円の土地を50万円で売買すると記載したもの　　不動産の譲渡に関する契約書（第1号の1文書）50万円

　　（注）　60万円は評価額であって売買金額ではありません。

　ロ　交換　　交換金額

　　なお、交換契約書に交換対象物の双方の価額が記載されているときはいずれか高い方（等価交換のときは、いずれか一方）の金額を、交換差金のみが記載されているときは当該交換差金をそれぞれ交換金額とする。

（例）　土地交換契約書において
　　1　甲の所有する土地（価額100万円）と乙の所有する土地（価額110万円）とを交換し，甲は乙に10万円支払うと記載したもの　　不動産の譲渡に関する契約書（第1号の1文書）110万円
　　2　甲の所有する土地と乙の所有する土地とを交換し，甲は乙に10万円支払うと記載したもの　　不動産の譲渡に関する契約書（第1号の1文書）10万円
ハ　代物弁済　　代物弁済により消滅する債務の金額
　　なお，代物弁済の目的物の価額が消滅する債務の金額を上回ることにより，債権者がその差額を債務者に支払うこととしている場合は，その差額を加えた金額とする。
　（例）　代物弁済契約書において
　　1　借用金100万円の支払いに代えて土地を譲渡するとしたもの　　不動産の譲渡に関する契約書（第1号の1文書）100万円
　　2　借用金100万円の支払いに代えて150万円相当の土地を譲渡するとともに，債権者は50万円を債務者に支払うとしたもの　　不動産の譲渡に関する契約書（第1号の1文書）150万円
ニ　法人等に対する現物出資　　出資金額
ホ　その他　　譲渡の対価たる金額
（注）　贈与契約においては，譲渡の対価たる金額はないから，契約金額はないものとして取り扱われます。
(2)　地上権又は土地の賃借権の設定又は譲渡に関する契約書（第1号の2文書）　設定又は譲渡の対価たる金額
　なお，「設定又は譲渡の対価たる金額」とは，賃貸料は含まれず，権利金その他名称のいかんを問わず，契約に際して相手方当事者に交付し，後日返還されることが予定されていない金額をいう。したがって，後日返還されることが予定されている保証金，敷金等は，契約金額には該当しない。
(3)　消費貸借に関する契約書（第1号の3文書）　　消費貸借金額
　なお，消費貸借金額には利息金額を含まない。
(4)　運送に関する契約書（第1号の4文書）　　運送料又は用船料

(5) 請負に関する契約書（第2号文書）　請負金額
(6) 債権譲渡又は債務引受けに関する契約書（第15号文書）のうちの債務引受けに関する契約書　引き受ける債務の金額

2. 交換契約書の記載金額

> 問　当社では，事務所の隣接地を取得することになりましたが，その土地の地主の要望により，他に適当な土地を購入してこれと交換することになりました。
>
> この契約の証として「土地交換契約書」を作成しましたが，これには，提供する土地を5,000万円，提供を受ける土地を6,000万円と評価し，差額1,000万円は当方から現金で支払う旨を記載しています。
>
> この場合の契約書の印紙税はどのようになるのでしょうか。

答　土地を交換することは，互いに所有している土地の所有権を相手方に移転させることを内容とするものですから，不動産の譲渡に関する契約書（第1号の1文書）に該当することになります。

この事例のように，物と物を交換する場合には，何を印紙税法上の記載金額とみるかについていろいろの考え方ができます。

その一つは，交換は，土地Aを販売してその代金で土地Bを買い受けることの取引を簡略化したものにすぎないから，その実質的な取引の内容は，A土地の譲渡契約とB土地の譲渡契約があって，その代金の支払いは相殺の方法で行うこととした2個の契約に該当し，契約金額としてもA土地の対価とB土地の対価との合計額であるとするものです。

他の一方の考え方は，交換は，確かに2個の物の譲渡を内容としているものの，交換という契約体系からみれば1個の取引にすぎず，また，その履行も同時に行われることを前提としているところからみて，全体で評価すべきであって，契約金額についても，その交換価格によるべきであるとするものです。

現在の解釈としては後者の考え方をとっていて，交換対象物の双方の価格が記載されているときはいずれか高い方（等価交換のときは，いずれか一方）の金額を，交換差金のみが記載されているときはその交換差金を，それぞれ契約金額（記載金額）として取り扱うこととしています（基本通達第23条(1)のロ）。したがって，ご質問の場合には，高い方の価格6,000万円が記載金額として取り扱われます。

ところで，交換というのは，1個の契約により行われる取引ですから，A土地の売買契約が成立した後になって，B土地を給付することとなっても，これは交換とはなりません。例えば，当初A土地を通常の売買として譲渡した後，当事者双方の合意の上で，代金の支払いに代えてB土地を給付することとしても，後の契約は，いわゆる代物弁済契約であって，その文書には，記載金額に応じた印紙税を納付しなければなりません。

また，一般的な質問の中に，交換契約の目的は，物と物を交換することにあって金銭等の授受は予定されていないのであるから，交換対象物の評価額等を記載してあっても，評価額自体は記載金額に該当しないのではないかというものがあります。

しかし，契約当事者が交換に応ずるためには，自己の交換対象物はどれだけの価値があり，給付を受ける交換対象物にはどれだけの価値があるかを見定めてから，契約に応ずることになりますから，契約書に記載される評価額等は，この合意に達した契約上の価格，すなわち契約金額と評価されることになるのです。

交換の場合には，結果からみれば契約書上評価額等を記載しなくても取引において支障がないものがかなりありますが，この場合に，何らの金額も記載しないものは，記載金額のない契約書に該当することになります。

第4 記載金額

3. 贈与契約書の記載金額

> [問] 土地を贈与することの契約書に，時価1,000万円と記載した場合には，この金額は契約金額として取り扱われるでしょうか。

[答] 土地を贈与することは，土地の所有権を移転することを内容としますから，その贈与契約書は不動産の譲渡に関する契約書（第1号の1文書）に該当しますが，贈与契約は，もともと無償契約ですから，譲渡の対価たる金額はないことになります。

この場合に，仮に時価1,000万円と記載しても，この金額は無償で給付するものの相対的価値を表わしたものにすぎず，契約書に記載して契約金額として証明しようとする金額とは認められません。つまり，物を特定するなどの必要があって参考的に記載するものですから，印紙税法上は，贈与契約の評価額等は契約金額と評価しないで，記載金額のない契約書として取り扱われます。

なお，受贈者が贈与者の債務の履行を引き受けることを条件とする負担付贈与契約も同様に無償契約ですから，原則として記載金額のない契約書となりますが，負担の価格が贈与の目的物の価格と同等又はそれ以上である場合等その実質が売買契約又は交換契約と認められる場合は，記載金額のある契約書として取り扱われます。

4. 代物弁済契約書の記載金額

> [問] 代物弁済契約書に，その代物弁済により消滅する負債の金額を記載すれば，この金額は記載金額として取り扱われるのでしょうか。

[答] 代物弁済契約の場合の記載金額については，次のように取り扱われます（基本通達第23条(1)のハ）。

(1) 「債務1,000万円の支払いに代えて末記建物の所有権を移転する」といった

ように、本来負担している債務額を記載すること、この場合には1,000万円の不動産の譲渡に関する契約書（第1号の1文書）として取り扱われます。

(2) (1)の事項に付記して、「ただし、建物の価格に不足する300万円は債権者が現金で支払う」といったように、負担している債務額に併せて受領すべき差額を記載すれば、その建物の価格として計算できる金額（建物の価額が1,300万円であるということが計算できる。）が記載金額となります（差金だけ記載する場合には差金額）。

(3) 負担する債務額及び差金の授受額のいずれも記載しない場合には、記載金額のない契約書として取り扱われます。

5．債務承認弁済契約書の記載金額

> 問　債務承認弁済契約書に記載する金額は、契約金額に該当しないと聞きましたが、これはどういう理由からそのような取扱いとなるのでしょうか。

答　原契約書で、債務金額が確定しているときに、その支払方法などを定めるために作成する消費貸借の債務承認弁済契約書についてみますと、これは消費貸借に基づく既存の債務金額を承認し、併せて返還方法等を約する契約書であって、この契約書に記載されている既存の債務金額はこの契約書によって成立するものでなく、また、この契約書によって証明しようとする金額でもありません。

つまり、既に成立している金額を単に承認するものですから、契約金額とはなりません（承認に関する文書は、課税文書に該当しません。）。また、この契約書において変更又は補充する事項は消費貸借金額の返還方法等であって、契約金額を変更又は補充するものではありませんから、変更又は補充に係る金額もありません。したがって、この契約書は、契約金額の記載のない消費貸借契約書となるのです。

なお，同じような名称を用いていても，原契約書で契約金額の定めがない場合とか，原契約が口頭契約であるような場合には，その文書によって契約金額（消費貸借金額）を証明しようとすることになりますから，この場合には，債務承認金額と表示されていても単なる金額の承認とはなりません。

したがって，その文書に債務金額を確定させた契約書を引用して，別途契約金額のある契約書（原契約書）が存在することを明らかにしているものを契約金額の記載のない消費貸借契約書として取り扱うこととしています（基本通達第1号の3文書の3）。

【参考】

「債務承認弁済契約書」と称する文書であっても，例えば，物品売買による売買代金について，一定の日にその支払債務を承認し，併せて弁済方法を約するものや損害賠償金の支払債務について，一定の日にその支払債務を承認するとともに，併せて弁済方法を約するものは，通常，課税文書に該当しません。

なお，これらの債務について，消費貸借の目的とすることを約した場合（準消費貸借）の「債務承認弁済契約書」は，その債務承認金額を記載金額とする消費貸借に関する契約書（第1号の3文書）に該当します。

6．土地の賃貸借契約書等の記載金額

　□問□　地上権又は土地の賃借権の設定又は譲渡に関する契約書（第1号の2文書）の契約金額は，権利金のような金額をとらえ，地代や賃貸料は含まないこととされていますが，なぜでしょうか。

　□答□　印紙税法では課税物件を「地上権又は土地の賃借権の設定又は譲渡に関する契約書」としてとらえているところから，その契約金額とは，地上権や賃借権を設定又は譲渡することについて支払われる金額，すなわち設定又は譲渡の対価たる金額をいうこととなるのです。

地代や賃貸料は，地上権や賃借権を行使（使用）することについての金額であり，設定又は譲渡することについての金額ではありませんから，単に「土地の賃借権に関する契約書」としてとらえている場合であれば契約金額に含まれるとしても，「設定又は譲渡に関する契約書」としてとらえている以上は，契約金額とみることはできないのです（基本通達第23条）。

　なお，設定又は譲渡の対価たる金額には，権利金のほか，一般に礼金，更新料と称されているようなものも含みます。

　また，敷金，保証金は，後日返還されるものですから担保的な預り金であり，設定又は譲渡の対価たる金額とはなりませんが，このような名称を用いても後日返還されないものがあれば，その部分は，設定又は譲渡の対価たる金額となります。

（注）　保証金については，消費貸借契約の金額となる場合がありますから，課税物件編第1号の3文書の問15「建設協力金，保証金の取扱い」（179頁）を参照してください。

7．同一の号の記載金額が2以上ある場合

　　[問]　契約書の記載金額の取扱いに関し，課税物件表の同一の号の記載金額が2以上記載されている場合（例えばA工事とB工事を同時に契約した場合等）の取扱いについて説明してください。

　[答]　課税物件表の同一の号に該当する記載金額が2以上ある場合には，その合計額をその文書の記載金額とすることとされています（通則4のイ）。

　具体的に例示すれば，次のようになります。

（例）　1　請負契約書にA工事200万円，B工事300万円と記載されている場合──→請負に関する契約書（第2号文書）500万円

　　　　2　不動産及び鉱業権売買契約書に不動産1,200万円，鉱業権400万円と記載されている場合──→不動産，鉱業権の譲渡に関する契約書（第1号文書）1,600万円

第4 記載金額　　　　　　　　　49

8. 2以上の号の記載金額がある場合

[問] 契約書の記載金額の取扱いに関し、課税物件表の2以上の号の記載金額がそれぞれ記載されている場合の取扱いについて説明してください。

[答] 一の文書に2以上の号の課税事項が記載されている場合の記載金額の取扱いについては、それぞれの号の記載金額が区分して記載されているかどうかによってその取扱いが異なることになります。

すなわち、2以上の号に該当する文書は、通則3の規定によって一の号の文書に所属を決定し、その文書として課税することになるのですが、それぞれの号の記載金額を区分して記載していれば、所属する号のみの金額を記載金額とし、それぞれの号の記載金額を区分することができないときは全体の金額（所属する号以外の号の金額を明らかにすることができるときは、その部分の金額を除きます。）を記載金額とすることになっています（通則4のロ）。

これを具体的に例示すれば、次のようになります（基本通達第24条(2), (3)）。

1　一の文書に、課税物件表の2以上の号の課税事項が記載されているものについて、その2以上の号の記載金額がそれぞれ区分して記載されている場合
　　　その所属することとなる号の記載金額
　(例) 1　不動産及び債権売買契約書
　　　　不動産700万円　債権200万円 ──→ 不動産の譲渡に関する契約書
　　　　　　　　　　　　　　　　　　　（第1号文書）700万円
　　　　2　不動産売買及び請負契約書
　　　　　（不動産売買）
　　　　　土地300万円　家屋100万円
　　　　　（請　負）　　　　　　　　　　──→ 請負に関する契約書（第2号文書）
　　　　　A工事400万円　B工事200万円　　　　　　600万円

2　一の文書に、課税物件表の2以上の号の課税事項が記載されているものについて、当該2以上の号の記載金額がそれぞれ区分して記載されていない場合　　当該記載金額

（例）　不動産及び債権の売買契約書
　　　不動産及び債権500万円──→不動産の譲渡に関する契約書（第1号文書）
　　　　　　　　　　　　　　　　500万円

9．見積書等を引用した契約書

　[問]　第1号文書及び第2号文書について，契約金額が記載されていないものであっても，見積書等を引用していて契約金額が判る場合は，契約金額の記載があるものとされるとのことですが，具体的に説明してください。

　[答]　不動産の譲渡等に関する契約書（第1号文書）又は請負に関する契約書（第2号文書）で具体的な契約金額の記載がないものであっても，次のいずれかに該当するときは，それぞれに掲げる金額がその文書の記載金額となります。

イ　当該文書に係る契約についての契約金額の記載のある見積書，注文書その他これらに類する文書（以下「見積書等」といいます。）の名称，発行の日，記号，番号その他（以下「名称等」といいます。）の記載があることにより，当事者間において当該契約についての契約金額が明らかであるとき　当該明らかである契約金額

ロ　当該文書に係る契約についての単価，数量，記号その他の記載のある見積書等の名称等の記載があることにより，当事者間において当該契約についての契約金額の計算をすることができるとき　当該計算により算出した契約金額

　なお，通則4のホの(二)の規定では，引用される文書が課税物件表に掲げる文書であるとき（課税文書又は非課税文書であるとき）は適用されないことになっています。

　したがって，例えば，物品の委託加工に関する注文請書（請負に関する契約

書（第2号文書））に，「加工数量は1万個，加工料は委託加工基本契約書のとおりとする」旨の記載があり，契約金額の計算ができる場合であっても，引用されている委託加工基本契約書が課税文書に該当する（継続的取引の基本となる契約書（第7号文書））ことから，通則4のホの㈡の規定の適用はなく，結局，この注文請書は記載金額のない請負に関する契約書（第2号文書）となり，印紙税額は200円となります。

10. 国外で作成した契約書の記載金額を引用した文書

> 【問】 国内において造船建造本契約書を作成しましたが，契約金額については，国外で既に作成していた仮契約書を引用し，「仮契約書○条○項に規定する建造代価に○％とする」旨約定しました。この場合，本契約書の記載金額は，どうなるのでしょうか。

【答】 国外で作成された文書は，法の適用対象外となるため，印紙税の課税対象外とされます（第7の問1「外国で作成される契約書」(87頁)参照）。

ところで，不動産の譲渡等に関する契約書（第1号文書）又は請負に関する契約書（第2号文書）の記載金額については，その文書に契約金額の記載がなくても，他の不課税文書を引用していて，それにより契約金額が明らかにできる場合は，その金額を記載金額とすることとされています（通則4のホ(2)。前問「見積書等を引用した契約書」参照）。

したがって，本契約書の記載金額については，引用する国外で作成した仮契約書が，課税物件に掲げる文書（課税文書）に該当するかどうかにより，その取扱いが異なることになります。すなわち，課税文書に該当すれば記載金額なしと，該当しなければ記載金額あり（仮契約書○条○項に規定する建造代価の○％）ということになります。

これについて考えてみますと，仮契約書については，作成場所が本邦施行地外であることから，法第2条（課税物件）の規定の適用の余地はなく，結局，

課税物件表に掲げる文書には該当しないことになります。

　以上のことから，本契約書は，引用された仮契約書の建造代価により算出される金額が記載金額となります。

11. 契約金額が明らかである契約書

> ［問］　見積書等を引用した契約書について，「契約金額が明らかであるとき」及び「契約金額の計算をすることができるとき」とは，どういうことをいうのでしょうか。

　［答］　「契約金額が明らかであるとき」とは，当該文書に係る契約についての契約金額が記載されている見積書等を特定できる事項の記載があることにより，その引用されている見積書等を見れば契約金額が明らかになるときをいいます。

　例えば，工事請負に関する注文請書（請負に関する契約書（第2号文書））に「請負金額は貴注文書第〇号のとおりとする」旨の記載があり，引用されている注文書に記載されている請負金額が500万円であるときは，この500万円が当該注文請書の記載金額となります。

　「契約金額の計算をすることができるとき」とは，当該文書に係る契約についての単価，数量等の記載のある見積書等を特定できる事項の記載があることにより，その引用されている見積書等に記載されている単価及び数量等に基づき，又は見積書等に記載されている単価等と見積書等を引用している文書に記載されている数量等とに基づき，契約金額の計算をすることができるときをいいます。

（例）1　物品の委託加工に関する注文請書（請負に関する契約書（第2号文書））に，「加工数量及び加工料単価は貴注文書第〇号のとおりとする」旨の記載があり，引用されている注文書に記載されている数量が1万個で，加工料単価が500円である場合には，注文書の数量と単価とに基づいて計算した500万

第4 記 載 金 額　　　　　　　　　53

円（500円×1万個）がその注文請書の記載金額となります。
　2　物品の委託加工に関する注文請書（請負に関する契約書（第2号文書））に，加工料単価は「1個につき500円」と定められていて，加工数量は「貴注文書第○号のとおりとする」旨記載されている場合において，引用されている注文書の数量が1万個であるときは，当該注文請書に記載されている単価と引用されている注文書に記載されている数量とに基づいて計算した500万円（500円×1万個）がその注文請書の記載金額となります。

12. 単価，数量，記号等により記載金額を計算できる場合

　[問]　課税文書に単価と数量が記載されている場合には，これにより計算した金額が記載金額として取り扱われるとのことですが，このほかにも同じような取扱いがあるでしょうか。

　[答]　記載金額の取扱いに関し，通則4のホの㈠には「当該文書に記載されている単価及び数量，記号その他によりその契約金額等の計算をすることができるときには，その計算により算出した金額を当該文書の記載金額とする。」と規定しています。
　そこで，単価，数量，記号などにより，記載金額の計算をすることができる場合又は記号等そのものが金額を意味するものである場合には，記載金額のある文書として取り扱われるのです（基本通達第25条）。
（計算できる例）
　加工請負契約書にA物品　単価500円　数量10,000個と記載されているとき
⟶請負に関する契約書（第2号文書）500万円

13. 売上代金の受取書に記載金額があるとみなされる場合

　[問]　売上代金の受取書には，直接金額を記載しないでも，他の文書等に記載されている金額の受取書とみなされる場合があるとのことです

が，どういう場合に適用されますか。

　答　　通則4のホの㈢に，「第17号に掲げる文書のうち売上代金として受け取る有価証券の受取書に当該有価証券の発行者の名称，発行の日，記号，番号その他の記載があること，又は同号に掲げる文書のうち売上代金として受け取る金銭若しくは有価証券の受取書に当該売上代金に係る受取金額の記載のある支払通知書，請求書，その他これらに類する文書の名称，発行の日，記号，番号その他の記載があることにより，当事者間において当該売上代金に係る受取金額が明らかであるときは，当該明らかである受取金額を当該受取書の記載金額とする。」と規定されています。

　要するに，階級定額税率が適用される売上代金の受取書は，当事者間で金額を後日においても確認できるものであれば，金額に応じて課税することとされているのです。

　有価証券，支払通知書，請求書，その他の金額の記載のある文書を特定できる事項の記載があれば，当事者間で受取金額を明らかにすることができますから，これらの文書に記載されている金額は受取書上に記載されているとみなされることになるのです。

14. 外国通貨により表示された文書の記載金額

　問　　課税文書の記載金額を外国通貨により表示している場合には，その文書作成時の外国為替相場により本邦通貨に換算した金額が記載金額と考えてよいでしょうか。

　答　　外国為替相場は日々変動している実情にあり，こうした文書作成の日によって記載金額が異なることは適切でないとの配慮から，印紙税法では，記載金額が外国通貨により表示されている文書は，文書作成時における基準外国為替相場又は裁定外国為替相場により本邦通貨に換算した金額を記載金額と

することを規定しています（通則4のヘ）。

　現在，基準外国為替相場は米ドルについて，当該月の前々月中の実勢相場の平均値として財務大臣が日本銀行本店において公示しています。

　カナダ・ドル，中国元，スウェーデン・クローネ，スイス・フラン，スターリング・ポンド，ユーロ等の米ドル以外の外国通貨は，裁定外国為替相場として財務大臣が日本銀行本店で公示しています。

　なお，基準外国為替相場及び裁定外国為替相場は，日本銀行のホームページ（www.boj.or.jp）で確認することができます。

（換算の例）
　　平成27年6月に作成した債権売買契約書にA債権　米貨＄10,000と表示されているもの──▶債権譲渡に関する契約書（第15号文書）120万円
　　※平成27年6月において通用される基準外国為替相場1米ドル＝120円

15. 予定金額，最高金額等の記載がある文書

> ［問］　予定契約書に予定金額を記載しますが，この金額はあくまで予定にすぎず，これによって契約の履行を求めることはできないものですから，契約金額とみる必要はないと思われますが，いかがでしょうか。

　［答］　印紙税法では，予約契約書や条件付きの契約書も契約書に含むこととされていて，これらの契約書に記載されている金額は，本契約における記載金額と全く同一に取り扱われることになります。

　したがって，予定金額，換算金額，最高金額，最低金額として記載した金額も，印紙税法上の契約金額に含まれます（基本通達第26条）。

　なお，具体的事例により例示すれば，次のとおりです。
(1)　予定金額250万円と記載したもの──▶250万円
(2)　概算金額250万円と記載したもの──▶250万円
(3)　約250万円と記載したもの──▶250万円

(4) 最低金額50万円と記載したもの──▶50万円
(5) 最低50万円以上と記載したもの──▶50万円
(6) 最高金額100万円と記載したもの──▶100万円
(7) 最高100万円以下と記載したもの──▶100万円
(8) 50万円から100万円までと記載したもの──▶50万円（この場合には最低金額をとります。）

（注） 予定単価及び予定数量等の記載があって予定金額等が計算できるときは、その計算したところの金額によることになります。
(1) 予定単価1万円，予定数量100個と記載したもの──▶100万円
(2) 最低単価1万円，概算数量100個と記載したもの──▶100万円

16. 契約の一部の金額だけ記載されている場合

[問] 請負契約書に，「Ａ工事100万円。ただし，付帯工事については実費による。」と記載したような場合，記載金額の取扱いはどのようになりますか。

[答] 課税文書に該当するかどうかは文書の全体的な評価での判断のみでなく，個々の内容についても判断するという基本的な取扱いから，記載金額についても，全体の金額だけでなく，一部の金額も含めて取り扱うこととなります（基本通達第27条）。

事例の場合には契約の一部のＡ工事部分についての記載金額がありますから，記載金額100万円の請負に関する契約書（第2号文書）となります。

17. 手付金額，内入金額の記載がある文書

[問] 不動産の譲渡契約書において，契約金額は別途不動産鑑定士の評価額によることとし，手付金額として200万円を受領した場合，この手

付金額は契約金額に該当しますか。

　[答]　手付けには，解約手付け，証約手付け，成約手付け，違約手付け等種々の目的のものがありますが，契約が履行されるときはその代金等の一部に充てられるものであり，また内入金（内金）は契約代金の全額の支払に先立って支払われる一部の代金であって（本来は代金の一部弁済にすぎませんが，中には契約の成立の証拠となるほか解約手付けの性質を有するものがあります。），いずれもその契約の成立等に関し直接証明の目的となる金額ではありませんから，記載金額には該当しないこととされています（基本通達第28条）。

　しかし，手付金額又は内入金額と記載されていても，その実質が契約金額又は契約金額の一部と認められるものは記載金額として取り扱われることはいうまでもありません。また，契約書に契約金額自体は具体的に記載されていなくても，「手付金（内入金）額は契約金額の1割に相当する10万円とする。」と記載されていると，その手付金（内入金）額10万円から算出される100万円が契約金額となります。

　なお，手付金額，内入金額の受領事実も併せて記載されている場合には，手付金額，内入金額などは受取書の記載金額に当然該当することとなりますから，その金額が100万円を超える場合には，通則3のイ又はハのただし書の規定により売上代金に係る金銭の受取書（第17号の1文書）となります。

　ご質問の場合には，記載金額のない不動産の譲渡に関する契約書（第1号の1文書）と記載金額200万円の売上代金に係る金銭の受取書（第17号の1文書）に該当しますから，通則3のイのただし書の規定により売上代金に係る金銭の受取書（第17号の1文書）として取り扱われます。

18. 月単位等で契約金額を定めている契約書

　[問]　ビル清掃請負契約書において，「清掃料は月10万円，契約期間は1年とするが，当事者異議なきときは更に1年延長する。」と記載した

場合には，記載金額はどのようになるでしょうか。

　答　課税文書の記載金額については，単価，数量，記号その他によりその契約金額等の計算をすることができるときは，その計算される金額を記載金額とすることとされています（通則4のホの㈠）。

　料金等を月単位等で定めているものは，その金額に契約期間の月数等を乗じて記載金額を算出することができますから，契約金額を月単位等で定めている契約書で，契約期間の記載があるものは当該金額に契約期間の月数等を乗じて算出した金額が記載金額となり，契約期間の記載がないものは記載金額がないことになります。

　また，契約期間の更新の定めがあるものについては，更新前の期間のみを算出の根基とすることとし，更新後の期間は含まないものとして取り扱うこととされています（基本通達第29条）。

　したがって，事例の場合には月単位の料金10万円，契約月数更新前の12か月ですから，その記載金額は120万円となります。

　なお，契約金額を月単位等で定めている契約書については継続的取引の基本となる契約書（第7号文書）にも該当する事例がありますから，取扱いに注意する必要があります。ご質問のビル清掃請負契約書についてみますと，これは請負に関する契約書（第2号文書）と継続的取引の基本となる契約書（第7号文書）に該当するのですが，請負に関する契約書（第2号文書）についての記載金額（120万円）があるところから通則3のイの本文の規定により請負に関する契約書（第2号文書）となるものです。しかし，その契約書に契約期間の記載がなく，したがって請負に関する契約書（第2号文書）についての記載金額がない場合は，通則3のイのただし書の規定により継続的取引の基本となる契約書（第7号文書）となります。

第4 記載金額

19. 最低金額の計算ができる基本契約書

　　問　当社は事務用機器の販売会社ですが，顧客に販売した事務用複写機について，その保守・維持サービスを目的とした約定を顧客との間で結ぶこととしています。

　当社で作成したその様式には，機器の保守・維持を行うための点検・調整，部品の修理交換についての取決め事項のほか，料金として，基本単価は作成コピー1枚につき8円，毎月の最低保証額は作成コピー800枚分とするが，基本単価は毎年4月に改訂する場合があることの記載があります。

　また，約定の適用期間は，機器の納入日より5年間としています。

　この約定書は，印紙税法上どのように取り扱われるのか説明してください。

　　答　事務用機器などを常に正常に操作できるような状態に保つことの保守・維持管理契約書は，請負に関する契約書（第2号文書）に該当します。

　また，この契約書は契約期間が3か月を超えた2以上の請負に関する取引を継続して行うための取引条件を定めているものですから，継続的取引の基本となる契約書（第7号文書）にも該当します。

　このように，請負に関する契約書（第2号文書）と継続的取引の基本となる契約書（第7号文書）の双方に該当する文書の所属は，通則3のイによりその文書に契約金額の記載のあるものは請負に関する契約書（第2号文書），契約金額の記載のないものは継続的取引の基本となる契約書（第7号文書）と区分されることになります。

　ご質問の文書のように月単位で契約金額を定めている契約書については，月単位の契約金額に契約期間の月数を乗じて算出した金額がその文書の契約金額として取り扱われます。

　ところで，ご質問の場合には，「基本単価は作成コピー1枚につき8円，毎月の最低保証額は作成コピー800枚分」と記載されているだけですから，月単位で契約金額が定められていることになるのかどうかが問題となります。

印紙税法上の取扱いにおいては，予定金額，概算金額，最高金額又は最低金額が記載されている場合にも，それぞれの金額を契約金額として取り扱うこととされていて，これらの金額が単価・数量などの記載があることにより計算できる場合も同様に取り扱われます（基本通達第26条）。

したがって，ご質問の文書は，単価8円，数量800枚を乗じた6,400円が月単位の契約金額となり，これに5年分（60か月）を乗じた38万4,000円の契約金額の記載があるものとして取り扱われることになります。

なお，ご質問の文書においては，「基本単価は毎年4月に改訂する場合があること」の記載文言がありますが，この不確定な記載事項は，月単位の契約金額とか契約期間の算定上直接影響を及ぼすことはありません。

20. 契約金額を変更する契約書

> [問] 当社は，注文によって機械を製作している会社です。機械を製作する際には契約書を作成していますが，注文者の設計変更などによって製作金額が変更になることがしばしばあります。このように製作金額が変更になった場合には変更契約書を作成することとしていますが，この変更契約書の記載金額の取扱いについて説明してください。

[答] 変更契約書の記載金額については，変更前の契約金額を証明した契約書が作成されていることが明らかであるか否か，及びその契約書における契約金額の記載証明の方法等により，次のようにその取扱いが異なることとなります。

1 変更前の契約金額を証明した契約書が作成されていることが明らかな場合（通則4のニ，基本通達第30条）
 (1) 変更金額（変更前の契約金額と変更後の契約金額との差額）が記載されているとき（変更前の契約金額と変更後の契約金額が記載されていることにより変更金額を算出することができるときを含みます。)

イ　変更金額が変更前の契約金額を増加させるものであるときは，その変更金額が記載金額となります。
　　（例）　当初の製作金額90万円を110万円とすると記載したもの又は当初の製作金額90万円を20万円増額すると記載したもの──→記載金額20万円の請負に関する契約書（第2号文書）
ロ　変更金額が変更前の契約金額を減少させるものであるときは，その変更契約書の記載金額はないものとなります。
　　（例）　当初の製作金額90万円を70万円とすると記載したもの又は当初の製作金額90万円を20万円減額すると記載したもの──→記載金額のない請負に関する契約書（第2号文書）
(2)　変更後の契約金額のみが記載され，変更金額が明らかでないときは，変更後の契約金額が記載金額となります。
　　（例）　当初の製作金額を90万円に変更すると記載したもの──→記載金額90万円の請負に関する契約書（第2号文書）
2　変更前の契約金額を証明した契約書が作成されていることが明らかでない場合（基本通達第30条）
(1)　変更後の金額が記載されているとき（変更前の契約金額と変更金額とが記載されていることなどにより変更後の金額が算出できるときを含みます。）は，変更後の金額が記載金額となります。
　　（例）1　当初の製作金額90万円を110万円とすると記載したもの又は当初の製作金額90万円を20万円増額すると記載したもの──→記載金額110万円の請負に関する契約書（第2号文書）
　　　　　2　当初の製作金額90万円を70万円とすると記載したもの又は当初の製作金額90万円を20万円減額すると記載したもの──→記載金額70万円の請負に関する契約書（第2号文書）
(2)　変更金額のみが記載されているときは，変更前の金額を増額するもの又は減額するもののいずれもその変更金額が記載金額となります。
　　（例）　当初の製作金額を20万円増額すると記載したもの又は当初の製作金額を20万円減額すると記載したもの→記載金額20万円の請負に関する契約書（第2号文書）

なお，変更前の契約金額を証明した契約書が作成されていることが明らかな場合とは，その変更契約書に変更前の契約金額を証明した契約書の名称，文書番号又は契約年月日等，変更前の契約書を特定できる事項の記載があること又は変更前の契約書と変更契約書とが一体として保管されていること等により，変更前の契約書が作成されていることをいいます。

21. 契約金額の記載はないものとされる変更契約書

　[問]　原契約書（清掃請負契約）の契約期間の中途において作成する，次の例のような月額単価を減額する変更契約書の取扱いは，どのようになりますか。
（例）　原契約書　清掃の請負に関する契約書で，月額単価100万円，契約期間1年間と定めたもの（記載金額1,200万円の第2号文書）
　　　　変更契約書　原契約の契約期間中（例えば6か月経過時）に，その後の契約期間内（6か月）の月額単価を100万円から80万円に減額すると定めたもの

　[答]　一の文書が2以上の号に掲げる文書に該当する場合には，通則3の規定によりその所属が決定されます。

　次に，契約金額等を増額又は減額する課税文書のうち，変更前の契約書が作成されていて，かつ，変更金額（増減額部分の金額）が明らかなものの記載金額については，次によることとされています（前問「契約金額を変更する契約書」参照）。
(1)　契約金額等を増額するものは，増額部分の金額が記載金額となる。
(2)　契約金額等を減額するものは，記載金額のないものとなる。

　ところで，清掃請負基本契約書で月額料金を定めるものは，一般に，継続的取引の基本となる契約書（第7号文書）と請負に関する契約書（第2号文書）とに該当し，記載金額があれば請負に関する契約書（第2号文書）に，なけれ

ば継続的取引の基本となる契約書(第7号文書)に該当することとなります(通則3のイ)。

　ご質問のような場合には、上記の(2)に該当し、記載金額がないものとされるのかどうかという疑問ですが、ご質問の変更契約書には、契約期間及び減額後の月額料金の記載があり、契約金額の計算ができますから、文書上は480万円の契約金額(80万円×6か月)の記載があることになります。

　したがって、通則3のイの規定により請負に関する契約書(第2号文書)に所属が決定されることになり、次に、その税率の適用に当たっては、通則4のニの規定により記載金額の記載はないものとみなされますから、結局、ご質問の文書は、契約金額の記載のない請負に関する契約書(第2号文書)として取り扱われます。

22. 月額単価を変更する契約書の記載金額

　　□問□　請負(変更)契約書において、変更前契約書の契約期間後(自動更新後の期間)についての単価等を変更する場合、記載金額の取扱いはどうなるのでしょうか。
(例)　原契約書　①　エレベーター保守契約書
　　　　　　　　②　契約期間は平成27年4月1日から平成28年3月31日まで
　　　　　　　　③　双方異議がない場合には1年間の自動更新(以後、同じ)
　　　　　　　　④　保守料月額100万円
　　　変更契約書　①　平成27年〇月〇日付エレベーター保守契約書について月額単価の変更を定める。
　　　　　　　　②　保守料月額100万円を平成28年4月1日から平成29年3月31日まで月額120万円とする。

答　ご質問の文書は，原契約の契約期間後の期間（自動更新後の期間）の月額単価を増額する変更契約書ですが，変更前の契約金額等の記載のある文書が作成されていることが明らかかどうかにより，その取扱いが異なることになります（問20「契約金額を変更する契約書」（60頁）参照）。

　これについて考えてみますと，変更前の契約書が作成されていて，かつ，その契約書に変更前の契約金額が記載されていますが，変更契約書で定める変更後の月額単価は，自動更新後の期間を対象とするものであることに注意する必要があります。

　ところで，月単位で契約金額を定める契約書で，更新の定めのあるものの記載金額については，更新前の期間のみを算出の根基として取り扱っています（基本通達第29条）。したがって，原契約書の記載金額の判定に当たっては，更新後の期間は考慮されていないことになります。この取扱いを前提にしますと，ご質問の原契約書は，更新後の期間に係る契約金額の記載のある文書とは評価されないことに，すなわち，更新後の期間に係る契約金額の記載のある文書は作成されていないことに取り扱われます。

　以上のことから，本契約書（変更契約書）は，通則4のニの規定は適用されず，記載金額は，1,440万円（120万×12月）となります。

　なお，保守契約書のような継続する請負取引に関する契約書のうち，月額単価を変更する契約書についての記載金額等の取扱いは，おおむね，次のとおりとなります。

請負契約書の単価変更契約書等に対する取扱い

	事　例	取　扱　い
原契約	本エレベーター保守契約の契約期間は，平成27年4月1日から平成28年3月31日までとするが，双方異議がない場合は，更に1年延長することとし，その後もこれによるものとする。保守料は，月額100万円とする。	記載金額1,200万円（100万円×12月）の請負に関する契約書（第2号文書）である。

第4 記載金額

1	「原契約書の契約単価を平成27年10月1日以降月額120万円とする。」ことを内容とする契約書	請負に関する契約書（第2号文書）と継続的取引の基本となる契約書（第7号文書）とに該当し、当該契約書に契約期間が記載されておらず、当該契約書上契約金額を計算できないことから、通則3のイのただし書により継続的取引の基本となる契約書（第7号文書）となる。
2	「原契約書の契約単価を平成28年4月1日以降月額120万円とする。」ことを内容とする契約書	
3	「原契約書の契約単価を平成28年10月1日から月額120万円とする。」ことを内容とする契約書	
4	原契約書の契約単価月額100万円を平成27年10月1日から平成28年3月31日まで月額120万円とする。」ことを内容とする契約書	契約金額を計算できることから、通則4のニにより記載金額120万円〔（120万円－100万円）×6月〕の請負に関する契約書（第2号文書）となる。 （注） 平成27年10月から平成28年3月までの変更契約書
5	「原契約書の契約単価月額100万円を平成27年10月1日から平成28年9月30日まで月額120万円とする。」ことを内容とする契約書	変更金額を計算できることから、通則4のニにより記載金額840万円（120万円×12月－100万円×6月）の請負に関する契約書（第2号文書）となる。 （注） 平成27年10月から平成28年9月までの変更契約書
6	「原契約書の契約単価月額100万円を平成28年4月1日から平成29年3月31日まで月額120万円とする。」ことを内容とする契約書	通則4のニの適用要件である「当該文書に係る契約についての変更前の契約金額の記載のある文書」がないから、通則4のニは適用されない。 したがって、いずれも記載金額1,440万円（120万円×12月）の請負に関する契約書（第2号文書）となる。
7	「原契約書の契約月額単価100万円を平成29年4月1日から平成30年3月31日まで月額120万円とする。」ことを内容とする契約書	

23. 内訳金額を変更する契約書

[問] 当社は取引先との間で2件の請負工事を内容とする契約書を作成しました。この契約書には，A工事200万円，B工事300万円となっておりました。

その後，工事の内容をA工事300万円，B工事200万円と変更することの契約書を作成することになりました。

この変更契約書に対する印紙税の取扱いはどのようになりますか。

[答] 契約金額の内訳を変更又は補充する契約書については，原契約書の契約金額と契約総金額は同一であり，単に同一の号中の内訳金額を変更又は補充する場合には，これは契約当事者にとって経済的な変化をもたらすものではなく，また，印紙税法上の記載金額も変わりませんから，この場合には，記載金額のない契約書として取り扱われます（基本通達第31条）。

ご質問の場合には，双方とも合計金額500万円の金額の記載のある請負に関する契約書（第2号文書）ですから，この取扱いにより，変更契約書は記載金額のない第2号文書となります。

なお，該当する号が2以上ある契約書の場合や，不動産と動産を一括売買する場合の契約書等であって，各号の金額に影響を与える契約金額の変更契約書は，たとえ契約総金額が同一であったとしてもこの取扱いの適用はありません。

24. 税金額を記載した受取書等

[問] ゴルフ場でプレー代金総額5万円を支払い，領収書を受領しましたが収入印紙が貼っていませんでした。

その領収書には，5万円の内書きとして「ゴルフ場利用税2,400円を含む。」との記載がありましたが，このような場合の印紙税の取扱いについて説明してください。

第4　記　載　金　額

　[答]　自らの利益のためではなく，法律等によって税金を徴収することを義務付けられた者が徴収する税金部分について，印紙税の記載金額として取り扱うことは相当ではないことから，源泉徴収義務者又は特別徴収義務者が作成する受取書又は配当金領収証等のうちに，源泉徴収又は特別徴収に係る税金額が記載されている場合には，全体の記載金額からその税金額を控除した後の金額を印紙税法上の記載金額として取り扱うこととしています(基本通達第32条)。

　ご質問の場合には，ゴルフ場利用税（2,400円）が全体の受取金額5万円に含まれていて，かつ，その税金額が明記されているとのことですから，これを控除した受取金額は，47,600円となります。

　したがって，金銭の受取書（第17号文書）の非課税文書となる5万円未満の受取書に該当することとなります。

　なお，基本通達第32条の取扱いは，源泉徴収義務者又は特別徴収義務者が徴収すべき税金額を記載して作成した場合の受取書等に対する取扱いです。例えば，自動車販売業者が自動車の購入者が納付すべき自動車税等の納付手続を代行するため，その購入者から自動車税等に相当する金額を含めて受け取った場合に作成する受取書等に，その税相当額を記載していたとしても，その税相当額は控除されません。

【参考】
　税金の源泉徴収義務者又は特別徴収義務者とは，例えば，次のような者をいいます。
① 　所得税の源泉徴収義務者
② 　道府県民税及び市町村民税の特別徴収義務者
③ 　ゴルフ場利用税，軽油引取税等の特別徴収義務者

25. 消費税額等が区分記載された契約書等

　[問]　当社では取引に当たって作成する契約書や領収証は，取引代金とそれに課される消費税及び地方消費税額とは区分して記載することとし

ています。しかし，消費税及び地方消費税は，特別徴収又は源泉徴収による税金ではないことから，取引代金とそれに課される消費税及び地方消費税額との合計額が契約書等の記載金額になるのでしょうか。

　　答　消費税及び地方消費税の課税対象取引に当たって作成される次の課税文書で，消費税及び地方消費税の金額が区分記載されている場合又は税込価格及び税抜価格が記載されていることにより，その取引に当たって課されるべき消費税及び地方消費税の金額が明らかである場合は，その消費税及び地方消費税の金額は印紙税の記載金額に含めないこととされています（元.3.10付間消3-2「消費税法の改正等に伴う印紙税の取扱いについて」）。
① 　不動産の譲渡等に関する契約書（第1号文書）
② 　請負に関する契約書（第2号文書）
③ 　金銭又は有価証券の受取書（第17号文書）

　したがって，約束手形又は為替手形（第3号文書）及び債権の譲渡等に関する契約書（第15号文書）については，この取扱いは適用されないことになり，取引代金とそれに課される消費税及び地方消費税との合計額が契約書等の記載金額となりますから注意が必要です。

　この場合の「消費税及び地方消費税の金額が区分記載されている」とは，その取引に当たって課される消費税及び地方消費税の具体的な金額が明確に記載されていることをいい，「税込価格及び税抜価格が記載されていることにより，その取引に当たって課されるべき消費税及び地方消費税の金額が明らかである」とは，その取引にかかる消費税及び地方消費税を含む金額と含まない金額の両方を具体的に記載していることにより，その取引に当たって課されるべき消費税及び地方消費税の金額が容易に計算できることをいいます。「消費税及び地方消費税8％を含む。」等単に税率だけを表示した場合や「消費税及び地方消費税を含む。」等と記載している場合はこれらの場合には当たりません。

　なお，具体的には，次のような取扱いとなります。
　（例）1　請負契約書において，

　　　　　　　　第4　記　載　金　額

　① 請負金額　1,080万円　消費税及び地方消費税　80万円
　　 税抜金額　1,000万円
　② 請負金額　1,080万円　うち消費税及び地方消費税　80万円
　③ 請負金額　1,000万円　消費税及び地方消費税　80万円
　　　　　　　　　　　　　　　　　　　　　計　1,080万円

と記載されているものについては，消費税及び地方消費税の金額が具体的に記載されていますから，いずれも記載金額1,000万円の請負に関する契約書（第2号文書）となります。
　　また，
　④ 請負金額　1,080万円
　　 税抜金額　1,000万円

と記載されているものについては，消費税及び地方消費税を含む取引代金と含まない取引代金の両方が具体的に記載されていますから，やはり記載金額1,000万円の請負に関する契約書（第2号文書）となります。

2　請負契約書において，
　請負金額1,080万円（消費税及び地方消費税8％を含む。）

と記載されているものについては，消費税及び地方消費税の金額が具体的に記載されていませんから，記載金額1,080万円の請負に関する契約書（第2号文書）となります。

3　金銭の受取書において，
　① 領収金額　108万円
　　 税抜金額　100万円　消費税等　8万円
　② 領収金額　108万円　うち消費税等　8万円
　③ 物品販売代金100万円，消費税等8万円　計　108万円
　④ 領収金額　108万円
　　 税抜金額　100万円

と記載されているものついては，（例）1と同様に，いずれも記載金額100万円の売上代金に係る金銭の受取書（第17号の1文書）となります。

4　金銭の受取書において，
　① 領収金額　52,920円
　　 税抜金額　49,000円　消費税等　3,920円

② 領収金額　52,920円　うち消費税額3,920円
③ 物品販売代金　49,000円，消費税等3,920円　計　52,920円
④ 領収金額　52,920円
　　税抜金額　49,000円

と記載されているものについては，記載金額49,800円の売上代金に係る金銭の受取書（第17号の1文書）となり，記載金額が5万円未満であることから，非課税文書となります。

26. 消費税等の金額のみが記載された金銭又は有価証券の受取書

[問]　当社では，取引代金とその取引に課される消費税及び地方消費税とを別決済することがあります。この場合，消費税及び地方消費税の金額のみを受領した時に作成する金銭又は有価証券の受取書は，どのように取り扱われるのですか。

[答]　消費税及び地方消費税の金額のみを受領した際に交付する金銭又は有価証券の受取書については，記載金額のない売上代金以外の金銭又は有価証券の受取書（第17号の2文書）として取り扱われ，その受領金額にかかわらず，一律200円の定額税率が適用されます。

ただし，消費税及び地方消費税の金額が5万円未満の場合は，非課税文書として取り扱われます（元.3.10付間消3－2「消費税法等の改正に伴う印紙税の取扱いについて」）。

27. 消費税額等の区分記載後に一括値引きした場合

[問]　次の例のように，消費税及び地方消費税の金額を区分記載し，ここから更に一括値引きした金額を記載する文書の記載金額の取扱いはどうなりますか。

（例）　第2号文書において，

第4 記 載 金 額 　　　　　　　　　71

```
請負金額　100万円
消費税等　　8万円
　　計　　108万円
値　　引　　5万円
請負金額　103万円
```

　答　不動産の譲渡等に関する契約書（第1号文書），請負に関する契約書（第2号文書）又は金銭等の受取書（第17号文書）に，消費税及び地方消費税の具体的な金額が区分して記載されている場合には，その消費税等の額は記載金額に含めないこととされています（問25「消費税額等が区分記載された契約書等」(67頁) 参照）。

　ご質問の文書は，請負契約金額（値引き後）103万円に含まれている消費税等の額が具体的に記載されていませんから，原則どおり，契約金額の総額である103万円が記載金額となります。

(注)　取引の総額が記載されている場合は，消費税等の額を数値として具体的に記載していなくとも，消費税等の税率は明らかであるから，消費税等の額は逆算できるとも考えられますが，課税文書の中には，消費税等の課税取引と非課税取引が混在して記載されるものもあること，消費税等の端数処理の問題もからむこと，消費税等の額だけの決済等もあり得ること等から，消費税等の額を数値として具体的に記載した場合に限り，記載金額に含めないこととされているものです。

28. 記載金額1万円未満の不動産の譲渡等に関する契約書（第1号文書）又は請負に関する契約書（第2号文書）

　問　第1号文書と第2号文書には記載金額1万円未満の非課税規定があるのに，記載金額が1万円未満であっても課税される文書があるとのことですが，どういうものでしょうか。

答　不動産の譲渡等に関する契約書（第1号文書）と請負に関する契約書（第2号文書）については記載金額が1万円未満であっても，通則3の規定が適用されて第1号文書又は第2号文書に所属が決定されたものは，非課税とはならないこととされています（第1号文書及び第2号文書の非課税物件欄）。

　これは，課税文書の所属の決定は税額の高い方に決定するという基本的な法律構成となっているためです。

　例えば，9,000円の加工請負と100万円の債権譲渡を約する契約書は，通則3のイの規定により請負に関する契約書（第2号文書）となりますが，これを債権の譲渡又は債務の引受けに関する契約書（第15号文書）とみれば記載金額は100万円ですから，課税されることになります。したがって，このような文書は，請負に関する契約書（第2号文書）としての記載金額が1万円未満であっても非課税とはならないのです。

　一方，記載金額1万円未満の非課税の規定は，零細な取引についての文書は課税対象としないという趣旨から設けられたものですから，たとえ通則3の規定が適用されて第1号文書又は第2号文書となったものでも所属しないこととなった号に非課税規定があるものは非課税として取り扱うことが相当であるといえましょう。そこで，第1号文書又は第2号文書に所属が決定された文書で同時に該当する号が第15号文書又は第17号文書（いずれも記載金額についての非課税の規定のある号）であるものについては，それぞれの号の金額が1万円（第17号文書については5万円）未満のもの，又は合計金額が1万円未満のものを非課税とするという特例的な取扱いをすることとしています（基本通達第33条）。

・非課税文書として取り扱っている例
　（例）1　9,000円の請負契約と8,000円の債権売買契約とを記載している文書（請負に関する契約書（第2号文書））──→非課税
　　　　2　請負契約と債権売買契約との合計契約金額が9,000円と記載されている文書（請負に関する契約書（第2号文書））──→非課税

29. 無償等と記載された文書

> **問** 土地の贈与契約書に「対価０円」と記載した場合には、記載金額１万円未満として非課税文書に該当することになるのでしょうか。

答 契約書に、契約金額等は「無償」とか「０円」であると記載されている場合には、その契約書には契約金額の記載がないということであり、記載金額のない契約書になります（基本通達第35条）。

印紙税法では、例えば、不動産の譲渡等に関する契約書（第１号文書）又は請負に関する契約書（第２号文書）等については、契約金額（記載金額）が１万円未満である場合には非課税とすることとされています。

これは、零細な取引に伴って作成された契約書等については印紙税の負担を求めないとの観点から設定されているものですが、その一方で、契約金額の記載のないものについては、１通200円の最低税率を適用することとしています。

契約金額の記載がない場合には、それが零細な取引であるのか、又は取引自体は大きな取引であっても、その段階では契約金額が確定していないことから記載されていないものか判断することができないことから、一律に最低税率を適用することとしているものと考えられます。

このことから、基本通達では、契約書等に単に「無償」とか「０円」と記載したとしても、契約金額の記載がないものとして取り扱うことを明らかにしているものです。

ご質問の場合には、土地の贈与契約書に「対価０円」と記載しているとのことですが、贈与契約においては対価が０円であることは当然のことといえますから、記載金額のない文書となり、非課税規定の適用はありません。

なお、土地の時価が併せて記載されていたとしても、贈与契約である以上、その時価が契約金額として評価されることはありません。

【参考】

例えば、第２号文書に該当する加工請負契約書において、当初の請負対価

が19,000円であったものを10,000円減額する変更契約書を作成した場合には，最終的な請負対価が9,000円となることから，非課税文書となるのかどうか疑問のあるところです。

　この場合には，変更契約書の記載金額について，通則4のニの適用がある場合には記載金額の記載がない契約書として課税文書となりますが，それ以外の場合には，請負金額9,000円の請負契約書を作成したものとして非課税文書となります。

第5　追記等のみなし作成

1. 追記と併記又は混合記載の区分

> [問]　一の文書に2以上の課税事項が併記又は混合記載されている場合には、通則2及び3の規定によりいずれか一つの課税事項についての文書として印紙税が課されるのに対し、課税事項が追記される場合には、法第4条第3項の規定により新たな課税文書を作成したとみなされることとなっていますが、この併記又は混合記載と追記との区分はどうなるのでしょうか。

　[答]　追記とは、既に作成されている一の文書にその後更に一定事項を追加して記載することをいいますし、併記とは、一の文書に同時に2以上の事項を並列的に記載する、例えば建物と債権の売買とを区分して記載することなどをいいます。

　また、混合記載とは、一の文書に同時に2以上の事項を混然一体として記載する、例えば建物と債権と売買とを区分せず、一括して記載することなどをいいます（基本通達第37条）。

2. 追記により課税文書の作成とみなされる範囲

> [問]　ある文書に課税事項を追記した場合には、新たな文書の作成とみなされるものとみなされないものがあると聞きましたが、その区分について説明してください。

　[答]　次の課税文書については、他の課税文書の課税事項を追記しても、

また，他の課税文書にこれらの課税事項を追記しても新たな課税文書の作成とはなりません（法第4条第3項）。例えば，手形の裏面に手形金額の受取事実を記載しても追記としての課税は受けないことになります。
・約束手形又は為替手形（第3号文書）
・株券，出資証券等（第4号文書）
・合併契約書，吸収分割契約書，新設分割計画書（第5号文書）
・定款（第6号文書）
・貨物引換証，倉庫証券，船荷証券（第9号文書）
　これに対し，その他の課税文書に追記する場合には，新たに課税文書を作成したものとして，その追記した課税事項の内容に応じた印紙税を納付しなければなりません。
　ただし，追記する事項が金銭又は有価証券の受取事項である場合には，次の文書に追記したものに限り非課税の追記として取り扱われます（第17号文書の非課税物件欄3）。
・有価証券（手形，小切手，株券等）
・預貯金証書（第8号文書）
・信託行為に関する契約書（第12号文書）
・金銭又は有価証券の寄託に関する契約書（第14号文書）
・配当金領収証（第16号文書）
　なお，一の文書へ追記する事項が原契約の内容の変更又は補充についてのものであるときは，重要な事項に該当するものに限り新たに課税文書を作成したものとして取り扱われます（基本通達第38条）。
　この通達の規定は，原契約の内容の変更又は補充についての追記の取扱いを定めたものですから，契約の成立についての事項や課税物件表の契約書以外の課税事項を追記するものには適用はなく，これらのものは，当然新たに課税の対象となります。

3. 通帳等を1年以上継続使用する場合の課税

> **問** 通帳等を1年以上にわたり継続して使用する場合には，新たな通帳等を作成したものとみなされ，再度収入印紙を貼らなければならないとのことですが，その適用関係について説明してください。

答 印紙税法第4条《課税文書の作成とみなす場合等》第2項には，「通帳等を1年以上にわたり継続して使用する場合には，通帳等を作成した日から1年を経過した日以後最初の付込みをするときに新たな通帳等を作成したものとみなす」ことが規定されています。

これは，通帳によっては順次用紙を付け足していくものもあって，これらの課税のバランスをとるために1年当たり1冊の通帳として課税することとされているものです。この場合の1年を経過した日は，通帳に最初の付込みをした日の翌年の応当日となります。

法第4条第2項の適用関係を図示すれば，次のとおりです。

作成した日（最初の付込みの日付）	一年を経過した日	付込みした日	新たに作成したものとみなされる日
←―1年―→	←― 付込みなし ―→	←― 付込みあり	
(26・4・2)	(27・4・1)	(27・4・2)	(27・9・1)

4．通帳等に付け込むことが課税文書の作成となる場合

> ［問］ 受取通帳や判取帳に一定金額以上の付込みをすると、その付け込んだ事項の文書が別に作成されたものとして課税されると聞きましたが、その取扱いについて説明してください。

［答］ 印紙税法第4条《課税文書の作成とみなす場合等》第4項には、通帳（第19号文書）と判取帳（第20号文書）に次のことを付け込む場合には、その付込み行為は付け込んだ事項の文書を別に作成したものとみなすことと規定されています。

1　不動産等の譲渡に関する契約事項等（第1号文書）で10万円（注①）を超えるもの
2　請負に関する契約事項（第2号文書）で100万円（注①）を超えるもの
3　売上代金に係る金銭又は有価証券の受取事項で100万円を超えるもの（営業に関するものに限ります。）

注1　平成26年4月1日以降、印紙税の軽減措置の適用がある契約書により証されるべき事項を付け込む場合には、1については50万円、2については200万円となります。
　2　上記の金額は、消費税及び地方消費税の金額が区分記載されている場合又は税込金額と税抜金額の両方が記載されていることから消費税及び地方消費税の金額が明らかである場合は、その消費税及び地方消費税の金額は含めないところで判定することとされています（例えば、物品販売代金の受領事実を付け込む場合、「物品販売代金108万円、うち消費税及び地方消費税8万円」と付け込まれた場合は、新たな第17号文書の作成とはみなされません。）。

これは、別々の文書とすれば階級定額税率が適用されるような課税事実は、通帳方式で証明しても高負担の印紙税を課税することとして課税のバランスをとるための規定です。

なお、上記のことに該当する部分は、通帳等への付込みとはなりませんから、第1回目の付込みがこれに該当すれば、その段階では通帳等の作成があっ

第5　追記等のみなし作成

たことにはならず、第2回目以降のこれらに該当しない最初の付込み時に通帳等を作成したことになります。

(例)

請負通帳						
契約年月日	注文内容	数量	単価	価額	納期	請印
27.4.1	金属メッキ加工	1,200	1,100	1,320,000	27.4.5	印
27.4.3	〃	300	240	72,000	27.4.10	印
27.4.10	〃	200	260	52,000	27.4.15	印

{ 請負に関する契約書の作成とみなされ、請負通帳の作成とはならない。
{ 請負通帳の作成となる。

(**注**)　新たな文書の作成とみなされる付込みをした場合には、当該通帳等に新たに収入印紙を貼り付けて消印して納税する必要があります。

第6 作成者等

1. 課税文書の作成者の意義

問 法人の従業者名で契約書を作成する場合がありますが、この契約書の納税義務者は法人でしょうか、あるいは従業者でしょうか。

答 文書の内容は、その文書上に表わされている事項に基づいて判断するというのが印紙税の基本的な取扱いです（基本通達第3条）が、作成者の取扱いもこの例外となるものではありません。すなわち、文書を現実に誰が作成したか、また、その文書の効果は誰に帰属するかを問わず、その文書に記載された作成名義人が作成者となるのです。

ただ、法人等の役員、法人等や個人事業者の従業者の行為は、その法人等や個人事業者に直接的に帰属する（法人又は個人事業者が作成者としての責任を負う）ので、法人等又は個人事業者の業務若しくは財産に関して役員や従業者の名義で作成する文書については、法人等や個人事業者が作成者となります（基本通達第42条）。

2. 代理人が作成する課税文書の作成者

問 課税文書の作成者（納税義務者）は、作成名義人となるとのことですが、第三者の委任に基づいて代理人の名で作成するものも代理人が作成者となるのでしょうか。

答 代理人の行為の効果は直接に委任者たる本人に帰属するのですが、印紙税法の適用においては、文書を現実に誰が作成したか、又はその文書の効

果は誰に帰属するかを問わず，原則として，その文書に記載された作成名義人が作成者となります。

　代理人名義のみ記載した文書は，当然その代理人が作成者となりますが，代理人と委任者の双方の名義を表示するものについても，代理人が作成者となります（基本通達第43条）。

　また，代理人が現実に作成するものでも委任者名のみを表示する文書は，その作成名義人は委任者ということになりますから，委任者が作成者となります。

　このように記載方法によって納税義務者が異なる場合がありますが，実質的に誰が印紙税を負担するかは当事者間の問題となります。

　なお，前問の法人等の役員，法人等や個人事業者の従業者と本問の代理人との取扱いが異なるのは，役員や従業者の行為については法人等や個人事業者が責任を負うこととなるのに対し，代理人の行為については代理人自身が責任を負うこととなるからです。

3．課税文書の作成時期

　　問　課税文書に実際に収入印紙を貼らなければならないのは，どの時点となるのでしょうか。文書の種類ごとに例示してください。

　答　印紙税法では課税文書を作成したときに印紙税を納める義務を課しているのですが，この「作成」とは，単なる課税文書の調製行為をいうのではなく，課税文書となるべき用紙等に課税事項を記載し，これを当該文書の目的に従って行使することをいいます。

　したがって，「作成の時」とは，相手方に交付する目的で作成される課税文書については当該交付の時，契約当事者の意思の合致を証明する目的で作成される課税文書については当該証明の時，一定事項の付込みを証明することを目的として作成される課税文書については当該最初の付込みの時，認証を受ける

ことにより効力が生ずることとなる課税文書については当該認証の時となります（基本通達第44条）。

作成の時を文書の種類ごとに示すと，おおむね次のとおりです。
(1) 交付の時が作成の時となる文書　　手形，株券等，預貯金証書，貨物引換証等，保険証券，信用状，配当金領収証並びに受取書及び契約書のうち念書，請書のように契約当事者の一方が作成するもの
(2) 証明の時が作成の時となる文書　　契約書のうち契約当事者の双方が共同して作成するもの
(3) 最初の付込みの時が作成の時となる文書　　通帳等
(4) 認証の時が作成の時となる文書　　定款
(5) 本店に備え置く時が作成の時となる文書　　新設分割計画書

4．同一の号の課税事項が２以上記載されている文書の作成者

　　問　　一の文書に甲と乙，甲と丙及び甲と丁との間のそれぞれ200万円，300万円及び500万円の不動産売買契約の成立を証明する事項を区分して記載している場合，この文書の作成者はどのようになるのでしょうか。

　　答　　一の文書に同一の号の課税事項が２以上区分して記載されているものは，印紙税法上その同一の号の課税文書となるのですから，その所属する号の課税事項に関係する当事者は，全員が作成者となります（基本通達第45条）。

共同して作成した課税文書の印紙税は，共同作成者全員が連帯して納めることとなります（法第３条第２項）から，ご質問の文書については，甲，乙，丙，丁はその文書の記載金額1,000万円（200万円＋300万円＋500万円）に対する印紙税を連帯して納めなければなりません（現実に誰が負担するかを，甲，乙，丙，丁の協議によって決めることは差し支えありませんが，印紙税法上，乙は200万円に相当する部分だけを負担することを主張することはできません。）。

5. 2以上の号の課税事項が記載されている文書の作成者

> [問] 一の文書で，甲と乙との間の不動産売買契約と甲と丙との間の債権売買契約の成立を証明する事項が記載されている場合，この文書の作成者はどうなるでしょうか。

[答] 一の文書に課税物件表の2以上の号の課税事項が記載されているものは，いずれか一の号に所属が決定され，その所属した号に見合う収入印紙を貼ることとなり，所属しなかった号の部分については収入印紙を貼る必要はないところから，所属しなかった号の部分の当事者はその文書の納税義務者（作成者）とはならないことになります（基本通達第46条）。

したがって，ご質問の文書は，不動産の譲渡に関する契約書（第1号の1文書）に該当し，甲と乙が共同作成者となり，丙は作成者とはなりません。

6. 契約立会人が所持する契約書の作成者

> [問] ある不動産会社の仲介で，昨年の暮れに建売住宅を5,000万円で買いました。最近になって，この売買について作成した売買契約書に収入印紙が貼っていなかったということで過怠税の納付通知がきました。売買契約書は3通作成し，売主，買主，不動産会社の三者でそれぞれ1通保有することとしたのですが，不動産会社の保有していたものに収入印紙が貼っていないということで今回の追徴があったと聞きます。
> このような場合には，不動産会社に対して過怠税を課税するような措置がとれないでしょうか。

[答] 不動産の売買契約書は，不動産の譲渡に関する契約書（第1号の1文書）として印紙税が課税されます。この契約書に対する印紙税は，その文書の作成者である売主，買主が連帯して納付する義務を負うことになっていま

す。したがって、その仲介に当たった不動産会社には納税の義務はありません（基本通達第20条）。あなたと不動産会社との間にどのような約束があったかはわかりませんが、税法上の納税義務は、そのような私人間の約束によって変わることはありませんから、結局、課税文書に相当印紙が納付されなかったときは、全てその文書の作成者（売主及び買主）に対して責任が追及されることになります。

7. 共同作成した文書の連帯納税義務

> **問** 契約当事者が署名押印する方式の契約書についての印紙税は、その契約当事者が連帯納税義務を負うとのことですが、これはどういう関係の納税義務なのでしょうか。
> また、その印紙税を納税しなかった場合の責任分担、さらには印紙代を一方で負担した場合の関係について説明してください。

答 連帯納税義務というのは、同一の内容の租税について、二人以上の納税者がそれぞれ独立して全額の納付義務を有するけれども、そのうちの一人が納付すれば他の納税者の租税債務も消滅するという納税義務の関係をいいます。

国税の一般的な法律関係を規定した国税通則法の第9条には、「共有物、共同事業又は当該事業に関する財産に係る国税は、その納税者が連帯して納付する義務を負う。」と規定しているのですが、印紙税の課税対象となる文書を二以上の者が共同作成した場合にはこれは共同行為というべきもので、共有物又は共同事業に係る国税とはいえない面がありますから、これを印紙税法では別にその第3条第2項において、「一の課税文書を二以上の者が共同作成した場合には、当該二以上の者は、その作成した課税文書につき、連帯して印紙税を納める義務がある。」と規定しているのです。

このように、一つの課税文書を共同して作成した場合の印紙税の納税義務

は、その性質上、これを各作成者に分割した納税義務とすることは適当でないために、それぞれの作成者に全額の印紙税納付義務を負わせ、一方の者がこれを履行したときに、他の者の負う義務も含めて消滅するという連帯納税義務を負わせているのです。

ですから、仮に二以上の者によって共同作成した課税文書に印紙税の全部又は一部が納付されていない場合には、共同作成者のそれぞれに課されている納税義務を履行していないことになりますから、その義務は共同作成者の全員が怠ったことになり、責任の追及も各人に独立したものとしてなされることになります。

通常の場合、国からの責任追及は過怠税の賦課決定という形で行われるのですが、各人に独立した租税債務という性格上、作成者の全員に対しても、また、作成者の一部に対してだけでも過怠税を課すことはできます。

しかし、一部の作成者に対して責任追及の形をとるのは行政姿勢として好ましくありませんし、完納についての安全性の配慮から、原則として全員に対して過怠税の賦課決定を行うことにしています。

こうして、二以上の者にそれぞれ全額納めるように通知すれば、当然納めすぎ（過誤納）となる場合が生じます。この場合には、一人の者が最初に納付した段階で全員に対する租税債務が消滅することになり、その後に納めた人は、租税債務は消滅したのに納付したものとして、後から納めた人の過誤納ということになります。

次に、共同作成者の間の印紙税の負担関係ですが、これは、国に対する関係とは別に考える必要があります。

例えば、共同作成者の一方が印紙税を負担するという特約がある場合には、そのことをもって国に対する納税義務関係に影響を与えることはありませんから、他の者が負担することになっているという抗弁は認められません。しかし、その当事者間の契約としては有効なのですから、そういう特約があるのに他の者が実際に印紙代を負担したとか、不納付について過怠税の徴収が行われた場合には、その納付した印紙税相当額について求償権を行使できることにな

ります。

　また，印紙税の負担について何らの特約がなければ，共同作成者間で折半にするとか，2通作成した場合にはその所持する文書の印紙税額を負担するといったように，当事者間で任意に相談すればよいことになり，そのことについて国は一切関与することはありません。

　なお，課税文書の共同作成者の一員に，国，地方公共団体又は法別表第2に定める非課税法人（これらの者を「国等」といいます。）が加わっている場合には，法第4条第5項及び第6項に特別の規定があって，国等の所持する文書は国等以外の者が，国等以外の者が所持する文書は国等が作成したものとみなすことになっていて，国等の所持する文書にだけ印紙税を課税することにしていますから，国等以外の者が二人以上である場合にだけ連帯納税義務関係が生ずることになります。

第7 納　税　地

1. 外国で作成される契約書

　[問]　当社は、アメリカのK社と不動産の売買契約を締結することになりましたが、その契約書は、まず当社において合意に達した内容を2通の文書とし、それに代表者の署名押印をして相手方に郵送します。

　相手方においては、これに署名し、そのうちの1通は自己において保存し、1通は当社あてに返送してきます。このような方法で作成する売買契約書に対する印紙税の課税関係は、どのようになるのでしょうか。

　[答]　印紙税法は日本の国内法ですから、その適用地域は日本国内（いわゆる本邦地域内）に限られることになります。

　したがって、課税文書の作成が国外で行われる場合には、たとえその文書に基づく権利の行使が国内で行われる場合とか、その文書の保存が国内で行われることとなっても、印紙税は課されないこととなります。

　つまり、ご質問のような方法で作成する文書は、いつの時点で作成されたこととなるか、その作成場所はどこであるかを判断すれば、課税となるかどうかが決まることになります。

　印紙税法上の課税文書の作成とは、単なる課税文書の調製行為をいうのではなく、課税文書となるべき用紙等に課税事項を記載し、これをその文書の目的に従って行使することをいいます。

　このため、相手方に交付する目的で作成する課税文書（例えば、株券、手形、受取書など）は、その交付を行う時となりますし、契約書のように当事者の意思の合致を証明する目的で作成する課税文書は、その意思の合致を証明する時となります。

ご質問の契約書は，双方署名押印等する方式の文書ですから，貴社が課税事項を記載し，これに署名押印した段階では，契約当事者の意思の合致を証明することにはなりません。

　したがって，その契約当事者の残りのＫ社が署名等するときに課税文書が作成されたことになり，その作成場所は法施行地外ですから，結局，ご質問の契約書には印紙税法の適用はないことになります。

　ところで，1通の契約書は貴社において保存されることになりますから，いつ，どこで作成されたものであるかを明らかにしておかなければ，印紙税の納付されていない契約書について後日いろいろトラブルが発生することが予想されます。したがって，契約書上に作成場所を記載するとか，契約書上作成場所が記載されていなければその事実を付記しておく等の措置が必要となってきます。

　また，文書の作成方法がご質問の場合と逆の場合，つまり，アメリカのＫ社において課税文書の調製行為を行い，Ｋ社の署名等をした上で貴社に送付され，貴社が意思の合致を証明する場合には，貴社が保存するだけのものではなく，Ｋ社に返送する契約書にも印紙税が課されることになります。

　その場合の納税義務者は，契約当事者の貴社とＫ社となり，その納税義務は両者の連帯納税義務となります（不納付の場合には，実質的に貴社に対してだけ責任を追及されることになるでしょう。）。

　なお，文書上，法施行地外で作成されたことが記載されていても，現実に日本国内で作成される課税文書は，当然印紙税法が適用されることになります。

2．印紙納付による文書の納税地

> 問　誤って過大な印紙税を納付した場合の還付請求の手続は，特定の税務署にしなければならないとのことですが，どの税務署にすればよいのでしょうか。

第7 納税地

　答　印紙を貼り付ける方法によって印紙税を納付する課税文書は、過怠税の賦課決定及び過誤納の確認等を行う税務署長を決定する必要から、それぞれの文書において記載される作成場所の程度によって、納税地を特定することとしています（法第6条、令第4条）。

　したがって、還付請求の確認を行う税務署もこの納税地がどこであるかによって決まることになります。

　納税地の特定方法は次のとおりです。

(1) 作成場所が明らかにされている課税文書（課税文書に作成地である旨の表示をした上、いずれの税務署の管轄区域内であるかが判明しうる程度の場所の記載があるもの。例えば、「作成地、東京都千代田区霞が関」と記載されているもの）──→その作成場所

(2) その作成者の事業に係る事務所、事業所その他これらに準ずるものの所在地が記載されている課税文書（課税文書に作成者の本店、支店、工場、出張所、連絡所等の名称が記載された上、いずれの税務署の管轄区域内であるかが判明しうる程度の所在地の記載があるもの。例えば、「東京都千代田区霞が関　大蔵工業株式会社」と記載されているもの）──→その場所の所在地

(3) その他の課税文書──→当該課税文書の作成の時における作成者の住所（住所がない場合は居所）

(4) 2以上の者が共同して作成した課税文書

　イ　その作成者が所持している課税文書──→当該所持している場所

　ロ　その作成者以外の者が所持している課税文書──→当該作成者のうち当該課税文書に最も先に記載されている者（最も先に記載された者が非課税法人等であれば次位の者）のみが当該課税文書を作成したものとしたときの(1)～(3)の区分に応じた場所

3．印紙納付以外の納付方法による文書の納税地

> ［問］ 印紙納付以外の方法で印紙税を納付することとした場合，これの承認等を受けるべき税務署の区分を説明してください。

［答］ 承認等を受けるべき税務署は，納付方法によって次のようになります。
(1) 税印による納付の特例（法第9条第1項）──→税印押なつ機を設置している任意の税務署
(2) 印紙税納付計器の使用による納付の特例（法第10条第1項）──→納付計器を設置しようとする場所の所在地の所轄税務署
(3) 書式表示による申告及び納付の特例（法第11条第1項）──→課税文書を作成しようとする場所の所在地の所轄税務署
(4) 預貯金通帳に係る申告及び納付の特例（法第12条第1項）──→預金通帳を作成しようとする場所の所在地の所轄税務署
　なお，金融機関等が各支店分の預金通帳等を本店でコンピュータにより集中的に管理し，かつ，その預金通帳等に本店の所在地を記載している場合は，本店において全支店分をまとめて承認を受けてもよいこととされています。

第8 非課税文書

1. 非課税法人等から業務の委託を受けた者が作成する文書

> [問] 非課税法人（公共法人等）から業務の委託を受けた場合に、その非課税法人に代わって課税文書を作成することがありますが、これは非課税文書と考えてよいでしょうか。

[答] 非課税法人の表及び非課税文書の表は、特定の者の作成する文書を非課税とするものであり、また、文書の作成者とはその文書に記載された作成名義人をいうものです。したがって、特定の者から業務の委託を受けた者が作成名義人となっているものは特定の者が作成したことになりませんから、非課税とはなりません。

しかし、特定の者から業務の委託を受けた者が作成する文書であっても、その特定の者のみが作成名義人となるものは、非課税となります（基本通達第53条）。

2. 外国大使館等の作成した文書

> [問] 在本邦の外国大使館と不動産の売買契約書を2通作成しますが、この場合には2通とも印紙税が課税されることになるのでしょうか。

[答] 在本邦外国大使館、公使館、領事館（名誉領事館を除きます。）、外国代表部及び外国代表部の出張所の作成した文書については、国が作成した文書に準じて取り扱うこととされています（基本通達第54条）。

したがって、これらの者が作成する文書（その職員が職務上作成するものを含

みます。）は，印紙税の課税対象とはなりません。
　ご質問の場合のように共同作成する文書については，在本邦外国大使館等の非課税とされる者が所持する文書だけが課税されることになります（法第4条第5項，6項）。

3．国等の職員が作成した文書

> ［問］　国，地方公共団体又は非課税法人は印紙税の課されない団体ですが，これらの者と契約する場合には職員の名で文書が作成されることがあります。
> この場合，国等の作成した文書と考えてよいでしょうか。

　［答］　法人等の役員，従業員が職務上作成する文書はその法人等が作成者となるのと同じように，国，地方公共団体又は非課税法人の職員が職務上作成する文書は，その国，地方公共団体又は非課税法人が作成者となります（基本通達第56条）。
　したがって，国等の作成した文書として印紙税は課されません。

4．国等と国等以外の者とが共同して作成した文書

> ［問］　国等と国等以外の者が共同して作成した課税文書の課税関係について説明してください。

　［答］　共同作成した文書は，作成者全員の連帯納税義務となるのです（法第3条第2項）が，その共同作成者の1人に課税されない者がいると，全部のものが課税されないのか，又は全部課税されてその負担は他の者で行うこととするのかといった問題が生ずることになります。
　印紙税法では，共同作成される文書はおおむね各当事者が1通ずつ所持する

第8　非課税文書

という実態をとらえて，国等が所持する文書は他の者が作成して国等に交付したもの，他の者が所持する文書は国等が作成して他の者に交付したものとみなして，国等が所持するものについてだけ課税することとしています（法第4条第5項，6項）。

　例えば，国等（甲）と国等以外の者（乙）の共有地の売買契約書について売主甲及び乙，買主丙の間で売買契約書を3通作成し，甲，乙，丙がそれぞれ1通ずつ所持する場合には次のようになります。

　　甲が所持する文書　　　課　税
　　乙が所持する文書　　　非課税
　　丙が所持する文書　　{ 非課税（丙が国等以外の者である場合）
　　　　　　　　　　　　　課　税（丙が国等である場合）

第9　その他の共通事項

1. 後日正式文書を作成する場合の仮文書

> [問]　後日，正式文書を作成することとした場合に一時的に作成する仮文書は，課税文書に該当しないと考えてよいでしょうか。

[答]　印紙税は，課税事項を証明する目的で作成される文書を課税対象とするものですから，一つの事実について数通の文書を作成しても，それが課税事項を証明する目的で作成されたものであれば，証明力の強弱を問わず，全て課税対象となります（基本通達第58条）。

一般的なものとして仮受取書，仮契約書等多くの事例が見受けられますが，これらは全て印紙税法上は正式文書と同じに取り扱われます。

2. 同一法人内で作成する文書

> [問]　同一法人等の本店，支店及び出張所間等で，当該法人等の事務の整理上作成する文書は，課税文書に該当しないとのことですが，どのようなことか説明してください。

[答]　課税文書とは課税事項を証明する目的で作成される文書をいい，証明する目的とは自己以外の第三者に対してのものですから，同一法人のように同一人格の内部で事務整理上作成される文書は，証明目的の点からみて課税文書には該当しないことになります。

なお，手形は無因証券でありそれを取得した第三者はその作成原因を問わず権利を行使することができ，また貨物引換証等はその所持人が権利を行使でき

るのが本来の性格ですから，第3号文書及び第9号文書については，同一人格の内部で作成されても第三者に対しての証明力があることになり，非課税としては取り扱われません（基本通達第59条）。

3. 受託事務に基づき同一法人名義で作成する文書

> 問　当社は，内部事務のアウトソーシングを進めており，経理事務の一部として金銭等の出納事務も外部委託することとしています。
>
> この場合で，例えば，支店から本店あてとして事務受託会社に金銭の受入れがあったときは，その受入事実を明らかにするために，事務受託会社が委託会社である本店名義を記載するとともに，自己の名称を記載して金銭の受取書を作成し，支店に交付しています。
>
> このような場合に作成する金銭の受取書は，いわゆる同一法人内で作成する文書として印紙税は課されないと考えてよいでしょうか。

答　前問のとおり，印紙税の取扱いにおいては，同一法人内で事務の整理上作成される文書は，第三者に対して課税事項を証明するために作成するものではないことから，課税文書に該当しないことを明らかにしているところです。

ご質問の場合には，最終的に金銭を受け取る者は事務委託会社である本店であり，その支店あてに発行するものであることから，事務受託会社の名称を記載するとしても，本来的には本支店間における同一法人内の文書であり課税文書に該当しないのではないかとの疑義が生じます。

しかしながら，ご質問の受取書を作成するのは本店から事務委託を受けた事務受託会社であり，その事務受託会社が，金銭の受領事実を証するために作成し，支店へ交付するものです。

したがって，事務受託会社の名称が表示されている場合の受取書は，単なる本支店間の事務整理上の文書として作成されるものではなく，基本通達第59条

の適用はありません。

(注) 代理人が作成する文書に対する印紙税の取扱いについては，第6の問2「代理人が作成する課税文書の作成者」(80頁) を参照。

4. 有価証券の範囲

[問] 有価証券の寄託契約，有価証券の受取書などの課税文書に関係のある「有価証券」の範囲について説明してください。

[答] 「有価証券」とは，財産的価値のある権利を表彰する証券であって，その権利の移転，行使が証券をもってなされることを要するものをいいます (基本通達第60条)。

有価証券は，権利と証券とを結合することによって，権利の行使を安全円滑にするとともに，権利の流通性を高めるために作成されるものですが，移転，行使の態様及び権利と証券との結合の程度は種類によって一様ではありません。

証券上の権利の移転の方法により，無記名証券，記名証券，記名式持参人払証券，指図証券に区分されます。また，証券に表彰される権利の種類により債権証券，物件証券，社員権証券に区分されます。

有価証券の代表的なものは，手形，小切手，株券，出資証券，投資証券，国債証券，地方債証券，社債権，投資信託・貸付信託・特定目的信託又は受益証券発行信託の受益証券，貨物引換証，倉庫証券，船荷証券，商品券・テレホンカード等のプリペイドカード，社債利札等です。

有価証券自体が課税対象となるのは，このうち，手形，株券，出資証券，投資証券，社債券，受益証券，貨物引換証，倉庫証券，船荷証券です。

文書の有価証券性が問題となるのは，金銭又は有価証券の寄託に関する契約書 (第14号文書) 及び金銭又は有価証券の受取書 (第17号文書) の取扱いについてです。有価証券に該当する文書は，ここに掲げたもの以外にもかなりの種類

がありますから，取扱いに注意する必要があります。

なお，次のようなものは有価証券ではありません。
(1) 権利の移転や行使が必ずしも証券をもってなされることを要しない単なる証拠証券
   (例) 借用証書，受取証書，運送状
(2) 債務者が証券の所持人に弁済すれば，その所持人が真の権利者であるかどうかを問わず，債務者の責を免れる単なる免責証券
   (例) 小荷物預り証，下足札，預金証書
(3) 証券自体が特定の金銭的価値を有する金券
   (例) 郵便切手，収入印紙

5．営業の意義

> 問　受取書については営業に関しないものを非課税とする規定がありますが，この営業とはどういうものをいうのでしょうか。

答　印紙税法では，営業に関しない受取書は非課税文書とされていますし，継続的取引の基本となる契約書（第7号文書）に該当するかどうかの判断に当たっても，営業者の間の契約であるかどうかが問題となるように，営業の意義は重要なところです。

営業とは，一般に「営利を目的とした同種の行為を反復継続して行うこと」と解されていますが，個々具体的な事例になりますとその判断は難しいところです。

印紙税法上は，おおむね次のように取り扱われています。
(1) 株式会社等の営利法人の行う行為──→資本取引に関するものなど，基本通達別表第1において営業に関しないものとして取り扱う行為を除いて，全て営業に該当する。
(2) 公益法人の行う行為──→全て営業に該当しない。

(3) 協同組合等の(1), (2)に該当しない会社以外の法人の行う行為──→利益分配ができる法人が出資者以外の者と行う行為は営業に該当し，その他の行為は営業に該当しない。

(4) 人格のない社団の行為

　イ　公益及び会員相互間の親睦等の非営利事業を目的とする人格のない社団の行為──→全て営業に該当しない。

　ロ　イ以外の人格のない社団の行為──→収益事業に関する行為は営業に該当し，その他の行為は営業に該当しない。

(5) 個人の行為──→社会通念により判断することとなるが，商行為を業とするものは営業に該当する。

具体例については，課税物件編第17号文書の問37～51を参照してください。

第10 納付方法

1. 印紙の範囲

　　問　　印紙税を納付する場合の印紙については，印紙と称するものであれば，例えば自動車重量税印紙でもよいのでしょうか。

　　答　　国が発行している印紙には，収入印紙，自動車重量税印紙，雇用保険印紙，農産物検査印紙，自動車検査登録印紙，健康保険印紙，特許印紙，登記印紙（注1）がありますが，印紙税を納付するのは収入印紙によらなければなりません。
　また，既に彩紋が汚染等した収入印紙又は消印されている収入印紙若しくは消印されていない使用済みの収入印紙を課税文書に貼り付けても，印紙税を納付したことにはなりませんから，その課税文書は過怠税の対象となるほか，法第21条又は第22条の規定により処罰の対象となります（基本通達第63条）。
　（注）1　登記印紙については，平成23年4月で廃止され，登記事項証明書の交付請求等に係る登記手数料は，収入印紙で納付することとされました。ただし，登記印紙についても引き続き登記手数料の納付に使用することができます。
　　　　2　用紙に単に貼り付けた収入印紙で課税文書の作成がなされる前（消印前）のものは，使用済みの印紙ではありません。

2. 収入印紙の消印の方法

　　問　　契約書などに収入印紙を貼った場合には消印をすることとされていますが，この消印は契約書などに押した印で消さなければなりません

か。また，契約者が数人いる場合には，その全員が消さなければなりませんか。

　　答　印紙税の課税対象となる文書に収入印紙を貼り付けた場合には，その文書と収入印紙の彩紋とにかけて判明に収入印紙を消さなければならないこととされています（法第8条第2項）。そして，収入印紙を消す方法は，文書の作成者又は代理人，使用人その他の従業者の印章又は署名によることとされています（令第5条）。このように，消印する人は文書の作成者に限られておらず，また，消印は印章でなくても署名でもよいとされているところから，文書の消印は，その文書に押した印でなくても，作成者，代理人，使用人，従業者の印章又は署名であれば，どのようなものでも差し支えありません。

　ところで，消印は収入印紙の再使用を防止するためのものですから，それに使用する印章は通常印判といわれているもののほか，氏名，名称などを表示した日付印，役職名，名称などを表示したゴム印のようなものでも差し支えありません。

　署名は自筆によるのですが，その表示は氏名をあらわすものでも通称，商号のようなものでもかまいません。しかし，単に㊞と表示したり斜線を引いてもそれは印章や署名には当たりませんから，消印したことにはなりません。

　また，収入印紙は判明に消さなければならないこととされていますから，一見して誰が消印したかが明らかとなる程度に印章を押し又は署名することが必要であり，かつ，通常の方法では消印を取り去ることができないことが必要です。したがって，鉛筆で署名したもののように簡単に消し去ることができるものは，消印をしたことにはなりません。

　次に，消印は収入印紙の再使用を防止することを目的とするという趣旨のものですから，複数の人が共同して作成した文書に貼り付けた収入印紙は，その作成者のうち誰か1人の者が消せばよいこととされています。例えば，甲と乙とが共同して作成した契約書については，甲と乙の双方が消印しても甲と乙のどちらか1人が消印しても差し支えありません（基本通達第64条及び第65条）。

3. 収入印紙を貼らないで印紙税を納付する方法

> **問** 会社等で同一種類の文書が大量に作成される場合がありますが，このような場合に，収入印紙を貼らないで印紙税を納める方法はありませんか。

答 印紙税は，印紙税の課税対象となる文書（課税文書）に印紙税額に相当する金額の収入印紙を貼り付けて納付するのが原則とされていますが，課税文書が大量に作成されたり，また事務処理が機械化されるなどして，課税文書にいちいち収入印紙を貼り付けることが困難となる場合がしばしばあります。そこで，印紙税法には，課税文書に収入印紙を貼り付ける方法のほか，いくつかの納付方法が定められています。以下，その方法を簡単に説明します。

(1) 収入印紙の貼付けによる方法

　課税文書の作成者は，原則として，印紙税額に相当する金額の収入印紙をその課税文書に貼り付け，これに消印して印紙税を納付することとされています。この方法は最も一般的な方法であり，(2)以下の方法による場合は事前に税務署長に請求したり承認を受けるなどの手続が必要です。したがって，事前にこれらの手続をとっていない課税文書については，全て収入印紙を貼り付けて納付することとなります。

(2) 税印を押す方法

　課税文書の作成者は，その課税文書に収入印紙を貼り付けることに代えて，税印を押すことができます。この方法は，課税文書が一時に多量に作成されるような場合に，その課税文書にいちいち収入印紙を貼り付けることのわずらわしさを避けるために設けられたものであり，その方法は，あらかじめ印紙税を金銭で納付して，税務署に設置されている税印押なつ機により税印を押すのです。税印は，機械的な圧力により紙面に凹凸をつけることにより表示されます。

(3) 印紙税納付計器により納付印を押す方法

　課税文書の作成者は，税務署長の承認を受けて印紙税納付計器を設置し，この計器によって課税文書に納付印を押すことができます。この方法は，種々の形態の課税文書が継続的に作成されるような場合に，その課税文書に収入印紙を貼り付けることのわずらわしさを避けるために設けられたものであり，その方法は，あらかじめ印紙税を金銭で納付してその金額を印紙税納付計器にセットしておき，そのセットした金額の範囲内で，その課税文書の作成者が自ら納付印を押すのです。納付印は，印紙税額が表示されたスタンプです。

　なお，この納付印は，どのような種類の課税文書にも，また，承認を受ければ，設置者が受け取る課税文書にも押すことができます。

(4) 書式表示による方法

　特定の課税文書の作成者は，税務署長の承認を受けて，課税文書に所定の書式を表示することにより，金銭をもって印紙税を納付することができます。この方法は，同一種類の課税文書が継続的に作成されたり一時に多量に作成される場合に，その課税文書に収入印紙を貼り付けることのわずらわしさを避けるために設けられたものであり，その方法は，課税文書に一定の書式を表示するとともに，1か月間の作成数量を翌月末日までにとりまとめて申告し，その申告に係る印紙税額を金銭で納付するというものです。

　このほか，預貯金通帳については，税務署長の承認を受けることにより書式表示による方法と同じように，その文書上に所定の書式を表示し，印紙税は申告納付する方法が認められています。

　詳しくは，次問以下を参照してください。

4. 税印押なつによる納付の特例

> ［問］ 株券などに浮き彫りになった「税印」と表示したマークをみかけますが，これはどういう仕組みになっているのですか。

　［答］ 法第9条には，収入印紙により納付することに代えて印紙税相当額を現金で納付し，課税文書に税印を押すことを税務署に請求できることを規定しています。

　税印による印紙税の納付は課税文書の作成に先立って行われ，また，税印には納付した印紙税額が表示されないことから，現実に作成される段階になってみなければ印紙税額が確定しないような文書については，その請求は棄却されることになります。

　請求が棄却されるのは，次のいずれかに該当する場合です。

(1) 請求に係る課税文書に課されるべき印紙税額が当該課税文書の記載金額によって異なる場合で，かつ，当該記載金額が明らかでないとき
(2) 請求に係る課税文書が，当該請求の時点においては課税物件表のいずれの号の文書に該当するものであるかが明らかでない場合
(3) 請求に係る課税文書が，税印を明確に押すことのできない紙質，形式等である場合
(4) その他印紙税の保全上不適当であると認められる場合

〔税印の印影〕

〔税印押なつ機設置税務署〕

税印押なつ機を備えている税務署は次のとおり主要な税務署に限られていますから注意を要します（規則別表第2）。

所轄国税局又は沖縄国税事務所	税務署名
東　　京	麹町，日本橋，京橋，芝，四谷，麻布，浅草，品川，世田谷，渋谷，新宿，豊島，王子，本所，立川，横浜中，川崎南，小田原，千葉東，甲府
関 東 信 越	浦和，川越，熊谷，水戸，宇都宮，足利，前橋，長野，諏訪，松本，新潟，長岡
大　　阪	東，西，南，北，阿倍野，東淀川，茨木，境，門真，上京，下京，福知山，神戸，尼崎，姫路，奈良，和歌山，大津
札　　幌	札幌中，函館，小樽，旭川中，室蘭，北見，釧路，帯広
仙　　台	仙台北，盛岡，福島，いわき，秋田南，青森，山形，酒田，米沢
名　古　屋	名古屋中，名古屋中村，昭和，熱田，一宮，岡崎，豊橋，静岡，沼津，浜松西，津，四日市，岐阜北
金　　沢	金沢，小松，福井，富山，高岡
広　　島	広島東，海田，尾道，福山，山口，徳山，下関，宇部，岡山東，鳥取，米子，松江
高　　松	高松，松山，今治，徳島，高知
福　　岡	福岡，博多，飯塚，久留米，小倉，佐賀，長崎，佐世保
熊　　本	熊本西，大分，鹿児島，川内，宮崎，延岡
沖　　縄	那覇，沖縄

5. 印紙税納付計器による納付の特例

> **問** 最近，親会社が当社あてに交付する「受取書」には，収入印紙を貼る代わりに，税務署名と番号，金額等が赤色で表示されているものがありますが，これはどのような仕組みになっているのですか。

答 印紙税は，一般に収入印紙を貼って納付するのですが，そのためには，あらかじめ収入印紙を用意しておかなければなりません。ところが，印紙税の課税される書類を数多く作成する事業所等においては，幾種類もの収入印紙を，常時購入保管しておくことは煩わしいことでもあり，また，盗難等のおそれのあることもあって事務管理上手数のかかるものとなってきます。そこで，このような煩わしい手数を少しでも簡素合理化するために考えられたものが，印紙税納付計器による納付方法なのです。

印紙税納付計器によって印紙税を納付しようとする場合には，まず，その事業所の所在地を管轄する税務署長に「印紙税納付計器設置承認申請書」を提出します。税務署長は，この申請に基づいて調査した結果，承認しても差し支えないと認めたときは，承認番号を付してこれを通知します。ご質問のなかにありました「税務署名と番号」というのは，この承認番号のことです。

次に，承認を受けたら，印紙税納付計器を購入して，これを設置し，あらかじめ，10万円とか20万円とか一定期間に必要と認められる印紙税相当額を現金で納付し，税務署で印紙税納付計器をその額に合わせてセットしてもらいます。このセットに当たっては，税務署で所定の箇所に封印します。

(注) 印紙税納付計器又は納付印を製造しようとする者は，税務署長の承認が必要ですので，誰でも勝手に製造することはできません。したがって，印紙税の納付計器の購入に当たっては，正規の業者から入手するよう注意する必要があります。

そこで，印紙税納付計器のセットを完了しますと，必要な金額を必要の都度必要な書類に，納付印を押すことができるようになっています。納付印を押し

た金額の累計が，あらかじめ現金で納付した印紙税相当額に達したときは，納付計器は自動的に停止し，それ以後納付印を押すことはできないような構造になっています。

納付計器が作動しなくなった場合には，再び納付計器を税務署に提示（始動票札，セッティングカードと称するカード又はカウンタと称する機器を使用する機種については，使用済みのカード及びこれから使用しようとするカードを提示するだけでよい。）し，必要な額の印紙税相当額を現金で納付した後，印紙税納付計器をその額に合わせてセットしてもらえば，再び納付印を押すことができるようになっています。

このように，印紙税納付計器を使用すれば，印紙を貼る手間が省力化され，しかも収入印紙を保管する必要もなくなり，非常に便利になります。

納付印によって押される印影には，次の二種類のものがあります。

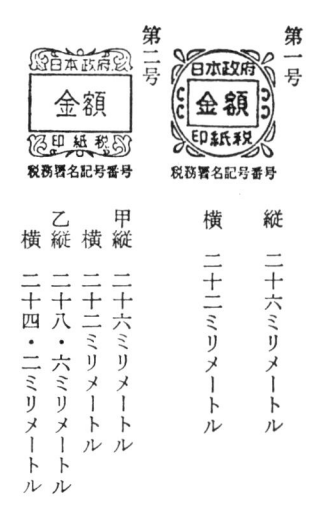

第一号
縦 二十六ミリメートル
横 二十二ミリメートル

第二号
甲 縦 二十六ミリメートル
　 横 二十二ミリメートル
乙 縦 二十八・六ミリメートル
　 横 二十四・二ミリメートル

なお，印紙税納付計器を使用して納付印を押すことができる文書は，印紙税納付計器を設置している者が作成する文書だけでなく，別に承認を受けることにより設置をしている者が取引の相手方から受け取る文書についても押すことができることになっています（法第10条）。

6. 納付印が押せる文書の範囲

> **問** 印紙税納付計器を設置したときに，納付印を押すことにより収入印紙の貼付にかえられる範囲を説明してください。

答 印紙税納付計器は，印紙税を納付するための専用機器ですから，印紙税納付以外の目的，例えば，登録免許税，自動車重量税，各種手数料を納付するために使用することはできません。
　印紙税納付計器を使用して納付印を押すことのできるのは，当該計器の設置者が作成する課税文書（単独作成する文書に限らず他の者と共同作成する文書でも差し支えありません。）であれば，その書類を問いません。
　なお，特例として，計器の設置者が交付を受ける課税文書に納付印を押すことについて税務署長の承認を受けたときは，その交付を受ける課税文書についても納付印を押すことができます（法第10条第2項）。
　これは，単に納付計器の使用範囲を一定の要件のもとに拡大したものであって，課税文書の作成者を計器の設置者に転換するという性質のものではありませんから，その課税文書に不納付の部分があれば，その責任追及は課税文書の作成者に対して行われることになります。

（注）　交付を受ける課税文書に納付印を押す場合，その印紙税の負担は作成者が負担すべき性質のものとなりますが，どのように精算等を行うかは当事者の間の問題となります。

7. 印紙税納付計器による被交付文書の範囲

> **問** 当社は，銀行ですが，印紙税納付計器を設置し，被交付文書への納付印押なつ承認を受けております。
> 　ところで，当行は，公庫等の取扱金融機関になっていることから，公庫等から融資を受ける者は，金銭借用証（差入書形式のもので，宛て先が公庫

等となっているもの）を当行に提出してきますが，この金銭借用証に納付印を押なつしてもよいのでしょうか。

　答　印紙税納付計器の設置者が，交付を受ける課税文書への納付印の押なつについて税務署長の承認を受けた場合は，自己が交付を受ける課税文書にも納付印を押なつすることができることとされています（法第10条第2項）。

　ところで，ご質問の金銭借用証は，宛て先が公庫等となっていることから，貴行が交付を受ける文書といえるのか疑義が生じるところです。しかしながら，貴行は，公庫等から委託を受けて代理人として貸付実行等の事務処理を行っており，かつ，現実の提出先が貴行となっているのですから，たとえ，宛て先が公庫等となっているとしても，取扱金融機関である貴行に提出する文書とみるべきと考えられます。

　したがって，ご質問の金銭借用証は，貴行に提出される時に納税義務が発生するものであり，かつ，貴行が交付を受ける文書と認められますから，納付印を押なつすることができることになります。

8．金融機関等が企業再編した場合の印紙税納付計器に係る手続

　問　金融機関等が合併等の企業再編を行った場合，印紙税納付計器に係る手続はどのようになりますか。

　答　次のように取り扱われます。
(1) 企業再編に伴って金融機関等の名称を変更する場合，登記上の存続会社である金融機関等の印紙税納付計器に係る手続については，名称変更の異動申告書を提出することとなります。
(2) 企業再編により消滅する金融機関等で使用していた印紙税納付計器については，存続する金融機関等又は設立される金融機関等の名義で名称変更の異動申告書を提出することとなります。

9. 書式表示による納付の特例

> 問　当社では，取引代金の決済に当たり，約束手形及び領収書を作成します。この約束手形及び領収書は毎月大量に作成するので，いちいち収入印紙を貼らないで印紙税を納める方法はないものでしょうか。

答　法第11条に書式表示による申告納付の方法が規定されていますので，この方法によるのがよいと考えられます。ただ，書式表示によることができる場合は，法律上の定められた次の要件に該当し，かつ，税務署長の承認を要することとなっています（令第10条，基本通達第78～90条）。

(1) 文書の書類は次のものであること
　① 毎月継続して作成されることとされている課税文書
　② 特定の日に多量に作成されることとされている課税文書
　　なお，①又は②の要件に当てはまるものであれば，課税文書の号別による制限はありません。
(2) 文書の様式又は形式は同一であること
　　この場合に，定型化された様式であれば，作成日付，数量，記載金額などを空欄にしておいて課税文書としての作成の都度それらを記載することとしているものも，同一の文書として取り扱われます。また，彩紋については，色が異なる程度のものは同一の文書の範囲に入ります。
(3) その作成の事実が後日においても明らかにされること
　　書式表示による方法は，課税文書を作成した月の翌月末を納期として印紙税を納付するいわゆる事後納付ですから，その作成事実が後日においても明らかにされているものでないと認められないのです。後日においても明らかにされているものとは，その文書がたとえ記載金額が免税点未満となることなどにより，印紙税の課税対象とならないとしても，他の必要性から必ず作成事績が記録されることとなっているものをいいます。
(4) 承認を受けた場合には，次のうちいずれかの表示をすること

|印紙税申告納付につき税務署承認済| |印紙税申告納付につき税務署承認済|
|縦 十五ミリメートル以上|縦 十七ミリメートル以上|
|横 十七ミリメートル以上|横 十五ミリメートル以上|

　この方法による印紙税の納付は，課税文書を多量に作成する場合には非常に簡便なものとなりますので，法定の要件に合致する限り，できるだけ承認をすることとされています。

10. 書式表示の承認の効力

　[問]　書式表示の方法による納付の特例について，毎月継続して作成するものは，各月ごとに承認を受ける必要があるのでしょうか。
　また，毎月継続するとは，どの程度継続する必要があるのでしょうか。

　[答]　特定の日に作成する文書（法第11条第1項第2号の文書）の承認は，その特定の日に作成するもののみに効果が及ぶのですから，他の日に作成する同一様式の文書についてはさらに承認を受けなければなりませんが，継続的に作成する文書（法第11条第1項第1号の文書）の承認は，一度承認を受けるとその承認が取り消されるまで有効です。
　ここでいう「毎月継続して作成されることとされているもの」とは，通常毎月継続して作成することを予定しているものをいい，1月以内において継続し

第10　納　付　方　法

て作成されることとされているものもこれに含めて取り扱うこととしています。

　また，例えば同一様式の株券を新株用と予備用として使用する場合のように，一定時点に大量に作成されるほか毎月継続しても作成されることとなるものもこれに含まれます。

　なお，株券は相手方への交付が課税文書の作成となるのですが，新株の発行のように特定の日付で調製されても株主への現実の交付（作成）は区々にわたるようなものは，株券に記載された特定の日を作成日として取り扱ってもよいこととしています（基本通達第82条）。

11. 金融機関等が企業再編した場合の書式表示に係る手続

> 問　金融機関等が合併等の企業再編を行った場合，書式表示に係る手続はどのようになりますか。

　答　企業再編に伴って金融機関等の名称を変更する場合，存続する金融機関等又は設立される金融機関等（以下「新金融機関等」といいます。）による文書については，改めて書式表示承認申請を行うこととなります（旧様式については，書式表示承認不適用届出書を提出する必要があります。）。

　なお，新金融機関等の名義で作成する文書について，企業再編の期日前に承認を受けようとする場合は，企業再編前の金融機関等（企業再編により消滅する金融機関等を含みます。）において承認申請を行い，企業再編後，名称変更に係る異動申告書を提出することとして差し支えありません。

（注）　企業再編に伴い，新金融機関等が得意先に交付する手形用紙の記載内容の一部（金融機関等の名称及びシンボルマーク等）が変更される場合，書式表示の承認を受けている作成者（金融機関等の顧客）は，この変更について改めて書式表示の承認を受ける必要はありません。

12. 非課税文書への書式表示

> [問] 書式表示の承認を受ける場合に，一部のものは金額を記載することによって非課税文書となるものがありますが，このような場合でも承認は受けられるでしょうか。

[答] 定型化された様式であれば，作成日付，数量，記載金額などが空欄となっているものも同一の様式の文書として書式表示の対象とすることとされていますから，後日，金額等が記載されることにより非課税となることがあっても承認は受けられます。

なお，書式の表示は，印紙税が納付済みであることを表わすものではなく，単に申告納税方式により印紙税を納付するものであることを表わすにすぎませんから，承認を受けた課税文書に，後日，金額等を記載したことによりそれが課税文書に該当しないことになったとしても，当該表示を抹消する必要はありません（基本通達第89条）。

13. 預貯金通帳に係る納付の特例

> [問] 預貯金通帳には一定の表示をして収入印紙を貼っていないものが多いのですが，どういった仕組みになっているのでしょうか。

[答] 預貯金通帳は，比較的長期間継続して使用されるのが通例となっていますが，通帳関係については1年以上にわたって使用しますと1年区切りで1冊の通帳を作成したものとみなされることになっています（法第4条第2項）。

預貯金通帳は数量も多く，常に1年経過分について注意しておくことは煩雑ですから簡便な納付方法が定められているのです（法第12条）。

これは，預貯金通帳の数と預貯金口座の数はほぼ同じであることに着目して，所轄税務署長の承認を受けた場合には，毎年4月1日現在の預貯金口座の

数によって申告納税し，その後改帳などによって新たに通帳を交付しても，印紙税の納付関係は発生させないこととするものです。

　この方法が認められる預貯金通帳は，普通預金通帳，通知預金通帳，定期預金通帳，当座預金通帳，貯蓄預金通帳，勤務先預金通帳，複合預金通帳及び複合寄託通帳となっており，預貯金通帳には定められた一定の表示をすることとされています。

　なお，この制度は毎年改めて承認を受ける必要があるのですが，申請の受付期間は２月16日から３月15日までの間に限られていますから，新規に承認を受けようとする方は特に注意する必要があります。

　表示の方法は，書式表示の場合と同じです。

14．預貯金通帳に係る一括納付の承認区分

　　問　定期預金通帳として，①普通定期預金通帳，②積立定期預金通帳，③自動継続定期預金通帳の３種類を作成している金融機関が，このうちの積立定期預金通帳についてだけ一括納付の方法により印紙税を納付し，他のものは印紙納付の方法により印紙税を納付することは認められますか。

　　答　預貯金通帳に係る納付の特例（一括納付）の方法による場合には，承認を受けようとする預貯金通帳の区分を記載した申請書を提出することとされており（令第12条第１項），預貯金通帳の区分は，普通預金通帳，通知預金通帳，定期預金通帳，当座預金通帳，貯蓄預金通帳，勤務先預金通帳，複合預金通帳及び複合寄託通帳とされています（令第11条）。

　したがって，ご質問の場合には「定期預金通帳」として承認が与えられることになりますから，その承認の効力は定期預金通帳として分類される預貯金通帳の全てに及ぶことになり，一部のもの（例えば積立定期預金通帳）についてだけ一括納付の方法により印紙税を納付することはできません。

15. 一括納付をする場合の口座の数の計算方法

> ［問］　一括納付をする場合の口座の数の計算はどのようにしてすることになりますか。

［答］　法第12条第1項《預貯金通帳等に係る申告及び納付等の特例》の規定による一括納付の承認を受けた場合には，毎年4月1日現在の預貯金通帳等に係る口座数により申告納付することになりますが，この場合の口座数の計算は，当該預貯金通帳等の種類ごとの当該預貯金通帳等に係る口座の数から，睡眠口座の数及び非課税預貯金通帳に係る口座の数を控除して算出することになります（令第12条第2項）。

この場合の計算の基礎となる同一種類の預貯金通帳等に係る口座の数には，預貯金契約により預貯金通帳を発行しないこととされている，いわゆる無通帳預金に係る口座の数はこれに含まれません（基本通達第103条）。

なお，預貯金通帳等に係る口座の計算は，統括して管理されている口座については各別の口座を合わせて1口座として計算することになっていることから，控除される睡眠口座についても，複合預金通帳及び複合寄託通帳に係る口座にあっては，当該通帳に付け込まれている二以上の口座に係る残高及び寄託がされている有価証券の券面金額の残高の合計額が1,000円未満であり，かつ，それぞれの口座における最後の取引の日からいずれも3年を経過したものがこれに該当することになります（令第12条第3項）。したがって，普通預金の残高が1,000円未満であっても定期預金の残高が1,000円を超える総合口座通帳（複合預金通帳）に係る口座や，受益証券の保護預りが4年前に終了し，2年前に普通預金の残高が1,000円未満となった信託総合口座通帳（複合寄託通帳）に係る口座は，いずれも睡眠口座には該当しないことになります。

また，「非課税預貯金通帳に係る口座」とは，第18号文書の非課税物件欄2に規定する通帳に係る口座，すなわち，非課税となる預貯金通帳に係る口座をいいます（令第12条第2項）。この非課税となる預貯金通帳には，①所得税法第

9条第1項第2号（非課税所得）に規定する預貯金に係る預貯金通帳，すなわちこども銀行の代表者名義により預け入れする預貯金に係る通帳，及び②所得税法第10条《障害者等の少額預金の利子所得等の非課税》の規定によりその利子につき所得税が課されないこととなる普通預金に係る通帳，すなわち，いわゆる所得税につき㊟が適用される普通預金通帳の2種類のものがあります。

①の預貯金通帳については特に制限はありませんから，その口座数は複合預金通帳の口座数から控除することができますが，②の通帳については，複合預金通帳に該当するものは除外されています（令第30条）から，たとえ普通預金に関する事項のみが付け込まれている総合口座通帳で，その普通預金が所得税について㊟の適用がされるものであっても，その口座は，複合預金通帳の口座数から控除することはできません。

一方，複合寄託通帳については，この通帳が第19号文書に掲げる通帳に該当するもので，第18号文書の預貯金通帳には該当しないことから，第18号文書の非課税物件欄の規定は適用されません。したがって，複合寄託通帳には「非課税預貯金通帳に係る口座」は存在しませんから，信託総合口座通帳に所得税が㊟扱いとなる普通預金に関する事項のみが付け込まれている場合であっても，その通帳に係る口座数を控除することはできません。

16. 複合預金通帳及び複合寄託通帳に係る口座の数の計算

　　問　複合預金通帳及び複合寄託通帳に係る口座の数の計算はどのようにするのでしょうか。

　　答　複合預金通帳及び複合寄託通帳については，二以上の預貯金又は預貯金と有価証券の寄託とに関する事項が併せて付け込まれることから，当該預貯金通帳等に係る口座は二以上あることになりますが，通帳の数と口座の数とをできるだけ一致させるという考え方から，「統括して管理されている一の預貯金通帳等に係る二以上の口座については，これらの口座を一の口座」とする

ことになっています（令第12条第2項）。

　したがって，二以上の預貯金等に関する事項が付け込まれている複合預金通帳又は複合寄託通帳の口座数は，各別の口座が統括して管理されているときはこれらを合わせて1口座となり，統括して管理されていないときは，当該通帳に付け込まれている各別の口座の数によることになります。

　ところで，「統括して管理されている」とは，各別の口座を統合する口座により統括して管理しているとき又は口座番号，顧客番号等により結合して管理しているときをいうものとし，具体的には，次のような口座の管理をしている場合がこれに該当します（基本通達第103条）。

（例1）　統合する口座により統括して管理しているもの

```
          ┌─── 統合口座 ───┐
          ↓    No.12345    ↓
       普通預金           定期預金
      No.123451         No.123452
```

（例2）　同一口座番号で統括して管理しているもの

```
    普通預金 ←─────→ 定期預金
   No.12345-1         No.12345-2
```

（例3）　基本口座により関連口座を索引する方法で結合しているもの

```
    普通預金 ─────→ 定期預金
  No.12345※-98765      No.98765
```

（例4）　顧客コードで統括管理しているもの

```
          ┌─── 顧客コード ───┐
          ↓    No.131       ↓
       普通預金           定期預金
      No.131-0123       No.131-3021
```

　この結果，総合口座通帳の口座数は，かつては，普通預金通帳兼定期預金通帳として普通預金及び定期預金に係る口座をそれぞれ1口座として計算していましたが，現在は，統括して管理されている口座については，これらを合わせて1口座として計算することになっています。

第10 納付方法　　　　　　117

17. 金融機関等が企業再編を行った場合の一括納付の適用関係

> [問]　一括納付の承認を受けている金融機関等が承認を受けた年の4月1日から翌年の3月31日までの間に他の金融機関等にその事業を譲渡した場合等、金融機関等の企業再編が行われた場合の一括納付の適用関係はどうなりますか。

[答]　金融機関等が企業再編した場合の一括納付の適用関係は、次のとおり取り扱われます（基本通達第100条〜第100条の3）。

なお、一括納付の納税申告は4月1日午前0時現在の預貯金口座の数として計算した口座数で行うこととされていることから、4月1日に企業再編が行われた場合には、一括納付の承認を受けている企業再編前の金融機関等のそれぞれの口座数で承認を行った税務署長に対して行うこととなります。

このとき、合併の場合にあっては、消滅する被合併法人の納税申告義務は合併法人が承継することになります（法第19条）が、事業譲渡又は会社分割の場合には、事業を譲渡した法人又は分割法人が納税申告をしなければならないことに留意してください（事業を譲渡した法人又は分割法人は存続しており、その納税申告義務は事業を譲り受けた法人又は分割承継法人に承継されません。）。

1　新設合併

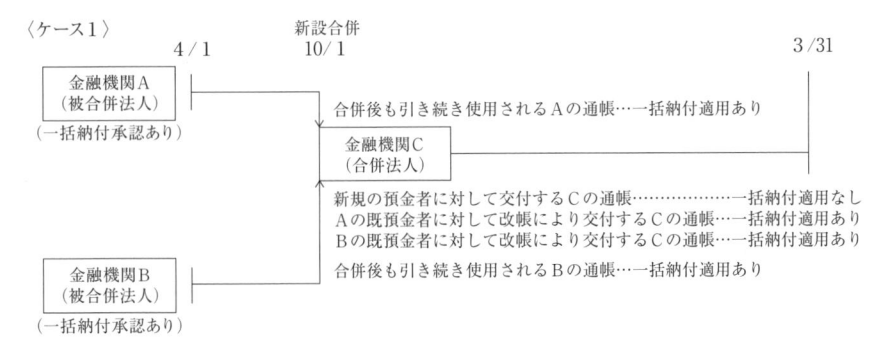

〈ケース1〉

```
            4/1         新設合併
                        10/1                              3/31
┌──────────┐
│ 金融機関A  │─────┐    合併後も引き続き使用されるAの通帳……一括納付適用あり
│（被合併法人）│      │
└──────────┘      │
（一括納付承認あり）   │
                      ├──┌──────────┐
                      │  │ 金融機関C  │
                      │  │（合併法人）│
                      │  └──────────┘
                      │     新規の預金者に対して交付するCの通帳……一括納付適用なし
                      │     Aの既預金者に対して改帳により交付するCの通帳……一括納付適用あり
                      │     Bの既預金者に対して改帳により交付するCの通帳……一括納付適用あり
┌──────────┐      │
│ 金融機関B  │─────┘    合併後も引き続き使用されるBの通帳……一括納付適用あり
│（被合併法人）│
└──────────┘
（一括納付承認あり）
```

〈ケース2〉

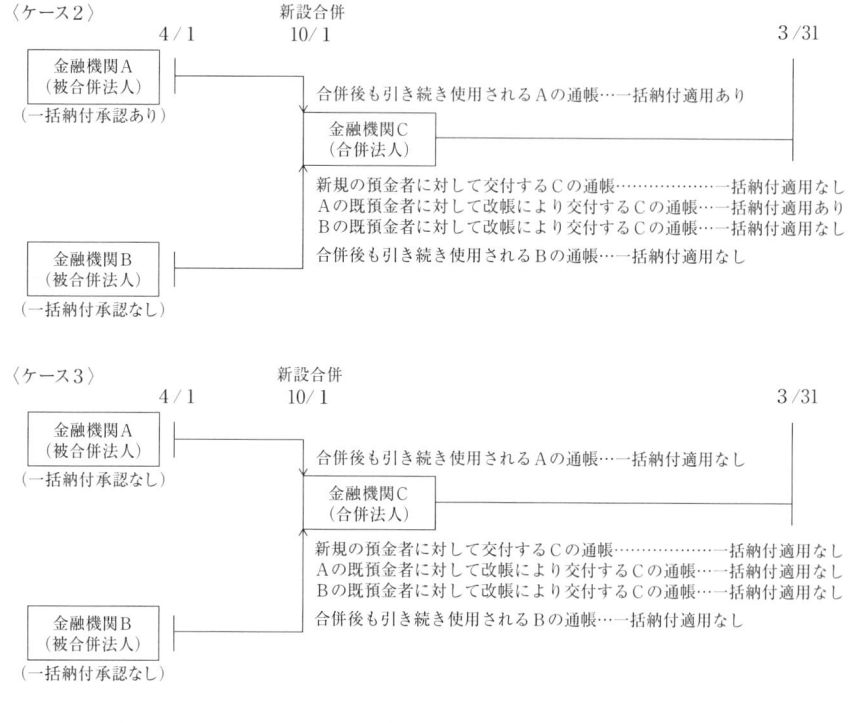

```
                          新設合併
              4/1         10/1                                                    3/31
金融機関A    ├───────────┤
(被合併法人)              合併後も引き続き使用されるAの通帳……一括納付適用あり
(一括納付承認あり)
                          金融機関C
                          (合併法人)
                          新規の預金者に対して交付するCの通帳…………一括納付適用なし
                          Aの既預金者に対して改帳により交付するCの通帳…一括納付適用あり
                          Bの既預金者に対して改帳により交付するCの通帳…一括納付適用なし
金融機関B    ├───────────┤
(被合併法人)              合併後も引き続き使用されるBの通帳……一括納付適用なし
(一括納付承認なし)
```

〈ケース3〉

```
                          新設合併
              4/1         10/1                                                    3/31
金融機関A    ├───────────┤
(被合併法人)              合併後も引き続き使用されるAの通帳……一括納付適用なし
(一括納付承認なし)
                          金融機関C
                          (合併法人)
                          新規の預金者に対して交付するCの通帳…………一括納付適用なし
                          Aの既預金者に対して改帳により交付するCの通帳…一括納付適用なし
                          Bの既預金者に対して改帳により交付するCの通帳…一括納付適用なし
金融機関B    ├───────────┤
(被合併法人)              合併後も引き続き使用されるBの通帳……一括納付適用なし
(一括納付承認なし)
```

2　吸収合併

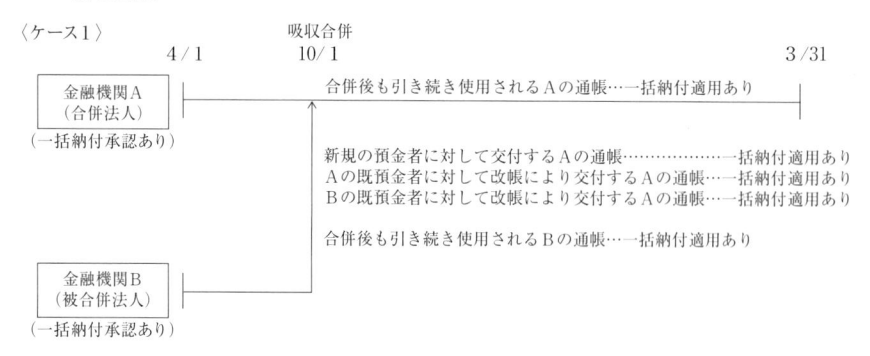

〈ケース1〉

```
                          吸収合併
              4/1         10/1                                                    3/31
金融機関A    ├──────────────────────────────────────┤
(合併法人)                合併後も引き続き使用されるAの通帳……一括納付適用あり
(一括納付承認あり)
                          新規の預金者に対して交付するAの通帳…………一括納付適用あり
                          Aの既預金者に対して改帳により交付するAの通帳…一括納付適用あり
                          Bの既預金者に対して改帳により交付するAの通帳…一括納付適用あり

                          合併後も引き続き使用されるBの通帳……一括納付適用あり
金融機関B    ├───────────┤
(被合併法人)
(一括納付承認あり)
```

第10 納付方法

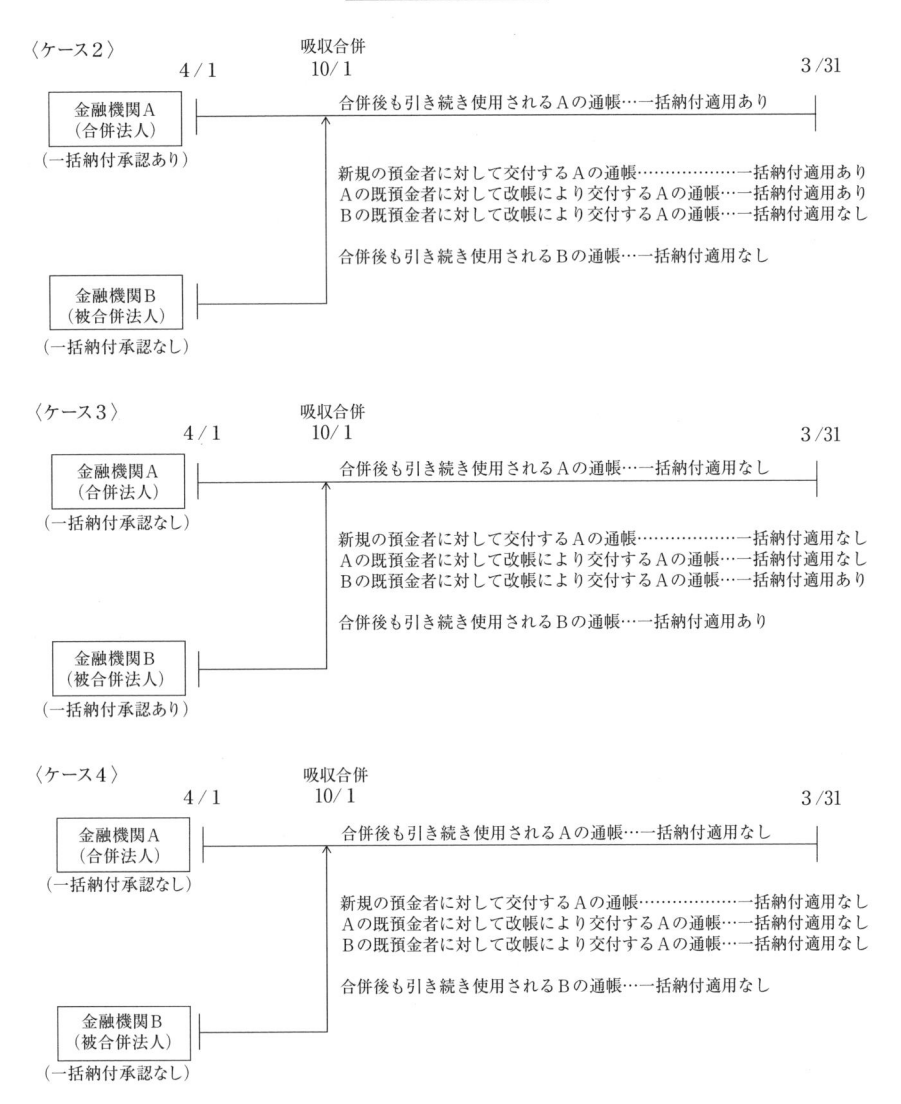

〈ケース2〉

```
                    4/1      吸収合併                              3/31
                             10/1
  金融機関A          ├─────────┬──────────────────────────────────┤
  （合併法人）                 │    合併後も引き続き使用されるAの通帳…一括納付適用あり
 （一括納付承認あり）           ↑
                             │    新規の預金者に対して交付するAの通帳……………一括納付適用あり
                             │    Aの既預金者に対して改帳により交付するAの通帳…一括納付適用あり
                             │    Bの既預金者に対して改帳により交付するAの通帳…一括納付適用なし
                             │
  金融機関B                   │    合併後も引き続き使用されるBの通帳…一括納付適用なし
  （被合併法人）    ├─────────┘
 （一括納付承認なし）
```

〈ケース3〉

```
                    4/1      吸収合併                              3/31
                             10/1
  金融機関A          ├─────────┬──────────────────────────────────┤
  （合併法人）                 │    合併後も引き続き使用されるAの通帳…一括納付適用なし
 （一括納付承認なし）           ↑
                             │    新規の預金者に対して交付するAの通帳……………一括納付適用なし
                             │    Aの既預金者に対して改帳により交付するAの通帳…一括納付適用なし
                             │    Bの既預金者に対して改帳により交付するAの通帳…一括納付適用あり
                             │
  金融機関B                   │    合併後も引き続き使用されるBの通帳…一括納付適用あり
  （被合併法人）    ├─────────┘
 （一括納付承認あり）
```

〈ケース4〉

```
                    4/1      吸収合併                              3/31
                             10/1
  金融機関A          ├─────────┬──────────────────────────────────┤
  （合併法人）                 │    合併後も引き続き使用されるAの通帳…一括納付適用なし
 （一括納付承認なし）           ↑
                             │    新規の預金者に対して交付するAの通帳……………一括納付適用なし
                             │    Aの既預金者に対して改帳により交付するAの通帳…一括納付適用なし
                             │    Bの既預金者に対して改帳により交付するAの通帳…一括納付適用なし
                             │
  金融機関B                   │    合併後も引き続き使用されるBの通帳…一括納付適用なし
  （被合併法人）    ├─────────┘
 （一括納付承認なし）
```

3　事業譲渡

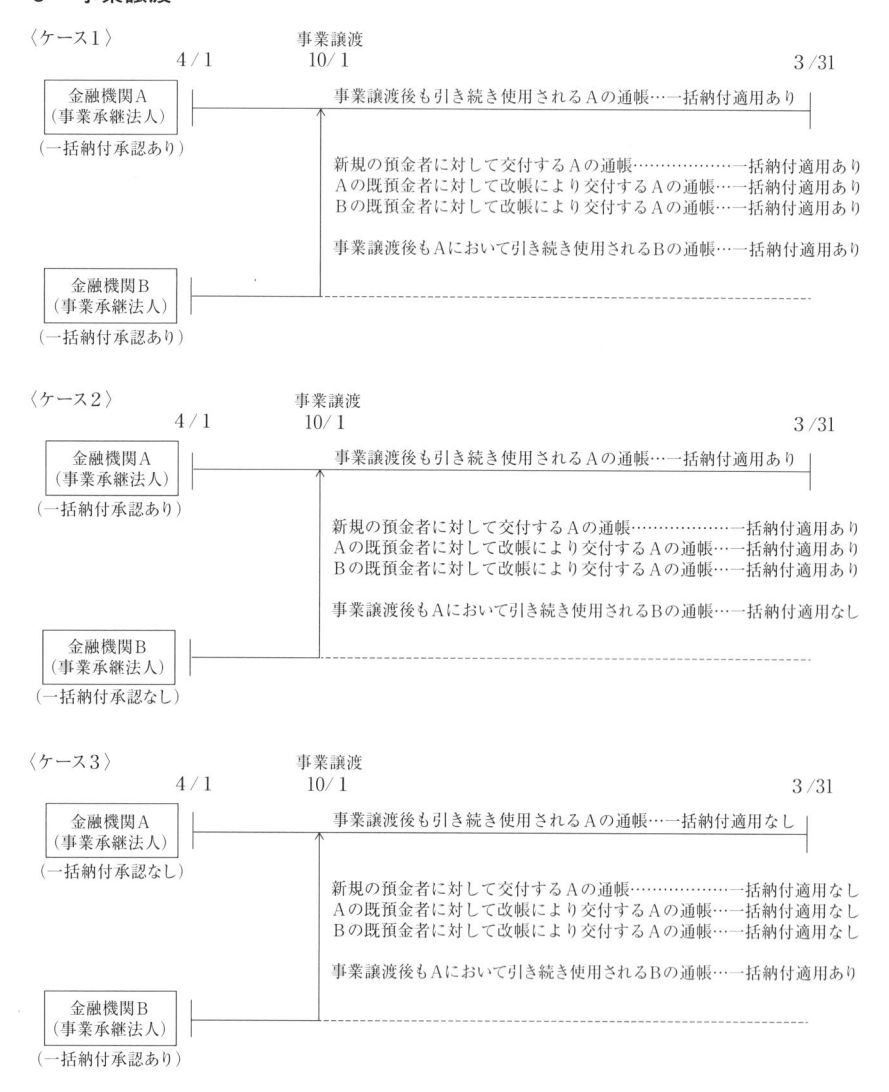

〈ケース1〉

```
                        事業譲渡
              4/1       10/1                                        3/31
 ┌─────────┐     ├────────────────────────────────────────────────────┤
 │金融機関A │     │ 事業譲渡後も引き続き使用されるAの通帳…一括納付適用あり │
 │(事業承継法人)│─┤                                                    │
 └─────────┘     │                                                    │
(一括納付承認あり)  ↑                                                   │
                    │ 新規の預金者に対して交付するAの通帳……………一括納付適用あり
                    │ Aの既預金者に対して改帳により交付するAの通帳…一括納付適用あり
                    │ Bの既預金者に対して改帳により交付するAの通帳…一括納付適用あり
                    │ 事業譲渡後もAにおいて引き続き使用されるBの通帳…一括納付適用あり
 ┌─────────┐     │
 │金融機関B │─────┘
 │(事業承継法人)│     ├─────────────────────────────────────────────
 └─────────┘
(一括納付承認あり)
```

〈ケース2〉

```
                        事業譲渡
              4/1       10/1                                        3/31
 ┌─────────┐     ├────────────────────────────────────────────────────┤
 │金融機関A │     │ 事業譲渡後も引き続き使用されるAの通帳…一括納付適用あり │
 │(事業承継法人)│─┤                                                    │
 └─────────┘     ↑                                                   │
(一括納付承認あり)  │ 新規の預金者に対して交付するAの通帳……………一括納付適用あり
                    │ Aの既預金者に対して改帳により交付するAの通帳…一括納付適用あり
                    │ Bの既預金者に対して改帳により交付するAの通帳…一括納付適用あり
                    │ 事業譲渡後もAにおいて引き続き使用されるBの通帳…一括納付適用なし
 ┌─────────┐     │
 │金融機関B │─────┘
 │(事業承継法人)│     ├─────────────────────────────────────────────
 └─────────┘
(一括納付承認なし)
```

〈ケース3〉

```
                        事業譲渡
              4/1       10/1                                        3/31
 ┌─────────┐     ├────────────────────────────────────────────────────┤
 │金融機関A │     │ 事業譲渡後も引き続き使用されるAの通帳…一括納付適用なし │
 │(事業承継法人)│─┤                                                    │
 └─────────┘     ↑                                                   │
(一括納付承認なし)  │ 新規の預金者に対して交付するAの通帳……………一括納付適用なし
                    │ Aの既預金者に対して改帳により交付するAの通帳…一括納付適用なし
                    │ Bの既預金者に対して改帳により交付するAの通帳…一括納付適用なし
                    │ 事業譲渡後もAにおいて引き続き使用されるBの通帳…一括納付適用あり
 ┌─────────┐     │
 │金融機関B │─────┘
 │(事業承継法人)│     ├─────────────────────────────────────────────
 └─────────┘
(一括納付承認あり)
```

第10 納付方法

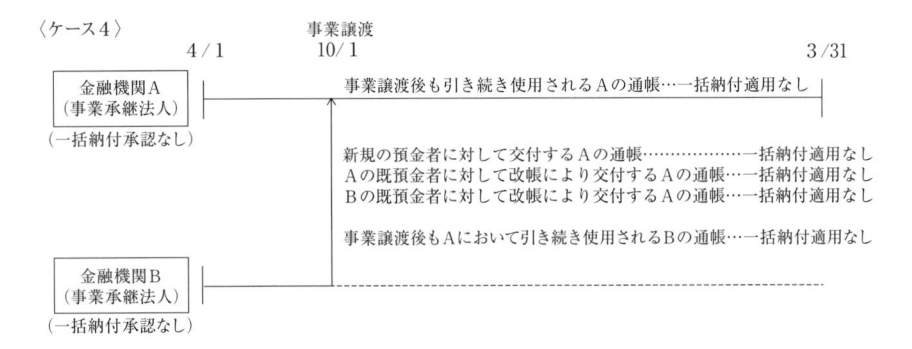

〈ケース4〉

```
              4/1      事業譲渡
                       10/1                              3/31
金融機関A         ┌────┬──────────────────────────┐
(事業承継法人)    │    ↑   事業譲渡後も引き続き使用されるAの通帳……一括納付適用なし
(一括納付承認なし)      │
                      │    新規の預金者に対して交付するAの通帳………一括納付適用なし
                      │    Aの既預金者に対して改帳により交付するAの通帳…一括納付適用なし
                      │    Bの既預金者に対して改帳により交付するAの通帳…一括納付適用なし
                      │
                      │    事業譲渡後もAにおいて引き続き使用されるBの通帳…一括納付適用なし
金融機関B         ┌───┘
(事業承継法人)    └ ─ ─ ─ ─ ─ ─ ─ ─ ─ ─ ─ ─ ─ ─ ─ ─ ─ ─ ─
(一括納付承認なし)
```

4 新設分割

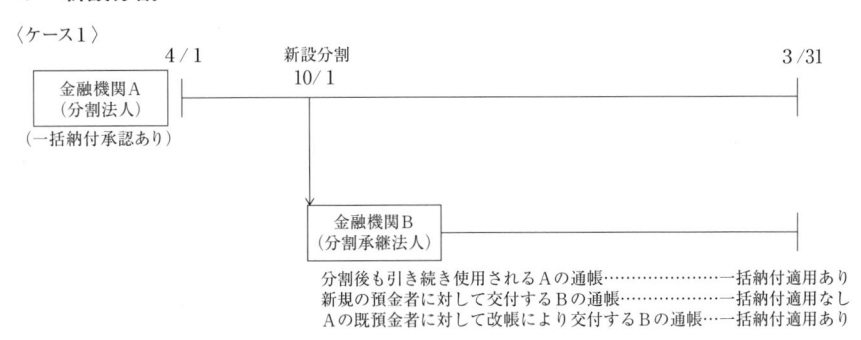

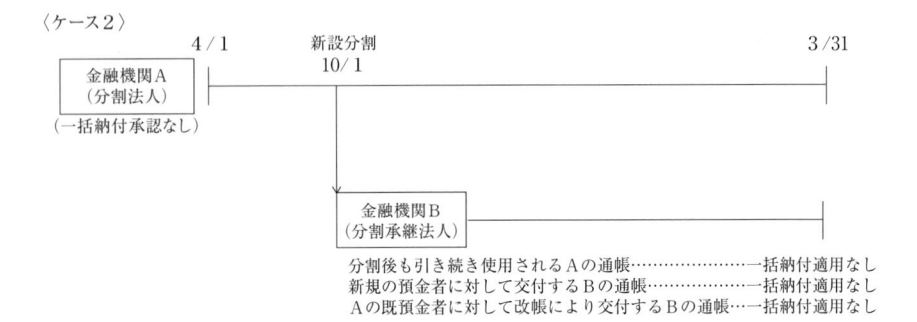

〈ケース1〉

```
              4/1      新設分割                          3/31
                       10/1
金融機関A         ┌─────┬──────────────────┐
(分割法人)
(一括納付承認あり)

                            ┌──────────────────┐
                         金融機関B
                         (分割承継法人)

              分割後も引き続き使用されるAの通帳………………一括納付適用あり
              新規の預金者に対して交付するBの通帳………………一括納付適用なし
              Aの既預金者に対して改帳により交付するBの通帳…一括納付適用あり
```

〈ケース2〉

```
              4/1      新設分割                          3/31
                       10/1
金融機関A         ┌─────┬──────────────────┐
(分割法人)
(一括納付承認なし)

                            ┌──────────────────┐
                         金融機関B
                         (分割承継法人)

              分割後も引き続き使用されるAの通帳………………一括納付適用なし
              新規の預金者に対して交付するBの通帳………………一括納付適用なし
              Aの既預金者に対して改帳により交付するBの通帳…一括納付適用なし
```

5 吸収分割

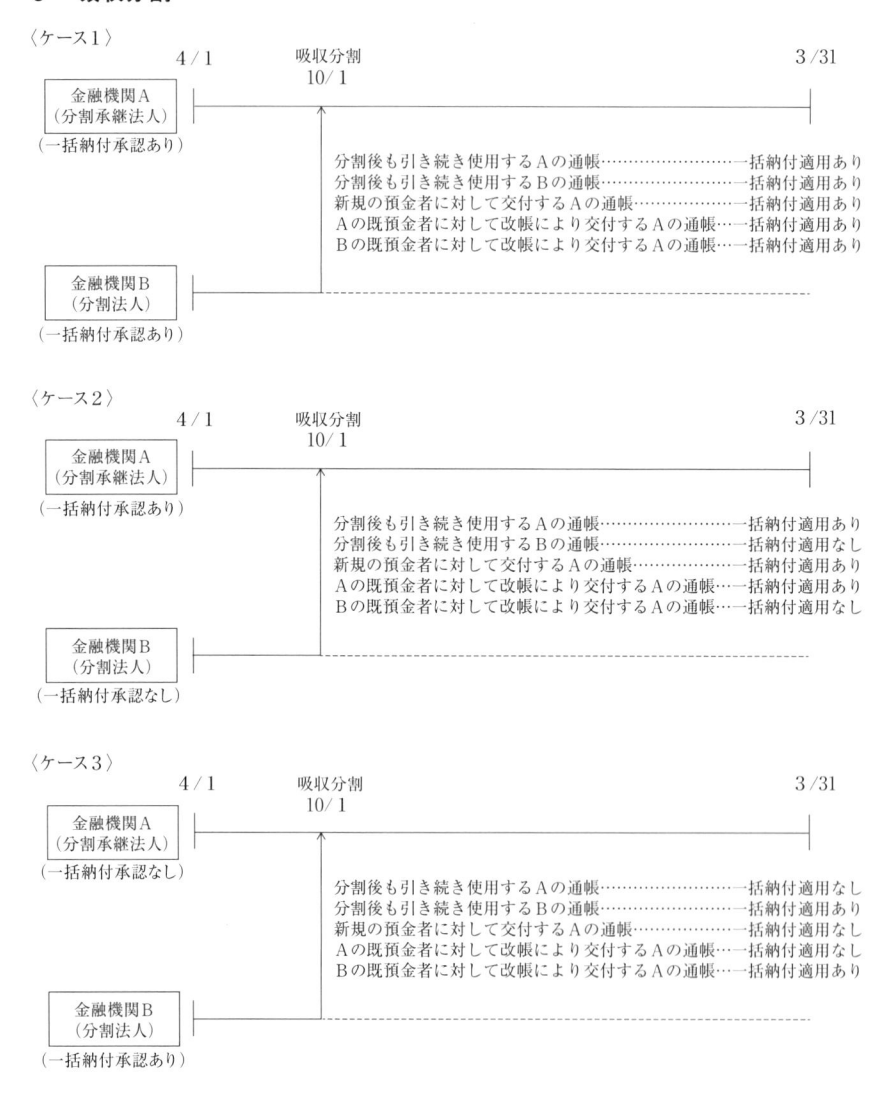

〈ケース1〉

```
          4/1     吸収分割                              3/31
                  10/1
金融機関A   ├───────┼─────────────────────────────────┤
(分割承継法人)
(一括納付承認あり)
                  │ 分割後も引き続き使用するAの通帳………………一括納付適用あり
                  │ 分割後も引き続き使用するBの通帳………………一括納付適用あり
                  │ 新規の預金者に対して交付するAの通帳…………一括納付適用あり
                  │ Aの既預金者に対して改帳により交付するAの通帳…一括納付適用あり
                  │ Bの既預金者に対して改帳により交付するAの通帳…一括納付適用あり
金融機関B   ├─────┤
(分割法人)
(一括納付承認あり)
```

〈ケース2〉

```
          4/1     吸収分割                              3/31
                  10/1
金融機関A   ├───────┼─────────────────────────────────┤
(分割承継法人)
(一括納付承認あり)
                  │ 分割後も引き続き使用するAの通帳………………一括納付適用あり
                  │ 分割後も引き続き使用するBの通帳………………一括納付適用なし
                  │ 新規の預金者に対して交付するAの通帳…………一括納付適用あり
                  │ Aの既預金者に対して改帳により交付するAの通帳…一括納付適用あり
                  │ Bの既預金者に対して改帳により交付するAの通帳…一括納付適用なし
金融機関B   ├─────┤
(分割法人)
(一括納付承認なし)
```

〈ケース3〉

```
          4/1     吸収分割                              3/31
                  10/1
金融機関A   ├───────┼─────────────────────────────────┤
(分割承継法人)
(一括納付承認なし)
                  │ 分割後も引き続き使用するAの通帳………………一括納付適用なし
                  │ 分割後も引き続き使用するBの通帳………………一括納付適用なし
                  │ 新規の預金者に対して交付するAの通帳…………一括納付適用なし
                  │ Aの既預金者に対して改帳により交付するAの通帳…一括納付適用なし
                  │ Bの既預金者に対して改帳により交付するAの通帳…一括納付適用あり
金融機関B   ├─────┤
(分割法人)
(一括納付承認あり)
```

第10 納付方法　　　　　　　　　　　123

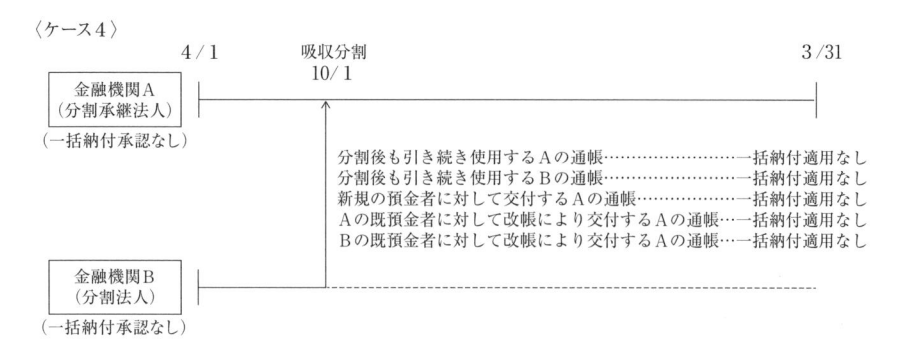

〈ケース4〉

```
                    4/1         吸収分割                        3/31
                    ├─────────10/1──────────────────────────────┤
金融機関A
（分割承継法人）
（一括納付承認なし）
                                ↑
                                │分割後も引き続き使用するAの通帳‥‥‥‥‥‥‥‥一括納付適用なし
                                │分割後も引き続き使用するBの通帳‥‥‥‥‥‥‥‥一括納付適用なし
                                │新規の預金者に対して交付するAの通帳‥‥‥‥‥‥一括納付適用なし
                                │Aの既預金者に対して改帳により交付するAの通帳‥‥一括納付適用なし
                                │Bの既預金者に対して改帳により交付するAの通帳‥‥一括納付適用なし

金融機関B
（分割法人）
（一括納付承認なし）
```

18. e-Taxによる印紙税の申告・納付

> [問]　印紙税に関するe-Taxとはどういうものですか。また，e-Taxを利用すると，どのようなメリットがありますか。

[答]　e-Tax（国税電子申告・納税システム）は，あらかじめ所轄税務署長に開始届出書を提出し，登録をしておけば，インターネットで国税に関する申告や納税，申請・届出などの手続ができるシステムです。

　印紙税の書式表示による納付の特例及び預貯金通帳に係る納付の特例（一括納付）の適用を受けている方は，その申告と納付にe-Taxを利用することができます。

　必要なものは，パソコンとインターネットが利用できる環境に加えて，電子署名用の電子証明書（電子証明書がICカードで発行される場合は，ICカードリーダライタ）です。

　e-Taxによって印紙税の書式表示又は一括納付の申告・納付手続を行うことには，以下のようなメリットがあります。

・税務署や金融機関に行かなくても，自宅やオフィス等から印紙税に関する手続ができるので時間を有効活用できます。特に，印紙税書式表示申告のような手続の回数が多い申告・納付手続については，そのメリットが大きくなり

ます。
・電子納税は，現金や小切手を持ち歩く必要がありませんので安全です。
・ペーパーレス化が図られ，事務の効率化，省資源化にもなります。

第11 印紙税の還付等

1. 誤って納付した印紙税の還付

> 「問」 当社は機械を製造している会社です。先日，機械の発注があったので請書を作り，1万円の収入印紙を貼って先方に持参したところ，機械の設計変更をしたいので請書を書き換えてくれといわれました。そこで，新たに請書を作り直し別に1万円の収入印紙を貼って先方に渡したのですが，先方に渡すことなく不要となった請書の収入印紙はどのようにしたらよろしいでしょうか。もし，払戻しができるのでしたらその方法を教えてください。

「答」 印紙税は課税文書の作成があった時に納税義務が成立するのですが（国税通則法第15条第2項），ここにいう「作成」とは，課税文書の単なる調製行為をいうのではなく，その文書をその目的に従って行使することをいいます（基本通達第44条）。請書は相手方に渡すことを目的として作成される文書ですから，その作成の時とは相手方に渡した時となります。収入印紙は課税文書の作成の時までに貼り付けることが原則となっていますから，ご質問の請書のように，あらかじめ収入印紙を貼り付けたものの何らかの事情で印紙税法上の作成行為がないままに，すなわち印紙税の納付義務が成立しないままに終わることがしばしば生じます。このように，あらかじめ文書に収入印紙を貼り付けておいたものの納税義務が成立しないまま終わった場合は，結果からみれば納税義務がないにもかかわらず印紙税を納付したことになりますから，その文書に貼り付けた収入印紙の金額に相当する金額は過誤納金として還付の対象となります。

次に，還付を受ける方法ですが，まず，印紙税についての過誤納の事実があ

ることについて所轄税務署長の確認を受けなければなりません。それには，「印紙税過誤納確認申請書」を提出するとともに，印紙税が過誤納となっている文書を提示することが必要です。「印紙税過誤納確認申請書」の用紙は税務署に用意してあります。したがって，印紙税の過誤納金の還付を受けようとする人は，印紙税が過誤納となっている文書と印鑑を税務署に持参すればよいようになっています。税務署長は，提示された文書について印紙税の過誤納の事実を確認した場合には，その文書に貼られている収入印紙に「過誤納処理済」等と表示した印を押して返戻するほか，過誤納金を還付することとなります。この場合，還付は現金を直接渡すことはしないで，金融機関を通じてなされますから，還付金を受け取るまでには若干の日数をみていただくことが必要です。

2. 印紙税の還付が受けられる範囲

> 問　申請書などに収入印紙を貼る場合がありますが，この申請を取りやめた場合などには，申請書などに貼った収入印紙について印紙税の還付を受けられるでしょうか。
>
> また，印紙税の還付を受けられるものにはどのようなものがあるか説明してください。

答　収入印紙は，印紙税のみでなく，登録免許税や国への手数料の納付等多くの用途に用いられます。法第14条の規定により還付の対象となるのは，このうち，印紙税の納付の必要がない文書に誤って収入印紙を貼り付けたり，又は課税文書に所定の金額を超える収入印紙を貼り付けたものに限られることに注意してください。

印紙税の還付の対象となる場合は，次のとおりです（基本通達第115条）。

(1) 印紙税の納付の必要がない文書に誤って収入印紙を貼り付け（収入印紙により納付することとされている印紙税以外の租税又は国の歳入金を納付するため

に文書に収入印紙を貼り付けた場合を除きます。)，又は納付印を押した場合
(2) 収入印紙を貼り付け，税印を押し，又は納付印を押した課税文書の用紙で，損傷，汚染，書損その他の理由により使用する見込みのなくなった場合
(3) 収入印紙を貼り付け，税印を押し，又は納付印を押した課税文書で，納付した金額が当該課税文書に課されるべき印紙税に相当する金額を超える場合
(4) 法第9条《税印による納付の特例》第1項，第10条《印紙税納付計器の使用による納付の特例》第1項，第11条《書式表示による申告及び納付の特例》第1項又は第12条《預貯金通帳に係る申告及び納付等の特例》第1項の規定の適用を受けた課税文書について，当該各項に規定する納付方法以外の方法によって相当金額の印紙税を納付した場合
(5) 法第9条第2項の規定により印紙税を納付し，同条第1項の規定により税印を押すことの請求をしなかった場合（同条第3項の規定により当該請求が棄却された場合を含みます。)
(6) 印紙税納付計器の設置者が法第10条第2項の規定による承認を受けることなく，交付を受けた課税文書に納付印を押した場合
(7) 法第10条第4項の規定により印紙税を納付し，印紙税納付計器の設置の廃止その他の理由により当該印紙税納付計器を使用しなくなった場合

(注) 1. 印紙税の還付を受けるためには，印紙税の過誤納となった事実を証するために必要な文書その他の物件を提示することになっています。
2. 所持している収入印紙を使用する見込みがなくなった場合には，異なる額面の収入印紙に交換することができます。手続については，問8「使用する見込みのなくなった収入印紙の処理（収入印紙の交換）（131頁）」を参照して下さい。

3. 納付印を誤って押した場合の印紙税の還付

　　問　印紙税納付計器により課税文書に該当しない文書に納付印を押した場合又は過大に納付印を押した場合，あるいは誤って登録免許税等の

納付に使用した場合には，印紙税の過誤納として還付等を受けられるでしょうか。

　　答　　印紙税納付計器を使用する場合には，あらかじめ印紙税を現金で納付することとされていますから，結果として正当な印紙税納付に使用されなければ，必然的に印紙税が過大に納付されたことになります。

　収入印紙の場合には，登録免許税，手数料，罰科金等多目的の納付手段として用いられるものですから，実際に収入印紙を貼付するまでその納付目的は不明確であって，印紙税の過誤納事実が生じているかどうかの確認が必要になるのですが，印紙税納付計器により納付印を押す場合には，その使用目的を問わず印紙税の過誤納が生ずることになるのです。

　したがって，ご質問の事例の場合には，いずれも印紙税の過誤納としての還付が受けられることになります。

4．交付を受けた文書に過誤納があった場合の還付

　　問　　印紙税納付計器の設置者が，税務署長の承認を受けて，交付を受けた課税文書に納付印を押したことにより生じた過誤納金については，設置者に還付されると聞きましたが，そのとおりですか。

　　答　　納付計器の設置者が，交付を受けた文書に納付印を押した場合に，その文書に過誤納があるときは，その設置者が還付の請求を行うことで，設置者に対して還付がなされます。

　なお，納付計器の設置者が，税務署長の承認を受けないで交付を受けた課税文書に納付印を押したことにより生じた過誤納金についても，その設置者に還付されます。

【参考】

　交付を受けた課税文書にも納付印を押すことができることとしているの

は，単に納付計器の使用範囲を拡大したものであって，課税文書の作成者を納付計器の設置者に転換するという性質のものではないことから，その課税文書に不納付の部分があれば，その責任追及は課税文書の作成者に対して行われることになります。したがって，その課税文書に過誤納が生じた場合も，従来，作成者に還付することとしていましたが，国との関係において直接印紙税を納付しているのはその納付計器の設置者であり，還付を受けた作成者にその還付金額を個別に求償するなど手続の煩わしさが生じていました。そこで実態に即した取扱いとするため，昭和59年6月の基本通達の改正で，その場合の過誤納金については，その設置者に還付することに，その取扱いが変更されました（基本通達第115条の2）。

5．印紙税の還付請求権の消滅時効

> 問　印紙税の還付請求はいつまでに行わなければならないのでしょうか。

答　印紙税を含めた国税に係る過誤納金の国に対する請求権は，その請求することができる日から5年を経過することによって消滅します（国税通則法第74条第1項）。

したがって，還付についての確認申請書及び過誤納の事実を証するために必要な文書その他の物件を全て備えて納税地の所轄税務署長に提出及び提示した日を基準として，その日が，請求することができる日から5年を経過しているかどうかにより判断することになります。

請求することができる日とは，例えば，印紙納付の方法によるものであれば収入印紙を貼り付けた日です。

なお，書式表示などの承認により申告納税方式をとることになった場合には，所得税，消費税などと同じように更正の請求の方法によることとなり，この更正の請求は，法定申告期限から5年以内（平成23年12月2日以後に法定申告

期限が到来するものについて適用されます。）に行うこととなっています（国税通則法第23条）。

6．被合併法人に係る過誤納の還付請求

> [問]　法人が合併した場合には，合併後存続する法人又は合併により設立した法人は，合併により消滅した法人の納税義務を承継することとされていますが（国税通則法第6条），印紙税の過誤納に係る還付請求権は，どのようになるのでしょうか。

[答]　納税義務が存続法人等に承継されるのと同様に，還付請求権も存続法人等に承継されます。
　なお，過誤納の確認申請に当たっては，必要に応じて，合併の事実を証する書類を添付してください。

7．分割法人が作成した課税文書に係る過誤納の還付請求

> [問]　法人が会社分割した後，分割法人が作成し所持していた印紙税の課税文書である契約書等については，その契約等に関係する事業を承継した分割承継法人が引き継ぎますが，この契約書等に印紙税の過誤納があった場合，契約書を現に所持している分割承継法人が過誤納の確認申請を行うことができるでしょうか。

[答]　分割承継法人は分割法人の納税義務を承継しないことから，分割承継法人は，過誤納となっている契約書等を現に所持していたとしても，過誤納の確認申請を行うことはできません。
　その契約書等についての過誤納の確認申請は，作成者である分割法人が行うことになります。

8. 使用する見込みのなくなった収入印紙の処理（収入印紙の交換）

　┌─問─┐　3億円の借入れの話がまとまったため，借用証と印紙税額に相当する10万円の収入印紙を用意しておいたところ，この話がキャンセルされてしまいました。購入した10万円の収入印紙は，他に使う予定もありませんが，不要となった収入印紙に対する還付措置等はないのでしょうか。

　┌─答─┐　印紙税について還付が受けられる場合は，印紙税の過誤納があった場合だけです。収入印紙に係るもので印紙税の過誤納による還付が受けられるのは，第11の問2「印紙税の還付が受けられる範囲」（126頁）で説明しましたように，①印紙税の納付の必要がない文書に誤って収入印紙を貼ってしまった場合，②収入印紙を貼った課税文書の用紙で，使用する見込みがなくなった場合，③所定の金額を超える額の収入印紙を貼った場合に限られていますから，ご質問のように，貼りつけることなく，収入印紙そのものの状態で持っているものについては，印紙税の過誤納還付を受けることはできません。

　次に，収入印紙は，郵便局又は郵便切手類販売所若しくは印紙売りさばき所で販売していますが，いったん販売した収入印紙は買戻しを行わないこととされています。このため，不要になった収入印紙は，印紙税の還付を受けることも，郵便局等において買戻しを受けることもできないことになります。

　ただし，「収入印紙の交換に関する省令」（昭和55年郵政省令第38号）の規定に基づき，郵便局において，1枚5円の手数料（交換により受け取る収入印紙の枚数に関係なく，交換しようとする収入印紙1枚当たりの手数料）を支払うことにより，他の収入印紙と交換できることとされています。

　したがって，貴社が，日常業務において，10万円の収入印紙は使用しないものの，200円の収入印紙は経常的に使用しているような場合は，5円の手数料を支払うことにより，200円の収入印紙500枚に交換することができますから，有効に使用できることになります。

【参考】

　登記申請書，各種申請書等に誤って収入印紙を貼付しているもので，かつ，消印をしていない場合には，未使用の場合と同様に郵便局で他の収入印紙との交換を受けることができます。

9．収入印紙を貼り付けなかった場合の過怠税

> 問　収入印紙を貼り付けなければならない課税文書に収入印紙を貼り付けないで得意先に交付してしまいました。納付しなければならない印紙税の3倍の過怠税が徴収されるとのことですが本当でしょうか。

　答　収入印紙を貼り付ける方法によって印紙税を納付することとなる課税文書の作成者が，その納付すべき印紙税を課税文書の作成の時までに納付しなかった場合には，その納付しなかった印紙税の額とその2倍に相当する金額との合計額（すなわち印紙税額の3倍）に相当する過怠税を徴収されることとなり，また，貼り付けた収入印紙を所定の方法によって消さなかった場合には，消されていない収入印紙の額面金額に相当する金額の過怠税を徴収されることになっています。

　また，課税文書の作成者が所轄税務署長に対し，作成した課税文書について印紙税を納付していない旨の申出をした場合で，その申出が印紙税についての調査があったことによりその課税文書について3倍の過怠税の決定があるべきことを予知してされたものでないときは，その過怠税は，その納付しなかった印紙税の額とその10％に相当する金額との合計額（すなわち印紙税額の1.1倍）に軽減されます。すなわち，課税文書の作成者が印紙税の不納付について申出をし，その申出が3倍の過怠税の決定があるべきことを予知してされたものでないときに，この軽減規定が適用されることになります。なお，過怠税は，3倍又は1.1倍のいずれであっても，その全額が法人税や所得税を計算する上で損金や必要経費に算入されませんので注意する必要があります。

2

課税物件編

不動産，鉱業権，無体財産権，船舶若しくは航空機又は営業の譲渡に関する契約書

〔第1号の1文書〕

1. 不動産の範囲

> 問　第1号の1文書に該当する「不動産」とは，民法第86条《不動産及び動産》に規定する「土地及び土地の定着物」と考えてよいでしょうか。

答　印紙税法における「不動産」には，法律の規定により不動産とみなされるもののほか，鉄道財団，軌道財団及び自動車交通事業財団を含めることとしています（第1号文書の定義欄）。

例えば，工場抵当法に規定する工場財団は，同法第14条において「工場財団はこれを1個の不動産とみなす」と規定していますから，印紙税法上は，財団を組成するものの全体を1個の不動産として取り扱うこととなります。

印紙税法上不動産として取り扱われるものは，おおむね次のとおりです（基本通達第1号の1文書の1）。

(1) 民法（明治29年法律第89号）第86条《不動産及び動産》に規定する不動産
(2) 工場抵当法(明治38年法律第54条)第9条の規定により登記された工場財団
(3) 鉱業抵当法(明治38年法律第55号)第3条の規定により登記された鉱業財団
(4) 漁業財団抵当法（大正14年法律第9号）第6条の規定により登記された漁業財団
(5) 港湾運送事業法（明治26年法律第161号）第26条《工場抵当法の準用》の規定

〔第1号の1文書〕

により登記された港湾運送事業財団
(6)　道路交通事業抵当法（昭和27年法律第204号）第6条《所有権保存の登記》の規定により登記された道路交通事業財団
(7)　観光施設財団抵当法（昭和43年法律第91号）第7条《所有権の保存の登記》の規定により登記された観光施設財団
(8)　立木ニ関スル法律（明治42年法律第22号）の規定により登記された立木
　　ただし，登記されていない立木であっても明認方法を施したものは，不動産として取り扱う。
　　なお，いずれの場合においても，立木を立木としてではなく，伐採して木材等とするものとして譲渡することが明らかであるときは，不動産として取り扱わず，物品として取り扱う。
(9)　鉄道抵当法（明治38年法律第53号）第28条の2の規定により登録された鉄道財団
(10)　軌道ノ抵当ニ関スル法律（明治42年法律第28号）第1条の規定により登録された軌道財団
(11)　自動車交通事業法（昭和6年法律第52号）第38条の規定により登録された自動車交通事業財団

2．不動産の従物の取扱い

　　問　不動産とその附属物を譲渡する場合には，不動産と附属物（例えば動産）の譲渡と考えてよいでしょうか。また，これらを区分として記載すれば，不動産部分の価額だけを記載金額としてとらえればよいでしょうか。

　　答　民法第87条第2項《主物及び従物》により，ある物（主物）の従物は主物の処分に従うこととされていることから，不動産とその従物とが同時に処分される場合には，従物は不動産と独立した評価の対象とはなりません。し

たがって，不動産の譲渡契約書に，たとえ不動産の金額とその従物の金額とが区分して記載されていても，その金額の合計額が不動産譲渡に関する契約書における記載の金額となるのです。なお，従物とは，主物に対し独立性を有し，主物の所有者が主物の常用に供するため，附属させた自己の所有に属する他の物のこと（民法第87条第1項）で，家屋に対する畳や建具のようなものがこれに当たります。

　不動産とその附属物を含む譲渡契約書の記載金額の取扱いは，附属物が従物に該当するかどうかによって次のようになります（基本通達第1号の1文書の2）。

(1) 当該附属物が当該不動産に対して従物（民法第87条の規定によるものをいう。）の関係にある場合は，区分されている金額の合計額を不動産の譲渡に関する契約書（第1号の1文書）の記載金額とする。

(2) 当該附属物が当該不動産に対して従物の関係にない場合は，当該不動産に係る金額のみを不動産の譲渡に関する契約書（第1号の1文書）の記載金額とし，当該附属物に係る金額は第1号の1文書の記載金額としない。

3. 解体撤去を条件とする不動産の売買契約書

> 　問　老朽建物等の不動産を解体撤去することを条件として売買する場合に作成する契約書も，やはり不動産の譲渡契約書ということになりますか。

　答　建物を解体した後の素材は，もはや建物ではなく単なる物品であることは当然です。しかし，老朽建物といえども建物の形をしていれば不動産なのですが，解体後の素材を利用することを目的として売買するものについては，その実質は単なる素材の売買とも考えられます。

　そこで，その売買価額が当該不動産の解体により生ずる素材価額相当額又はそれ以下の価額である等その不動産の構成素材の売買を内容とすることが明らかなものについては，物品の売買契約書（不課税文書）として取り扱われます（基本通達第1号の1文書の3）。

4．不動産の売渡証書

> [問]　不動産の売買について、当事者双方が売買契約書を作成し、その後さらに登記の際に不動産の売渡証書を作成しますが、この不動産の売渡証書も不動産の譲渡に関する契約書ということになりますか。

[答]　印紙税は、契約の成立等を証明する目的で作成される文書を課税対象とするのですから、一つの契約について、異なる種類の文書が作成された場合でも、その文書が契約の成立等を証明する目的で作成される限り全て課税対象となります。

ご質問の不動産の売渡証書も契約の成立等を証明する目的で作成される文書（契約書）ですから、不動産の譲渡に関する契約書（第1号の1文書）に該当します。なおこの場合において、不動産の売渡証書に登録免許税の課税標準となる評価額（固定資産税の評価額により行われています。）が記載されている場合、この金額は不動産の譲渡契約の対価ではありませんから、記載金額とはなりません。ただし、その評価額に併せて不動産の譲渡価額も記載されている場合には、その譲渡価額が記載金額として取り扱われます（基本通達第1号の1文書の4）。

5．不動産と動産との交換契約書の記載金額

> [問]　不動産と動産とを交換することの契約書の記載金額はどのように取り扱われますか。

[答]　不動産と動産との交換を約する契約書は、不動産の譲渡に関する契約書（第1号の1文書）に該当しますから、ご質問の場合には不動産の対価を記載金額として取り扱うことになります。

したがって、記載金額の取扱いは次のようになります（基本通達第1号の1

文書の5)。

(1) 交換に係る不動産の価額が記載されている場合（動産の価額と交換差金とが記載されている等当該不動産の価額が計算できる場合を含みます。）は、当該不動産の価額を記載金額とする。

(2) 交換差金のみが記載されていて、当該交換差金が動産提供者によって支払われる場合は、当該交換差金を記載金額とする。

(3) (1)又は(2)以外の場合は、記載金額がないものとする。

なお、(2)の交換差金についてみますと、この交換差金が動産提供者から不動産提供者に支払われる場合は不動産の対価ということができますが、逆に不動産提供者から動産提供者に支払われる場合には不動産の対価ではなく動産の対価とみるべきものです。したがって、後者の場合の交換差金は、動産の記載金額であって、不動産の記載金額ではありませんから、結局、不動産の譲渡に関する契約書としての記載金額はないこととなります。

6．買戻約款付不動産売買契約書

[問] 土地の売買契約書には、その記載金額に応じて印紙税が課されることは知っておりますが、次のような契約書は、印紙税法上どのように取り扱われるのでしょうか。特に記載金額の計算方法について説明してください。

買戻約款付不動産売買並びに賃貸借契約書
買戻約款付不動産売買並びに賃貸借契約を下記のとおり締結する。
第1条　甲はその所有に係る末尾記載物件を乙に対して代金300万円で売渡し、本日代金授受及び物件の所有権移転並びにその引渡を完了した。
第2条　乙は甲に対して前条の物件を賃料1カ月1万円、期限平成28年7月31日の約定で賃貸し、甲は之を賃借し、本日物件の引渡を完了した。
第3条　甲は乙に対して平成28年7月31日までに金350万円を提供して第1条記載の物件を買戻すことができる。

〔第1号の1文書〕

② 甲は前項の期限前と雖も乙の承諾を得て，前項と同様買戻すことができる。
第4条 甲が前条第1項の期限までに代金を提供して買戻しの申出をしないときは，買戻請求権を喪失する。
第5条 甲が第2条の賃料を3回以上延納したとき本契約による賃貸借契約は当然解除となり，かつ第3条による乙の買戻請求権は当然消滅するものとする。
(中略)
上記契約条項を明確にするために本証2通を作成し甲乙双方各その1通を保有する。
　平成27年8月1日

　　　　　　　　　　　　　　　　　　　甲　○　○　○　○　㊞
　　　　　　　　　　　　　　　　　　　乙　○　○　○　○　㊞

　(物件の表示)
　　1．土地

　　答　ご質問の契約書に記載された契約の内容は，一般に譲渡担保と呼ばれる取引の形態です。すなわち，金銭を借用する際には，通常は担保として不動産の上に抵当権を設定する方法がとられるのですが，抵当権を設定するためには登記をしなければ第三者に対抗することができず，しかも登記のための費用（登記手数料，登記免許税等）がかかり，さらに万一期限までに支払われない場合には抵当物件を換価してその弁済に充てなければならないという不便さがあります。そこで，これらを一切排除した売買という形式がとられるのです。つまり，金銭を借用する際に売買契約を締結し，不動産の所有権を貸主（買主）に移転し，その売買代金として金銭を受領します。そして，売買契約の条件として買戻し期限（返済期限）及び買戻し価額を定めておき，この期限内に売主（借主）から買戻し（返済）の申出があればその買戻し価額により不動産の所有権を元に戻すこととし，買戻し期間中は売主（借主）がその不動産を使用収益できるように賃貸借契約を締結しておくという方法です。

したがって，この契約書には，①当初の不動産の売買契約，②買戻しができる旨の契約，すなわち不動産の売買契約の予約，及び③買戻し期間中の不動産の賃貸借契約，の三つの契約事項が記載されていることになり，この契約書は不動産の譲渡に関する契約書（第１号の１文書）と土地の賃借権の設定に関する契約書（第１号の２文書）に該当します。

この契約書に記載されている金額は，①当初の売買金額300万円，②買戻し金額350万円，及び③賃貸借契約による賃料12万円（１万円×12か月（１年間））の三つです。印紙税法では記載金額の計算方法について通則４に規定されておりますが，この契約書は第１号文書についての契約金額が①の300万円と，②の350万円の二つありますので，通則４のイの規定により，記載金額はその合計額である650万円となります（③の12万円は賃料であって，賃借権の設定に係る対価ではありませんから，第１号文書の記載金額とはなりません。）。

なお，再売買の方法をとらないで，当初の売買契約を解除する方法により契約前の状態に戻すこともできますが，この場合には，契約解除に伴う不当利得の返還として当初の契約時に受け取った金額を返還するものですから売買ではなく，したがって当初の契約金額のみが記載金額となります（基本通達第１号の１文書の６）。

7．共有不動産の持分の譲渡契約書

> ［問］　当社とA会社とは，B土地について均等の割合による共有登記をしております。今般，当社は，この土地に倉庫を建設することになり，共有地にしておくことは何かと不都合なものですからA会社の持分を当社が譲り受けるべく共有土地の持分譲渡契約書を作成しました。
>
> この持分の譲渡の対価は3,000万円ですが，この契約書に対する印紙税の取扱いを説明してください。

［答］　共有物は，１個の所有権を２人以上の者で共有することであり，こ

れの持分を譲渡しても完全な所有権を移転することにはなりません。その意味で譲渡契約には該当しないのではないかという疑問を持つ向きもあります。

しかし，一般に共有物の持分は，共有物に対する部分的所有権といわれ，持分権は所有権の分数的一部分と解されています。

このように，共有物の持分権を譲渡することは，実質的に分数的な所有権を譲渡することと解されるところから，印紙税法上も対象物の譲渡契約と解しているところです（基本通達第1号の1文書の7）。

ご質問の場合には，共有者の一方が他の共有者に持分を譲渡して完全な所有権とするものですが，持分を第三者に譲渡する場合とその取扱いに差異はありません。

ご質問の場合は，共有土地，いわゆる不動産の持分譲渡を内容としていますから，不動産の譲渡に関する契約書（第1号の1文書）に該当することになり，その譲渡の対価3,000万円の記載のある文書として，印紙税が課されることになります（基本通達第1号の1文書の7）。

8．遺産分割協議書

問 相続財産である土地，建物などの不動産を各相続人に分割することについて協議決定した場合に作成する遺産分割協議書には，収入印紙を貼る必要がありますか。

答 遺産分割協議書には，収入印紙を貼る必要はありません。
印紙税法には，不動産の譲渡に関する契約書という文書が掲げられています。

しかし，遺産分割協議書は，単に共有遺産を各相続人に分割することを内容とするものであり，その遺産の譲渡を内容とするものではありません。すなわち分割前の遺産は共同相続人の共有となっているのですが，分割の効力は相続の開始の時に遡ることとされているところから，分割後の遺産は各相続人が被

相続人から直接承継したことになるのです。

したがって，分割協議をする各相続人の間には譲渡行為がないという点から，遺産分割協議書は不動産の譲渡に関する契約書には該当しないのです。また，遺産分割協議書は，課税物件表のその他のいずれの号の文書にも該当しません（基本通達第1号の1文書の8）。

9. 土地寄附証書

> [問]　私は，このたびある慈善団体に私所有の土地を寄附することにしました。
>
> その際，次のような「土地寄附証書」を作成します。この「土地寄附証書」に記載した土地は，一般の土地売買契約書に記載された土地とは違い，代金の受渡しを伴うものではありませんから，印紙税は課されないと思いますがいかがでしょうか。
>
> ```
>                     土 地 寄 附 証 書
>     このたび，私所有の下記の土地を○○会館建設のための敷地として貴協
>   会に寄附します。
>     つきましては，下記条項了承のうえ，後日のため本書を差し入れます。
>   1  本証書を提出しましたうえは，下記の土地に対し，何時工事に着手さ
>      れてもかまいません。
>   2  寄附地に対する公課その他の費用は，所有権移転登記完了までは私に
>      おいて負担します。（以下省略）
> ```

[答]　不動産の譲渡に関する契約書（第1号の1文書）とは，不動産の売買契約書が典型的なものとしてあげられますが，売買契約に限らず，不動産の所有権移転を目的とした交換契約，贈与契約，代物弁済契約及び現物出資契約などの成立，変更，補充等を証明する文書も含まれます。

〔第1号の1文書〕　　　　　　　　　　　　　143

　ご質問の土地寄附証書は，贈与契約の成立を証する文書ですから不動産の譲渡に関する契約書に該当し，記載金額がありませんから記載金額のない不動産の譲渡に関する契約書（第1号の1文書）として印紙税が課されることになります。

10. 不動産の現物出資引受証

　┌問┐　法人の設立に当たり，自己所有の不動産を現物出資することになり，「現物出資引受証」を作成することにしました。この文書には，出資金額となる評価額が記載されていますが，印紙税の取扱いはどのようになりますか。

　┌答┐　法人の設立に際し不動産を現物出資することは，その所有権を法人に帰属せしめることにほかなりませんから，不動産の譲渡に当たり，これを証明する文書は不動産の譲渡に関する契約書（第1号の1文書）に該当します。
　現物出資の場合の記載金額は，その文書に記載された出資金額となります（基本通達第23条(1)ニ）。
　したがって，ご質問の文書は，記載金額のある不動産の譲渡に関する契約書（第1号の1文書）に該当し，その出資金額に応じた印紙税を納付しなければなりません。

11. 賃借人がいる土地の売買契約書

　┌問┐　賃借権が設定してある土地を売買するに当たって，土地の売主，賃借人及び買主の三者間において，当該土地を売買するとともに，賃借権を消滅させることを約し，これを内容とした次のような契約書を作成することとなりましたが，これに対する印紙税の課税関係について説明してください。

土地売買契約書

　××（以下「甲」という）と土地所有者（以下「乙」という）及び土地の賃借人（以下「丙」という）は，末尾記載の物件（以下「土地」という）について，次のとおり売買契約を締結する。

第1条　土地の売買代金は，**5,000万円**とする。

2　前項の代金のうち，乙の所有権の価額は，**4,500万円**，丙の権利の価額は**500万円**とする。

第2条　土地の所有権は，この契約の締結と同時に甲が取得する。

2　丙が土地に有する賃借権は，この契約の締結と同時に消滅する。

第3条　乙は，この契約の締結後，すみやかに所有権の移転登記に必要な書類を甲に提出しなければならない。

第4条　甲は，乙が前条の義務を履行した後，乙の請求のあった日から30日以内に売買代金の一部**1,000万円**を乙に支払う。

　　　（中略）

第8条　甲は，所有権移転登記完了後，乙又は丙の請求があった日から30日以内に，乙にあっては第1条第2項規定の所有権価額から第4条規定の前払金を控除した後の金額を，丙にあっては第1条第2項規定の権利の価額を乙及び丙に支払う。

　　　（以下省略）

　[答]　この契約書は，目的物件（土地）の所有権を乙から甲に移転し，賃借人丙が当該土地上に有する賃借権を消滅することを約し，買主甲，土地の売主乙及び賃借人丙の三者において，これらを合意したことを内容とするものです。したがって，土地の所有権を乙から甲に移転することを内容とする部分は，「不動産の譲渡に関する契約書（第1号の1文書）」に該当するものの，丙が土地上に有する賃借権を消滅する部分は，契約の消滅を内容とするものとして印紙税法上の契約書には該当せず，したがって，本文書は，契約金額4,500万円を記載金額とする「不動産の譲渡に関する契約書（第1号の1文書）」とし

ての印紙税だけが課されるとも考えられます。

　しかしながら，この契約は甲乙丙の三者間において，①同時に行われていること，②賃借権の消滅に伴う対価は甲から丙に支払われていること，及び③丙は賃借権の消滅に伴う義務を甲に対して負っていること等からみて，賃借権の設定されている土地の所有権が乙から甲に移転すると同時に，丙はその土地上に有する賃借権を甲に移転し，その賃借権は混同により消滅すると考えるのが妥当です。

　したがって，この契約書は，甲乙間の土地の所有権の譲渡を内容とする部分は記載金額4,500万円の「不動産の譲渡に関する契約書（第1号の1文書）」に該当し，賃借権の消滅（混同による消滅）を内容とする部分は記載金額500万円の「地上権又は土地の賃借権の譲渡に関する契約書（第1号の2文書）」に該当することとなります。

　このように，一の文書が同一の号に掲げる二以上の事項を証明するものである場合の記載金額は，通則4のイにより，その合計額がその文書の記載金額となりますから，この契約書は記載金額5,000万円（4,500万円＋500万円）の第1号文書となります。

12. 土地の譲渡承諾書

　　［問］　国の出先機関が土地を購入する場合には，その購入についての可否を財務大臣に上申する際の添付資料とするため，土地の所有者から「譲渡承諾書」を徴する場合があります。
　　この承諾書には，財務大臣の許可を条件として一定の金額により土地を譲渡することが記載されていますが，印紙税の取扱いはどのようになりますか。

　［答］　ご質問の「譲渡承諾書」と称する文書は，土地購入の可否を決定する際の資料とするものですが，売買の当事者の相手方に対し，条件が成就する

場合には土地を譲渡することを証するものですから，不動産の譲渡に関する契約書（第1号の1文書）に該当します。

13. 無体財産権の範囲

> **問** 第1号の1文書として無体財産権の譲渡に関する契約書が掲げられていますが，この無体財産権の範囲等について説明してください。

答 無体財産権の譲渡に関する契約書（第1号の1文書）は，無体財産権そのものの権利を他人に譲渡する場合の契約書であり，無体財産権を利用できる権利（実施権又は使用権）を他人に与えたり，その与えられたところの無体財産権を利用できる権利をさらにそのまま第三者に譲渡する場合の契約書は，これには当たりません。

無体財産権という用語は，一般に物権及び債権を除いたところの財産権として用いられていますが，印紙税法では，特許権，実用新案権，商標権，意匠権，回路配置利用権，育成者権，商号及び著作権の8種類のものに限って無体財産権ということにしています（第1号文書の定義欄参照）。

したがって，ノウハウなどこれ以外の無体財産権については，これを譲渡する契約書を作成しても，課税文書に該当しないということになります。

印紙税法上の無体財産権の内容は，次のとおりです。

(1) 特　　許　　権

特許権とは，特許発明を独占的排他的に支配する権利で，設定の登録により発生します。したがって，特許法第66条《特許権の設定の登録》の規定により登録されたものが特許権ということになり，未登録のものや外国法に基づくものは，特許権には該当しません。

なお，「特許権として登録された場合には譲渡する」ことを内容とする契約書は，特許権そのものの譲渡を約する（予約又は条件付契約）ものですから，無体財産権の譲渡に関する契約書（第1号の1文書）に該当します。

(2) 実 用 新 案 権

　実用新案権とは，実用新案を独占的排他的に支配する権利で，設定の登録によって発生します。したがって，実用新案法第14条《実用新案権の設定の登録》の規定により登録されたものが，実用新案権ということになり，未登録のものや外国法に基づくものは，実用新案権には該当しません。

(3) 商 標 権

　商標権とは，商標を独占的排他的に使用する権利で，設定の登録によって発生します。

　したがって，商標法第18条《商標権の設定の登録》の規定により登録されたものが商標権ということになり，未登録のものや外国法に基づくものは含まれません。

(4) 意 匠 権

　意匠権とは，工業上利用できる意匠を排他的に支配する権利で，設定の登録によって発生します。

　したがって，意匠法第20条《意匠権の設定の登録》の規定により登録されたものが意匠権ということになり，未登録のものや外国法に基づくものは含まれません。

(5) 回路配置利用権

　回路配置利用権とは，半導体集積回路の回路配置に関する法律第3条《回路配置利用権の設定の登録》の規定により，登録されたものをいいます。

(6) 育 成 者 権

　育成者権とは，種苗法第19条《育成者権の発生及び存続期間》の規定により登録されたものをいいます。

(7) 商　　　号

　商号とは，商法第11条《商号の選定》及び会社法第6条《商号》に規定する商号をいいます。商人（会社及び外国会社を除きます。）は，その氏，氏名その他の名称を商号とすることができ，会社はその名称を商号とすることとされています。

(8) 著　作　権

　著作権とは，文芸，学術，美術の範囲に属する著作物を独占的排他的に支配する権利で，文書等を著作することにより発生します。著作権の登録は第三者への対抗要件にすぎませんから，登録のない著作権も著作権に含まれます。

14. 特許出願権の譲渡契約書等

　　[問]　当社の社員が発明した特殊な装置について，この装置の特許出願は会社の名において行うこととし，発明者である社員との間に，①特許出願権は会社に移転することを確認し，社員はその特許に関して今後一切の権利を主張しない，②その対価として金100万円を支払うことの契約書を作成しました。
　この契約書には印紙税が課されるでしょうか。

　　[答]　特許権は，産業上利用できる新規の発明について特許法上保護される権利をいいますが，この権利は特許原簿に登録されることにより発生するものとされています。
　印紙税法は，その第１号文書として無体財産権（特許権等）の譲渡に関する契約書を課税文書として掲げております。
　印紙税法でいう特許権は，特許法第66条《特許権の設定の登録》の規定により登録された特許権をいいます。
　このため，登録された特許権を他人に譲渡することとすれば，この契約書は無体財産権の譲渡に関する契約書（第１号の１文書）に該当することになり，その契約書の記載金額に応じて印紙税が課されることになります。
　しかし，ご質問の場合には，特許を受ける以前の段階で，特許を受ける権利（特許出願権）を譲渡するものですから，特許権を譲渡することとはなりません。したがって，ご質問の場合の契約書は，印紙税の課税文書には該当しないことになります（基本通達第１号の１文書の11）。

ところで、特許権の登録出願をした後に、登録された場合にはその特許権を譲渡することを約した場合の取扱いが問題となりますが、このような契約は特許権として効力が生ずることを条件とした権利の譲渡を約するものであり、予約契約ということができます。

印紙税法上は、予約契約は本契約と全く同一に取り扱われます（通則5）から、これらの契約書は、登録した特許権を譲渡する場合の契約書と同様に、課税文書に該当することになります。

なお、登録された特許権をその権利者に残したままこれを実施できる権利を他人に与える、いわゆる専用実施権又は通常実施権を設定する場合、又は設定された専用実施権又は通常実施権をさらに第三者に譲渡する場合には、これらの契約書は課税文書に該当しないことになります。

15. 出版契約書

　　問　海外旅行記を書籍として出版することになり、出版社との間で出版権設定契約を締結することになりました。この契約書に収入印紙を貼る必要はありますか。

　　答　出版権とは、設定行為の定めるところにより、著作物を原作のまま文書又は図画として複製・頒布する専有権をいいます（著作権法第80条第1項）。出版権は、出版社に対し契約によって定められた範囲内で、出版の目的のために著作物の直接の支配を許す権利であり、著作権者は出版の目的で、かつ、設定行為で定めた範囲内において、出版権者による著作物の利用を認容しなければなりません。

出版権設定契約は、一般に、著作権の譲渡ではなく、著作権者、出版者間の出版権設定を目的とする契約であり、著作権を利用させる契約の一種と考えられますので、無体財産権の譲渡に関する契約書（第1号の1文書）には該当しません。

16. 船舶の範囲

> 「問」 小型漁船を譲渡することとしましたが、この譲渡についての契約書も船舶の譲渡に関する契約書（第1号の1文書）に該当するのでしょうか。

　「答」　船舶とは、船舶法第5条に規定する船舶原簿に登録を要する船舶をいいます。

　船舶原簿に登録を要する船舶とは、総トン数20トン以上の船舶（推進機を有しない浚せつ船は除かれます。）をいうとされていますから、総トン数20トン以上の船舶であれば、船舶原簿に登録がされているか否かを問わず船舶として取り扱われます。

　なお、総トン数20トン未満の船舶であっても小型船舶の登録等に関する法律第3条の規定により小型船舶登録原簿に登録を要するものがありますが、これらの小型船舶については印紙税法上は物品として取り扱われ船舶には該当しないものとされています。

　したがって、ご質問の文書は、小型漁船が総トン数20トン以上であれば船舶として船舶の譲渡に関する契約書（第1号の1文書）に、総トン数20トン未満であれば、物品の売買契約書として課税文書に該当しないことになります（基本通達第1号の1文書の19）。

17. 船舶委付証

> 「問」 沈没した船舶に海上保険が付されている場合に、船主が保険の目的物である船舶を保険会社に委付する際作成する船舶委付証は、沈没した船舶の一切の権利を保険者が取得することの文書ですが、船舶の譲渡に関する契約書（第1号の1文書）に該当することになりますか。

[答]　船舶委付証は，船舶が沈没したり行方不明となった場合等の海上保険の原因が生じて保険金額を請求するときに作成され，これによってその船舶についての一切の権利は保険者に移転することになります（商法第833条以下参照）。

　しかし，これは，一方的意思表示である委付の通知を行うためのものであって契約の成立等についてのものではありませんから，課税文書に該当しません（基本通達第1号の1文書の20）。

18. 航空機の範囲

　　[問]　第1号の1文書に該当する「航空機の譲渡」には，ヘリコプターなどの譲渡も含まれるでしょうか。

　　[答]　航空機の意義については，航空法第2条《定義》に定めるところの航空機をいうこととされています。

　同条によりますと，航空機とは，人が乗って航空の用に供することができる飛行機，回転翼航空機，滑空機及び飛行船その他政令で定める航空の用に供することができる機器ということとされています。

　したがって，ヘリコプターの譲渡も当然航空機の譲渡に含まれます。なお，航空法では，航空機は航空機登録原簿に登録することとされていますが，これの登録がなされているかどうかは印紙税の取扱上全く関係ありません（基本通達第1号の1文書の21）。

19. 営業の譲渡の意義

　　[問]　第1号の1文書に該当する「営業の譲渡」には，例えば，営業活動中の一部門を譲渡する場合も含まれますか。

┌答┐　営業という語は二つの意味に用いられます。一つは継続的，集団的に同種の営利行為を行うこと，すなわち営業活動を意味し（主観的な意味の営業），もう一つは特定の目的に供される総括的な財産的組織体，すなわち企業組織体を意味します（客観的な意味の営業）。

　営業の譲渡に関する契約書（第1号の1文書）にいう営業は後者であり，課税物件表第17号の非課税物件欄に規定する営業は前者です。営業の譲渡の場合の営業とは，このような財産的組織体，いわゆる営業活動を構成している動産，不動産，債権，債務等を包括した一体的な権利，財産としてとらえられるものをいうのですから，営業活動における一部門であっても，財産的組織体として譲渡する限りにおいては，営業の譲渡に含まれます。

　営業譲渡契約書の記載金額は，その組織体を構成している動産，不動産の個々の金額（又はその合計額）をいうのではなく，その組織体を譲渡することについて対価として支払われるべき金額をいいます（基本通達第1号の1文書の22）。

20. 会社の吸収分割契約書に不動産等の承継に関する事項が記載されている場合

　┌問┐　当社は事業の一部を会社分割し，B社にその事業を承継させることとしました（吸収分割）。これに伴い，会社法の規定に基づいて吸収分割契約書を作成することとしました。

　吸収分割契約書は第5号文書（吸収分割契約書）に該当して課税文書になりますが，当社が締結した吸収分割契約書には，当社の事業用資産である土地・建物を引き継ぐ旨の記載もあることから，印紙税の取扱いでは不動産の譲渡に関する契約書（第1号の1文書）にもなるのでしょうか。

　┌答┐　会社法による会社分割制度により吸収分割を行う場合には，吸収分割契約の締結が義務付けられており，この吸収分割契約の内容等を記録した書

[第1号の1文書]

面又は電磁的記録は吸収分割を行う会社の本店に備え置かねばなりません。この場合に承継の対象とされた営業に係る権利義務は，吸収分割契約に定めるところに従い，合併の場合と同様に，一括して法律上当然に分割をする会社から分割事業を承継する会社に移転（包括承継）するものとされています。

この吸収分割契約を証する文書が吸収分割契約書ですが，ご質問のように吸収分割契約書に記載されている分割承継会社が分割会社から承継する財産のうちに，土地・建物等の不動産を承継する旨の記載があったとしても，第1号文書（不動産の譲渡に関する契約書又は営業の譲渡に関する契約書）に該当することなく，第5号文書として掲名されている吸収分割契約書として印紙税が課されます。

【参考】

「吸収分割契約書及び新設分割計画書」の印紙税の取扱いについては，第5号文書の問2「吸収分割契約書と新設分割計画書の範囲」（257頁）を参照してください。

地上権又は土地の賃借権の設定又は譲渡に関する契約書

〔第1号の2文書〕

1. 地上権，地役権，土地の賃借権等の区分

　　問　印紙税の課税文書中には，第1号の2文書として地上権又は土地の賃借権の設定又は譲渡に関する契約書を掲げていますが，永小作権又は地役権の設定又は譲渡に関する契約書や使用貸借に関する契約書との区分について説明してください。

　答　(1)　「地上権」は，工作物又は竹木を所有するため他人の土地（地下又は空間を含みます。）を使用収益することを目的とした用益物権で，民法第265条《地上権の内容》に規定されております。地上権は，直接，土地に対して権利をもつものとされ，地主の承諾なく譲渡，転貸ができるとされています。

　「地上権」には，民法第269条の2《地下又は空間を目的とする地上権》に規定する地下又は空間の地上権を含みます。

(2)　「土地の貸借権」は，民法第601条《賃貸借》に規定する賃貸借契約に基づき，賃借人が土地（地下又は空間を含みます。）を使用収益できる権利をいいます。したがって，借地借家法第2条《定義》に規定する借地権に限らず，土地の一時使用権も含みます。

(3)　「地役権」は，一定の目的に従って他人の土地（承役地）を自己の土地（要役地）の便益に供する権利（民法第280条《地役権の内容》）で，甲地のために

乙地から水を引く用水地役権，甲地のために乙地を通行する通行地役権などがあります。

(4) 「永小作権」は，耕作又は牧畜を行うために小作料を払って他人の土地を使用することの権利です。

(5) 「使用貸借権」は，ある物を賃料を支払わないで使用収益する権利です。「土地の使用貸借権」の設定又は譲渡に関する契約書は第1号の2文書（土地の貸借権の設定又は譲渡に関する契約書）とはなりません。すなわち，土地の賃借権と使用貸借権との区分は，土地を使用収益することについてその対価を支払うものかどうかで決まることになるのです。

　我が国の土地の使用関係は，賃貸借（使用貸借）契約に基づくものがほとんどで地上権の設定契約に基づくものはごくわずかであるといわれています。このことから，地上権であるか賃借（使用貸借）権であるかが不明の場合は，賃借（使用貸借）権とみるのがより合理的と認められますので，地上権であるか土地の賃借権であるかが判明しないものは，土地の賃借権又は使用貸借権として取り扱われます。

2. 土地の転貸借契約

　　[問]　賃借権を有する土地を第三者に転貸することになり，これについての契約書を作成しました。この契約は土地の賃借権の設定契約に該当するでしょうか。

　[答]　転貸借というのは，賃借人が賃借物を第三者に賃貸借することであり，当然賃貸借契約に含まれます（ただし，賃貸人（地主）との関係では，賃貸人の承諾がなければ対抗できないことになっています。）。

　転貸借は，賃借権の譲渡に似ているのですが，賃借権の譲渡は賃借権が従来の賃借人（譲渡人）から離れて譲受人に移転するのに対し，転貸借は，その賃借権を従来の賃借人（転貸人）に帰属したまま，転借人の賃借権はそれを基礎

として成立するという差異があります。

3. 建物の新所有者に引き続き土地を賃貸することの承諾書

　　問　土地所有者が，将来担保権実行により建物の所有者が変更になっても，当該建物の新所有者に引き続き土地を賃貸する旨の意思表示をした承諾書は，課税文書に該当するでしょうか。

　答　契約書とは，契約の成立等を証明する目的で作成される文書をいうのですから，承諾書の形式の文書でも契約の成立等を証明する目的で作成される限り契約書となります。本件承諾書は，いまだ賃借人は定まっていませんが，建物の新所有者は誰でも賃借人となりうるものですから，賃貸借契約（予約）の成立を証明する目的で作成される文書ということができます。

　したがって，この承諾書は土地の賃借権の設定に関する契約書（第1号の2文書）に該当します（基本通達第1号の2文書の4）。

4. 立退料支払契約書

　　問　K不動産㈱所有の土地を借りようとしたところ，現在の賃借人が素直に退去してくれるなら当方との賃貸借契約に応ずるとの申出があり，そこで，当方は現在の賃借人との交渉の上，立退料を支払うことで円満に退去していただきました。

　この場合の立退料支払契約書については，印紙税法上どのような取扱いを受けることになるのでしょうか。

　また，当方とK不動産㈱との間で，現在の賃借人に対する立退料を当方で負担する旨を約した文書を作成するときは，この文書はどのような取扱いとなるでしょうか。

〔第1号の2文書〕

　|答|　賃貸借契約は貸主と借主との間の契約ですから、借主になろうとする貴社と現在の借主の間で立退料について契約しても、賃貸借契約に該当することはありません（もっとも現在の借主から転貸を受ける契約であれば賃貸借契約となります。）。

　立退料は、一般に賃貸借契約の中途解除時に貸主から支払われるものですが、これは貸主の都合により契約を解除する場合の賠償ともいえますから、あらかじめ中途解約する場合に立退料を支払う旨を約するときは、賃貸借契約における債務不履行の場合の損害賠償の方法を定めるもの、つまり契約の内容の重要な事項を変更又は補充するものとして、賃貸物が土地であれば土地の賃借権の設定に関する契約書（第1号の2文書）に該当することになります（賃貸物が建物の場合は、課税文書に該当しません。）。

　しかし、現に中途解約の事態が生じて、立退きについていくら支払うかということを定めても、これは賃貸借契約の解除、いわゆる契約の消滅についての文書となり課税文書には該当しないことになります。

　また、契約解除に伴う立退料の支払契約は、契約の消滅契約とは独立した契約ともいえますが、独立した立退料支払契約とみても、一般の損害賠償契約と同じように掲名されているいずれの課税文書にも該当しませんから、印紙税は課されないことになります。

　ご質問の場合のように、賃借人になろうとする者と賃借人の間で立退料（立退きを請求する資格者とはいえませんから、本来の立退料とはいえないと思われます。）を支払うことの契約を結んでも、やはり課税文書には該当しないことになります。

　ところで、K不動産㈱と貴社との間で、例えば権利金又は保証金をK不動産㈱に支払う代わりに現在の賃借人の立退料を負担することとしている場合ですが、この場合でも貴社と現在の賃借人との間で結ぶ立退料の支払契約の取扱いには何の影響もありません。

　しかし、貴社とK不動産㈱との間で結ぶ契約書は、次のいずれかの課税文書に該当することになります。

つまり，権利金又は保証金の代わりに（又は権利金等の一部として）立退料を負担するものであれば，立退料はすなわち権利金等であるといえますから，権利金等の額を定め又は権利金等の支払方法を定めるものとして賃貸物が土地を含むものであれば土地の賃借権の設定に関する契約書（第1号の2文書）に該当することになりますし，また，権利金とは無関係に立退料を負担するものであれば，これは立退料を支払うべき者に代わってその債務を引き受けることになり，債務の引受けに関する契約書（第15号文書）に該当することになるものです。

立退料の額は，立退き交渉の上定まることとなり，契約時には確定していない場合が多いと思われますが，確定していなくても予約契約として印紙税法上は本契約と同じようになります（通則5）。

5．電柱敷地承諾書

［問］ 電力会社である当社は，電柱の埋設について地主から「電柱敷地承諾書」を徴することにしており，この契約については毎年一定の金額を支払うこととしています。
この文書に対する印紙税の取扱いはどのようになりますか。

［答］ 土地に電柱を埋設することについて土地の所有者が承諾することは，土地の賃貸借ないし使用貸借の成立となりますが，ご質問の場合には毎年一定の金額を支払うこととしていますから賃貸借契約となり，この承諾書は，土地の賃借権の設定に関する契約書（第1号の2文書）に該当することになります。

〔第1号の2文書〕

6．1万円未満の土地の賃貸借契約書

[問] 第1号文書の非課税物件欄には，契約金額1万円未満のものの非課税規定がありますが，土地の賃貸借契約書にはこの規定が適用されないのでしょうか。

[答] 第1号文書と第2号文書については，記載金額が1万円未満であっても，通則3のイの規定が適用されて第1号又は第2号に所属が決定されたものは，非課税とはならないこととされています（第1号文書及び第2号文書の非課税物件欄）。

なお，土地の賃貸借契約は，権利金等の金銭の受領事実をも併せて証するものなどを除き，通則3の規定が適用されることはまれですから，記載金額が1万円未満である場合には，原則として非課税規定が適用となります。

【参考】

土地の賃貸借契約書は，平成元年3月31日までは，第1号の2文書（土地の賃借権の設定又は譲渡に関する契約書）と旧第16号文書（賃貸借に関する契約書）に該当し，通則3のイの規定が適用されて第1号の2文書となり，記載金額1万円未満非課税の規定は適用されないこととされていました。

しかし，平成元年4月1日以降は，旧第16号文書は課税が廃止され，土地の賃貸借契約書は権利金等の金銭の受領事実をも併せて証するものなどを除き，第1号の2文書のみに該当することになりました。したがって，土地の賃貸借契約書については，平成元年4月1日以降は記載金額1万円未満非課税の規定が適用されることになります。

なお，この取扱いに関しては，総則編第4の問28「記載金額1万円未満の不動産の譲渡等に関する契約書（第1号文書）又は請負に関する契約書（第2号文書）」(71頁)を参照してください。

7. 地上権設定契約書の記載金額

　[問]　○○鉄道株式会社では，このたび新しい鉄道線路を敷設することとなり，そのため土地所有者である○○工業株式会社との間で，地上権設定契約を締結しました。

　その際，次のような地上権設定契約書を作成しましたが，この場合，契約金額は補償金額でしょうか。あるいは地代でしょうか。

地上権設定契約書

　○○鉄道株式会社を甲とし，土地所有権者○○工業株式会社を乙として，両者間において下記のとおり地上権設定契約を締結する。

記

第1条　乙は，その所有にかかる末尾記載の土地（以下「土地」という。）に甲のために地上権を設定する。

第2条　地上権設定にかかる土地の使用目的は次のとおりとする。

○○鉄道○○線路の建設

第3条　本契約により設定する地上権の存続期間は，本契約締結の日から前条により建設する鉄道線路の存する間とする。

2　前項の期間内に乙が第三者に所有権を移転した場合には，第三者に本契約を継承させるものとする。

第4条　第1条により設定する地上権に対する補償金は，金○○○○○円とし，地代は，1ヶ年金○○○○円とする。

第5条　前条の補償金は，第7条により甲が乙より地上権設定登記に必要な書類の交付を受け，地上権設定登記が完了したときに全額を乙の請求により甲の事務所において支払う。

第6条　乙は，前条により補償金が支払われたときは，土地を甲に引渡すものとする。

（以下省略）

〔第1号の2文書〕

答 ご質問の地上権設定契約書が地上権の設定に関する契約書（第1号の2文書）に該当することは，異論のないことと思われます。

地上権の設定に関する契約書の場合の記載金額とは，地代のような目的物の使用収益のための対価をいうのではなく，地上権の設定のための対価をいうこととされています。

これをご質問の地上権設定契約書についてみますと，地上権設定契約書の第4条に記載されている補償金が地上権設定の対価と認められ，記載金額になりますが，地代は記載金額とはなりません。

したがって，ご質問の地上権設定契約書は，第4条に記載されている補償金額に応じて印紙税が課されます。

8. 土地の賃貸借契約書の記載金額

問 当社では，営業所を新設するため，甲所有の土地を賃借することとし，甲との間においておおむね次のことを条件とする土地の賃貸借契約書を作成しました。この契約書にはいくらの印紙税が課されますか。
(1) 契約期間　20年
(2) 賃　貸　料　月額20万円
(3) 敷　　　金　100万円
(4) 権　利　金　200万円

答 土地の賃借権の設定等に関する契約書は，その記載金額により課される印紙税の額が異なることとなりますが，この場合において記載金額がいくらになるかが問題となります。一般に印紙税法上の記載金額とは，その課税文書において，契約の成立等に関し直接証明の目的となっているもの，例えば，売買契約における売買金額，消費貸借契約における消費貸借金額，請負契約における請負金額などをいうものとされています。

このことから，地上権又は土地の賃借権の設定等に関する契約書の記載金額

は、その契約の設定又は譲渡に関して定められる金額、すなわち、名称のいかんを問わず、契約に際して相手方当事者に交付し、後日において返還されることが予定されていないもの、例えば権利金などとして授受されるものをいいます。したがって、ご質問の契約書は、記載金額200万円の土地の賃借権の設定に関する契約書（第1号の2文書）に該当します（基本通達第23条(2)）。

一般に作成される地上権又は土地の賃借権の設定等に関する契約書には、賃貸料及び後日返還することを予定されている保証金、敷金の額を定めているだけで権利金等についての定めのないものもありますが、後日返還される保証金、敷金など又は契約成立等における使用収益上の対価ともいうべき賃貸料は、土地の賃借権の設定に関する契約書（第1号の2文書）における記載金額に含まれません。このような契約書は、印紙税法上の記載金額はありませんから、記載金額のない契約書として課税されます。

9. 敷地面積を付記した建物賃貸借契約書

> **問** 建物賃貸借契約書にその建物の敷地等の面積を付記した場合には、どのように取り扱われることになりますか。

答 建物賃貸借契約書には、その建物の所在地や使用収益をする範囲を確定するために敷地の面積が付記されることがしばしばあります。ところで、土地と建物とは各別に賃貸借の目的物となるものであり、建物賃貸借契約書に敷地の面積が記載されていても、その敷地にまでは賃貸借の効果は及ばないと一般に解されています。そこで、印紙税法上も、たとえ敷地が付記されているものであっても、不課税文書である建物の賃貸借契約として取り扱うこととしています。

しかし、その敷地についての賃貸借契約を結んだものであることが明らかであるものは、当然、土地の賃借権の設定に関する契約書（第1号の2文書）に該当することになります。

〔第1号の2文書〕

10. 駐車場利用契約

> 「問」 駐車場を利用する契約には，①駐車場として土地の賃貸借をする契約書，②車庫を貸す契約書，③駐車場に駐車させることの契約書，④車の寄託契約書が考えられますが，それぞれの場合の印紙税の取扱いはどのようになりますか。

「答」 ①のものは，土地の賃貸借契約ですから土地の賃借権の設定に関する契約書（第1号の2文書）に該当します。しかし，②及び③のものは，車庫又は駐車場という施設の賃貸借契約として，④のものは車の保管契約ですから，物品の寄託契約としてそれぞれ課税文書には該当しません。

消費貸借に関する契約書

〔第1号の3文書〕

1. 消費貸借の意義

> ［問］ ある銘柄の清酒を借りて，後日それと同じ銘柄のもので返還することを約する契約書はどの号の文書となるでしょうか。

［答］ 消費貸借とは，当事者の一方（借主）が相手方（貸主）から金銭その他の代替性のある物を受け取り，これと同種，同等，同量の物を返還する契約で，これは民法第587条《消費貸借》に規定されています。

消費貸借契約は，賃貸借及び使用貸借が目的物自体を返還するのと異なり，借主が目的物の所有権を取得しそれを消費した後に他の同価値の物を返還する点に特色があります。

このように，消費貸借の対象物は金銭に限られるものではなく，ご質問の場合のように，物品であっても消費貸借の目的とすることができますから，この契約書は消費貸借に関する契約書（第1号の3文書）になります。

また，消費貸借には，民法第588条《準消費貸借》に規定する準消費貸借を含むのですが，準消費貸借とは，金銭その他の代替物を給付する義務を負う者が，その相手方に対してそれを消費貸借の目的とすることを約する契約です。売買代金債務を借金に改めるようなものがこの例です。

2. 限度（極度）貸付契約書の記載金額

> **問** あらかじめ一定の限度（極度）までの金銭の貸付けをすることを約する限度（極度）貸付契約書の記載金額は、どのように判断することになるのでしょうか。

答 限度（極度）貸付契約の方法としては、貸付累計額が一定の限度に達するまで貸し付けるものと、一定の金額の範囲内であれば反復して貸し付けるもの（例えば、100万円の限度額とした場合に、当初100万円を貸し付け、後日50万円の返済があれば、さらに50万円について貸付けができるもの）とがあります。

この点について、基本通達第1号の3文書の2では、次のように取り扱うこととされています。

(1) 当該契約書が貸付累計額が一定の金額に達するまで貸し付けることを約するものである場合は、当該一定の金額は当該契約書による貸付けの予約金額の最高額を定めるものであるから、当該一定の金額を記載金額とする。

(2) 当該契約書が一定の金額の範囲内で貸付けを反復して行うことを約するものである場合は、当該契約書は直接貸付金額を予約したものではないから、当該一定の金額を記載金額としない。

(1)の場合は、貸付金額（最高額）が具体的に定まっていますから、記載金額のある消費貸借に関する契約書となるのです（基本通達第26条）。

(2)の場合は、貸付金額が具体的に定まっておらず、単に信用限度（いわゆるクレジットライン）を定めるものにすぎませんから、記載金額のない消費貸借に関する契約書となるのです。

なお、実務上では、おおむね(1)の場合を限度貸付け、(2)の場合を極度貸付けと称していますが、必ずしも使い分けされていません。

3. 債務確認弁済契約書

[問] 当社は，取引先から事業資金として500万円借用し，この度その弁済期限が来たのですが，どうしても資金繰りがつかないため，弁済を一時猶予してもらうこととしました。その際，次のような債務確認弁済契約書を作りましたが，いくらの収入印紙を貼ればよろしいでしょうか。

債務確認弁済契約書

○○○○（以下甲という。）と××××（以下乙という。）とは，債務の確認及びその弁済に関して，次のとおり契約を締結する。

第1条 甲及び乙は，甲が平成　年　月　日付金銭消費貸借契約に基づき，乙に貸し渡した金500万円のうち，弁済未済額が平成　年　月　日現在金300万円あることを双方ともに確認した。

第2条 本件債務金に対しては，年率　％の利息を付し，乙は平成　年　月　日に甲の住所に持参して返済するものとする。

第3条 平成　年　月　日付甲乙間の金銭消費貸借契約書については，本契約書により変更を加えた部分を除くほかは，なお，従前の効力を有するものとする。

　　　（以下省略）

[答] ご質問の債務確認弁済契約書は，既に締結されている消費貸借契約について，弁済期限の延長，すなわち当初の消費貸借契約の内容の一部を変更するためのものですから，消費貸借に関する契約書（第1号の3文書）に該当します。

ところで，消費貸借に関する契約書は，記載された契約金額に応じて印紙税額が異なることとされています。したがって，この契約書の印紙税額を算定するには，記載されている金額（500万円又は300万円）が契約金額に当たるかどうかということが問題となります。

〔第1号の3文書〕

　この債務確認弁済契約書は，既に成立している消費貸借契約について，弁済未済額を確認するとともに，弁済期限の延長（変更）をするものであり，契約金額（借用金額）を変更するものではありません。また，この契約書に記載されている金額は，既に成立している契約金額であり，この契約書によって新たに成立する金額ではありません。

　このように，この契約書に記載されている金額は，この契約書によってその成立を証明しようとする金額ではなく，また，変更又は補充の目的となっている金額でもないという理由から，債務金額を確定させた契約書を引用している限り契約金額には該当しないものとして取り扱われています。

　したがって，この契約書は，契約金額の記載のない消費貸借に関する契約書となり（基本通達第1号の3文書の3），1通当たり200円の収入印紙の貼付が必要となります。

　なお，同様の名称の文書でも記載金額のある契約書として取り扱われる場合がありますから，これについては総則編第4の問5「債務承認弁済契約書の記載金額」（46頁）を参照してください。

4. 手形借入約定書

　　問　約束手形を差し入れる方法により金銭を借用するため，手形借入約定書を作成しました。
　これには借入限度額は1,000万円であること，借入金額に応じた約束手形を振り出すこと，利率，支払期日及び債務不履行の場合の損害賠償の方法等について定められています。
　この文書の印紙税の適用はどうなるでしょうか。

　　答　金銭の消費貸借について借入金の見返りに約束手形を発行する（元金の返済は手形により行う。）ことの契約書ですから，消費貸借に関する契約書（第1号の3文書）に該当します。

この場合の借入限度額は，貸付けの予約金額の最高額を定めるものですから，その借入限度額は記載金額に該当することになり，記載金額1,000万円の消費貸借に関する契約書（第1号の3文書）として印紙税が課されることになります。

5．手形債務残高確認弁済契約書

> [問] 金銭の貸付けに当たり，相手方から元金と利息の合計金額による手形を受け取っております。
> 今回，このような方法での貸付けがいくつかに及ぶ相手方との間において，証書により貸付けの事績を明らかにするために「手形債務残高確認弁済契約書」を作成しました。
> この契約書は，印紙税法上どのように取り扱われることになりますか。

[答] 当初の契約は，消費貸借契約として金銭を貸し付けたものではありますが，この場合に受け取っている手形は，消費貸借の担保としてではないところから，実際には手形債務として生き残っていることになります。

手形債務を消費貸借の目的とすることは，準消費貸借契約となり，債務残高確認金額と称されていても，手形債務の消費貸借債務への切替えに伴って，この文書により消費貸借金額として証明しようとする金額となります。

したがって，記載金額のある消費貸借に関する契約書（第1号の3文書）として，その金額に応じた印紙税が課されることになります。

なお，原契約書（手形借入約定書等）において消費貸借金額を確定させていて，その文書を引用している場合には，記載されている債務残高確認金額は単なる確認金額と認められますから，記載金額としては取り扱われません。

〔第1号の3文書〕

6．買掛債務の弁済契約書

　　問　　商品の買掛金の返済に関して次のような契約書を作成しましたが，この契約書は，印紙税法の取扱上「消費貸借に関する契約書」になるのでしょうか。

―――――――――――――――――――――――――――――

債務弁済契約書

　○○○○（以下甲と称す）と○○○○（以下乙と称す）との間に，乙の甲に対する債務の弁済を目的として，本日次の通り契約を結ぶ。

第1条　乙は甲に対し，乙が平成27年5月31日に，甲より金1,000,000円の買掛債務を負担していることを認める。

第2条　乙は甲に対して，前条の債務を消費貸借債務とし，これを平成27年6月から平成28年3月まで，計10回に分割して，毎月末日限り100,000円ずつ支払うことを約定する。

第3条　乙は前条の債務の弁済のために，各割賦金額を手形金額とし，各支払日を満期日とし，支払場所を○○○○とする約束手形10通を振り出して甲に交付し，甲は本日これを受領した。

第4条　乙は，第2条の割賦金の支払を1回にても怠ったときは，当然に期限の利益を失い，未払残金を直ちに支払うものとする。

　　（以下省略）

―――――――――――――――――――――――――――――

　　答　　ご質問の債務弁済契約書は，買掛債務の残高を確認した上で，これを消費貸借債務とすることを約し，その返済期限及び返済方法を定めるとともに，各割賦金額を手形金額とした約束手形10通を振り出し，債権者はこれを受け取ったことを証するための契約書です。

　ご質問の文書を印紙税法上の観点から検討してみますと，まず，買掛金支払債務を消費貸借債務に切り替えるとともに，その弁済方法を10回に分割し，毎月末日に限り10万円ずつ支払うこととし，その裏付けとして約束手形10通を振

り出すことを約した事項は、買掛債務という消費貸借契約以外の原因による金銭支払債務を消費貸借の目的とすることを約し、その支払方法、支払期限を定めたものですから準消費貸借契約の成立を証する文書になります。

印紙税法では、準消費貸借も消費貸借に含まれますから、この事項は消費貸借に関する契約書（第1号の3文書）に該当することとなります。

さらに、乙が振り出した約束手形10通を甲が受領した旨記載した事項は、消費貸借債務の弁済としての約束手形の受領事実を証するためのものですから、売上代金以外の有価証券の受取書（第17号の2文書）に該当することとなります。

このように、1通の文書で第1号文書と第17号文書とに該当する文書については、通則3のイの規定により第1号文書として取り扱われます。

次に、記載金額については、「当該契約書により証されるべき事項に係る金額」、すなわちその契約書において成立、変更又は補充に関し証明の目的となっている金額が記載金額となります。したがって、この契約書では、準消費貸借契約の成立の目的となっている金額100万円が記載金額となります。

7. 返還期日等を記載した借受金領収書

> [問] 借受金の領収書であることが明らかにされているものは、売上代金以外の金銭の受取書（第17号の2文書）になる場合と消費貸借に関する契約書（第1号の3文書）になる場合とがあるとのことですが、その区分を説明してください。

[答] 単に金銭の受領事実のみを記載した文書は、たとえ当事者は借用証とする目的で作成したとしても売上代金以外の金銭の受取書（第17号の2文書）として取り扱われます。

しかし、その文書にさらに返還期日、返還方法又は利率等を記載すれば、文書上からも借用証であることが明らかになりますから、消費貸借に関する契約

〔第1号の3文書〕

書（第1号の3文書）にも該当し，通則3のイの規定により消費貸借に関する契約書（第1号の3文書）として取り扱われます（基本通達第1号の3文書の4）。

なお「借用証」と表示された文書とか「金〇〇円借用しました」と記載された文書は，返還方法等が記載されていなくてもその文書上から借用証であることが明らかですから，消費貸借に関する契約書（第1号の3文書）となります。

8. 借用金弁済期限延長差入証

　　[問]　事業の運転資金として500万円借りていたのですが，資金繰りがつかないため，このたび弁済期限を延長してもらうこととしました。そこで，次のような差入証を債権者に差し入れることになりましたが，この差入証にはいくらの収入印紙を貼ればよろしいでしょうか。

弁済期限延長についての差入証

元金5百万円也

上記元金額に対し平成　年　月　日契約に基づき金銭借用証書を差し入れましたが，今般貴殿の御同意を得て，下記により弁済期限の延長を契約し，前記借用証書による事項を確守いたします。

1　元金は，平成　年　月　日限り弁済を延長いたします。
2　利息は元金100円に付き日歩金　銭と定め，弁済期限に元金と併せ支払います。
3　弁済期限後遅滞元金に対しては，債務完済に至るまで元金100円に付き日歩金　銭の割合の損害賠償金を支払います。

なお，上記各項目のほかは，先の金銭借用証書の通り確約し，貴殿においてしかるべくお取り扱い相成ることに異存はありません。

　　（以下省略）

答　ご質問の差入証は，既に成立している契約について，その内容の一部に変更があったという事実を証明する目的で作成するもので，金銭の借用契約すなわち消費貸借契約を内容とするものですから，消費貸借に関する契約書（第1号の3文書）に該当します。

　ところで，消費貸借に関する契約書は，記載された契約金額に応じて印紙税額が異なることとされています。したがって，この契約書の印紙税額を算定するには，記載されている元金500万円が契約金額に当たるかどうかということが問題となります。

　この差入証は，既に成立している消費貸借契約書を引用して，弁済期限，利息，遅延利息を変更（又は補充）するものであり，契約金額（借用金額）を変更するものではありません。また，この差入証によって契約金額を証明しようとするものではありません。

　したがって，この差入証は，記載金額のない消費貸借に関する契約書として取り扱われ，1通当たり200円の収入印紙の貼付が必要となります。

9. 借入金の利率などを約する念書

　　問　共同して一定の金銭を借り入れた際，まず，連帯して「消費貸借契約書」を作成し，後日別にその借入金に対する利率及び遅滞損害金に対する率を約し，その際次のような「念書」を作成することとしました。この「念書」は，印紙税法上，消費貸借に関する契約書に該当しますか。

　　　　　　　　　　　念　　　　　書

　平成　年　月　日付消費貸借契約書に基づき　　　　　及び
　　　　が，貴社より借り受けた金　　円に対しては，利息として百円に付1日金　銭也の割合による金員をお支払い致します。

　なお，約束の月賦弁済を1回たりとも怠った場合は百円につき1日金　銭也の割合の積数計算による遅滞損害金を異議なくお支払い致します。

後日の為本書差入れます。
　　（以下省略）

[答]　この念書は，金銭消費貸借契約の内容である利率及び遅滞損害金の額並びにその支払を約したものであって，契約の内容を補充する文書ですから，消費貸借に関する契約書（第1号の3文書）に該当することとなります。

なお，この念書に記載された元金額は，この文書により証明しようとする金額とはなりませんから，記載金額のない消費貸借に関する契約書として印紙税が課されることになります。

10. 消費貸借の変更契約書

[問]　当社は，昨年8月にある銀行から1,000万円の借入れをし，その借入金は本年8月に返済することとしていました。しかし，ある事情によりその返済期日を6か月延期することとし，銀行とも話合いがつき，次のような「消費貸借変更契約証書」を作ることとしました。

この文書の記載金額の取扱いについて説明してください。

消費貸借変更契約書

第1条　商事株式会社（以下，「乙」という。）は，平成26年8月25日付金銭消費貸借契約書に基づき株式会社　銀行（以下，「甲」という。）に対して現に負担している債務金額1千万円也の償還方法を下記のとおり変更することを申込み，甲はこれを承諾した。
　　　償還方法　乙は本債務を平成28年2月25日までに完済すること。
第2条　乙は甲が請求したときはいつでも公証人に委嘱して原契約書及び本書による債務承認並びに強制執行の認諾ある公正証書作成に必要な手続をとるものとする。
第3条　保証人（以下，「丙」という。）はこの契約を承認し，引き続き保

証人となり乙と丙の保証契約の効力にかかわらず債務履行の責めを負うものとする。
（以下省略）

[答]　ご質問の文書の契約金額は，たとえそれに1,000万円という金額が記載されていたとしても，これは，原契約書で確定している債務金額を確認したものにすぎず，契約金額そのものの変更等を証明するためのものではないことから，この文書の契約金額とはなりません。

したがって，記載金額のない消費貸借に関する契約書（第1号の3文書）ということになります。

11．借入金利息の支払方法についての承諾書

[問]　金融機関から手形貸付け又は証書貸付けの方法により融資を受けた者が，その融資（借入金）に係る利息及び手数料等の支払いについて，その借入先金融機関に預け入れている当座預金又は普通預金の口座から口座振替えの方法により支払うこととした次の承諾書の印紙税の取扱いについて説明してください。

承　諾　書
平成　　年　　月　　日
株式会社　　銀行御中
（住所）
（氏名）　　　　　　　　　　　　　　㊞
借入金利息支払方法に係る下記の件を承諾します。
記
1．当社が貴行から手形貸付け又は商業手形割引その他の方法で借り入れ

〔第1号の3文書〕 175

た借入金の利息（期日後利息及び手形書換えの場合の利息を含む。）は，貴行の定められた時期に，当社の貴行における預金勘定口（　　名義当座預金又は　　名義普通預金）から，小切手・普通預金払戻請求書等の証ひょうによらず引き落とされても差し支えないこと。

2．前項の利息は，従来同様，貴行の貸出実行と同時に発生しているものであること。

3．第1項の借入れに伴う割引手形及び担保手形の代金取立手数料その他諸差引金についても，第1項と同様に取り扱われても，差し支えないこと。

　答　ご質問の文書は，借入金の利息の支払方法について当事者の一方（借主）が承諾の意思表示を記載証明するものであり，その内容は，原契約（消費貸借）の利息の支払方法を変更し，又は補充することを内容とするものですから，消費貸借に関する契約書（第1号の3文書）に該当します。

　また，この場合の借入金の利息は，借主が貸主に有する当座預金又は普通預金から小切手又は普通預金払戻請求書によらず払戻しの上支払うことを内容とするものです。すなわち，この文書は，当該借入金利息の支払いのための普通預金又は当座預金の払戻しは特別の方法によることを証明するため作成するものですから，金銭の寄託に関する契約書（第14号文書）にも該当します。

　このように，この文書は，消費貸借に関する契約書（第1号の3文書）及び金銭の寄託に関する契約書（第14号文書）に該当しますが，通則3のイ本文の規定により消費貸借に関する契約書（第1号の3文書）として取り扱われます。

　なお，金融機関に対する債務を預金口座から引き落として支払うことを内容とする文書であっても，預金口座振替依頼書は，その文書の証明目的は事務処理の委託にあると認められますから，金銭の寄託に関する契約書（第14号文書）その他の課税文書に該当しないものとして取り扱われますが，契約書，承諾書（念書，同意書を含みます。）等として作成されるものは，単に預金者が自己の事務処理を委託する目的で作成する文書と異なり，債務の支払方法及び預金の払

戻方法の特約を定めるものと認められますから，その内容により消費貸借に関する契約書（第1号の3文書）等に該当することとなります（基本通達第14号文書の8）。

12. 借入金金利の見直し回数変更同意書

> [問] 当方は銀行ですが，顧客との間で締結している変動金利型ローン契約について，年1回の金利見直しの回数を年2回に変更することとし，変更したことに同意した証として顧客から同意書を差し入れてもらうこととしましたが，この同意書は消費貸借に関する契約書（第1号の3文書）に該当するのでしょうか。

[答] 印紙税法において「契約書」とは，原契約の内容を変更する契約書も含まれます（通則5）が，課税対象とされるものは，重要な事項又はこれと密接に関連する事項を変更するものに限られています（基本通達第17条）。

ご質問の同意書は，既に成立している消費貸借契約における金利の見直し回数（貸付金の変動金利の利率を見直す回数）を年1回から年2回に変更することの合意文書ですから，契約書に該当することは間違いありませんが，金利の見直し回数は，基本通達の別表第2（重要な事項の一覧）の「第1号の3文書」関係の事項に掲げられておりませんので，課税対象となる変更契約書に該当するかどうかについての疑義が生じます。

ところで，基本通達の別表第2に掲げられている事項は，例示として掲げられているものですから，これらに密接に関連する事項を変更するものは，課税対象となります。すなわち，この同意書で変更する金利の見直し回数は，基本通達の別表第2に掲げられた重要事項である「利率」そのものを変更するものではありませんが，利率を変更するための手段と認められますから，利率と密接に関連する事項に該当します。

したがって，この同意書は，記載金額のない消費貸借に関する契約書（第1

〔第1号の3文書〕

号の3文書）に該当します。

（注） 変更契約書の取扱いの詳しい説明は，総則編第3の4「変更契約書の取扱い」（26頁）を参照してください。

13. 出張旅費前借金領収証等

> ［問］ 会社の従業員が，給料，出張旅費等の前渡しを受けた場合に作成する前借金領収証等は，消費貸借に関する契約書（第1号の3文書）に該当しますか。

［答］ 会社とその従業員とは人格が異なりますから，業務上作成される諸種の借用証も課税文書となり得るものです。しかし，会社の事務整理上作成されるものは，その作成目的を考慮して課税対象としては取り扱わないこととされています。

例えば，単に金銭の受取事実を記載しているものは，売上代金以外の受取書（第17号の2文書）となっても営業に関しない受取書として課税されませんが，前借金等を後日支給されるべき給料，旅費等によって相殺することとしている等消費貸借に関する契約書の性質を有するものは，消費貸借に関する契約書（第1号の3文書）ともなり得るので，会社の業務執行に関し，かつ，事務の整理上作成されるものに限定して課税文書として取り扱わないこととしています（基本通達第1号の3文書の5）。

なお，例えば，会社等がその従業員に住宅資金の貸付けを行う場合における当該住宅資金は，会社等の業務執行に関して給付されるものに当たりませんから，当然課税されることになります。

14. 総合口座取引約定書

> ［問］ 銀行の総合口座取引を利用する場合には，総合口座取引約定書

という銀行の所定の様式による契約を求められますが，この文書はどの号の文書として印紙税が課されるのでしょうか。

答 総合口座取引契約というのは，普通預金取引と定期預金取引を1冊の通帳（総合口座通帳）により行うことの預金契約（消費寄託契約）の基本的事項を定める契約です。

したがって，この総合口座取引約定書は，金銭の寄託に関する契約書（第14号文書）に該当することは問題ありません。

ところで，総合口座取引約定書には，普通預金残額がない場合でも，定期預金を担保として一定の金額まで払戻しができることとされています。

定期預金を解約することなく金銭を預金者に給付することは，これはいわゆる金銭の貸借りにほかなりませんから，消費貸借の予約契約ということになって，消費貸借に関する契約書（第1号の3文書）にも該当することになります。

金銭の寄託に関する契約書（第14号文書）と消費貸借に関する契約書（第1号の3文書）とに該当する文書は，通則3のイ本文の規定により消費貸借に関する契約書（第1号の3文書）として印紙税が課されることになります。

この場合に，約定書に払戻しに応ずる最高限度額が記載されていても，この最高限度額は，累計の限度額を示したものではなく，反復する払戻しの極度額にしかすぎませんから，結局，記載金額のない消費貸借に関する契約書（第1号の3文書）として印紙税が課されることになります。

なお，公共料金等の自動支払を委託している場合に，これらの料金等についての不足額だけについて普通預金残額を超えて自動支払に応ずることとしているものは，これは金銭の貸借りというより，公共料金等の支払委託という委任事務に伴う立替払契約と認められますから，その立替払契約の部分は消費貸借に関する契約書（第1号の3文書）としてではなく，不課税文書である委任契約書と評価されます。したがって，この場合には，金銭の寄託に関する契約書（第14号文書）のみに該当する文書となります（基本通達第1号の3文書の6）。

〔第1号の3文書〕

15. 建設協力金，保証金の取扱い

[問]　貸ビルの賃貸借契約に伴って保証金を支払う場合の契約書は，消費貸借契約書として取り扱われるものがあるとのことですが，この取扱いについて説明してください。

[答]　貸ビルを建設する場合に，その資金に充てるため，あらかじめビル借受希望者から建設協力金を受け取り，完成の際には優先的に貸し渡すことを約するもの，あるいは既に完成しているビル，設備を借り受けることについて保証金等の名目で金銭を徴収している場合が見受けられます。

貸ビルの賃貸借契約書は，権利金等の受領事実が記載されているなどして，金銭又は有価証券の受取書（第17号文書）等に該当するものを除き，その予約を含めて不課税文書に該当し，建設協力金，保証金といわれるものは，これらの契約に付随して支払われるものとして，印紙税の取扱いはその基本の契約に吸収されると思われがちですが，これらはその契約次第で法律的性格は異なってきますので，一律には判断できません。

一般に「保証金」といわれるものは，一定の債務の担保として，債権者その他一定の者にあらかじめ交付される金銭であって，敷金，委託保証金などがその例といえます。

つまり，賃貸借契約の場合であれば，賃借料や賃借人に責任のある損害により発生する債務を担保するための金銭であり，これは本来の保証金となりますから，この保証金について印紙税法上特に問題にされることはありません。

しかし，契約期間が終了していないのに一定期間経過後に返還することとしたものは，一定の債務を担保するという目的を達することはできません。したがって，この場合の保証金等と称するものは，保証金という名目ではあっても，その実質は，金銭を借用していること，すなわち消費貸借契約と判断されることになります。

また，契約期間が終了しても，その後一定期間経過後でなければ返還しない

という約定のもとの保証金は，確かに契約期間の終了時までは債務を担保するという本来の目的は達せられるのですが，契約期間の終了後に返還すべき金銭を一定期間消費貸借の目的とするものと判断することになります。

このように，建設協力金又は保証金等として一定の金銭を受領した場合に，賃貸借契約期間などに関係なく，一定期間据置後に返還することを約しているものは，消費貸借に関する契約書（第1号の3文書）に該当するものとして取り扱われます。

したがって，建物の賃貸借契約書にこうした保証金等の事項を記載すれば，消費貸借に関する契約書（第1号の3文書）として取り扱われることになるのです（基本通達第1号の3文書の7）。

16. ゴルフクラブの会員証等

[問] ゴルフクラブ等のレジャー施設では，会員から入会保証金などを受け入れ，これに対して入会保証金預り証，会員証などを発行する事例が多くありますが，このような文書の課税関係はどのようになるのでしょうか。

[答] レジャー施設等が入会保証金を受け入れた場合に作成する入会保証金預り証又は会員証等と称する文書は，これが流通性をもたせたものであれば契約に基づく権利を表彰する文書すなわち有価証券となり，この種の有価証券は課税物件として掲げられていませんから，印紙税は課されないことになります。

一方，譲渡ができない場合（単に譲渡に制限を設けている場合とは異なります。）には，流通性がありませんから印紙税法上の契約書ということになり，その文書の記載内容により課税文書に該当するかを判断することになります。

このうち，受け入れた保証金等を一定期間据置き後，一括返還又は分割返還することを約するもの（退会時にのみ返還することとしているものは含まれませ

ん。）は，実質的に金銭の貸借りと認められますから，消費貸借に関する契約書（第1号の3文書）に該当することになります。

なお，受け入れた保証金等を退会時にのみ返還することとしているものは，利用料その他会員に生ずる債務を担保するための金銭の性格のみ有することになりますから消費貸借契約とはなりませんが，このような場合であっても，金銭の受領事実の記載があるときには，売上代金以外の金銭の受取書（第17号の2文書）に該当することになります（基本通達第1号の3文書の8）。

17. 学 校 債 券

　[問]　学校が校舎，図書館，プール等の新設のための建築資金に充てる目的で当該建築資金を受け入れた場合に作成する学校債券又は借款証券は，消費貸借契約書ということになるのでしょうか。

　[答]　学校が借り入れるものでもその消費貸借契約書は，当然課税文書ということになります（もっとも公立の学校が作成するものは，国又は地方公共団体が作成するものとして非課税文書となります。）。

　ところで，契約書とは，契約の成立等を証明する目的で作成される文書をいうのですから（基本通達第12条），有価証券の性質を有する文書はたとえ契約の成立等についての事項が記載されていても契約書とはなりません。これは，有価証券が，契約等によって発生した権利を証券に表彰することを目的として作成するものであって，契約の成立等を証明する目的で作成するものではないからです。

　したがって，ご質問の学校債券又は借款証券と称するものが，この券によって権利の譲渡ができるものであれば，有価証券ということになり，これは課税対象となる有価証券ではありませんから課税文書に該当しないこととなります。

　一方，有価証券に該当しない場合には，消費貸借の内容を記載した契約書と

いうことになりますから，消費貸借に関する契約書（第 1 号の 3 文書）に該当することになります（基本通達第 1 号の 3 文書の 9 ）。

18. 貸付決定通知書

> ［問］　金銭の借入申込みに対して貸し付けることを決定し，その旨を記載してその申込者へ交付する貸付決定通知書について，印紙税の課税はどうなるでしょうか。

　［答］　金融機関等が融資の申込みに対し申込人の返済能力等を審査の上貸し付けることを決定し，その旨を記載して申込人へ交付する貸付決定通知書等と称する文書は，融資の予約を証する目的で作成されるものですから，消費貸借に関する契約書（第 1 号の 3 文書）に該当することになります。

　なお，印紙税は，文書ごとに課税されますから，たとえ後日改めて「借用証書」や「金銭消費貸借約定書」などの消費貸借に関する契約書を作成する場合でも，それとは別に課税されることになります。

19. 有価証券の賃貸借契約書

> ［問］　当社は，A 社に国債を賃貸することとなりました。賃貸期間は 2 年で賃貸する国債の額面は10億円となっておりますが，返還は賃貸した国債そのものでなくても，同種同量のものでよいこととされております。このような有価証券の賃貸借を約する契約書は，課税文書に該当しないと考えてよいですか。

　［答］　賃貸借を約する契約書が課税となるのは賃貸借の目的物が土地の場合だけですから，有価証券の賃貸借を約する契約書は通常課税文書に該当しません。

しかし，ご質問の場合の契約は，貸借の目的物と同種同量のものを返還してもよいこととされていますから，消費貸借契約にも該当することになります。
　消費貸借は，当事者の一方（借主）が相手方（貸主）から金銭その他の代替性のあるものを受け取り，これと同種，同等，同量のものを返還する契約で，この「その他の代替性のあるもの」には有価証券も含まれます。
　したがって，ご質問の契約書は，消費貸借に関する契約書（第1号の3文書）に該当することになります。
　なお，貸借する有価証券の額面金額等を記載しても，その金額は有価証券の目的物を特定しているにすぎず，消費貸借に関する契約書（第1号の3文書）の契約金額とされる消費貸借金額ではありませんから，ご質問の文書は記載金額のない消費貸借に関する契約書（第1号の3文書）ということになります。

20. 当座勘定借越約定書

　[問]　当座預金契約を結ぶ預金者と金融機関との間において，預金残高が不足する場合でも，一定金額を限度として預金者の振り出した小切手の支払に応ずることを内容とした当座勘定借越約定書は，印紙税法上どのように取り扱われますか。

　[答]　当座勘定借越契約は，一時的に金融機関から金銭を借り入れてこれを債務の返済に充てるという消費貸借契約の性質もあるといえますが，見方を変えれば，小切手，手形という手段により，第三者に対する債務の支払事務を委託しており，支払う金銭が不足する場合には立替払いを行うという契約とも解せられることになります。
　そこで，印紙税の取扱上は，立替払いの契約として評価し，課税文書に該当しない委任に関する契約書として取り扱うこととされています。

21. コミットメントライン設定契約書及び借入申込書

　問　当社は安定的に経常運転資金枠の確保するために、金融機関との間でコミットメントライン（融資枠）契約を締結することとしました。この契約書について、印紙税の取扱いを教えてください。

　答　コミットメントライン契約（リボルビング・クレジット・ファシリティ契約）とは、貸付人である金融機関が手数料（コミットメントフィー又はファシリティフィーと呼ばれます。）を徴求することによって、借入人のために一定の期間、一定の融資極度額を設定し、その範囲内であれば借入人は借入れを行う権利を取得し、貸付人は貸付けを行う義務を負担する契約です。

　コミットメントラインの契約方法としては、
イ　借入人と貸付人が個別にコミットメントライン契約を締結する相対型（バイラテラル方式）と、
ロ　1通の契約書により、借入人と複数の貸付人が同一の条件でコミットメントライン契約を締結し、かつ、各貸付人がエージェント（貸付人の代理人として借入人との連絡業務等の事務を行う金融機関）にコミットメントライン契約に係る事務を委託する協調型（シンジケート方式）

とがありますが、いずれの場合も契約当事者の間で、(イ)融資極度額、(ロ)借入申込方法、(ハ)借入金の返済方法等を定めた基本契約書を締結しています。

　基本契約書締結後は、借入人が貸付人に（シンジケート型の場合にはエージェントを経由して貸付人に）借入れの意思表示を行うことにより、貸付人は基本契約書に定められた貸付実行の前提条件の充足を条件に個別の貸付義務を負担し、貸付けを実行しなければならないこととされています。

〔第1号の3文書〕

〈相対型〉

```
貸付人（金融機関） ←―― 手数料支払い ―― 借入人
            ←―― コミットメントライン契約 ――→
            融資極度額の設定  個別の貸付けの実行 ――→
            ←―― 個別の貸付けの申込み ――
            ←―― 元利金支払い ――
```

〈シンジケート型〉

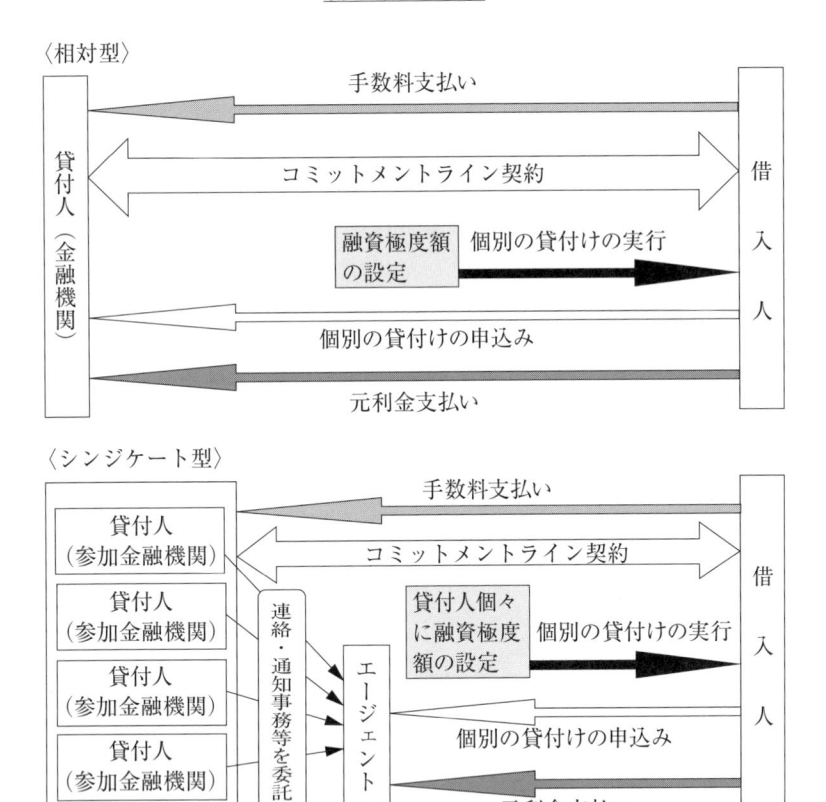

```
貸付人（参加金融機関）
貸付人（参加金融機関）    連絡・通知    エージェント
貸付人（参加金融機関）    事務等を委託
貸付人（参加金融機関）

    ←―― 手数料支払い ―― 借入人
    ←―― コミットメントライン契約 ――→
    貸付人個々に融資極度額の設定  個別の貸付けの実行 ――→
    ←―― 個別の貸付けの申込み ――
    ←―― 元利金支払い ――
```

（注）　コミットメントライン契約は当座貸越契約と似ていますが，当座貸越契約は契約締結だけでは手数料が支払われることは無く「金融情勢の変化等相当の事由があるときは，いつでも極度額を減額し，貸越を中止し，又はこの契約を解約することが出来る。」と定めて，金融機関に広い裁量を与える契約になっており，融資実行の都度審査する等の幅広い裁量権が金融機関に与えられているのに対して，コミットメントライン契約は，契約期間中，資金の借主は融資金融機関に対し実際の借入れの有無に拘わらず手数料を支払い，金融機関は当該契約期間中に借主の財務状態に重大な悪影響が無いこと等の一定の条件（貸付実行の前提条件）のもとに融資枠の範囲で融資を実行しなければならないという点が異なります。

　なお，コミットメントライン契約は主として1年以内の資金需要を賄うも

のとして利用されています。

　相対型（バイラテラル方式）の基本契約書は，借入人からの申込みにより融資極度額の範囲内で反復して貸付けを行う義務を貸付人が負担することを約する文書であり，消費貸借に関する契約書（第1号の3文書）に該当します。この場合，契約で融資極度額として定められる金額は，実際に行われる貸付けの金額そのものではないことから，この契約書は契約金額の記載のないものとなります（基本通達第1号の3文書の2）。

　なお，この契約書は，借入人と貸付人との間で継続的に行われるコミットメントライン契約に基づく貸付けに関してのみ適用される事項について定めているもので，銀行取引約定書のように各種の銀行取引から生じる一切の債務について適用される包括的な履行方法等を定めているものではありません。したがって，令第26条第3号に規定する「金融機関から信用の供与を受ける者と当該金融機関との間において，貸付け（手形割引及び当座貸越しを含む。），支払承諾，外国為替その他の取引によって生ずる当該金融機関に対する一切の債務の履行について包括的に履行方法その他の基本的事項を定める契約書」には該当しないことから，継続的取引の基本となる契約書（第7号文書）には該当しません（第7号文書の問8「銀行取引約定書等（令第26条第3号文書）の要件」（276頁）参照）。

　以上から，相対型の基本契約書は，記載金額のない消費貸借に関する契約書（第1号の3文書）として1通当たり200円の収入印紙の貼付が必要となります。

　一方，協調型（シンジケート方式）の基本契約書は，相対型の基本契約書と同様に，借入人からの申込みにより融資極度額の範囲内で反復して貸付けを行う義務を貸付人が負担することを約する文書であり，消費貸借に関する契約書（第1号の3文書）に該当します。

　また，この契約書は，エージェントとなる金融機関と貸付人である金融機関との間で継続的に行われる委託業務についても定めているので，令第26条第2号に規定する「金融機関の業務を継続して委託するため作成される契約書で，委託される業務の範囲を定めるもの」に該当することから，継続的取引の基本

〔第1号の3文書〕

となる契約書（第7号文書）にも該当します（第7号文書の問4「代理店契約書等（令第26条第2号文書）の要件」(272頁) 参照)。

　契約金額の記載のない消費貸借に関する契約書（第1号の3文書）と継続的取引の基本となる契約書（第7号文書）の両方に該当する文書は，第7号文書に所属が決定されるので（通則3イただし書き)，協調型の基本契約書は，継続的取引の基本となる契約書（第7号文書）として1通当たり4,000円の収入印紙の貼付が必要となります。

　なお，この場合の印紙税の納税義務者となる文書の作成者は，金融機関の業務委託の当事者であるエージェントとなる金融機関と貸付人となる金融機関となります（基本通達第46条)。

　ところで，基本契約書に定められている借入申込方法によると，借入人が貸付人に対してコミットメントライン契約に基づく個別の借入申込みを行う際には，「借入申込書」等と称する文書を作成し，融資金融機関に提出することとしていることが多いようです。

　コミットメントライン契約の下では，借入人は，基本契約書に定められた貸付実行の前提条件が充足される限りにおいて，自らの意思表示により借入人・貸付人間において個別の消費貸借を成立させることができるもので，消費貸借契約の条件付予約完結権を有すると考えられています。基本契約書に基づく「借入申込書」の提出は，かかる条件付予約完結権の行使であり，「借入申込書」の提出により，個別の貸付けについて前提条件の充足を停止条件とする消費貸借契約が自動的に成立し，貸付人は消費貸借の目的である金銭を交付する債務を負うことになります。

　一般的に，この「借入申込書」には，貸付額，貸付実行予定日，貸付期間（返済日）のほか，すでに締結しているコミットメントライン契約に基づいて借入れを申し込む旨，基本契約書に定められている貸付実行の前提条件が充足されている旨等が記載されています。

　印紙税法上，契約書には契約の当事者の一方のみが作成する文書で当事者間の了解又は商慣習に基づき契約の成立を証することとされているものが含まれ

(通則5)，申込書等と表示された文書であっても，(イ)申込書の文面上基本契約に基づく申込書であることが記載されていて，かつ，(ロ)その申込みによって自動的にその申込みに係る契約が成立することとなっているもの，については，印紙税法上の「契約書」に該当します（基本通達第21条第2項第1号。総則編第3の問12「申込書等と表示された文書の取扱い」（35頁）参照）。

　コミットメントライン契約に基づき個別の貸付実行を申し込む際に金融機関に提出する「借入申込書」は，この要件に該当することから，借入れの申込金額を記載金額とする消費貸借に関する契約書（第1号の3文書）に該当します。

(**注**)　個別の貸付けについて別に消費貸借契約書や借用書を作成することが記載されている「借入申込書」は，別途契約の成立を証する文書を作成することが明らかにされていることから，この「借入申込書」が契約の成立を証する文書とは認められないので，契約書としては取り扱われません。

運送に関する契約書

〔第1号の4文書〕

1. 運 送 の 意 義

> 問　引越し荷物の運送について、貨物自動車を持っている人に頼んで、簡単な念書をつくりました。
> このようなものでも運送契約書ということになるのでしょうか。

　答　運送とは、委託により物品又は人を所定の場所へ運ぶことですから、それが営業として行われるものだけでなく、たまたま行われるものでも運送となります。

　また、簡単な文書であっても運送の内容について記載され、これを証明するためのものであれば運送に関する契約書（第1号の4文書）に該当することになります。

2. 運 送 状

> 問　第1号文書の定義欄3には「運送に関する契約書には、運送状を含まないものとする。」と規定されていますが、この運送状とはどういうものをいうのでしょうか。
> また、運送状は課税されないのでしょうか。

　答　貨物運送に関しては運送状と称する文書が作成されますが、印紙税

法において運送に関する契約書に含まれないこととしている運送状とは，荷送人が運送人の請求に応じて交付する書面で，運送品とともにその到達地に送付され，荷受人が運送品の同一性を検査し，また，着払運賃などその負担する義務の範囲を知るために利用される文書で，一般に送り状とも呼ばれているものです。

したがって，その文書の標題が「運送状」，「送り状」などとなっているものであっても，運送品とともに，その到達地に送付されることなく，運送契約の成立を証明するために荷送人に交付されるものは運送状には該当せず，運送に関する契約書（第1号の4文書）として取り扱われることになります（基本通達第1号の4文書の2）。

3．運送引受書・発送伝票

> ［問］　貨物運送に関して作成される文書には，その標題が「運送引受書」，「発送伝票」，「運送状」，「送り状」など各種のものがありますが，このような文書で，運送業者が顧客である荷送人に対して，貨物運送引受けの証として交付するものは，運送契約書ということになるでしょうか。

［答］　貨物運送業者が荷送人から貨物の運送を引き受けた際に荷送人に交付する文書で，その文書に運送物品の種類，数量，運賃，発地，着地等運送契約の成立の事実を証する事実が具体的に記載され，貨物運送引受けの証としているものは，その文書の標題のいかんにかかわらず，運送に関する契約書（第1号の4文書）として印紙税が課されることとなります。

この場合，その記載金額は，運送料をいい，運送保険料，運送品価格，代引手数料などは記載金額とはなりません。

4. 送り状・運送状等の控

> ［問］ 当社は，貨物運送業者を営んでおりますが，貨物運送を引き受けた場合，依頼人（荷送人）が作成した運送状や送り状の控に署名又は押印して返戻することとしています。
> この返戻する運送状や送り状の控は，運送契約書に該当するのでしょうか。

［答］ ご質問の文書は，一次的に荷送人が作成する文書ですが，その文書に運送物品の種類，数量，荷送人，荷受人等運送の内容が具体的に記載されており，貴社が運送を引き受けた際に，署名又は押印して荷送人に交付（返戻）するものですから，依頼人（荷送人）が作成した文書を利用して，貴社がその内容を承諾し，貨物運送引受の証として交付（返戻）するものと認められます。したがって，いずれも運送に関する契約書（第1号の4文書）として課税されます。

なお，依頼人（荷送人）が自ら控えとして所持する運送状や送り状の控で，貨物運送業者の署名又は押印がないものは，単なる自己の控にすぎませんから，契約書には該当しません。

5. 貨物受取書

> ［問］ 運送業者が貨物運送の依頼を受けた場合，依頼人に交付する貨物受取書は，運送契約書ということになるでしょうか。

［答］ 文書の判断は，その文書の記載文言に基づいて実質的に行うのですから，たとえ運送貨物の受取書であっても，その文言の記載内容によって取扱いが異なることになります。すなわち，貨物の受領事実のみを記載証明するものは物品の受取書として評価されます（不課税）が，さらに貨物の品名，数量，運賃，積み地，揚げ地等が記載され，運送契約の成立を証明する目的で作

成されたことが文書上明らかとなる場合には，運送に関する契約書（第1号の4文書）として課税対象となります（基本通達第1号の4文書の3）。

6．用船契約書の意義

> [問]　運送に関する契約書（第1号の4文書）には用船契約書を含むこととされていますが，用船契約書とはどういうものでしょうか。

[答]　「用船契約」とは，船舶又は航空機の全部又は一部を貸し切り，これに積載した物品等を運送することを約する契約をいいますが，これには次の方法があり，いずれも用船契約に当たります（基本通達第1号の4文書の4）。
⑴　船舶又は航空機の占有がその所有者等に属し，所有者等自ら当該船舶又は航空機を運送の用に使用するもの
⑵　船長又は機長その他の乗組員等の選任又は航海等の費用の負担が所有者等に属するもの

7．定期用船契約書

> [問]　一定期間，船舶を乗組員付きで借り受け，借主がこの船舶を用いて貨物運送を行う場合には，船主は，船舶使用料を収受するにすぎませんが，これも用船契約書ということになるのでしょうか。

[答]　定期用船契約は，船主が一定期間船舶の全部を乗組員付きで定期用船者に貸し切るとともに，船長使用約款等に基づいて，船長をその期間内定期用船者の指示の下におく契約です。
　これは，単なる船舶の賃貸借とも異なることから，印紙税法上運送に関する契約に含めることとしており，運送に関する契約書（第1号の4文書）に該当しますが，定期用船契約書のうち，契約期間が3月を超え，かつ，用船の目的

物の種類，数量，単価，対価の支払方法等を定めるものは継続的取引の基本となる契約書（第7号文書）にも該当することになります（基本通達第1号の4文書の5）。

8．裸用船契約書

> **問** 第1号文書の定義欄4には「用船契約書には，裸用船契約書を含まない」と規定されていますが，この裸用船契約とはどういうものでしょうか。
> また，裸用船契約書は課税されないのでしょうか。

答 用船契約は船長その他の乗務員付きで船舶又は航空機を借り受けるのに対し，裸用船契約は乗務員のつかない船舶又は航空機そのものの賃貸借を内容とする契約です。

そのため，裸用船契約書は用船契約という名称を用いていますが，その実質は不課税文書である賃貸借契約書となりますから，第1号文書の定義欄4で運送に関する契約書（第1号の4文書）には該当しないことを念のため規定しているものです（基本通達第1号の4文書の6）。

9．揚荷・積荷役協定書

> **問** 海上運送において，貨物の積卸しの際，その積卸数量等の確認のための揚荷・積荷役協定書を作成しますが，これには貨物の品名，数量，積地及び揚地等が記載されていて，その標題が協定書となっています。この文書は運送に関する契約書（第1号の4文書）に該当することとなるでしょうか。

答 揚荷・積荷役協定書は，運送人と荷送人との間で締結された海上運

送契約に基づき，その運送契約を履行する過程で，船舶に積み込んだ，又は船舶から降した貨物の数量等や荷役作業時間等を，荷送人，船長及び運送業者の代理店の三者で相互に確認するためのものであって，海上運送契約の成立等を証明するためのものではありませんから，課税文書には該当しません。

10. 車両賃貸借契約書

　　　　問　　当社は電気機器を製造している会社ですが，このたび当社の製品を納入先まで運送することについて，運送会社と次のような契約を結びました。
　この契約書は，賃貸借に関する契約書，運送に関する契約書，継続的取引の基本となる契約書のいずれの契約書として取り扱ったらよいでしょうか。

車両賃貸借契約書

　株式会社○○（以下甲という。）と××株式会社（以下乙という。）との間に甲の製品の運送について円滑な取引を永続するために次のとおり車両賃貸借契約を締結する。
第1条　乙は自己の所有する自動車をもって，甲の指示に基づき運送業務に従事する。
第2条　甲は乙に対し次の料金を支払う。
　①　基準料金　1か月走行3,000kmまで20万円
　②　割増料金　1か月走行3,000kmを超過するときは，超過1kmにつき
　　　　　　　　30円
第3条　乙は請求書を毎月末にしめ切り，甲に提出し，甲は翌月10日に一括して支払う。
第4条　乙は不可抗力による場合を除き，乙の責めに帰すべき事故により甲に損害を与えた場合は，甲に対し賠償の責めを負う。
　なお，運転手の責めに帰すべき事故過失についても乙は甲に対し賠償の責めを負う。

[第1号の4文書]

　第5条　自動車運転手の給与，自動車の維持，修繕塗装，運転保険その他所有にかかる一切の費用は乙の負担とする。
　第6条　本契約の有効期間は平成　年　月　日から向う1か年とし，契約期限1か月以前に甲乙いずれかから何らの意思表示なき場合は，自動的に更に1か年更新する。その後の更新についてもまた同じとする。（以下省略）

　答　契約書の標題は車両賃貸借契約書となっていて，また契約書の文中にも「車両賃貸借契約を締結する。」と記載されています。しかし，この契約書は，乙の所有する自動車を甲が単に借りることを内容とするものではなく，乙が自己の所有する自動車でもって，甲の指示に基づき，乙の責任のもとに甲の製品を運送するというものですから，自動車の賃貸借契約ではなく運送契約であるといえます。したがって，この契約書は，運送に関する契約書（第1号の4文書）に該当することとなります。

　次に，この契約書は，3月を超えて継続する運送取引について，単価，対価の支払方法などを定めるものですから，継続的取引の基本となる契約書（第7号文書）にも該当します（令第26条第1号）。

　第2条に定める運送に対して支払われる料金は，①の基準料金は運送キロ数に関係なく支払われる料金であり，②の割増料金は①の基準キロ数を超過した場合に支払われる料金です。②の料金は月々の運送実費が判明しないと具体的にいくら支払われるかが確定しませんが，①の基準料金は第6条にこの契約書の当初の契約期間は1か年と定められていることから，20万円×1か年（12月）＝240万円と算出することができます。この240万円は，この契約書に基づき支払われる全ての契約金額ではありませんが，契約金額（契約金額の一部）であることは確かですから，この契約書には240万円という契約金額の記載があることになります。運送に関する契約書（第1号の4文書）と継続的取引の基本となる契約書（第7号文書）とに該当する文書で記載金額のあるものですから，通則3のイの規定により運送に関する契約書（第1号の4文書）として

取り扱われることとなります。

(**注**)　契約期間の更新の定めがある契約書の契約金額は，当初の契約期間のみを基として算出することとし，更新後の期間は計算の対象とはしないこととされています（基本通達第29条）。

請負に関する契約書

〔第2号文書〕

1. 請負の範囲

[問] 請負契約は，委任契約，売買契約，雇用契約などと区分しにくいものがありますが，請負契約となる基本的な考え方を示してください。

[答] 「請負」とは，民法第632条《請負》に規定する請負のことをいい，これは，当事者の一方がある仕事の完成を約し，相手方がその仕事の結果に対して報酬を支払うことを内容とする契約です。したがって，ある仕事の内容が特定されていて，その仕事を完成させなければ，債務不履行責任を負うような関係にある契約です。民法上は，典型契約としての請負契約を規定しているのですが，実際の取引においては各種変形したいわゆる混合契約といわれるものが多く，印紙税法上どの契約としてとらえるべきものであるかなかなか困難なものが多いところです。

通則2においては，一の文書に2以上の号に掲げる事項が併記又は混合記載されている場合にはそれぞれの号に該当する文書とすると規定されています。

このように一部に請負の事項が併記された契約書又は請負とその他の事項が混然一体と記載された契約書は，印紙税法上請負契約書に該当することになり，民法上例えば委任契約に近いといわれる混合契約であっても，印紙税法上は請負契約としてとらえられるものも生ずるということになります。

請負の目的物には，家屋の建築，道路の建設，橋りょうの架設，洋服の仕立て，船舶の製作，車両の製作，機械の製作，機械の修理のような有形なものの

ほか、シナリオの作成、音楽の演奏、舞台への出演、講演、機械の保守、建物の清掃のような無形なものも含まれます。

　なお、請負とは仕事の完成と報酬の支払いとが対価関係にあることが必要ですから、仕事の完成の有無にかかわらず報酬が支払われるものは請負契約とはならないものが多く、また、報酬が全く支払われないようなものは請負には該当しません（おおむね委任に該当します。）。

2. 売買と請負の判断基準

　　問　　売買になるか請負になるかによって、印紙税法の取扱いが異なってくるということですが、売買契約書か請負契約書かは、どのような基準で区分するのですか。

　　答　　請負契約か売買契約かは、契約当事者の意思が、仕事の完成に重きをおいているか、物の所有権移転に重きをおいているかによって判断されます。

　しかしながら、具体的な取引の段階においては、必ずしもその判別が明確なものばかりとはいえません。印紙税法の取扱いに当たって、その判別が困難な場合には、次のような基準でこれを判断することとしています（基本通達第2号文書の2）。

1　請負契約書に該当すると認められるもの
　(1)　注文者の指示に基づき一定の仕様又は規格等に従い、製作者の労務により工作物を建設することを内容とするもの
　　（例）　家屋の建築、道路の建設、橋りょうの架設
　(2)　注文者が材料の全部又は主要部分を提供（有償であると無償であるとを問いません。）し、製作者がこれによって一定物品を製作することを内容とするもの
　　（例）　生地提供の洋服仕立て、材料支給による物品の製作

(3)　製作者の材料を用いて注文者の設計又は指示した規格等に従い一定物品を製作することを内容とするもの
　　(例)　船舶，車両，機械，家具等の製作，洋服等の仕立て
　(4)　一定の物品を一定の場所に取り付けることにより所有権を移転することを内容とするもの
　　(例)　大型機械の取付け
　　　ただし，取付行為が簡単であって，特別の技術を要しないものは，売買契約書となります。
　　(例)　家庭用電気器具の取付け
　(5)　修理又は加工することを内容とするもの
　　(例)　建物，機械の修繕，塗装，物品の加工
2　売買契約書に該当すると認められるもの
　(1)　製作者が工作物をあらかじめ一定の規格で統一し，これにそれぞれの価格を付して注文を受け，当該規格に従い工作物を製作し，供給することを内容とするもの
　　(例)　建売住宅の供給（不動産の譲渡に関する契約書）
　(2)　あらかじめ一定の規格で統一された物品を，注文に応じ製作者の材料を用いて製作し，供給することを内容とするもの
　　(例)　カタログ又は見本による機械，家具等の製作

3．取付工事を伴う機械の売買契約書

> 　　問　当社では，一定の規格で統一した冷暖房装置のカタログ販売をしていますが，この装置の取付けには相当の技術を要するところから，販売先との間の契約では，冷暖房装置の引渡しは一定の場所に取り付けた後に行うこととし，その代金は内訳なしに300万円としています。
> 　この場合の契約書の印紙税の取扱いはどのようになるのでしょうか。

[答]　機械を譲渡することを内容とする文書であっても，例えば，注文者の指示する一定の仕様又は規格に従って機械を製作するとか，注文者が材料を提供してこれによって一定の機械を製作する場合などには，単なる機械の売買（譲渡）ではなく，一定の機械を製作することを内容とする契約となりますから，その契約は請負に関する契約ということになります。

　しかし，貴社の場合には，一定の規格で統一して製作する物品，いわゆる商品たる冷暖房装置を売買するものといえますから，その契約は冷暖房装置という物品を譲渡することの契約に当たります。

　一方，大型機械などを購入した場合にその取付け，据付け等に相当の技術を必要とするときは，誰かに頼んでその取付け等をしなければなりませんが，その取付工事等を頼むことは，機械の取付けという仕事を完成させることですから，これは請負ということになります。

　つまり，貴社で契約していることは，冷暖房装置という物品を売買するとともに，その機械の取付けという請負を行うことを内容としていることになります。

　したがって，印紙税の評価は不課税文書の物品売買契約書と請負に関する契約書（第2号文書）に該当することとされ，このような場合には通則2の規定によって，その文書は請負に関する契約書（第2号文書）として取り扱われることになります。

　そこで問題となるのは，その契約書の契約金額はいくらとして取り扱われるかということですが，ご質問の内容によりますと装置の販売価格と取付費用を区分しないで一本の契約金額とされているとのことです。

　本来，機械の売買の対価と取付費用とは別のものであるはずですから，印紙税の取扱い上，それぞれの金額を区分していれば，請負契約に係る金額（ご質問の場合には取付費用部分の金額）をその契約書の記載金額として取り扱うことになります。

　しかし，ご質問の場合にはそれぞれの金額を区分してありませんから，記載金額300万円の全部を請負契約金額として取り扱うことになります。

なお，機械の取付け等は全て請負になるというものではなく，機械器具を購入した場合には通常サービスにより取り付けられるようなもの，例えば，テレビを購入したときのアンテナの取付け，配線のように取付行為が簡単であって特別の技術を要しないものは，これを本体の売買に付随して行うこととしても，その取付行為を請負として特段の評価をしないで，全体をその本体の売買を内容とする契約書として取り扱うこととされています。

4. 大型産業設備（プラント）の売買契約書

> ［問］　当社は生コンプラントのメーカーですが，生コンプラントの建設を請け負う際に作成する契約書には，生コンプラントを構成する機械部分の売買に関する事項とその据付工事等に関する事項を区分して記載することとしておりますが，この場合の契約書は，据付工事代金のみを記載金額とする請負に関する契約書（第2号文書）として取り扱ってよいのでしょうか。

　［答］　生コンプラントとは，生コンを生産する目的のために複数の機械・装置を組み合わせた大型産業設備です。したがって，生コンプラントの建設を請け負う契約は，プラントを構成する個々の機械・装置の売買を目的とするものではなく，プラント全体の完成を目的として，その完成に対して対価を支払う契約と見るべきであり，ご質問の契約書の代金区分は，請負契約の契約金額を算出するための基準（明細）を記載しているものにすぎないと認められます。

　したがって，この契約書は，その全体が請負契約に該当しますから，機械部分の売買代金とされる金額と据付工事等代金とされる金額の合計額が請負に関する契約書（第2号文書）の記載金額となります。

5．職業野球の選手，映画の俳優等の役務の提供契約

> **問** 職業野球の選手や映画の俳優等の役務提供契約は，請負に含むものとされていますが，これらの役務提供契約の範囲について説明してください。

答 第2号文書の定義欄1及びこの規定を受けた令第21条には，特定の者の役務提供契約を請負に含むこととしています。

これらの役務提供は，個々の出演契約などの場合には請負契約となりますが，専属契約の場合には請負，雇用又は委任等の各要素が混合された一種の無名契約となり，その取扱いが個々にわたることが予想されるところから，全て請負に該当することを法律上明確にしているものです。これらの者の具体的範囲は次のようになります（基本通達第2号文書の3～10）。

(1)　「職業野球の選手」（いわゆる一軍，二軍の別を問わず，監督，コーチ及びトレーナーを含めた職業野球の選手をいいます。）

(2)　「プロボクサー」

(3)　「プロレスラー」

(4)　「映画の俳優」・「演劇の俳優」（映画，舞台等に出演し，演技を行う芸能者をいいます。）

(5)　「音楽家」（広く洋楽，邦楽，民謡，雅楽，歌劇等の音楽を作曲，演奏，謳歌する者をいい，具体的には，作曲家，演奏家（指揮者を含みます。），声楽家（歌手を含みます。）等をいい，浪曲師，漫才師を含みません。）

(6)　「舞踊家」（洋舞（ダンスを含みます。），邦舞，民族舞踊，宗教舞踊等をする者をいい，能役者を含み歌舞伎役者を含みません。）

(7)　「映画又は演劇の監督，演出家又はプロジューサー」（広く映画，演劇上の指導又は監督を行う者，映画又は演劇の俳優の演技，衣装，ふん装，装置，照明プラン，音楽等を組織する者又は映画，演劇の企画，製作をする者をいいます。）

(8)　「テレビジョン放送の演技者」（いわゆるテレビタレント等テレビジョン放送

に出演することを主たる業とする者のみでなく，広くテレビジョン放送を通じて演技を行う者をいいます。したがって，映画又は演劇の俳優，落語家，歌手，舞踊家，楽士，講談師，浪曲師等の通常演技を行う者がテレビジョン放送を通じて演技を行う場合もこれに含みます。）

(9) 「テレビジョン放送の演出家又はプロジューサー」（広くテレビジョン放送の俳優の演技，衣装，ふん装，装置，照明プラン，音楽等を組織するテレビデレクター又はテレビジョン放送の企画，製作をする者をいいます。）

6．映画出演契約書等

> [問] 職業野球の選手が，映画に出演をすることについての出演契約書を作成した場合には，この契約書は，どのような取扱いを受けるでしょうか。

[答] 職業野球の選手や映画の俳優等の契約は，請負契約に該当するものがほとんどですが，中には委任契約や雇用契約との区別が困難なものもあります。そこで，課税物件表に定義規定を設け，区別が困難なものも請負に含めることとされたのです。

したがって，ここに規定されている者，例えば，映画会社等と俳優等との間において作成される映画の専属契約書又は出演契約書は，請負に関する契約書（第2号文書）に該当することは当然ですが，本職以外の役務の提供契約を結んだ場合でも請負契約に該当することがあるといえます。

ご質問のように職業野球の選手が映画出演契約を結べば，それは請負契約そのものですから，映画出演は職業野球の選手の本来の役務の提供ではなく，課税物件表の定義規定にあてはまらなくても，請負に該当することとなります（基本通達第2号文書の11）。

7. 広告契約書

>　[問]　新聞広告，コマーシャル放送等の広告契約書は，印紙税法上どのような取扱いを受けることになりますか。

　[答]　広告という仕事を行い，それに対して報酬を支払う契約は請負契約ですから，広告契約書は請負に関する契約書（第2号文書）に該当します。また，将来行われる2以上の広告について共通して適用される取引条件（数量，単価，対価の支払方法など）を定めるものは，継続的取引の基本となる契約書（第7号文書）にも該当するものがありますから，この場合には，通則3のイの規定によってその所属を決定することになります（基本通達第2号文書の12）。

　なお，1回の契約で単に広告の登載等が数回にわたるものは，2以上の取引に共通して適用される取引条件を定めるものではありませんから，継続的取引の基本となる契約書（第7号文書）には該当しません。

8. 協賛契約書

>　[問]　イベントの開催に協賛の形で参加する場合に，イベントの主催者との間で協賛に関する契約書を作成することとしていますが，この契約書は，印紙税法上どのような取扱いを受けることとなりますか。

　[答]　イベント等の協賛に関して作成される協賛に関する契約書には，主催者が有償で広告宣伝を引き受けることを内容とするもの，協賛の事実のみを表示することを内容とするもの，主催者が広告場所を提供することを内容とするもの等，様々な形態がありますが，その形態により次のように取り扱われることとなります。

〔第2号文書〕

(1) **主催者が社章，商標，製品等の掲載等を引き受けることを内容とするもの**

　　主催者がポスター，入場券，パンフレット，会場又はゼッケン等に主催者の責任で，有償により協賛会社の社章，商標，製品名等を掲載又は表示することを内容とする協賛に関する契約書は，主催者が報酬を得て広告宣伝を引き受けることを内容とするものですから，請負に関する契約書（第2号文書）に該当します。

　　また，営業者間において，継続的に生ずる広告宣伝に関して共通的に適用される広告宣伝の内容，数量，料金，料金の支払方法等の基本的な事項を定めるものは，継続的取引の基本となる契約書（第7号文書）にも該当し，通則3のイの規定により，契約金額が記載されている場合は，請負に関する契約書（第2号文書）となりますが，契約金額が記載されていない場合は，継続的取引の基本となる契約書（第7号文書）となります。

(2) **主催者が協賛の事実のみを掲載することを内容とするもの**

　　主催者がポスター，入場券，パンフレット又は会場に，「協賛○○株式会社」のように，単に協賛会社の社名を協賛の形で表示することを内容とする協賛に関する契約書は，主催者が積極的に協賛会社の宣伝広告を引き受けるものではなく，単に協賛の事実を表示することを内容とするものですから，請負に関する契約書（第2号文書）には該当しません。

(3) **主催者が広告場所を提供することを内容とするもの**

　　主催者がイベント会場等に広告場所を確保して協賛会社に有償で提供し，協賛会社が自己の責任において広告を行うことを内容とする協賛に関する契約書は，広告場所を有償で使用させることを内容とするものですから，請負に関する契約書（第2号文書）には該当しません。

　　また，協賛会社の広告方法に対して主催者が一定の制限を付すことができることとなっている場合がありますが，この場合も同様に取り扱われます。

　　なお，広告場所を有償で使用させる契約は，賃貸借契約に該当しますから，賃貸借の目的物が土地（施設としてのものは除きます。）の場合は，土地の賃借権の設定に関する契約書（第1号の2文書）として取り扱われます。

9．商品大量陳列契約・チラシ広告契約

> **問** ①食料品のメーカーである当社は，スーパーマーケットとの間において，当社製品を一定期間スーパーマーケットの最も効果的な場所に他社競合製品に優先する方法で陳列する場合には，その行為に対して報酬を支払うことを契約しました。このような契約書は，印紙税法上どのように評価されるのでしょうか。②また，スーパーマーケットが，チラシ広告に当社の製品を一定の規格以上で掲載すれば，その掲載に対して報酬を支払うこととした場合，この契約書はどのような取扱いになるでしょうか。

答　一般に，広告主が広告を頼み，相手方が広告主のために広告を行うことを約する契約は，広告という仕事を完成させ，これに対して報酬を支払う契約といえますから，請負契約に該当し，これらの契約書は，請負に関する契約書（第2号文書）として取り扱われています。

ご質問は，事例の文書がこの広告請負契約書として課税文書となるのかどうかというものですが，それぞれ次のとおりとなります。

ご質問①の契約の場合には，商品をどの場所にどのように陳列するかどうかはスーパーの販売政策上の問題であり，もともと自己の商品の販売のために行う行為なのですから，メーカーのためにこれらの行為を行わなければならないという拘束力をもつもの，つまり，メーカーに対する債務として存在するものとは性格を異にし，仮に，スーパーが契約の内容どおり行わなかったとしても債務不履行責任を負うものとは認められません。

このようにみてきますと，ご質問①の契約は，メーカーの製品広告を目的としてスーパーに自己の製品を大量に陳列することを依頼し，スーパーは，自己の商品販売のためであるとともにメーカーの依頼に応えるという双方にメリットのある行為を行うことを約したものであると考えられます。

そして，この行為は，スーパーが債務として拘束力をもつものではなく，ある程度スーパーの自由裁量に委ねられたものとして，メーカーの満足のゆく状

態で行為が行われた場合にだけ報酬が支払われる契約と考えられます。

　したがって，ある仕事を完成させるという債務を負う請負契約とは認められませんから，請負に関する契約書（第2号文書）には該当しません。

　次に，ご質問②の契約書については，スーパーが自己のチラシ広告上メーカーの製品広告を行うという契約で，いわば，スーパーの広告行為に便乗した形でメーカーの製品広告を行うという内容をもつことになります。

　この契約もご質問①の契約と同じように，スーパーは自己の販売政策としてチラシ広告を行うのですから，メーカーのために広告を行うことを約した請負契約となる広告契約とは性格を異にするものといえます。

　ご質問の内容からみても，メーカーの満足のいく状態でチラシ広告を行えば，これに対して報酬を支払うとしているものですから，一種の費用負担契約の性格をもつことになり，メーカーに対する広告債務を負うことになる請負契約とは認められません。

　したがって，この契約書も請負に関する契約書（第2号文書）には該当しません。

　なお，この種の契約は，契約の目的，取決めの方法等によって，請負契約，委任契約又は物品の譲渡契約（取引の条件を定めるものなど）となることが考えられ，一律に判断できないものが多くありますから，注意を要します。

10. エレベーターの保守契約書

　　問　エレベーターの保守について，毎月一定の料金で継続して保守を行うこととする「エレベーター保守に関する契約書」は，保守の対象となるエレベーター，仕事の内容，料金及び料金の支払方法等を定めるものですが，印紙税法上，請負に関する契約書でしょうか。あるいは継続的取引の基本となる契約書でしょうか。

　　答　エレベーターの保守契約は，エレベーターを常に安全に運転できる

ような状態に保つこと及びそれに対して一定の料金を支払うべきことを内容とするものですから，請負契約に該当し，この場合，個々の場合における保守契約を定めるものは請負に関する契約書（第2号文書）になりますが，ご質問の場合のように，営業者間において継続的に生ずる保守について共通的に適用される仕事の内容，料金及び料金の支払方法等の基本的なことを定めるものは，継続的取引の基本となる契約書（第7号文書）にも該当し，通則3のイの規定により，契約金額が記載されている場合は，請負に関する契約書（第2号文書）になり，契約金額が記載されていない場合は，継続的取引の基本となる契約書（第7号文書）となります。

　この場合，契約金額が記載されているかどうかですが，月額×契約期間の月数により，契約金額が計算できるときは，その計算できる金額が記載された契約金額となり，この場合には，請負に関する契約書（第2号文書）として取り扱われることになります。

11. 機械保守契約書

> **［問］** 当社は自動制御装置を設置しましたが，その装置を常に正常な状態で運転するため，当該装置の整備会社と機械の保守契約を結び，次のような機械保守契約書を作成することとなりました。この契約書に対する印紙税の課否について，説明してください。
>
> 　　　　　　　　　　　機械保守契約書
> 　甲会社と乙会社との間に裏面記載の機械を常に良好な状態で有効に使用し，かつ，耐久性を維持させるため，下記のとおり保守に関する契約（以下「本契約」という）を締結します。
> 　第1条　本契約は，調印の日から効力を生じ，契約発効年月日　平成　　年　　月　　日から原則として1カ年とします。ただし，甲乙いずれか一方から期間満了前の1月前に書面による解約通知が行われない限り，

契約更新期日において効力は毎年継続するものとし，更新期日以外の日における解約は行わないものとします。(中略)
第4条　本契約に基づく保守契約料金は，通常料金及び交替料金・休祭日料金の月間30万円とします。本契約の明細は本契約裏面の契約機械明細表のとおりとします。(以下省略)

　[答]　この契約書の内容とするところは，機械（自動制御装置）を常に正常な状態で有効に使用しうるように，点検，調整，修復を行う仕事とそれに対する報酬の支払いを定めたものですから，請負に関する契約書（第2号文書）に該当することになります。
　また，営業者である甲と乙との間の請負に関する2以上の取引につき，その取引条件のうちの目的物の種類を定めるもので，かつ，3月を超える契約期間の記載のあるものですから，継続的取引の基本となる契約書（第7号文書）にも該当します。
　本契約書には，1月間の保守料金と1か年という契約期間が記載されているのでその契約金額（30万円×12か月＝360万円）を算出できるものとなります。したがって，この契約書は，通則3のイの規定により，記載金額360万円の請負に関する契約書（第2号文書）として取り扱われることになります。

12. 保守条項を含むリース契約書

　[問]　当社は，コンピュータ機器及びソフトのリースを業としていますが，コンピュータ等をリースする際に作成する次のような「リースに関する覚書」については，保守料金を記載金額とする請負に関する契約書（第2号文書）に該当するのでしょうか。

リース契約に関する覚書

本覚書は，　　　　フランチャイズ契約の趣旨に基づき，㈱　　　（以下甲と称する）を貸主とし，　　加盟店（以下乙と称する）を借主として，甲の所有するコンピュータ機器及びソフトを有償貸与するため以下の条項のリース契約を締結することを確認いたします。

契　約　明　細　表

1	リース物件名・数量（第1条）	○○に関する機器全般及びソフト（内訳別紙）
2	リース期間（第2条）	平成　年　月　日から平成　年　月　日　　　　計　60か月
3	リース料（第3条）	月額　123,000円（ソフトハード　80,000円含む） 　　　　　　　　　（保守料　　　43,000円含む） 　　　　　　　　　（消費税等　　　9,111円含む） 60か月総額 　　7,380,000円　　月額　123,000円×60回

（中略）

7	保守料（第5条）	上記リース料に含まれる。

（中略）

リ　ー　ス　契　約

（中略）

第5条（物件の保管）（中略）

3．物件の保守は甲指定の業者が行いその費用は乙が負担します。ただし，ソフトの保守について加盟法人の各社共通に保守の必要が生じた場合は，法人各社の均等割りで負担します。

（以下省略）

答　　機械（コンピュータ機器等）を常に正常な状態で使用できるように有償で保守（点検，調整，修復等の仕事）を行うことを約する内容の契約書は，請負に関する契約書（第2号文書）に該当することとなりますが，ご質問の文書における保守に関する事項についての定めは，借主（乙）と保守点検業者（甲指定の業者）との間の約定ではなく，また，貸主が保守を行うことを約定したものでもないことから，保守料については，リース料を算出するための基準（内訳金額）を定めているにすぎないと認められます。

　したがって，ご質問の文書は，請負に関する契約書（第2号文書）には該当しませんし，他の課税文書にも該当しません。

13. テレビ受信障害に関する協定書

　　問　　当社が建設するビルによりテレビの受信障害が発生することから，①当社と受信障害が発生する地域の住民等との間で，テレビ会社等が設置するテレビ電波等の送信施設を利用し，改善したテレビ電波を供給すること，②当社とテレビ会社等の間で，テレビ会社等が設置する送信施設の維持管理費を当社が負担することを内容とした3者連名の協定書を作成しました。

　なお，送信施設の維持管理は，テレビ会社等が自ら行うこととしています。

　この文書に対する印紙税の取扱いはどのようになりますか。

　　答　　他人の所有する施設等を常に正常な状態で有効に使用できるよう，対価を得て点検，調整，修復等の維持管理を引き受けることを内容とする文書は，請負に関する契約書（第2号文書）に該当します。また，継続的に生ずる維持管理について共通的に適用される基本的な事項（仕事の内容，料金及び料金の支払方法等）を定めるものは，継続的取引の基本となる契約書（第7号文書）にも該当しますから，この場合は，通則3のイの規定により契約金額が記載さ

れている場合は，請負に関する契約書（第2号文書）になり，契約金額が記載されていない場合は，継続的取引の基本となる契約書（第7号文書）となります。

　ご質問の文書は，送信施設の維持管理に関して約定するものですから，請負に関する契約書に該当するのではないかとの疑義が生じます。しかしながら，送信施設の維持管理は，その施設を所有するテレビ会社が自ら行うものであり，その維持管理に必要な費用を利害関係者である貴社が負担することを内容とするもので，仕事の完成に対して報酬を支払うことを約するものとは異なりますから，請負に関する契約書には該当しません。また，他の課税文書にも該当しません。

14．工事注文請書

　　[問]　当社は，土木工事の請負を業としていますが，その土木工事を請け負った際に作成する次のような「工事注文請書」については，印紙税の取扱いはどうなりますか。

```
                                            No.
                              平成　　年　　月　　日
                   工 事 注 文 請 書
       殿
                       東京都○○区○○町○○番地
                             ○○建設株式会社
                           TEL（　）　　　番
  下記注文御請けいたします
```

項　目	工 事 名 称	数　量	単　位	単　　　価	金　　　額

納　入　先	納　　　期
検　収　方　法	支　払　条　件

　　答　請負契約は，請負人がある仕事の完成を約し，注文者がこれに報酬を支払うことを約することによって成立する契約です。土木工事を請け負った際作成する「注文請書」は，請負契約の成立を証明する文書で，印紙税法上の契約書には念書，請書その他契約の当事者の一方のみが作成する文書も含まれます（通則5）から，請負に関する契約書（第2号文書）に該当します。

15. 会社監査契約書・会計監査人就任承諾書

　　問　会社と公認会計士との間で締結する会社監査契約書の印紙税の取扱いはどうなりますか。
　また，単に株式会社の会計監査人に就任することの会計監査人就任承諾書はどうでしょうか。

　　答　会社と公認会計士（又は監査法人）との間で締結される監査契約書は，終極の目的を監査報告書の作成，提出という仕事の完成におき，これに対して報酬を支払うという内容を有していますから，請負に関する契約書（第2号文書）に該当することになります。
　ところで，会社法により，公認会計士は株式会社の会計監査人として株主総会において選任を受ける場合が生じ，これの就任を承諾することについての会計監査人就任承諾書を作成することがあります。この文書は，単に会計監査人に就任することだけを内容としていて，直接監査報告書を作成することを証明するための文書とはいえません。
　したがって，この文書は，会社役員の就任承諾書と同様，委任に関する契約書に該当するものであり課税文書に該当しません（基本通達第2号文書の14）。

16. 税理士委嘱契約書

[問] 税理士委嘱契約書は，どのような取扱いを受けますか。

[答] 社会生活が複雑高度化し，取引関係が広範囲に及ぶようになると，他人の特殊な経験，知識，才能等を信頼して，何事かの事務の処理を委託することが多くなります。税理士委嘱契約もこのような事例の一つで，これは税務代理人となる事務委任契約と認められますから，課税文書には該当しません。

しかし，税理士の行う業務の中には，決算書を作成したり税務書類を作成する業務があって，これらの決算書又は会計帳簿の作成とこれに対する報酬の支払とが対応関係にある場合には，いわゆる仕事の完成を目的とする契約ということになりますから，これは請負契約に該当します。

したがって，この場合の契約書は，請負に関する契約書（第2号文書）として取り扱われます（基本通達第2号文書の17）。

17. 仮工事請負契約書

[問] 当社は土木工事の請負を業とするものですが，今回○○市との間に道路の建設工事契約を締結することになりました。しかし，議会の承認があったら正式契約書を作成することとし，とりあえず下記のような仮契約書を作成することになりました。これに対する印紙税の取扱いはどのようになるのでしょうか。

仮工事請負契約書

1. 工　事　名
2. 工　事　位　置
3. 工　事　期　間
4. 請　負　金　額　　金450万円也

〔第2号文書〕

　　上記の工事について，○○市長を甲とし，請負者○○株式会社を乙として，○○市契約条例を守り，○○県建設工事請負契約約款の条項を準用し仮工事請負契約を締結する。
　　本契約は，○○市議会の議決を経た後正式契約を締結するまでの間その効力を有する。
　　本契約の証として本書3通を作成し当事者記名捺印のうえ甲，乙及び保証人各1通を保有する。
　　（以下省略）

[答]　都道府県や市町村が工事を発注するに当たっては議会の承認を受けることになっており，このため入札をして発注先が決まると，あらかじめ請負金額，請負代金の支払方法，完成期限等の諸条件を協議したうえ，合意に達すれば仮契約書を作成し，この条件で請負契約を締結してよいかどうかを議会に諮り，承認されると改めて正式に発注するための請負契約書が作成されることになります。つまり，仮契約書は議会の議決を停止条件とした予約請負契約の成立を証する文書ということができます。

　印紙税法上の契約書には予約契約書も含まれることとされています（通則5）から，請負契約の予約契約書であれば，請負に関する契約書に該当することとなり，記載金額に応じて印紙税が課されることになります。したがって，ご質問の「仮工事請負契約書」は，記載金額450万円の請負に関する契約書（第2号文書）に該当します。

　なお，正式契約書を作成すれば，その正式契約書にも印紙税が課されることになりますが，正式契約書において「○月○日付の仮工事請負契約書の内容をそのまま本契約書とする」などとした場合には，その正式契約書には契約金額が記載されず，また引用している「○月○日付の仮工事請負契約書」は課税文書であるため，通則4のホの(2)の規定は適用されませんから，記載金額のない契約書として取り扱われます。

18. 工事目的物引渡書

　[問]　請け負った工事が完成し，完成検査が終了した際に，発注者と工事者との間で次のような工事目的物引渡書が作成されますが，これには収入印紙を貼る必要がありますか。

工事目的物引渡書

工　事　名
工　事　場　所
工　事　期　間　　平成　　年　　月　　日着手
　　　　　　　　　平成　　年　　月　　日完了
完　成　期　日　　平成　　年　　月　　日
完成検査月日　　　平成　　年　　月　　日
検査職員氏名
上記工事については，その完成を確認し引渡しを終了しました。
　　平成　　年　　月　　日
　　　　　　　　　　　　　　引渡人　　　　　　　㊞
　　　　　　　　　　　　　　引受人　　　　　　　㊞

　[答]　印紙税は，課税物件表に掲げられている文書のみに課されるものであり，この表に掲げられていない文書はどのように重要な文書であっても印紙税が課されることはありません。

　課税物件表第1号には「不動産の譲渡に関する契約書」，第2号には「請負に関する契約書」という文書名が掲げられていますが，工事目的物引渡書は，請負契約に基づく完成物の引渡し，引受けという事実を明らかにするためのものであり，完成物の譲渡契約又は請負契約の成立等を証明するためのものではありませんから，これらの号に掲げる文書には該当しません。また，その他の号に掲げる文書にも該当しませんから，結局，ご質問の工事目的物引渡書には

[第2号文書]

収入印紙を貼る必要はありません。

19. 下請加工に関して作成する文書

[問] 当社と下請業者との間においては，部品の下請加工及び納品について，次のような契約書，注文書，請書，納品書，納品受領書を作成してきています。

これらの契約書，注文書等に対する印紙税の取扱いについて説明してください。

特に，記載金額の見方について説明してください。

(1) 取引の開始に当たっては，当社と下請業者との間で「下請加工基本契約書」を作成し，単価（加工料）と発注，納品の一般的な方法について約定します。しかし，この契約書には，取扱数量についての取決めはなく，当社の注文書によってはじめて両者の具体的な加工取引の内容が定められることとされ，契約期間の定めはありません。

(2) 当社は，加工取引の必要が生じた場合，(1)の基本契約書に基づいて「注文書」を下請業者あてに発行します。この場合に発行される注文書は，一般の注文書と同じ形式，内容のもので，基本契約に基づいて発行されたものであるというようなことは一切記載又は表示されていません。

(3) 発注を受けた下請業者は，当社所定の用紙（注文書と複写になっているもの）により「請書」を当社あてに提出します。ただし，請書には，数量及び加工の内容についての記載がありますが，単価又は金額については一切記載されていません。

(4) 下請業者は，納品に当たって「納品書」を提出します。

(5) 当社は検収結果に基づいて「納品受領書」を下請業者に発行します。

[答] 取引開始に当たって作成される「下請加工基本契約書」は，請負に

関する契約書（第2号文書）と継続的取引の基本となる契約書（第7号文書）の双方に該当しますが，この契約書には契約金額の記載がありませんので，文書の所属は第7号文書となります（記載金額がある場合は，第2号の請負契約書となります。）（通則3のイ）。

次に，貴社が発行する「注文書」は，基本契約に基づいて発せられるものであっても，その文面にその旨の記載又は表示が全くないので，単なる申込みの事実を証する注文書として印紙税は課されません。

下請業者が貴社に提出する「注文請書」は，下請加工契約の成立を証明する文書ですから，請負に関する契約書（第2号文書）として課税されますが，記載金額がありませんので記載金額のない請負に関する契約書として税率が適用されることになります。

なお，「納品書」及び「納品受領書」については，印紙税は課されません。

20. 修理品の預り証

> [問] 時計などの修理加工の依頼があった場合に，依頼者に交付する修理加工品預り証等は，印紙税法上どのような取扱いを受けることになりますか。

[答] 修理加工品の受領事実を証明するだけの物品受取書は課税文書に該当しませんが，出来上がり期日，加工料その他を記載し，修理加工することが文書上明らかとなるものについては，請負に関する契約書（第2号文書）に該当します。

請負に関する契約書（第2号文書）は，契約金額1万円未満のものは非課税とされているのに対し，契約金額を記載しないものは一律に200円の印紙税が課税されることになります。

なお，具体的な契約金額が記載されていなくても1万円未満であることが明らかで，かつ，その旨が例えば「修理金額1万円未満」等と記載されているも

21. クリーニング承り票

> [問] 消費者などからクリーニングの依頼があった場合には，対象物，数量，加工料，出来上がり期日等を記載した「クリーニング承り票」を交付します。
> この文書に対する印紙税の取扱いはどのようになりますか。

[答] クリーニングは，洋服等の洗濯を行いこれに対して加工料を支払う契約ですから請負契約に該当し，この内容を証明する文書は請負に関する契約書（第2号文書）となります。

請負に関する契約書（第2号文書）は，契約金額1万円未満であれば非課税とされています。

なお，対象物の受取書として受領年月日，品名，数量を記載するだけのものは，物品の受取書と評価されますから，課税文書とはなりません。

22. オーダー洋服の引換証

> [問] 洋服等の仕立注文を受けた際に，注文主に対し仕立仕様，納入日，生地代，加工料等を記載した引換証を交付しますが，この引換証に対する取扱いはどのようになりますか。

[答] 洋服等の仕立ては，対価を得て物を製作するという契約ですから，ご質問の引換証は，請負に関する契約書（第2号文書）に該当します。

この場合の生地は注文主において別途提供するものではなく，受注者の材料を用いて加工するものですから，生地代と加工料を区分して記載されていても，その合計額が請負に関する契約書（第2号文書）の記載金額となります。

23. 書物の製作契約書

　　問　　一定の仕様書に基づく調整本を製作することについて，部数，納入期限，契約金額その他の付帯事項を記載した契約書を作成します。
　このように調整本を製作するという契約書は，印紙税法上どのような取扱いを受けることになりますか。

　　答　　対価を得て一定の書物を製作するという契約は，一方の当事者が一定の仕事の完成を約し，他方の当事者がこれに対価を支払うということですから，請負契約に該当し，印紙税法上，請負に関する契約書（第2号文書）となります。

24. 催物の貸切契約書

　　問　　一定の催物を一定の料金で提供することを定める貸切契約書は，印紙税の取扱いはどのようになりますか。

　　答　　催物の貸切契約は，一定の催物を提供することを約し，これに対して一定の報酬を支払うことの契約ですから，請負に関する契約書（第2号文書）に該当することになります。

25. アフターサービスの委託契約書

　　問　　電気製品の製造販売をしているA社が，商品の購入者に交付した品質保証書に基づいて無償修理を行う場合に，この修理行為をBに委託することとし，その委託の内容，報酬等を定めた「アフターサービス委託契約書」を作成しますが，この契約書に対する印紙税の取扱いはどのようになりますか。

答　　商品の購入者から修理依頼を受けたA社は，これをBに委託し，Bは購入者宅において修理するものであり，Bの修理行為に対してA社から報酬を支払うという契約ですから，A社とBの間の契約は請負契約に該当します。

　また，この契約は，営業者の間において2以上の修理行為を継続して行うための取引条件を定めるもので，令第26条第1号の要件を充足していますから，印紙税法上，請負に関する契約書（第2号文書）と継続的取引の基本となる契約書（第7号文書）に該当し，その所属の決定は通則3のイにより，契約書上記載金額があれば請負に関する契約書（第2号文書），記載金額がなければ継続的取引の基本となる契約書（第7号文書）とされます（総則編第2の問2「2以上の号に該当する文書の所属の決定」（14頁）参照）。

26. 土地測量及び実測図作成委託契約書

　　問　　当社は，土地の測量及び実測図の作業等を行っている会社ですが，顧客から土地の測量及び実測図の作成を委託された場合，その場所，報酬の額，支払方法等を内容とした「土地測量及び実測図作成委託契約書」を作成することとしています。
　この文書に対する印紙税の取扱いはどうなりますか。

　　答　　ご質問の契約書は，土地の実測及び実測図の作成という仕事の完成を約し，これに対して一定の報酬を支払うという契約ですから，請負に関する契約書（第2号文書）に該当することになります。

27. 宿泊申込請書

　　問　　旅館業者が，顧客から宿泊の申込みを受けた場合に，宿泊年月日，人員，宿泊料金等を記載し，当該申込みを引き受けた旨を記載して顧

客に交付する宿泊申込請書等は，請負に関する契約書（第2号文書）に該当するでしょうか。

　[答]　宿泊契約は，部屋の賃貸借と食事の提供という物品売買の混合契約であるとする見解もありますが，全体でみるときは宿泊という仕事の完成に対して報酬を支払う契約とみるべきであり，したがって，旅館業者等が顧客から宿泊の申込みを受けた場合に，宿泊年月日，人員，宿泊料金等及び申込みを引き受けた旨を記載して作成する宿泊申込請書は，請負に関する契約書（第2号文書）として取り扱われます（基本通達第2号文書の16）。

　なお，課税文書に該当するかどうかは文書の作成目的に照らして判断するのですから（基本通達第2条），文書の作成目的が契約の成立等を証明することになく，単に宿泊についての注意事項を記載した案内状のようなものは，たとえ宿泊日などが記載されていても課税文書に該当しないことになります。

28. 計算事務の受託処理契約書

　[問]　計算事務などを他社に委託する場合に作成する契約書は，どのように取り扱われますか。

　[答]　業務に関する事務を他に委託する場合に，その契約が委任に該当するのか，それとも請負に該当するのかの判断は，かなり難しいところですから，具体的には，個々の実態，契約文書を参照して判断しなければなりませんが，その考え方は次のようになります。

(1)　仕事の内容が特定していて，報酬の支払いが仕事の結果と対応関係にあるもの——請負
(2)　仕事の内容が相手方の処理に委ねられていて，仕事の成否の有無を問わずに報酬が支払われるもの——委任

　例えば，電子計算機の入力のためのパンチカードの処理，帳票類の作成など

完成した物の引渡しを受けることを目的とするようなものは，おおむね仕事の完成と報酬の支払いが対応関係にありますから請負となり，この契約書は請負に関する契約書（第2号文書）又は継続的取引の基本となる契約書（第7号文書）に該当することになります。

29. 売掛金の口座振込依頼書

[問] 当社では，加工代金の売掛金の回収業務を簡略化するため，得意先に対して，今後銀行の口座振込みの方法で支払いただくよう「売掛金の口座振込依頼書」という文書を交付することにしています。

銀行などに提出する電気・ガス代などの支払いのための預金口座振替依頼書には印紙税が課せられないと聞いておりますが，当社で作成する「売掛金の口座振込依頼書」はこれと同じような文言になっていますので，印紙税は課されないと考えてよいでしょうか。

[答] 金融機関に提出する「預金口座振替依頼書」と貴社で作成を予定されている「売掛金の口座振込依頼書」とは，次のような違いがあります。

「預金口座振替依頼書」は，電気，ガス代などその依頼者に支払義務のあるものを，自己においてその支払いを行う代わりに，金融機関に依頼して，自己の預金口座から自動的に引き落として電力会社等に支払うものであって，債務の支払事務を他人に委託することになりますから，不課税文書である委任に関する契約書に該当します（第14号文書の問10「公共料金等の口座振替依頼書」（331頁）参照）。

ところで，ご質問の「売掛金の口座振込依頼書」と称する文書ですが，これは得意先に対し売掛金（相手方にとっては買掛金）の履行を求めるものであり，支払義務のある者にその支払いを求めても，自己の事務を他人に委託するという委任の関係は発生しないという点で金融機関に対する口座振替依頼書と異なりますが，その文書が単なる一方的なお願いであって拘束力をもつものと認め

られませんから，印紙税法上の契約書とは評価できず，やはり印紙税は課されないことになります。

　ここで注意していただきたいことは，同じような内容の文書であっても，得意先との間で両者の契約書とする場合や，単なる申込みの文書ではなく両者の意思の合致が認められるような文書，いわゆる印紙税法上の契約書と評価される文書が作成される場合には，その文書は，原契約の代金の支払方法を定めるものといえますから，原契約を補充する契約書ということになり，その原契約の内容に応じて印紙税法上の所属が決定され，それぞれの印紙税が課されることがあります。

　つまり，原契約が文書化されているかどうかにかかわらず，それが物品の売買代金を内容とするものであれば，物品の譲渡に関する契約の内容を補充するものですから印紙税は課されませんが，ご質問のように加工代金（請負代金）を内容とするものであれば請負に関する契約の重要な事項を補充するものとして請負に関する契約書（第2号文書）に該当することになります。

　さらに，その代金の支払方法が2以上の継続した取引に共通して適用されるものである場合には，物品の売買契約に関するものであるか請負契約に関するものかを問わず，継続的取引の基本となる契約書（第7号文書）に該当することとなります。

　したがって，物品の売買契約に関するものは全て，請負契約に関するものは，記載金額のないものが継続的取引の基本となる契約書（第7号文書）としての印紙税が課されることになります（記載金額のない請負に関する契約書（第2号文書）と継続的取引の基本となる契約書（第7号文書）のいずれにも該当する文書は通則3のイただし書により，継続的取引の基本となる契約書（第7号文書）となります。）。

30. 技術援助契約

　　[問]　当社の開発した工業的技術（いわゆるノウハウ）をA社に提供

〔第2号文書〕

するとともにその技術指導のため技術員を派遣することの契約書は，印紙税法上どのように取り扱われますか。

　答　ノウハウを提供することの契約書は，課税文書には該当しません。
　また，技術員を派遣して技術指導することは，技術の指導という事務処理を委託することになりますから，これを約する契約書は委任に関する契約書であり課税文書には該当しません。
　したがって，一般的にはご質問のような文書は課税文書に該当しません。
　しかし，技術指導の結果に対して報酬が支払われるような仕事の完成を内容とする場合には，請負に関する契約書（第2号文書）に該当することもあります。

31. 臨床検査委託契約書

　問　臨床検査業務を委託するとともに検査料を支払うことを約する臨床検査委託契約書は，印紙税法上どのような取扱いを受けるのでしょうか。

　答　臨床検査委託契約は，通常，委託者が受託者の専門的知識，経験，技術等を信頼して，臨床検査という事務処理を委託し，その事務処理に対して報酬を支払うことを内容とするものであり，準委任契約と認められますので，ご質問の文書は，課税文書には該当しません。
　また，検査結果の報告を求めることとしている場合がありますが，一般的には，検査結果の報告に対して報酬を支払うものでなく，準委任契約における報告義務に基づくものであると考えられますので，この場合の契約書も課税文書には該当しません。

32. 割戻金の計算方法等を定める契約書

　　[問]　請負契約の当事者間において，取引金額に応じて一定の計算方法で計算した割戻金を支払うこととした場合の契約書は，課税文書に該当するでしょうか。

　　[答]　取引に当たって，一定期間の取引数量又は取引金額に応じて割戻金を支払うことの契約が比較的多く行われております。
　この割戻金契約は，一面，契約金額を減額するのと同じ効用がありますし，また取引の条件を定めるものとして契約上相当に重要な事項と認められます。
　したがって，割戻金の計算方法又は支払方法を定める契約書は，重要な事項を定める変更契約書又は補充契約書として，請負についてのものは請負に関する契約書（第2号文書）として取り扱われることになります（基本通達別表第2「重要事項の一覧表」(493頁) 参照）。
　なお，割戻金の用語を用いなくても実質的に同じ内容のものであれば，その呼称を問わないことは当然です。
　また，契約に基づかない割戻金，例えば謝礼的意味で，一方的に支払うこととした場合の文書又は既に実現した割戻金額を相手方に通知する場合の割戻金支払通知書等は，契約書ではありませんから課税文書に該当しません。
(注)　割戻金の計算方法又は支払方法は，継続的取引の基本となる契約書（第7号文書）の重要な事項には該当しません。

33. ソフトウェア開発委託業務基本契約書

　　[問]　当社はソフトウェアの販売会社ですが，当社が販売する種々のソフトウェアの開発業務を今後外部の開発業者に委託することとし，開発委託に当たっての基本的な事項を定めた契約書を締結することとしました。印紙税の取扱いはどのようになるでしょうか。

なお，本契約の場合，受託者に著作権は帰属し，委託者には使用・複製する権利などが許諾されることとしています。

ソフトウェア開発委託業務基本契約書

　　　　　（以下，「甲」という）と　　　　　（以下，「乙」という）は，以下に定義する開発物に関し，以下の通り本契約を締結する。

第1条（基本契約と個別契約）
　本契約は，甲乙間で為される種々の開発物に関する基本契約であり，個別契約に格別の規定なき限り本契約中の条項が適用される。

第2条（定義）
　「開発物」とは甲が企画し，乙で定めた仕様に従って乙が開発した以下の共同成果物をいう。

　　　　　　　コンピュータプログラム及びそのデータ

第3条（納期及び納期の変更）
　乙は，甲乙の協議により定める日までに開発物を乙自ら完成して納品する。

第4条（検収）
　甲は，乙による納入後，遅滞なく本件開発物が，甲乙の定める仕様を充たしているか否かを検査し，結果が合格と認めた場合は，その旨を乙に速やかに通知する。これにより本件開発物の検収を完了するものとする。

第5条（支払条件）
　甲は，乙より納品を受け検収を完了した本件開発物の開発代金について，納品日の属する月の末日を締日として，その翌々月末日に，甲の選択により小切手又は現金にて乙に支払うものとする。

第6条（開発物に関する権利）
　乙から甲に納品された開発物についての著作権は乙に帰属する。
2　乙は甲に納品された開発物について，甲に対して以下の権利を永久的に許諾する。
　①　開発物を独占的に使用・複製する権利
　②　開発物の複製物を独占的に販売する権利
　　　　　　　　　（以下省略）

本契約締結の証として，本書2通を作成し，甲乙各1通を保持する。

平成　　年　　月　　日
　　　　　　　　　　　　甲：
　　　　　　　　　　　　乙：

　答　ソフトウェアの開発業務の委託契約は，外部の第三者に開発業務を委託し，完成させることを内容としますが，この契約関係は，業務の完成を受託者に一切任せてしまうのか，委託者の指揮命令によりソフトウェア開発を行うのかによって異なります。

　業務の完成を受託者に任せてしまう場合は請負契約であり，委託者の指揮命令によりソフトウェア開発業務を行う場合は人材派遣契約又は委任契約になります。

　ご質問の契約書は種々のコンピュータプログラム及びそのデータの開発についての基本的な事項を定めたものですが，開発物であるコンピュータプログラム及びそのデータを受託者であるソフトウェア開発業者が完成し，委託者である貴社はその開発物の納品を受けることにより，開発代金を支払うものであることから，この開発契約は請負であると認められ，請負に関する契約書（第2号文書）に該当します。

　なお，本契約では開発物の著作権は受託者に帰属することになっているとの

ことですが，納品された開発物の所有権は委託者に移転する（委託者の検収を受けて納入する）ことから，このような契約であっても完成物の引渡しに対して報酬を支払う契約であり請負契約に該当します。

また，本契約書は，営業者間において種々の開発物に関する2以上の取引を継続して行うために作成する契約書であり，令第26条第1号に規定する取引条件のうち，目的物の種類及び対価の支払方法を具体的に定めていることから，継続的取引の基本となる契約書（第7号文書）にも該当します。

本契約書には請負金額が記載されていないことから，通則3のイの規定により，継続的取引の基本となる契約書（第7号文書）に所属が決定されます（総則編第2の問2「2以上の号に該当する文書の所属の決定」(14頁) 参照）。

34. 森林経営委託契約書

[問] 次に掲げる「森林経営委託契約書」は，森林所有者の高齢化等に伴い森林経営を個人で行うことが困難となったような場合，森林経営に関して専門的知識を有する者（森林組合等）に森林経営を委託する目的で，森林所有者と受託者との間で作成される文書ですが，課税文書に該当しますか。

森林経営委託契約書

森林所有者○○○○ほか○名（以下「甲」という。）と受託者○○○○（以下「乙」という。）は，甲が所有する森林の経営を目的として次の条項のとおり契約を締結する。

（中略）

（契約の対象とする森林）
第2条　この契約の対象とする森林（以下「契約対象森林」という。）は，別紙1に表示する森林とする。なお，契約対象森林にある立木竹は，甲に帰属する。

(契約の期間)

第3条　この契約の契約期間(以下「委託期間」という。)は次のとおりとする。

平成〇年〇月〇日から平成〇年〇月〇日まで

(委託事項)

第4条　乙は，契約対象森林をその区域に含む市町村森林整備計画及び別紙2に示す森林の経営に当たっての特記事項に従い，契約対象森林に関する次の事項(以下「委託事項」という。)を実施するものとする。

(1)　立木竹の伐採，造林，保育その他の森林施業を実施すること
(2)　森林の保護等のため，以下に掲げる事項を実施すること
　ア　森林の現況把握
　イ　火災の予防及び消防
　ウ　盗伐，誤伐その他の加害行為の防止
　エ　有害動物及び有害植物の駆除及びそのまん延の防止
　オ　甲以外の者が所有する森林との境界の巡視
　カ　ア又はオを実施した結果異常を発見したときに行う必要な措置

2　前項第1号による伐採をした木竹の取扱いについては，甲と乙が別途協議して定めるものとする。

3　乙は，第1項第2号イからエまで若しくはカに掲げる事項を実施したときは，速やかに甲に報告するものとする。

(中略)

(委託料の請求)

第9条　乙は，事業年次ごとに，委託事項の実施に要した費用(次項により補助金等を充当した場合にあっては，委託事項の実施に要した費用から当該補助金等の額を控除したもの)を委託料として，甲に請求するものとする。

2　乙は，委託事項の実施に当たり補助金等の交付を受けたときは，速やかに当該補助金等を前項の委託事項の実施に要した費用に充当するものとする。

〔第2号文書〕

3　甲は,乙から第1項の委託料の請求があったときは,乙に対して遅滞なくこれを支払うものとする。

(中略)

平成○○年○○月○○日

　　　　　　　　　　(甲) 森林所有者　　　○○　○○　㊞
　　　　　　　　　　(乙) 受　託　者　　　○○　○○　㊞

別紙1 (第2条関係)

契約対象森林

所在場所		森林の所有者	森林の現況					備考
字・地番	林小班		面積(ha)	人・天別	樹種・林相	林齢	法令による規制等	

注：1　平成○年○月現在
　　2　契約対象森林（作業路網その他施設を含む。）の所在は,別添の図面のとおり。

※　別添の図面は省略。

別紙2 (第4条第1項関係)

森林の経営に当たっての特記事項

【記載留意事項】
　委託事項の実施範囲などについて明示すべき事項がある場合には,下記(例)のように適宜記載する。
(例)
─「人工林については,おおむね○○齢級以上の森林を主伐の対象(候補)とする。」
─「○○林班○○小班の人工林については,主伐の時期をおおむね○○年とするため,委託期間中は主伐の対象とせず,委託期間中におおむね○

　　　　○%の間伐を実施する。」
　　　　　　　　　　　　　(中略)
　　―「契約対象森林内の作業路網については，台風や大雨の後に点検を行
　　　い，必要に応じて補修を実施する。」
　　―「○○林班○○小班の間伐の実施とあわせて，おおむね○の森林作業道
　　　を開設する。」
　　―「契約対象森林の現況把握については，年1回以上実施する。」

　答　ご質問の文書は，第4条第1項（委託事項）に「立木竹の伐採，造林，保育その他の森林施業を実施すること」や森林保護のため有害動物等の「駆除」や森林境界の「巡視」等を行うことが記載されており，また，別紙2（森林経営に当たっての特記事項）に作業路網の「点検・補修」や森林作業道の「開設」など委託事項の実施範囲などについて明示すべき事項が記載されています。これらの規定は，いずれも具体的な作業内容は定めておらず，受託者に委ねられていることから，当事者間において請負契約に該当するような仕事の完成を約したものであるとまではいえず，請負に関する契約書（第2号文書）には該当しません。

　また，第4条第2項の「伐採をした木竹の取扱いについては，甲と乙が別途協議して定める」との記載は，伐採した木竹の売買について定めているとはいえず，継続的取引の基本となる契約書（第7号文書）にも該当しないことから，課税文書には該当しません。

(注)　例えば，第4条第1項の委託事項に「伐採をした木竹の販売を実施すること」との記載があれば継続的取引の基本となる契約書（第7号文書）に該当するなど，契約書の本文又は別紙2の特記事項の記載内容によっては課税関係が異なる場合があります。

35. 反社会的勢力排除条項を追加する変更契約書

[問] 当社は、県の暴力団排除条例が施行されたことに伴い、下請工事業者との間で締結している「工事下請基本契約書」の解除権の条項を変更する「変更工事下請基本契約書」を締結しました。

この「変更工事下請基本契約書」は、原契約の解除権の条項に「役員、責任者若しくは実質的な経営権を有する者が暴力団、暴力団関係者、総会屋、その他の反社会的勢力であるとき、又はあったとき」などの発生事由を追記し、これに該当する場合には、催告することなく原契約を解除することができることとするよう契約を変更するものです。

この「変更工事下請基本契約書」は、請負に関する契約書（第2号文書）の重要事項である「契約に付される解除条件」を変更するものとして課税文書に該当するのでしょうか。

[答] ご質問の文書は、変更契約に定めた解除事由が発生しても、「原契約を解除することができる」と定められているものであり、必ずしも契約が解除されるものではありません。

したがって、請負に関する契約書（第2号文書）の重要事項である「契約に付される解除条件」には該当しませんので、ご質問の文書は、課税文書に該当しません。

約束手形又は為替手形

〔第3号文書〕

1. 白　地　手　形

　問　約束手形又は為替手形には，振出人又はその他の手形当事者が他人に補充させる意思をもって未完成のまま振り出した手形，いわゆる「白地手形」もこれに含まれるのでしょうか。

　答　手形は，手形法によりその記載要件が厳格に定められたいわゆる要式証券であり，白地手形のようにその一部の記載を欠く証券は手形法上の手形としての効力を有しないものですが，その欠けた要件が補充されれば，完全な手形となり，補充前の記載事項についても，これを取り消すことはできず，記載された内容どおり履行しなければならなくなります。

　このように，白地手形はそのままでは効力はなく，したがって，そのままでは権利の行使はできませんが，所持人はいつでも白地部分を補充することができますし，また，補充させる意思のもとに発行されるものですから，その限りにおいては一種の手形であり，単なる紙片とみることはできません。この意味から，実際の経済界においてはこれを有効な手形と同様に流通過程にのせ，取引が行われています。

　ところで，このような手形要件の一部を欠く白地手形に対する印紙税の取扱いについてですが，まず，印紙税の課税文書に該当するかどうかについては，課税物件表の第3号で単に「約束手形又は為替手形」と記載されているだけで白地手形が含まれるかどうかは明記されておりません。しかしながら，その

「非課税物件」欄の2で,「手形金額の記載のない手形」が非課税物件として掲げられており,白地手形も課税文書に含まれることを裏付けています。すなわち,手形金額の記載のない手形は,手形法でいう手形の記載要件の一部を欠くものであり,振出人の署名を欠くもの,満期日の記載のないもの等と同じく白地手形となるものです。

これらの白地手形の中から手形金額の記載のない手形だけを非課税としているところから,他の白地手形は非課税文書ではない,すなわち課税文書に含まれるということができるのです。

したがって,課税物件表の第3号に掲げる「約束手形又は為替手形」には,手形法の規定により約束手形又は為替手形としての完全な効力を有する証券はもちろん,振出人又はその他の手形当事者が他人に補充させる意思をもって未完成のまま発行した約束手形又は為替手形,すなわち白地手形も含まれることになるのです(基本通達第3号文書の1~4)。

2. 白地手形の作成者及び作成時期

[問] 当社では,買掛金を支払うために,自己を引受人とし,仕入先を受取人とした次のような為替手形を作成し,引受欄に記名押印して仕入先に渡すことにしましたが,この為替手形にはどちらで印紙を貼ることになるのでしょうか。

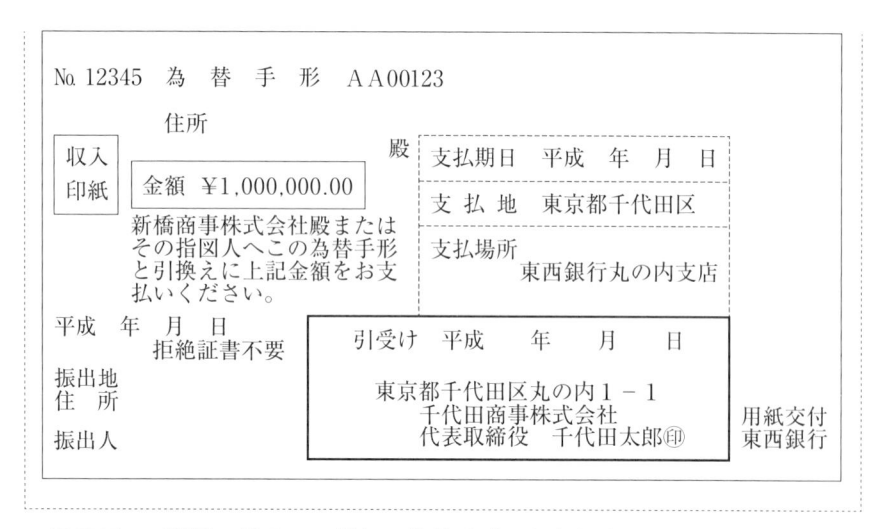

```
┌─────────────────────────────────────────────────────────┐
│ No.12345   為 替 手 形  ＡＡ00123                          │
│         住所                                              │
│ ┌──┐                    殿 ┌─────────────────────────┐   │
│ │収入│ ┌──────────────┐    │支払期日 平成 年 月 日    │   │
│ │印紙│ │金額 ¥1,000,000.00│ ├─────────────────────────┤   │
│ └──┘ └──────────────┘    │支 払 地 東京都千代田区  │   │
│      新橋商事株式会社殿または├─────────────────────────┤   │
│      その指図人へこの為替手形│支払場所                 │   │
│      と引換えに上記金額をお支│    東西銀行丸の内支店   │   │
│      払いください。         └─────────────────────────┘   │
│  平成 年 月 日          ┌─────────────────────────────┐  │
│         拒絶証書不要     │引受け 平成  年  月  日      │  │
│   振出地                 │                             │  │
│   住 所                  │東京都千代田区丸の内１－１    │ 用紙交付│
│   振出人                 │千代田商事株式会社           │ 東西銀行│
│                          │代表取締役 千代田太郎㊞      │         │
│                          └─────────────────────────────┘  │
└─────────────────────────────────────────────────────────┘
```

　<u>答</u>　ご質問の場合には最初に為替手形に記名押印した千代田商事㈱が印紙税の納税義務者となり，受取人である新橋商事㈱に交付するときまでに収入印紙を貼らなければなりません。

　債務者がその債務の支払いをするために手形を利用する場合には，自己を振出人（支払人）とし，債権者を受取人とした約束手形を振り出すか，受取手形に裏書をして相手方に交付するのが通常の方法ですが，ご質問のように為替手形用紙に手形金額，満期日を記載し，引受欄に引受けの記名押印をして債権者に交付する方法もとられています。このような手形を受け取った者は，振出人欄に記名押印し，その他の必要事項を記載して満期日に支払いを受けることになりますが，このように後日，他人に補充させることを予定して発行される手形を通常白地手形といっています。

　このような白地手形の作成の時期は，その所持人が欠けている手形要件を補充して完全な為替手形としたときではなく，その白地手形に最初に署名をした作成者が，他人に交付したときに作成したことになり，その時に印紙税を納めなければなりません。

　なお，手形金額の記載のない手形については印紙税は非課税ですから，今までに述べた白地手形とは異なり，その為替手形に手形金額の補充をした時に新

たに為替手形を作成したものとみなされ，その補充をした者が作成者となり，その補充をした時に印紙税を納めなければなりません（基本通達第3号文書1～4）。

3. 金額白地手形

> [問] 当社は，取引先から金額の記載されていない手形（金額白地手形）を受け取り，これに当社が金額を記入して，裏書のうえ他に譲渡することとしています。この金額白地手形の印紙税は，誰がいつ納めることとなりますか。また，この場合において，当社が取引先から白地手形を受け取ったときに，その受領事実を証明する受取書を作成して交付しますが，この受取書には，印紙税が課されるでしょうか。

[答] (1) 約束手形又は為替手形は，原則として，その手形を作成した人（振出人）が，その手形を振り出すときに印紙税を納めることとなります。ところが，手形のうち，金額が記載されていない白地手形については，その納税義務者及び納税時期について特別の規定を設けています。すなわち，金額白地手形については，その作成（振出し）の時には，印紙税を課税しないこととし（第3号文書の非課税物件欄2），後日，その白地手形に金額が記入された場合には，その金額を記入した人が，その記入の時に，約束手形又は為替手形を作成したものとみなして，その作成した人に対して，印紙税を課税することとしています（法第4条第1項）。

したがって，ご質問の場合における白地手形は，貴社の取引先が作成し，貴社に振り出した時点では課税されず，これを受け取った貴社が金額を記入した時に印紙税が課されることとなります。そして，この印紙税は，手形に記入する金額に応じた額により，貴社が納めることとなります。

このように，金額白地手形について，納税時期等の特例規定を設けているのは，約束手形又は為替手形の印紙税の税率が階級定額税率（手形の記載金

額によって税額が異なる）を採用しているため，仮に，金額白地手形についてその作成（振出し）時に印紙税を課税するとした場合には，一律に定額課税しかできないこととなり，作成時において金額の記載のある通常の手形との間に著しく課税上のアンバランスが生じるので，その間の均衡を図るためです。

(2) 次に，貴社が取引先から受け取った金額白地手形の受領事実を証して作成する受取書は，有価証券の受取書（第17号文書）に該当します。そして，記載金額のない受取書として1通につき200円の印紙税が課税されます。

　印紙税の課税対象となる受取書は，金銭又は有価証券の受領事実を証して作成される受取書に限られます。

　ところで，印紙税法では，金額白地手形については，一次的には印紙税を課税しないで，金額補充のときをもって課税することとしているところから，金額白地手形の受取書は手形（有価証券）の受取書には該当せず，印紙税は課税されないと考える人もいるようです。

　しかし，印紙税法は，金額白地手形については，手形として非課税である旨を規定しているにすぎないのであって，手形の効力までも否定していません。手形に該当するかどうかはあくまでも手形法によって判断することとなります。金額白地手形は手形法上も有効に認められる手形ですから，その受取書は，有価証券の受取書（第17号文書）に該当します。

4．一覧払の手形の範囲

> ［問］　一覧払の手形は，金額にかかわらず1通につき200円の印紙税が課されますが，この一覧払の手形の範囲について説明してください。

　［答］　一覧払の手形は，支払のために呈示した日を満期とする手形のことで，小切手と類似した性格を有するところから，軽減税率が適用されることになっています。

一覧払の手形は，手形法第34条第1項（同法第77条第1項第2号において準用）に規定していますが，同条第2項では一定の期日前には支払いのための呈示ができないことを定めることができることとしていて，このような一定の期日を設けたもの（いわゆる「確定日後一覧払」及び「一定期間経過後一覧払」の手形）は一覧払の手形としては取り扱われないことになっています（基本通達第3号の8）。

　また，手形に手形期日の記載がない場合のように満期の記載がない手形は一覧払の手形とみなされています（手形法第2条第2項及び第76条第2項）が，印紙税法上は，手形用紙面の支払期日，満期等の文字を抹消することなく，単にその欄を空白にしたままのものは，白地手形との関係もあり，一覧払の手形には該当しないこととしています（基本通達第3号文書の6）。

　なお，荷為替手形の満期日欄に「参着払」の表示がなされている，いわゆる参着払手形と称するものについては，一覧払の手形として取り扱われます（基本通達第3号文書の7）。

5．金融機関を振出人及び受取人とする手形

　[問]　「日本銀行又はその銀行他政令で定める金融機関を振出人及び受取人とする手形」は，金額に関係なく1通につき200円の印紙税が課されますが，この適用を受ける範囲について説明してください。

　[答]　日本銀行又は銀行その他令第22条で定める金融機関（農業協同組合等）を振出人及び受取人とする手形は，金融機関相互間の一時的な資金繰りのため振り出されるものであり，その期間は極めて短かく，一般の手形とは利用形態等が異なるところから，特にこれらの手形は記載金額に関係なく一律200円の印紙税を課すこととされています。しかし，このような手形のうち，振出人と受取人が同一人の手形，いわゆる自己受取手形はその使用目的が異なると認められるところから，それが日本銀行である場合を除き，軽減税率の適用は

ないこととされています（基本通達第 3 号文書の 9 ～11）。

6．外国通貨により手形金額が表示される手形

　　[問]　外貨表示の手形は金額に関係なく 1 通につき200円の印紙税が課されることとされていますが，この適用を受ける範囲について説明してください。

　[答]　外貨表示の手形は主として国際取引上の支払手段として用いられており，貿易振興の見地等から軽減税率が適用されていますが，これには外国通貨により手形金額が表示されたものであれば，どこの国の通貨であるかなどは関係なく適用されます。
　なお，外国で作成された手形については，それが外貨表示であるか，本邦通貨表示であるかを問わず，印紙税法の適用がないことになります。
　また，外国通貨により手形金額が表示される手形で，通則 4 のへの規定により本邦通貨に換算した金額が10万円未満のものは，当然非課税文書に該当します（基本通達第 3 号文書の12）。

7．外国為替手形の複本

　　[問]　外国との取引において，同一内容の外国為替手形を何通も作成する場合には，全て手形としての課税を受けることになるのでしょうか。

　[答]　同一内容の手形を何通も作成する場合でも，支払いはそのうちの 1 通についてだけ行われることになりますから，印紙税法上も手形の複本又は謄本は非課税とされます（約束手形については手形法上複本の制度は認められていません。）。
　外国為替手形の場合には，「First」とか「Second」と表示されて，「First」

と表示した手形により決済されない場合にだけ「Second」と表示した手形により決済されることになりますから,「First」と表示されたものだけが課税され,「Second」と表示されたものなどは,非課税となる手形の複本として取り扱われています（基本通達第3号文書の13）。

8. 輸出入取引に関連する手形

[問]　輸出入取引に関連して振り出される手形には,手形金額に関係なく1通につき200円の印紙税が課されるものがあるとのことですが,この適用を受けることができる手形の範囲について教えてください。

[答]　輸出入取引に関連して振り出される次の手形については,200円の定額税率が適用されることとされています（第3号文書の課税標準及び税率欄の2ニ～ヘ,令第23条～第23条の4,基本通達第3号文書の14～16）。

(1) 非居住者円預金勘定を通ずる方法により決済される輸出荷為替手形

　なお,200円の定額税率の適用対象となるためには,銀行等により非居住者円建輸出荷為替手形であることについての確認を受けて次の表示を受ける必要があります。

銀行
非　居　住　者　円
印紙税法上の表示

縦二十ミリメートル
横三十ミリメートル

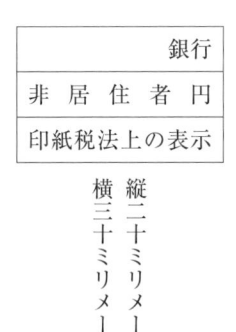

　(注)　ここでいう「銀行等」には,次に掲げるものが該当します（(2)及び(3)の

「銀行等」も同じです。)。
- ① 銀行，長期信用銀行，信用金庫，信用金庫連合会，労働金庫，労働金庫連合会，信用協同組合及び信用協同組合連合会
- ② 事業として貯金又は定期積金の受入れをすることができる農業協同組合，農業協同組合連合会，漁業協同組合，漁業協同組合連合会，水産加工業協同組合及び水産加工業協同組合連合会
- ③ 農林中央金庫，株式会社商工組合中央金庫，日本銀行，国際協力銀行及び株式会社日本政策投資銀行

(2) 本邦から，貨物を輸出し又は本邦に貨物を輸入する居住者が本邦にある銀行等を支払人として振り出す本邦通貨により手形金額が表示される次に掲げる円建銀行引受手形（円建BA手形）

イ　本邦から貨物を輸出する居住者が本邦にある銀行等を支払人として振り出す本邦通貨により手形金額が表示される満期の記載のある輸出に係る荷為替手形。信用状付円建貿易手形がこれに該当します。

ロ　本邦から貨物を輸出する居住者が本邦にある銀行等以外の者を支払人として振り出した本邦通貨により手形金額が表示された満期の記載のある輸出に係る荷為替手形につき本邦にある銀行等の割引を受けた場合において，その割引をした銀行等の割引のために要した資金の調達に供するため，その居住者が割引をした銀行等を支払人として振り出す本邦通貨により手形金額が表示される満期の記載のある為替手形。アコモデーション手形がこれに該当します。

ハ　本邦に貨物を輸入する居住者が輸入代金の支払いのための資金を本邦にある銀行等から本邦通貨により融資を受けた場合において，その融資をした銀行等の融資のために要した資金の調達に供するため，その居住者が融資をした銀行等を支払人として振り出す本邦通貨により手形金額が表示される満期の記載のある為替手形。直ハネ手形がこれに該当します。

なお，これらの手形が200円の定額税率の適用対象となるためには，銀行等により円建BA手形であることの確認を受けて次の表示を受ける必要があります。

〔第3号文書〕

銀行
円建銀行引受手形
印紙税法上の表示

縦二十一ミリメートル
横二十三ミリメートル

(3) 次の手形を担保として，本邦にある銀行等が自己を支払人として振り出す本邦通貨により手形金額が表示される満期の記載のある為替手形。表紙手形がこれに該当します。

　イ　上記(2)のイからハの手形
　ロ　非居住者が外国において振り出した本邦通貨により手形金額が表示された満期の記載のある輸出に係る荷為替手形の割引をした外国の銀行又は非居住者に輸入代金の支払いのための資金を本邦通貨により融資した外国の銀行が，その割引又は融資のために要した資金を調達するため，本邦にある銀行等を支払人として振り出した本邦通貨により手形金額が表示される満期の記載のある為替手形。リファイナンス手形がこれに該当します。

　なお，200円の定額税率の適用対象となるためには，手形を振り出した銀行等において(2)の手形と同じ表示をする必要があります。

(注)　「リファイナンス手形」は，海外で作成される手形であることから課税されません。

9. 月 賦 手 形

> [問] 月賦販売等に関連して、商人以外の一般市民が手形を作成した場合、このような商売に関しない手形についても印紙税が課されるのでしょうか。

[答] ご質問のなかに「月賦販売等に関連して」とか、「商売に関しない手形についても印紙税が課されるのか」ということがありますが、手形については、それが商売上のものであるかどうかにかかわらず、全て課税対象となっています。したがって、受取書のように「営業に関しないもの」については課税されないというようなことはありません。

印紙税法では、手形金額が10万円未満の零細なものは非課税文書としているところであり、一般の月賦販売に関連して作成される手形は、そのほとんどが、10万円未満のものですので、実際には、この種の手形について、印紙を貼らなければならないという例は、まれではないかと考えられます。

次に、手形に対する印紙税の納税義務者は、その手形の作成者、すなわち一般にその手形の振出人ということになります。したがって、住宅資金の借入等に関連して、一般私人が約束手形を借入先に振り出すような場合には、借受人が印紙税を納めなければならないことになっています。

株券，出資証券若しくは社債券又は投資信託，貸付信託，特定目的信託若しくは受益証券発行信託の受益証券

[第4号文書]

1. 課税される出資証券の範囲

[問] 株券・出資証券・社債券等（第4号文書）の定義欄には，「出資証券とは，相互会社の作成する基金証券及び法人の社員又は出資者たる地位を証する文書をいう。」と規定し，また，これには投資証券を含むこととされていますが，出資証券として課税されるものの範囲を具体的に説明してください。

[答] 出資証券に該当するものは次のようなものです。
(1) 「基金証券」（相互会社（保険業法第2条第5項の相互会社）が，その基金拠出者に対して，その権利を証明するために交付する証券）
(2) 「合名会社の出資証券」
(3) 「合資会社の出資証券」
(4) 「合同会社の出資証券」
(5) 「特別法に基づく法人の出資証券」
(6) 「その他の法人の出資証券」（民法上の法人等の出資証券等）
(7) 投資信託及び投資法人に関する法律に規定する投資証券」
(注) (5)のうち，次の者の作成する出資証券（農林中央金庫等の協同組織金融機関が作成する優先出資証券を除きます。）は，非課税文書とされています（第4号

文書の非課税物件欄1，令第25条)。
- イ　日本銀行
- ロ　協業組合，商工組合及び商工組合連合会
- ハ　漁業共済組合及び漁業共済組合連合会
- ニ　商店街振興組合及び商店街振興組合連合会
- ホ　消費生活協同組合及び消費生活協同組合連合会
- ヘ　信用金庫及び信用金庫連合会
- ト　森林組合，生産森林組合及び森林組合連合会
- チ　水産業協同組合
- リ　生活衛生同業組合，生活衛生同業小組合及び生活衛生同業組合連合会
- ヌ　中小企業等協同組合
- ル　農業協同組合，農業協同組合連合会及び農事組合法人
- ヲ　農林中央金庫
- ワ　輸出組合及び輸入組合
- カ　労働金庫及び労働金庫連合会
- ※　水産業協同組合には，漁業協同組合，漁業協同組合連合会，漁業生産組合，漁業生産組合連合会，水産加工業協同組合及び水産加工業協同組合連合会があります。

2．課税される社債券の範囲

> ［問］　社債券には，学校法人が資金調達の方法として発行する学校債券なども含まれるのでしょうか。

　［答］　「社債券」とは，会社法の規定による社債券並びに特別の法律により法人の発行する債券及び相互会社の社債券に限られますから，学校法人又はその他の法人が資金調達の方法として発行する，いわゆる学校債券等は含まれません（基本通達第4号文書の4)。
　なお，「特別の法律により法人の発行する債券」とは，会社法以外の特別の法律の規定により発行する債券をいいます。

これには，公社，公団，公庫等の特殊法人，公法人が発行する債券も含まれ，農林債，商工債券，放送債券，都市再生債券，住宅金融支援機構債券，公営企業債券，日本政策投資銀行債券，運輸施設整備支援機構債券，水資源債券，日本高速道路保有・債務返済機構債券などがあります。

　これらの債券は，印紙税法において非課税法人とされている者が発行するものが多く，上記に掲げたものの中では，農林債（農林中央金庫），商工債券（株式会社商工組合中央金庫），放送債券（日本放送協会），日本政策投資銀行債券（株式会社日本政策投資銀行）が課税されています。

3. 投資信託の受益証券等

> [問] 投資信託，貸付信託，特定目的信託若しくは受益証券発行信託の受益証券とはどのようなものですか。

　[答] 投資信託の受益証券は，投資信託及び投資法人に関する法律に基づいて，委託者指図型投資信託の場合投資信託委託会社が，委託者非指図型投資信託の場合投資信託の受託者が発行する証券で，信託資金を有価証券等に投資して運用し，これによって得た配当金，売買差益などの収益を投資家（受益者）が分配請求できる権利等を表彰したものです。

　投資信託には，投資目的による区分として株式投資信託，公社債投資信託などがあり，また，受益者募集の方法による区分として，オープン型（追加型），クローズ型（ユニット型）の区分があります。

　貸付信託の受益証券は，貸付信託法に基づいて信託銀行が募集した信託資金を，貸付け又は手形割引等の方法で運用し，その収益について，受益者が分配請求できる権利等を表彰したものです。

　特定目的信託とは，不動産，指名金銭債権及びその他の財産権により構成される特定資産を信託財産として，この管理又は処分により得られる金銭の分配を行うことを目的とし，かつ，信託契約の締結時点において委託者が有する信

託の受益権を分割し，受益証券を発行することにより複数の者に取得させることを目的とする信託です。

特定目的信託の受益証券とは，この信託による運用収益について，受益者が分配請求できる権利等を表彰したものです。

このように，一定の信託については，特別法により受益権を表示する有価証券を発行することが認められていましたが，信託についての一般法である信託法（大正11年法律第62号）には受益権を表示する有価証券の発行の可否についての規定が設けられていなかったことから，特に金融商品として利用される受益権について，その流通性を高めるために有価証券化することの有用性も指摘されていましたが，実務的には特別法の定めがある場合を除いては受益権の有価証券化は行われてきませんでした。

このような背景のもと，平成19年9月30日に施行された新信託法（平成18年法律第108号）では信託行為によって受益権を表示する有価証券（受益証券）を発行する旨を定めることが明確にされました。

受益証券発行信託の受益証券とは，この新信託法に基づいて信託行為の受託者が発行する一又は二以上の信託の受益権を表示する証券です。

4. 合併存続会社等が訂正して発行する株券

> [問] 会社が合併した場合に，合併によって消滅した会社の既発行株券の名称等を訂正して，合併後存続する会社の株券として交付するときは，この株券はどのような取扱いを受けることになりますか。

[答] 合併によって消滅した法人の株券は，会社自体が存在しないのですから，もはや株券としての効力は有していません。これを訂正等して株主に交付することは，株券としての効力のないものに新たに株券としての効力を付与したこととなり，したがって，新たに株券の作成があったことになりますから，改めて印紙税が課されます（基本通達第4号文書の6）。

5. 譲渡制限の旨を記載する株券

　[問]　株式の譲渡について取締役会の承認を要するとした場合には，株券にその旨を記載しなければならないとされています（会社法第216条）ので，既発行の株券を提示させてその表示を行い，改めて株主に交付することとしました。この株券に対する取扱いはどのようになるのでしょうか。

　[答]　株式の譲渡を制限することの決議があると，譲渡制限の旨の記載のない株券は有効な株券ではなくなります。そこで，提出された株券に譲渡制限の旨を記載して株主に交付することは，株券としての効力のないものに新たに株券としての効力を付与したこととなります。株式に譲渡制限を設ける旨の定款変更を行うときには，その定款変更の効力が生ずる日までに会社に株券を提出しなければならない旨の公告をする必要がありますが，その定款変更の効力が生ずる日の前後を問わず，譲渡制限の表示を行ったときに新たな株券の作成があったことになります（基本通達第4号文書の7）。

6. 株券の印紙税額の算定方法

　[問]　第4号文書は券面に記載された金額を基にその印紙税額を判定することになっていますが，株券には券面金額の記載がありません。印紙税額はどのように算定したらよいのでしょうか。

　[答]　平成13年商法改正において純資産額規制の撤廃や単位株制度の終結など株式の単位を見直すことと関連して，それまでの額面株式制度が廃止されました。
　これに伴い，株券に係る印紙税額は次の算式により計算した課税標準を基に算出することとされています（令第24条第1項第1号）。

払込金額の有無	課税標準
払込金額がある場合	１株当たりの払込金額×その株券の株数
払込金額がない場合	$\dfrac{資本金の額＋資本準備金の額}{発行済株式（新たに発行する株式を含む。）の総数} \times$ その株券の株数

　株券に係る印紙税額の計算の基礎となる１株当たりの払込金額は，発起人が引き受ける設立時発行株式（会社の設立に際して発行する株式）に係る株券については，その引き受けた設立時発行株式について払い込まなければならないこととされている金銭の金額と給付しなければならないこととされている金銭以外の財産の価額の合計額を引き受けた設立時発行株式数で割った金額とされます。

　設立時募集株式（発起人以外が引き受ける設立時発行株式の引受けの募集に応じて，これらの株式の引受けの申込みをした者に対して割り当てる株式）及び募集株式（会社成立後に会社が発行する株式の引受けの募集に応じて，これらの株式の引受けの申込みをした者に対して割り当てる株式）に係る株券については，その募集時に株式１株と引換えに払い込むべき金銭等の額を定めなければなりませんが（会社法第58条第１項第２号，第199条第１項第２号），この金額が印紙税額の計算の基礎となる１株当たりの払込金額とされます。

　また，新株予約権の行使により発行される株式に係る株券については，新株予約権の行使時における当該新株予約権の帳簿価額と新株予約権の行使の際に払い込む金銭等の額との合計額を当該新株予約権の目的である株式の数で割った金額を基に印紙税額を計算します。これは，新株予約権の行使により株式を発行した場合の資本金等増加限度額（会社計算規則第17条第１項）と同様の考え方によるものです。

　これらは基本通達第４号文書の８において次表のように規定されています。

〔第4号文書〕

印紙税法施行令第24条第1項に規定する「払込金額」

	ケース	1株当たりの払込金額
1	発起人が引き受ける設立時発行株式に係る株券	会社法第34条第1項《出資の履行》の規定により払い込まなければならないこととされている金銭の金額と給付しなければならないこととされている金銭以外の財産の給付があった日における当該財産の価額との合計額を発起人が引き受ける設立時発行株式の数で除して得た金額
2	会社法第58条第1項《設立時募集株式に関する事項の決定》に規定する設立時募集株式（株式を発行するものに限る。）に係る株券	同項第2号に規定する当該設立時募集株式の払込金額
3	会社法第199条第1項《募集事項の決定》に規定する募集株式（株式を発行するものに限る。）に係る株券	同項第2号に規定する当該募集株式の払込金額
4	新株予約権の行使により発行される株式に係る株券	イ及びロに掲げる金額の合計額を当該新株予約権の目的である株式の数で除して得た金額 イ　当該行使時における当該新株予約権の帳簿価額 ロ　会社法第281条第1項《新株予約権の行使に際しての払込み》又は第2項後段の規定により払い込まなければならないこととされている金銭の金額と同項前段の規定により給付しなければならないこととされている金銭以外の財産の行使時の価額との合計額

　しかし、株券の発行は、上記のような株式の引受け等についての金銭等の払込みがある場合にのみ行われるものではありません。

　会社法においても、次のような場合には金銭等の払込みなしに株式の発行が予定されていると考えられます。

⑴　株式無償割当てをした場合（会社法第186条）

⑵　その取得の対価として株式を株主に交付することを定款に定めた取得請求権付株式（株式会社に対して株主がその有する株式の取得を請求することができる内容の株式）の取得をする場合（会社法第166条第1項）

⑶　その取得の対価として株式を株主に交付することを定款に定めた取得条項付株式（株式会社が，株主の同意なしに，一定の事由が生じたことを条件として株主の有する株式を取得することができる内容の株式）の取得をする場合（会社法第169条第1項）

⑷　その取得の対価として株式を株主に交付して全部取得条項付株式（2以上の種類の株式を発行する株式会社における，そのうち1つの種類の株式の全部を株主総会の特別決議によって取得することができる旨の定款の定めがある種類の株式）の取得をする場合（会社法第171条第1項）

⑸　その取得の対価として株式を株主に交付して取得条項付新株予約権（株式会社が，一定の事出が生じたことを条件として新株予約権者の有する新株予約権を取得することができる内容の新株予約権）の取得をする場合（会社法第274条第1項）

⑹　持分会社が組織変更して株式会社になる場合（会社法第746条）

⑺　合併，吸収分割，新設分割，株式交換又は株式移転する場合（会社法第749条第1項第2号，第753条第1項第6号，第758条第1項第4号，第763条第1項第6号，第768条第1項第2号，第768条第1項第3号，第770条第1項，第773条第1項5号）

　株券発行会社は⑴〜⑺の場合には発行した株式に係る株券を発行することとなりますが，これらの株券は「払込金額のない場合」に該当します。

　また，①譲渡制限株式を設けることについての定款変更を行った場合（会社法第107条第2項第1号）や②株式の併合を行う場合（会社法第180条）には，株券発行会社は株券の提出を受け，新たな株券を再交付することが予定されています。

　さらに，③株式の分割をした場合（会社法第183条），④株券の所持を希望していなかった株主の請求により株券を発行する場合（会社法第217条第6項）又

は⑤株券喪失登録がされた後に株券を再発行する場合（会社法第230条第2項）についても株券発行会社は新たな株券を発行します。

　これら①～⑤の場合に発行される株券についても，金銭等の払込みを受けて発行されるものではないことから，「払込金額がない場合」に該当することになります。

　基本通達第4号文書の9では，会社法の中で規定されている行為のうち，このような金銭等の払込みを受けずに株券の発行がなされるものを，「払込金額がない場合」に該当するものとして列挙しています。

　なお，これら以外にも株式会社の商号変更により引き換えられる株券，大券からの株券の分割により発行される株券，株券に汚損・毀損が生じた場合に再発行される株券，上場廃止により振替制度を利用しないこととなった場合に発行される株券なども「払込金額がない場合」の株券に該当します。

　「払込金額がない場合」の印紙税の課税標準の計算式の適用に当たっては，新株予約権の行使などにより日々資本金と資本準備金が変動している場合など，株券の発行日における資本金の額及び資本準備金の額を把握するのは困難な事情もあると認められます。そこで直前の定時株主総会で承認され，法律上確定している最終事業年度に係る貸借対照表に記載された資本金の額及び資本準備金の額（払込金額のない株券を発行する日の属する事業年度中に合併，吸収分割，新設分割，株式交換又は株式移転があった場合には，当該合併等の効力発生日における資本金の額及び資本準備金の額の合計額）によって差し支えないこととされています（基本通達第4号文書の10）。

株券の印紙税額の計算例

例1　新株予約権の行使により発行する株券

(1)　行使される新株予約権の数　100個

(2)　新株予約権の帳簿価額　1個当たり218,500円

(3)　新株予約権1個当たりの目的とする株式の数　100株

(4)　新株予約権行使の際の払込金額　1個につき12,650,000円

1株当たりの払込金額は，(218,500円＋12,650,000円) ÷100＝128,685円となる。

10,000株券：128,685円× 10,000株 ＝ 1,286,850,000円→20,000円
　1,000株券：128,685円×　1,000株 ＝　 128,685,000円→20,000円
　　500株券：128,685円×　　500株 ＝　　64,342,500円→10,000円
　　100株券：128,685円×　　100株 ＝　　12,868,500円→ 2,000円
　　 50株券：128,685円×　　 50株 ＝　　 6,434,250円→ 1,000円
　　 10株券：128,685円×　　 10株 ＝　　 1,286,850円→　 200円
　　 1株券：128,685円×　　 1株 ＝　　　 128,685円→　 200円

例2　株式の併合により発行する株券

(1) 発行済株式の総数　　200,000株
(2) 株式併合する株式数　200,000株
(3) 株式併合による減少株式数　100,000株
(4) 株式併合後の発行済株式の総数　100,000株
(5) 株式併合時の資本金　　5,000,000,000円
　　　　　　資本準備金　2,500,000,000円

資本金と資本準備金の合計額を発行済株式数で割って得た金額
(5,000,000,000円＋2,500,000,000円) ÷100,000株＝75,000円
を基礎として印紙税額を算出する。

10,000株券：75,000円× 10,000株 ＝ 750,000,000円→20,000円
　1,000株券：75,000円×　1,000株 ＝　75,000,000円→10,000円
　　500株券：75,000円×　　500株 ＝　37,500,000円→ 2,000円
　　100株券：75,000円×　　100株 ＝　 7,500,000円→ 1,000円
　　 50株券：75,000円×　　 50株 ＝　 3,750,000円→　 200円
　　 10株券：75,000円×　　 10株 ＝　　 750,000円→　 200円
　　 1株券：75,000円×　　 1株 ＝　　　75,000円→　 200円

【参考】

第4号文書のうち，株券と同様に券面金額が記載されない「投資証券」，「オープン型の委託者指図型投資信託の受益証券」及び「受益証券発行信託の受益証券」の印紙税額については，次の算式により計算した課税標準を基に算出することとされています（令第24条第2号～第4号）。

(1) 投資証券

払込金額が
ある場合　　投資口1口当たりの払込金額×その投資証券の口数

払込金額が　　　投資法人の出資総額
ない場合　　――――――――――――――×その投資証券の口数
　　　　　　投資口（新たに発行する投資
　　　　　　口を含む。）の総口数

(2) オープン型の委託者指図型投資信託の受益証券

$$\frac{信託契約締結当初の信託元本の総額}{その信託元本に係る受益権の口数} \times その受益証券の口数$$

(注) 書式表示の承認を受けているものについては，次の算式により計算します。

$$\frac{その月中に信託された信託元本の総額}{その月中に信託された信託元本に係る受益権の口数} \times その受益証券の口数$$

(3) 受益証券発行信託の受益証券

$$\frac{信託の価額}{その信託財産に係る受益権の口数} \times その受益証券の口数$$

合併契約書又は吸収分割契約書若しくは新設分割計画書

〔第5号文書〕

1. 合併契約書の範囲

> ［問］ 第5号文書に掲げる「合併契約書」の範囲について説明してください。

［答］ 法人の合併にはいろいろの場合がありますが、第5号文書に該当する合併契約書には、会社法第748条《合併契約の締結》に規定する合併契約及び保険業法第159条第1項《相互会社と株式会社の合併》に規定する合併契約を証される文書が該当し、会社以外の法人が作成する合併契約書は、課税文書に該当しません。

したがって、印紙税の課税対象となるのは、法律によって作成が義務付けられている次の場合に作成される合併契約書に限られます。

(1) 株式会社が存続する吸収合併契約（会社法第749条）
(2) 持分会社が存続する吸収合併契約（会社法第751条）
(3) 株式会社を設立する新設合併契約（会社法第753条）
(4) 持分会社を設立する新設合併契約（会社法第755条）
(5) 相互会社と相互会社との吸収合併契約（保険業法第160条）
(6) 相互会社と相互会社との新設合併契約（保険業法第161条）
(7) 相互会社が存続するときの株式会社と相互会社との吸収合併契約（保険業法第162条）

(8)　相互会社を設立するときの株式会社と相互会社との新設合併契約（保険業法第163条）
(9)　株式会社が存続するときの株式会社と相互会社との吸収合併契約（保険業法第164条）
(10)　株式会社を設立するときの株式会社と相互会社との新設合併契約（保険業法第165条）

　なお，合併契約において定めるべき事項は各条項に規定されていますが，これらの事項のうち一部を欠くものであっても課税文書に該当します。

【参考】
　合併契約の内容は本店に備え置く必要がありますが（会社法第782条第1項），書面に代えて電磁的記録により備え置く場合には文書が作成されないことから，印紙税は課されないこととなります。問2の吸収分割契約書及び新設分割計画書も同様です。

2．吸収分割契約書と新設分割計画書の範囲

　問　第5号文書に掲げる「吸収分割契約書」と「新設分割計画書」とはどのようなものですか。

　答　会社組織の再編成を容易にする会社分割法制が整備されたことにより，会社法の手続により会社を分割する場合には，その分割形態により吸収分割契約を締結するか，新設分割計画を作成しなければなりません。
　会社分割による法的効果は包括承継であるとされていることから，吸収分割契約及び新設分割計画を証する文書が合併契約書と同様に第5号文書として掲名されたものです。
　印紙税の課税の対象となる吸収分割契約書及び新設分割計画書とは，株式会社及び合同会社が作成するものをいいますが，具体的には，次の分割を行う場合に作成されるものが課税文書に該当します。

(1) 吸収分割契約書
　① 株式会社に権利義務を承継させる吸収分割契約（会社法第758条）
　② 持分会社に権利義務を承継させる吸収分割契約（会社法第760条）
(2) 新設分割計画書
　① 株式会社を設立する新設分割計画（会社法第763条）
　② 持分会社を設立する新設分割計画（会社法第765条）
　なお，吸収分割契約及び新設分割計画において定めなければならない事項は各条項に定められていますが，これらの事項のうち一部を欠くものであっても課税文書に該当します。また，新設分割計画書は，作成者である会社が自ら備え置くことが義務付けられた文書であり，株主と会社債権者の求めに応じてその謄本又は抄本を交付しなければなりませんが，印紙税の課税の対象となるのは，会社法の規定により本店に備え置くものに限られますから，これらの謄本や抄本は印紙税の課税の対象とはなりません。

3. 合併契約等の変更又は補充の事実を証するものの範囲

　[問] 合併契約書等には「合併契約等の変更又は補充の事実を証するものを含む。」とのことですが，これについて説明して下さい。

　[答] 課税文書である合併契約書等には，合併契約又は吸収分割契約若しくは新設分割計画の内容を変更する文書又は欠けていた事項を補充する文書も含まれます（第5号文書の定義欄）。
　ところで，合併契約等を締結する際には，会社法に法定されている事項のほか，合併に関する重要な事項を任意に記載している例が多く見受けられます。
　任意に記載する事項としては，「善管注意義務」，「従業員の引継」，「合併条件の変更」，「合併契約の解除」，「合併前に就任した存続会社の取締役及び監査役の任期」，「役員退職金」などが記載されることが多いようです。
　また，会社分割をする会社は吸収分割契約又は新設分割計画に労働契約を会

社分割に係る承継会社に承継する旨の規定があるかどうかについて，労働者に対し書面により通知しなければならないこととされており（会社分割に伴う労働契約の承継等に関する法律第2条），労働契約の承継について記載することも予定されています。

　しかし，課税文書である合併契約書等は，会社法に規定する合併契約等を証する文書と規定されていることから，合併契約等で定めなければならないものとして会社法に規定されている事項以外の事項についてのみ変更する文書又は補充する文書は課税文書に該当しません（基本通達第5号文書の4）。

定　款

〔第6号文書〕

1. 課税される定款の範囲

　　問　　第6号文書として課税される定款の範囲について説明してください。

　　答　　定款とは，一般社団法人及び一般財団法人に関する法律に規定する一般社団法人等，会社法第2条第1項第1号に規定する会社（株式会社，合名会社，合資会社又は合同会社）及び中小企業等協同組合法第3条に規定する組合（事業協同組合，事業協同小組合，火災共済協同組合，信用協同組合，協同組合連合会及び企業組合）等の社団法人の組織や活動を定めた根本規則又は根本規則を主に記載した書面をいいますが，このような定款のうち，印紙税の課される定款は，株式会社，合名会社，合資会社，合同会社及び相互会社の設立のときに作成される原本に限られます（第6号文書の定義欄1）。

　会社法以外の特別法に基づき設立される会社以外の法人（例えば一般社団法人，特定目的会社，税理士法人など）が作成する定款は，公証人の認証手続を経ることとなりますが，印紙税法で規定する会社の定款には該当しないことから，課税の対象とはなりません。

　また，株式会社及び相互会社の定款については，公証人の認証を要することとされており，公証人の認証を受けることがその効力発生の要件になっています。したがって，これらの会社等の定款であっても，公証人の認証を受けていないものは印紙税法上の定款には該当しません。さらに，公証人法第62条の3

(定款認証手続)の規定によると，定款の認証を受けるためには定款2通を提出し，1通は公証人が保有し，他の1通は認証後嘱託人に返還されることになっていますが，このうち公証人が保存するもののみが課税の対象になり，返還されるものは非課税になっています（第6号文書の非課税物件欄1）。

なお，公証人の認証を要しない合名会社，合資会社及び合同会社の定款を数通作成した場合についても，そのうちの原本1通のみが課税の対象になり，その他のものは課税されません。

2. 変更定款

> 問　会社を設立するに際し，公証人の認証を受けた定款の内容を変更する場合には，変更する内容を書面にして公証人の認証を受けなければなりませんが，この書面に変更定款の名称を付している場合には，定款として取り扱われるのでしょうか。

答　定款を作成しても，公証人の認証を受けるまでは，発起人の合意により，定款を変更できます。この場合，変更後の定款の認証を受ければよく，この認証を受けた定款が原本となります。

会社法では，公証人の認証を受けた定款について，次の場合には，会社成立前に改めて認証を受けることなく，変更することができる旨定めています（会社法第30条第2項）。

(1) 裁判所が，変態設立事項について検査役の報告を受けた結果，不当と認め変更決定をした場合（会社法第33条第7項）
(2) 発起人が，裁判所の(1)の変更決定確定後一週間以内に，発起人全員の同意を得て，変更された事項についての定款の定めを廃止する場合（会社法第33条第9項）。（ただし，設立時募集株式と引換えにする金銭の払込期日又は期間を定めたときは，その期日又は期間の初日のうち最も早い日以後は定款変更できません（会社法第95条）。）

(3) 発起人が，株式会社設立時までに，発起人全員の同意によって発行可能株式総数の定めを設け，又は既に定款で定めている発行可能株式総数を変更する場合（会社法第37条第１項，第２項）。(ただし，設立時募集株式と引換えにする金銭の払込期日又は期間を定めたときは，その期日又は期間の初日のうち最も早い日以後は定款変更できません（会社法第95条）。)

上記(1)～(3)に該当する場合には，改めて認証を得ることなく定款を変更することができますが，上記以外の場合については，会社設立前に定款を変更した場合は，改めて変更した定款の認証を要するものと解されています。

このような場合に改めて公証人の認証を受けるために作成する変更定款等と称する文書は，課税文書には該当しないものとして取り扱われます。

しかし，改めて変更後の定款の全文を記載した書面により公証人の認証を受けることになったときは，新たな定款を作成したことになり，その原本は第６号文書に該当することになります（基本通達第６号文書の２）。

継続的取引の基本となる契約書

〔第7号文書〕

1. 継続的取引の基本となる契約書

> [問] 継続的取引の基本となる契約書(第7号文書)に該当する文書は,個別の契約書とどのように区分されるのでしょうか。

[答] 継続的取引の基本となる契約書とは,文字どおり,継続する取引の基本的事項を定める契約書を意味します。また,課税物件表の第7号には,「契約期間の記載のあるもののうち,当該契約期間が3月以内であり,かつ,更新に関する定めのないものを除く。」との除外規定がありますし,さらに,その定義欄には,「継続的取引の基本となる契約書とは,特約店契約書,……政令で定めるものをいう。」との定義規定を設けていて,具体的な範囲は令第26条に定められています。

継続的取引の基本となる契約書(第7号文書)に該当するのは,取引の基本的な事項を定める契約書をいいますから,当然,個々の取引についてその都度作成される契約書,いわゆる個別契約書とは区別されます。

個別契約書は,それぞれ記載される課税事項の内容により,運送に関する契約書(第1号の4文書),請負に関する契約書(第2号文書)その他の課税文書に該当することになります(物品の売買契約書,委任に関する契約書などは,課税文書に該当しません。)が,継続的取引の基本となる契約書(第7号文書)に該当することはありません。

個別契約書に対応するものが基本契約書であり,これは,契約当事者間にお

いて何回も同じような取引が反復継続する場合に、取引に共通して適用される取引条件をあらかじめ定めておき、個々の取引については、個々の契約書を作成することを省略あるいは簡略化しようとする趣旨のものです。

すなわち、個々の取引の際には簡単な契約書あるいは注文請書を作成することとしたり、場合によっては、注文書、指示書、依頼書などだけで行うことができることにするためのものです。

したがって、基本契約書であることが継続的取引の基本となる契約書（第7号文書）に該当するための一つの要件であることになるのです。

ところで、個別契約であれば、仮に契約期間が3か月を超えている場合であっても、第7号文書に該当しないことは前述したとおりであり、例えば、物品の加工請負契約の目的物の総数量及び総金額は確定している場合に、「その納期は5か月後とする。」、「納品は各月100個ずつ6か月間行う。」、あるいは「代金の支払は均等額ずつ6か月に分割して支払う。」のように取り決めた場合には、契約期間は3か月を超えているものといえますが、これは、個々の取引について単に納期あるいは支払を分割するものにすぎませんから、個別契約ということになり、継続的取引の基本となる契約書（第7号文書）には該当しないのです。

一方、機械等の保守契約書又は清掃請負契約書等のように、個々の取引という明確な取引単位を区分できないものがありますが、このようなものも継続的取引ですから基本契約書に含まれることとされ、実務的には料金等の計算の基礎となる期間1単位ごと又は支払いの都度に1取引として取り扱われています（基本通達第7号文書の6）。

2. 契約期間が3月を超えるものの判断

[問] 継続的取引の基本となる契約書（第7号文書）に該当するかどうかの期間的要件について説明してください。

〔第7号文書〕

　[答]　継続的取引の基本となる契約書からは，「契約期間の定めがあるもののうち，当該契約期間が3月以内であり，かつ，更新の定めがないものを除く。」ことが規定されています（第7号文書の課税物件欄）。

　この規定は三つの要素から成り立っていますから，これを裏返しにすれば，継続的取引の基本となる契約書（第7号文書）に該当するための期間的要件を導きだすことができることになります。

　すなわち，
(1)　契約期間の定めがないもの
(2)　3か月を超える契約期間の定めがあるもの
(3)　3か月以内の契約期間が定められているが，更新の定めが併せて記載されているもの（当初の契約期間に更新後の期間を加えてもなお3か月以内であるものを除きます。）

　以上の三つの形態のいずれかに該当するものが，継続的取引の基本となる契約書（第7号文書）に該当することになるのです。

　この契約期間は，それぞれの文書ごとに判断することになりますから，例えば，「契約期間は○月○日付の協定書の期間とする。」と記載されていて，引用した協定書の契約期間が，仮に3か月以内であっても，この文書は契約期間の定めのないものとして取り扱われることになります（基本通達第7号文書の1及び2）。

（契約期間の定めがないものの例）

（存続期間）
第20条　この契約は，当事者の一方から3か月前に予告することをもって，その期間経過時に終了するものとする。

　(注)　この場合の3か月前というのは，契約を解除するための予告期間であって契約期間ではなく，他に契約期間の記載がない限り，契約期間の定めのない契約書ということになります。

（3か月を超える契約期間の定めがあるものの例）

> （契約期間）
> 第18条　この契約の有効期間は，平成27年9月1日から1年間とする。

（3か月以内の契約期間の定めがあるが，更新の定めが併せて記載されているものの例）

> （存続期間）
> 第23条　この契約の存続期間は，平成27年9月1日から平成27年11月末日までとする。ただし，甲乙いずれにも異議なき場合には，さらに3か月間延長するものとする。

（注）　この場合に，記載金額を計算するときの契約期間としては当初の契約期間である3か月間であり，延長することができる期間は契約期間として取り扱わないこととされています（基本通達第29条）。

3. 特約店契約書等（令第26条第1号文書）の要件

　　問　令第26条第1号に該当して，継続的取引の基本となる契約書（第7号文書）となるものの要件を具体的に説明してください。

　　答　令第26条第1号には，「特約店契約書その他名称のいかんを問わず，営業者（法別表第1第17号の非課税物件の欄に規定する営業を行う者をいう。）の間において，売買，売買の委託，運送，運送取扱い又は請負に関する2以上の取引を継続して行うため作成される契約書で，当該2以上の取引に共通して適用される取引条件のうち目的物の種類，取扱数量，単価，対価の支払方法，債務不履行の場合の損害賠償の方法又は再販売価格を定めるもの（電気又はガスの供給に関するものを除く。）」と規定されています。

　したがって，このグループに該当する文書であるためには，①営業者の間の

〔第7号文書〕

契約であること，②売買，売買の委託，運送，運送取扱い又は請負のいずれかの取引に関する契約であること，③2以上の取引を継続して行うための契約であること，④2以上の取引に共通して適用される取引条件のうち目的物の種類，取扱数量，単価，対価の支払方法，債務不履行の場合の損害賠償の方法，再販売価格のうちの1以上の事項を定める契約であること，⑤電気又はガスの供給に関する契約でないこと，の5項目の要件を全て満たすものでなければなりません（基本通達第7号文書の3～13）。

このグループに該当するものとしては，特約店契約書，取引約定書，商取引契約書，特約販売契約書，販売委託契約書，運送基本契約書，加工基本契約書，再販売価格維持契約書などの名称を用いたものが多いようです。

(1) 営業者の間の契約であること

ここにいう営業者は，金銭又は有価証券の受取書（第17号文書）の非課税規定（いわゆる営業に関しない受取書の非課税）を引用していますから，結局，受取書を作成した場合には印紙税が課される者の間で行う契約をいうことになります。

営業者とは，一般には，営業を行っている者をいい，株式会社などの営利会社，個人商店などの経営者がこれに該当しますが，会社以外の法人で，法令又は定款の定めにより利益金又は剰余金の配当又は分配をすることができる者（例えば，農業協同組合，信用金庫，消費生活協同組合等）が出資者以外の者と行う取引は営業者の行為とされています。したがって，これらの法人と出資者の間で契約する場合には，出資者がたとえ営業者であっても，営業者の間の契約ということにはなりませんが，これらの法人と出資者以外の営業者の間で契約する場合には，営業者の間の契約ということになります。

この営業者の間の契約とは，別に契約当事者双方が本来の営業目的のために結ぶ契約に限るものではありません。例えば，会社が事務用消耗品とか自動車用ガソリンを継続的に購入することとした場合の契約などは，営業者の間の契約ということになります。

なお，営業者から契約の締結権を委ねられた非営業者が契約当事者となっ

て他の営業者との間で契約する事例がありますが，このように，契約の効果が直接的に営業者に帰属するような場合は，単なる契約名義人を立てても，営業者の間の契約であることに変わりはありません。

また，他人の委託に基づいて自己の名をもって取引を行う場合には，その受託者と他の営業者の間の契約も営業者の間の契約に含まれます。

(2) 売買，売買の委託，運送，運送取扱い又は請負のいずれかの取引に関する契約であること

なお，物品又は有価証券の譲渡に関する契約書（旧第19号文書）及び委任に関する契約書（旧第17号文書）については，平成元年4月1日以降作成するものから課税が廃止されましたが，令第26条の要件に該当する限り，これらの契約書は継続的取引の基本となる契約書（第7号文書）として課税されることになりますから注意してください。

〔売買〕 売買とは，当事者の一方（売主）がある財産権を相手方（買主）に移転し，相手方がこれに対してその代金を支払うことをいいます。

この場合，条件の成就の時まで契約の効力を停止させることを条件とするような停止条件付売買も含まれますし，売買の目的物の種類は問わないことになっています。

〔売買の委託〕 売買の委託とは，特定・個別の物品等を販売し，又は購入することを相手方に委託することをいいます。

売買の委託は，もともと委任契約であり，さらに，委託を受けた者（受託者）が別の営業者との間で委託を受けた物品等の売買を行うときには，これは売買の委託ではなく売買となります。

なお，証券会社等と顧客との間で有価証券又は商品の売買に関する2以上の取引を継続して委託するための契約書が継続的取引の基本となる契約書（第7号文書）に該当するかどうかは，令第26条第1号で判断するのではなく，同条第4号で判断することになります。

〔運送〕 運送とは，当事者の一方（運送人）が物品又は旅客の場所的移動を約し，相手（依頼人）がこれに報酬（運送賃）を支払うことをいいます。

なお，運送契約は通常，運送という仕事の完成を目的とし，その結果に対して報酬が支払われるため，請負契約に属することとなります。

〔運送取扱い〕　運送取扱いとは，物品運送の取次ぎを行うことをいい，自己の名をもって物品運送の取次ぎを行うことを業とする者のことを運送取扱人といいます。

　　運送取扱人と顧客との間の契約は運送取扱いとなりますが，運送人と運送取扱人との間の契約は運送に該当します。

〔請負〕　請負とは，当事者の一方がある仕事の完成を約し，相手方がその仕事の結果に対して報酬を支払うことを約することをいいます。

(3)　2以上の取引を継続して行うための契約であること

　　これは，個別契約は継続的取引の基本となる契約に該当しないことと同じ趣旨です（問1「継続的取引の基本となる契約書」(263頁) 参照）。

(4)　2以上の取引に共通して適用される取引条件のうち目的物の種類，取扱数量，単価，対価の支払方法，債務不履行の場合の損害賠償の方法，再販売価格のうち1以上の事項を定めること

〔目的物の種類〕　目的物の種類とは，取引の対象をいい，その取引が売買である場合には売買の目的物の種類，請負である場合には仕事の種類，内容などがこれに該当します。

　　取引の対象として特定されている以上，テレビ，カメラ，ピアノ等と特定の品名を掲げるものだけでなく「電気製品」，「楽器」など共通の性質を有する多数の物品を包括する名称を用いる場合も含まれます。

〔取扱数量〕　取扱数量とは，例えば，「1月当たりの取扱数量は100台以上とする。」といったように，1取引当たり，1月当たり等の取扱量を具体的に取り決めるものをいいます。

　　これには，一定期間における最高又は最低取扱（目標）数量を定めるもの及び金額により取扱目標を定める場合の取扱目標金額も含まれますが，例えば「各月の注文に応じて引き渡す。」など具体的な数量を定めないものは含まれません。

なお，取扱目標金額は予定金額でもありますから，例えば請負に関する契約書（第2号文書）と継続的取引の基本となる契約書（第7号文書）に該当する文書の所属の決定の際には，記載金額のある契約書となることは当然です。

〔単価〕　単価とは，1単位当たりの具体的な数値をいいます。したがって「1個当たりの単価は，○○円とする。」，「1トン当たりの運送料は○○円とする。」といった場合の○○円がこれに当たりますが，「従来の単価の0.9掛とする。」又は「乙への販売価格は甲の仕入価格の1.1掛とする。」のように，数値として具体性のないものはこれに当たらないことになります。

　　なお，「1個当たりの単価は，引渡日の市場価格による。」と定めても，これは具体的な数値を定めたことにはなりませんから，単価を定めたことにはなりません。

〔対価の支払方法〕　対価の支払方法とは，「毎月分を翌月10日に支払う。」，「60日手形で支払う。」，「預金口座振替の方法により支払う。」，「借入金と相殺する。」等のように，具体的に対価の支払に関する手段，方法を定めることをいいます。

　　なお，「○○銀行にて支払う。」というように，単に支払う場所を定める場合には，対価の支払方法を定めることにはなりません。また，「債務不履行があった場合には保証金を充当する。」ということを定めても，これは保証金本来の性格からくる処分方法といえますから，対価の支払方法を定めることにはなりません。

〔債務不履行の場合の損害賠償の方法〕　債務不履行の場合の損害賠償の方法とは，契約の不履行（履行，遅滞，履行不能及び不完全履行）が生じた場合を想定して，その損害賠償として給付する金額・数量の計算方法，給付方法等を定めたものをいいます。したがって，すでに契約不履行の事態が生じたときに，その債務の弁済方法を定めるものは，これに該当せず，原契約に定めた債務の弁済方法の変更契約書になります。

なお，製造者が引き渡した製造物の欠陥で他人の生命，身体，財産を侵害したときは，製造物責任法（PL法）により損害賠償を負うこととされたことに伴い，製造者は製造物の下請業者又は部品の納入業者等との間の取引基本契約書等において，同法に基づく損害賠償義務が生じたときの損害賠償の方法について取り決める場合がありますが，この取決めは，債務不履行の場合の損害賠償の取り決めではないので，「債務不履行の場合の損害賠償の方法」には該当しません。

〔再販売価格〕　再販売価格とは，私的独占の禁止及び公正取引の確保に関する法律第23条に規定する再販売価格をいいます。

　なお，例えば，製造者→卸売業者→小売業者の経路で売買取引が行われる場合に，製造者と小売業者の間で再販売価格を定めても，契約当事者間で直接の取引を行うためのものではありませんから，第7号文書には該当しないことになります。

(注)　割戻金（リベート）の計算方法又は支払方法それ自体は，これらの取引条件又はこれらの取引条件と密接に関連する取引条件には該当しません。
　　　ただし，割戻金の計算方法を定めるに際して，併せて取扱目標数量又は取扱目標金額を定める場合は，「取扱数量」を定めるものに該当しますので，注意を要します。

(5)　電気又はガスの供給に関する契約でないこと

　電気及びガスの供給は，売買に該当し，おおむね継続的取引となるのですが，印紙税法上，特に継続的取引の基本となる契約書（第7号文書）には含まれないこととされているものです。

　この場合のガスの供給とは，ガス事業者等が都市ガス，プロパンガス等の燃料用ガスを導管，ボンベ，タンクローリー等により消費者に継続して供給することをいいます。

　なお，水の供給は除外されませんから，水道とか温泉引湯の契約書は営業者の間における取引であれば継続的取引の基本となる契約書（第7号文書）に該当することになります。

4. 代理店契約書等（令第26条第２号文書）の要件

> ［問］ 令第26条第２号に該当して，継続的取引の基本となる契約書（第７号文書）となるものの要件を説明してください。

　［答］ 令第26条第２号には，「代理店契約書，業務委託契約書その他名称のいかんを問わず，売買に関する業務，金融機関の業務，保険募集の業務又は株式の発行若しくは名義書換えの事務を委託するために作成される契約書で，委託される業務又は事務の範囲又は対価の支払方法を定めるもの」と規定されています。

　したがって，このグループに該当する文書であるためには，①令第26条第２号に規定する業務又は事務を委託するための契約書であること，②継続して委託する業務又は事務の範囲又は対価の支払方法を定めるものであることの要件を必要とするものです（基本通達第７号文書の14～17）。

　なお，このグループに該当する文書については，令第26条第１号に掲げる文書のように，「営業者の間の契約書であること」は要件とされておりませんので，営業者間，営業者と非営業者の間，非営業者間のいずれの契約であっても，上記①及び②の要件を満たせば第７号文書に該当することになります。

　このグループに分類されるものは，各種の業務又は事務を委託するために作成されるものですから，その契約の種類は委任契約と考えられるものです。委任契約書は平成元年４月１日から課税廃止されたため，課税文書ではありませんが，令第26条の要件に該当する限り，継続的取引の基本となる契約書（第７号文書）として課税文書となります。

　ここでは，このグループに該当する「委託業務又は事務の範囲」を中心に説明しておきます。

(1) 売買に関する業務の委託

　売買に関する業務の委託とは，特定の物品等の販売又は購入を委託するものではなく（これは令第26条第１号に掲げる「売買の委託」に該当します。），売

買に関する業務の全部又は一部を包括的に委託することをいいます。したがって，販売施設を所持する者がそこにおける販売業務を委託するもの，販売店の経営自体を委託するもの，さらには業務の一部である集金業務，仕入業務，在庫管理業務などを委託するものがこれに含まれるのです。

このうち，その委託する業務の範囲や対価の支払方法を定めるものが，第7号文書となりますから，売値，取扱数量その他のことを定めてもこれだけでは第7号文書とはなりません（このことは，このグループの全てに共通することです。）。

(2) 金融機関の業務の委託

金融機関とは，銀行業，信託業，金融商品取引業，保険業を営む者等，通常金融機関といわれるもののほか，貸金業者，クレジットカード業者，割賦金融業者等，金融業務を営む全てのものを含みます。

金融機関の業務の委託とは，金融機関が預金業務，貸出業務，出納業務，為替業務，振替業務その他の金融業務を他の者（金融業務を行うことができる金融機関）に委託することをいいます。

(3) 保険募集の業務

保険募集の業務とは，保険代理店等が行う各種の募集業務をいいます。

保険会社等と雇用関係にある場合には，業務の委託ではなく保険会社等の手足となって保険募集を行うものといえますから，継続的取引の基本となる契約書（第7号文書）とはいえません（もっとも，雇用関係ではこの種の契約書を作成する必要はないでしょう。）が，雇用によらない保険外交員との間で契約するものも，これに含まれることになります。

(4) 株式の発行又は名義書換えの事務

株式の発行事務とは，新株発行に当たり金融商品取引業者等と新株発行会社の間で結ぶ募集引受けなどのほか，株式の分割・併合・株式への転換など，新株券を発行することとなる事務も含まれます。

株式の名義書換事務とは，株主から名義書換えの請求を受けた場合のその処理に伴う事務をいいます。

5．販売代金等の収納事務委託契約書

> ［問］　当社は商品のクレジット販売（後払販売）を行っておりますが，顧客に対する後払代金を銀行に払い込んでもらうこととし，銀行との間で「収納事務委託契約書」を作成しました。
>
> この契約書は，物品売買についての代金回収事務を銀行に委託する契約書として継続的取引の基本となる契約書（第7号文書）に該当することになりますか。

［答］　売買に関する業務を継続して委託するために作成する契約書のうち，業務の範囲又は対価の支払方法を定めるものは，継続的取引の基本となる契約書（第7号文書）に該当します（令第26条第2号）。

売買に関する業務には，仕入業務，販売業務，在庫・商品管理業務，代金回収業務などの各種の業務に細分することができますが，別にこれらの全部を包括して委託するものだけでなく，その一部の業務を委託するものも，売買に関する業務の委託となります。

後払代金等を銀行振込みの方法により支払うこととする場合には，販売業者と銀行との間で収納事務の委託契約書を作成する場合が多いようですが，売買代金の収納事務は，売買代金の集金業務ないし回収業務と同一のものとみるのかどうかにより，印紙税の取扱いが異なることになります。

すなわち，銀行の収納事務を集金業務と同一であるとみれば，これは売買に関する業務の委託契約ということになって，これに関する契約書は継続的取引の基本となる契約書（第7号文書）に該当することになります。

ところで，売買に関する業務の一つである集金業務は，一般に販売業者の代理人として積極的に債務者に対して債務の履行を求めることの業務と解せられます。このようにみますと，顧客が銀行窓口に金銭を持参した場合には，売買業者に代わってその金銭を受領し，所定の方法で販売業者に引き渡すこととしても，これは積極的に債務の履行を求めることにはならず，受身の立場での代

理業務ということができます。

　したがって，単に窓口での収納事務だけを委託するにとどまるものは，継続的取引の基本となる契約書（第7号文書）とは評価できないことになります。

　この文書は，販売代金の収納事務という事務処理を委託する契約書ですから，委任契約となり，課税文書に該当しないことになります（基本通達第7号文書の17）。

　なお，最近は，コンビニエンスストア等の店頭で代金の収納を行うことが多く見受けられますが，これについても料金等を持参したものについて収納するだけで積極的に債務の履行を求めるものではありませんから，当該コンビニエンスストアとの間で作成する「収納事務委託契約書」についても同様に取り扱われることになります。

6. 生命保険の代理店契約書

　　問　　生命保険の代理店には，①保険募集を行う募集代理店，②契約見込者の紹介のみを行う紹介代理店，③保険料の集金のみを行う集金代理店がありますが，それぞれの代理店契約書に対する印紙税の取扱いはどのようになりますか。

　　答　　保険募集の業務を委託する契約書は，令第26条第2号に掲げる契約書に該当しますから，契約期間が3か月以内と記載されているものを除き，継続的取引の基本となる契約書（第7号文書）に該当します。

　したがって，①のものは継続的取引の基本となる契約書（第7号文書）に該当しますが，加入見込者の紹介を行うこと，保険料の集金を行うことは，令第26条第2号に掲げる要件には該当しませんので，②及び③のものは課税文書とはなりません。

7. 生命保険外務員委嘱契約書

> **問** 生命保険契約の募集事務の委嘱外務員には，雇用契約に基づく資格を得るまでの見習い又は試用中の者との間で，生命保険の募集に関する委嘱契約書を作成する場合がありますが，このようなものも継続的取引の基本となる契約書（第7号文書）に該当することになりますか。

答 保険募集の業務を委託し，その業務の範囲又は対価の支払方法を定める契約書は，令第26条第2号の要件を具備することになりますから，継続的取引の基本となる契約書（第7号文書）に該当することになります。

ご質問のように見習い又は試用中の者との間の契約であっても，特に継続的取引の基本となる契約書（第7号文書）から除かれることはありません。

なお，文書上契約期間の記載があって，それが3か月以内であるものは，課税文書には該当しません。

8. 銀行取引約定書等（令第26条第3号文書）の要件

> **問** 令第26条第3号に該当して，継続的取引の基本となる契約書（第7号文書）となるもの要件を説明してください。

答 令第26条第3号には，「銀行取引約定書その他名称のいかんを問わず，金融機関から信用の供与を受ける者と当該金融機関との間において，貸付け（手形割引及び当座貸越しを含む。），支払承諾，外国為替その他の取引によって生ずる当該金融機関に対する一切の債務の履行について包括的に履行方法その他の基本的事項を定める契約書」と規定されています。

これは，銀行取引約定書，信用金庫取引約定書，農協取引約定書，金融取引約定書等といわれるものです。

令26条第3号の要件のうちに，「一切の債務の履行について包括的に履行方

法その他の基本的事項を定めるもの」というのがありますから，貸付け，支払承諾，外国為替等の個々の取引によって生ずる金融機関に対する債務の履行についてその履行方法その他の基本的事項を定めるもの（例えば，当座勘定取引約定書，当座勘定借越約定書，手形取引約定書，支払承諾約定書，信用状約定書等）は，継続的取引の基本となる契約書（第7号文書）とはなりません。

すなわち，各種の取引によって生ずる一切の債務について適用されるような包括的な履行方法その他の基本的事項を定めるものだけがこれに該当することになります（基本通達第7号文書の18）。

なお，このグループの文書は，その性質上，これの変更又は補充する契約書を作成しても，部分的変更である限り，継続的取引の基本となる契約書（第7号文書）には該当しませんが，他の号の課税事項を含んでいる場合もありますから，他の号に該当するかどうかについては注意を要します。

9．信用取引口座設定約諾書等（令第26条第4号文書）の要件

> 問　令第26条第4号に該当して継続的取引の基本となる契約書（第7号文書）となるものの要件を説明してください。

答　令第26条第4号には，「信用取引口座設定約諾書その他名称のいかんを問わず，金融商品取引法第2条第9項（定義）に規定する金融商品取引業者又は商品先物取引法（昭和25年法律第239号）第2条第23項（定義）に規定する商品先物取引業者とこれらの顧客との間において，有価証券又は商品の売買に関する2以上の取引（有価証券の売買にあっては信用取引又は発行日決済取引に限り，商品の売買にあっては商品市場における取引（商品清算取引を除く。）に限る。）を継続して委託するため作成される契約書で，当該2以上の取引に共通して適用される取引条件のうち受渡しその他の決済方法，対価の支払方法又は債務不履行の場合の損害賠償の方法を定めるもの」と規定されています。

これは，取引所において行う信用取引等のために，金融商品取引業者又は商

品先物取引業者とこれらの顧客との間において，先物取引又は信用取引に伴う商品又は有価証券の受渡し，委託保証金の預託や差額決済の方法，対価の支払方法，債務不履行の場合の損害賠償の方法などを定めるものですが，一般に様式が定型化されているようです。

　なお，金融商品取引業者等とこれらの顧客との間において，有価証券又は商品の売買に関する2以上の取引を継続して委託することを内容とする契約書は，令第26条第4号に該当しない限り継続的取引の基本となる契約書（第7号文書）には該当しないことになります。

10. 保険特約書等（令第26条第5号文書）の要件

　　　問　　令第26条第5号に該当して継続的取引の基本となる契約書（第7号文書）となるものの要件を説明してください。

　　答　　令第26条第5号には，「保険特約書その他名称のいかんを問わず，損害保険会社と保険契約者との間において，2以上の保険契約を継続して行うため作成される契約書で，これらの保険契約に共通して適用される保険要件のうち保険の目的の種類，保険金額又は保険料率を定めるもの」と規定されています。

　これは，商品，運搬物など流動的な保険対象物の損害保険などについて，あらかじめ特約期間内に締結される保険契約に共通して適用される保険の目的の種類，保険金額又は保険料率を定めておき，後日，保険契約者からの申込みに応じて個別の保険契約を締結し，個別の保険契約ごとに保険証券又は保険引受証が発行されることになっている契約書をいい，おおむね様式が定型化されています。

　なお，ここにいう保険契約者には，再保険のように保険会社が保険契約者の立場になる場合も含まれます。

〔第7号文書〕

11. 契約期間が3月以内の文書の所属

　　[問]　契約期間が3か月以内である場合など，継続的取引の基本となる契約書（第7号文書）に該当しないものの印紙税の取扱いは，どのようになるでしょうか。

　　[答]　継続的取引の基本となる契約書は，売買，運送，請負などの契約のうち，継続的な取引の基本となるものを別掲名したものですから，委任に関するものなどを除き，他の課税文書にも同時に該当するものが多いことになります。
　仮に，契約期間が3か月以内であり，かつ更新の定めがないとか，又は他の要件に該当しないために継続的取引の基本となる契約書（第7号文書）には該当しないものが他のどの号の文書に該当するか，又は課税文書に該当しないかを考えてみますと，次のとおりです。
(1)　令第26条第1号関係
　イ　売買に関するもの……不動産の譲渡に関する契約書（第1号の1文書），物品又は有価証券の譲渡に関する契約書（不課税文書）
　ロ　売買の委託に関するもの……委任に関する契約書（不課税文書）
　ハ　運送に関するもの……運送に関する契約書（第1号の4文書）
　ニ　運送取扱いに関するもの……委任に関する契約書（不課税文書）
　ホ　請負に関するもの……請負に関する契約書（第2号文書）
(2)　令第26条第2号関係
　売買に関する業務，金融機関の業務，保険募集の業務，株式の発行若しくは名義書換えの事務の委託の全てについて……委任に関する契約書（不課税文書）
(3)　令第26条第3号関係
　金融機関に対する一切の債務の履行方法を定めるものですから，特に一定しませんが，消費貸借債務の支払方法を定めるもの（第1号の3文書），有価証券の譲渡（手形割引）契約の対価の支払方法を定めるもの（不課税文書）等

(4) 令第26条第4号関係

　有価証券又は商品売買の委託契約ですから，課税文書に該当しません。

(5) 令第26条第5号関係

　保険関係では保険証券だけが掲名されていて保険契約書の掲名はありませんから，通常の場合課税文書に該当しません。

12. 継続的取引の基本となる契約書（第7号文書）と他の号に該当する文書の所属の決定

　　[問]　継続的取引の基本となる契約書（第7号文書）と他の号の文書に該当するものの所属の決定方法について説明してください。

　[答]　課税物件表の適用に関する通則3のイには，「第1号又は第2号に掲げる文書で契約金額のないものと第7号に掲げる文書とに該当する文書は，同号（第7号のこと）に掲げる文書とする」旨規定されています。したがって，売買に関するもののうち不動産を対象とするもの，運送に関するもの，請負に関するものについては，それぞれ不動産の譲渡に関する契約書，運送に関する契約書（第1号文書）又は請負に関する契約書（第2号文書）にも該当することになりますから，その所属の区分は，記載金額のあるものは不動産の譲渡に関する契約書，運送に関する契約書（第1号文書）又は請負に関する契約書（第2号文書）に，記載金額のないものは継続的取引の基本となる契約書（第7号文書）にその所属が決定されることになります。

（記載金額がないものの例）

（運送料）
第7条　運送料は，1トン当たり金1,300円とする。

> (料金)
> 第10条　保守維持サービス料金は，作成コピー1枚につき8円とします。

　この2つの例は，ともに単価だけを定めたものであり，契約金額の計算ができませんから，いずれも継続的取引の基本となる契約書（第7号文書）となります。

(記載金額のあるものの例)

> (料金)
> 第10条　保守維持サービス料金は，作成コピー1枚につき8円とします。
> 　なお，800枚コピー分に相当する金額を月間最低保証額とします。
> (期間)
> 第18条　この取決め期間は，機器の納入日より5年間とします。

　この例の場合には，単価8円×800枚×60か月の算式により最低契約金額を計算することができます。
　このように，最低金額又は最高金額あるいは概算金額がある場合，又はこれらの金額をその文書の記載事項から計算できる場合には，その金額を記載金額として取り扱うこととされています。
　したがって，事例の文書は，請負に関する契約書（第2号文書）ということになります。

(契約期間が変動する場合の例)

> (期間)
> 第18条　契約期間は，表記商品の納入日より5年とする。ただし機器のコピー回数が6万回を超えるときは，その時をもって終了する。

　この場合には，契約期間は5年間とみてよいかどうかの問題があります。

しかし、この場合には、例外的に契約期間が短縮されることがあるにすぎず、確定している契約期間があると認められますから、他に月単位の契約料金等の記載がある限り、記載金額のある文書といえます。

次に、課税物件表の適用に関する通則３のハには、「第３号から第17号までに掲げる文書のうち２以上の号に掲げる文書に該当する文書は、当該２以上の号のうち最も号数の少ない号に掲げる文書とする。」と規定されています。

一般に、第３号から第６号までに掲げる文書が第７号文書に該当することはありませんから、第１号及び第２号の文書以外の文書と第７号に該当する文書は、第７号文書に所属が決定されると考えてよいことになります。

ただし、売上代金の受取事実を併せて記載した文書で、その金額が100万円を超えるものは、売上代金の受取書（第17号の１文書）に所属が決定されることになります（通則３のハただし書）。

13. 基本契約書の契約期間を延長する契約書

　　　問　　基本契約書で定められている契約期間が終了した場合に、その基本契約書の契約期間の条項だけを変更する契約書を作成した場合、令第26条には契約期間を定めるものについて規定されていないので、継続的取引の基本となる契約書（第７号文書）には該当しないと考えてよいでしょうか。

　　　答　　基本契約書で定められている契約期間が終了する場合などに、契約期間についてだけ改めて延長することの契約を結ぶ場合がありますが、このような方法による契約期間の延長は、新たに継続的取引の基本となる契約書（第７号文書）を作成するのと同じ効果をもつものですから、重要な事項を変更するものとして、これも継続的取引の基本となる契約書（第７号文書）に該当するものとして取り扱われます。

これは、印紙税法では、他の文書を引用している場合には、引用した文書の

内容はその文書に記載されているものとして取り扱われます（ただし，記載金額と契約期間を除きます。）から，継続的取引の基本となる契約書（第7号文書）に該当する文書を引用した上で契約期間を延長する契約書を作成すれば，継続的取引の基本となる契約書（第7号文書）となる要件は全て満たすことになるからです。

14. 商品の売買契約書

> 　　問　音響製品メーカーと音響製品販売会社との間において，取引商品の種類及び価格は別に定めることとして締結した次の売買契約書に対する印紙税の課税関係について説明してください。

　　　　　　　　　　　商品売買契約書
　甲販売会社と乙製造会社とは，乙の指定する音響製品（以下「商品」という）の売買に関し，両者の繁栄を目的として，次のとおり商品売買契約を締結する。
第1条　乙は，甲に乙の指定する商品を優先的に販売する。
第2条　本契約による取引商品の種類及び価格は，乙の定めるところによる。
第3条　乙は，毎月甲に対する前月21日よりその月20日までの納入高を締め切り，甲に対して商品代金の支払を請求する。
第4条　甲の乙に対する支払期日は，乙から請求を受けた月の翌月10日とする。
第5条　甲の乙に対する支払は，現金決済とする。
第6条　甲が乙に対する商品代金の支払を怠った場合は，甲は乙に対し，第4条に定める支払期より支払済みに至るまでの期間につき，日歩5銭の割合により遅延損害金を支払うものとする。
　　　（中略）
第10条　本契約の有効期間は，締結日より1年間とする。ただし，期間満

> 了の際甲乙双方より別段の申出のない場合には，自動的に1年間延長するものとし，以後の満期の際においても同様とする。
> 　（以下省略）

　[答]　この契約書は，営業者である甲販売会社と同じく営業者である乙製造会社との間において，継続して音響製品の売買を行うという2以上の取引に共通して適用する取引条件のうち，目的物の種類（具体的な取引商品の種類は，別に乙が定めることとはされているが，音響製品という商品を取引することを取り決めているので，目的物の種類の取決めに当たります。），対価の支払方法，債務不履行の場合の損害賠償の方法（遅延損害金の支払条項）を定めたものであり，かつ，契約期間は3か月を超えるもの（令第26条第1号に掲げるものの要件を満たすもの）ですから，継続的取引の基本となる契約書（第7号文書）に該当します。

15. 販売用電気の供給に関する契約書

> [問]　当社は，電気事業法に規定する卸供給事業を営むこととなり，一般電気事業者である電力会社に対し継続して電気を供給（販売）できることになりました。
> 　そこで，取引を開始するに当たり電力会社との間で，向こう1年間の電気の単価や1月ごとの代金の支払方法など基本的な取引条件を定める契約書を作成しようと思いますが，この契約書は継続的取引の基本となる契約書（第7号文書）に該当しますか。

　[答]　令第26条第1号後段のかっこ書には「電気又はガスの供給に関するものを除く。」と規定されていますが，ここでいう「供給」とは，一般電気事業者やガス事業者等が，消費者（業務用消費者を含みます。）に対し送電線やガスの導管，ボンベ等により行う電気又はガスの供給をいい，電気事業者やガス

〔第7号文書〕 285

事業者に対する販売用の電気又はガスの供給は含まれません。
　したがって，令第26条第1号後段のかっこ書により継続的取引の基本となる契約書（第7号文書）に該当しないこととなる契約書は，電力会社と消費者との間の電気の供給契約書，又はガス会社と消費者との間のガスの供給契約書ということになります。
　以上のことから，ご質問の契約書は，卸供給事業者である貴社と電力会社との間において，電気の供給（売買）に関する複数の取引を継続して行うために作成する契約書で単価や対価の支払方法を定めるものですから，令第26条第1号の規定により，継続的取引の基本となる契約書（第7号文書）に該当します。

16. 貨物運送基本契約書

　　問　　当社は，物品の卸売を業としている株式会社ですが，地方の小売店に物品を販売した場合，その物品の運送をある陸運会社に一手託送することとしました。その際，次のような貨物運送契約書を作成することとしました。この契約書における印紙税の取扱いはどのようになるのでしょうか。

貨物運送契約書

　○○商事株式会社（以下甲と称する）と○○陸運株式会社（以下乙と称する）とは甲の貨物の取扱運送について次の各条項の契約をする。
　第1条　甲が乙に託送する貨物の運送は，甲の事業所から甲の指定する荷受人の住所までとする。
　第2条　乙が甲より託送を受けた荷物は即日自動車便をもって輸送する。
　第3条　甲の託送する貨物運賃は甲乙協議のうえ別に定める。
　第4条　運賃の計算締切期間は1日より月末までとし，翌月16日に甲が乙の指定する銀行へ現金振込みを行うものとする。

> 第5条　甲が乙に託送した貨物が○日以上経て荷受人に到着した場合は、商品価値を失ったものとし、その損害として商品の定価の○○％の賠償をする。
> （中略）
> 第16条　契約期間は1年とする。但し期限満了1か月前までに双方から別に意思表示をしないときは次の1か年を延長し、その後も同様とする。
> （以下省略）

　答　ご質問の貨物運送契約書は、その契約書の内容からみますと、運送契約の成立を証するものということができます。

　また、
(1)　貴社と陸運会社はいずれも営業者であること
(2)　貨物運送に関する2以上の取引を継続して行うためのものであること
(3)　対価の支払方法、債務不履行の場合の損害賠償の方法を定めるものであること
(4)　記載された契約期間が1か年であること
となっていて、令第26条第1号に定めるいずれの条件にも該当しますから継続的取引の基本となる契約書（第7号文書）ということにもなります。

　ご質問の場合のように、一つの文書が運送に関する契約書（第1号の4文書）と継続的取引の基本となる契約書（第7号文書）とに該当する文書で契約金額が記載されていない文書は、継続的取引の基本となる契約書（第7号文書）となるとされています（通則3のイただし書）。

　ご質問の貨物運送契約書は、契約金額の記載がありませんので、継続的取引の基本となる契約書（第7号文書）として取り扱われます。

17. 内装工事の基本契約書

[問] ビルの内装工事請負契約に関して次のような契約書を作成しましたが，この契約書に対する印紙税の取扱いはどのようになるのでしょうか。

工 事 請 負 基 本 契 約 書

甲建設株式会社を甲とし乙建設株式会社を乙として，甲と乙とは，次のとおり契約を締結する。

第1条　甲は乙に内装工事を継続的に依頼することとし，乙はこれを引き受けることとする。

2　甲及び乙は，個々の工事請負契約に別段の定めのない事項は，この契約の条項によることとする。

第2条　乙は，この契約書並びに個別の工事請負契約書，図面及び仕様書に基づき工事を完成するものとし，図面及び仕様書に明記されていない事項があるときは，甲の指示に従う。

第3条　甲は，工事代金を目的物件について検査合格とした翌月末日，乙の銀行口座へ振り込む方法により支払う。

2　乙の希望により部分払いの支払方法を採る場合においては，毎月25日現在により工事着手日，又は部分払いによる前回の支払日以後における出来高を認定し，これに相応する工事代金を翌月末日に支払う。

（中略）

第11条　乙は，個別の工事請負契約に定める工期内に当該工事を完成しなかったときは，遅滞日数1日につき工事代金の1,000分の2の範囲内において甲の定める違約賠償金を支払わなければならない。

第17条　この契約は調印の日から2か年間有効とする。

（以下省略）

[答]　この工事請負基本契約書が請負に関する契約書（第2号文書）に該

当することは，この契約書の名称及び内装工事の請負契約に関して作成されるという点から疑いのないところです。さらに，甲建設株式会社と乙建設株式会社との営業者の間において内装工事を継続的に依頼するために，個々の工事請負契約に共通して適用される代金の支払方法，債務不履行の場合の損害賠償の方法等の取引条件を定めたものであってその契約期間は2年間ですから，継続的取引の基本となる契約書（第7号文書）の要件を満たすことになります。

ご質問の工事請負基本契約書には契約金額の記載がありませんから，通則3のイただし書きの規定により，継続的取引の基本となる契約書（第7号文書）に所属が決定されることになります。

18. 下請基本契約書

[問] 当社は，機械器具などを製作している会社です。このたび，機械器具のある部品を下請に出すこととし，下請契約書を作ることになりました。この契約書には，下請に出す部品の名称，規格，製作単価，代金の支払方法など基本的な条件が記載されており，契約期間は1年間となっています。このような下請契約書に対する取扱いはどうなりますか。

[答] 機械器具などの部品を下請により製作することを内容とする契約は請負契約ですから，ご質問の下請契約書は，請負に関する契約書（第2号文書）に該当するほか，貴社と下請先という営業者の間において，将来反復継続して行われる請負について共通して適用される取引条件のうち，目的物の種類（製作する部品の名称，規格），単価（製作単価），対価の支払方法（製作代金の支払方法）を定めるものとして，令第26条第1号に規定する契約書となりますから，継続的取引の基本となる契約書（第7号文書）にも該当します。

ご質問の下請契約書には請負金額は記載されていません（製作単価は請負金額ではありません。）から，通則3のイただし書の規定により継続的取引の基本となる契約書（第7号文書）として取り扱われることになります。

19. 委託品加工契約書

問 当社は，織物会社ですが，織物の染色加工については，他の染色会社に委託することとしています。

この場合において，次のような「委託品加工契約書」を作成することとしています。これについての取扱いはどのようになりますか。

委 託 品 加 工 契 約 書

○○株式会社を甲とし，○○株式会社を乙として，乙が現在及び将来にわたり甲の依頼により行う織物の染色漂泊加工（以下単に加工という。）について，当事者は次のとおり契約する。

第1条　甲は，加工を乙に委託する都度加工指定書を発行し，納期，色相，風合，幅，長さ等を指定する。

第2条　甲は乙に加工を委託したとき，品種別にその加工賃の単価を協議決定する。

第3条　加工賃の請求は，乙が仕上がり明細書を発行したるものについて出来るものとし，現金払いを原則とする。

　　ただし，甲が約束手形をもって支払をなすときは第5条の場合に限り甲は支払期日の主張をせざるものとする。

（以下省略）

答 ご質問の「委託品加工契約書」は，織物の染色加工についての基本的な諸条項を定めたものです。織物の染色加工は請負に該当しますから，この文書は請負に関する基本的な諸事項を定めた契約書ということができます。

また，営業者の間において，請負に関する2以上の取引を継続して行うため作成されるものであること及び請負に関する2以上の取引に共通して適用される取引条件のうち，対価の支払方法（第3条）等を定めるものですから，請負に関する契約書（第2号文書）と継続的取引の基本となる契約書（第7号文書）

に該当することになります。

この文書には記載金額がありませんから，通則3のイの規定により継続的取引の基本となる契約書（第7号文書）となります。

20. 貨物の保管及び荷役契約書

　[問]　物品の販売会社と倉庫会社との間において，物品の販売会社の所有する物品の保管及び荷役についての契約を締結する際に作成する別紙1の「貨物保管及び荷役契約書」及び当該契約書に基づき保管料及び荷役料を約定した別紙2の「覚書」に対する印紙税の課税関係について説明してください。

別紙1

　　　　　　　　　貨物保管及び荷役契約書

　甲株式会社と乙倉庫株式会社とは，次のとおり契約する。
1　甲は，その指定する貨物（以下「本件貨物」という）の保管及びこれに付帯する荷役を乙に委託し，乙はこれを承諾した。
2　乙は，本件貨物の保管及び荷役作業について，すべて，甲の指示するところに従う。
3　乙は，その通常の営業時間内における本件貨物の入出庫につき，甲から請求のあったときは，何時にてもこれに応じる。
　（中略）
7　乙が本件貨物を滅失，き損もしくは紛失したときは，乙は保管に関し，注意を怠らなかったことを立証しない限り，寄託申込書に記載した貨物の価格に基づいて，その損害を賠償する。ただし，その損害が乙の故意又は重大な過失によることが明らかな場合には，別途協議する。
　　乙は，本件貨物につき，甲のために乙の負担において火災保険に付保する。
8　甲は，別に定める保管料及び荷役料を乙に支払う。

9　本契約の有効期間は，平成　年　月　日から1年間とする。

別紙2

覚　　　書

　甲株式会社と乙倉庫株式会社とは，平成　　年　月　日をもって両者間に締結した貨物保管及び荷役契約（以下「原契約」という）に付帯して，次のとおり，覚書を交換する。
1　原契約第8項の保管料及び荷役料は次のとおりとする。
　(1)　保管料　1平方メートル当たり，月額498円15銭也
　(2)　荷役料　入出庫各々1平方メートル当たり，125円20銭也
2　本覚書に特に定めのない事項については，すべて原契約の定めるところによる。
（以下省略）

　答　貨物を保管する契約は物品の寄託契約に該当し，荷役についての契約は当事者の一方が貨物の入出庫作業を行うこと（入出庫という仕事の完成）を約し，他の一方がこれに対して荷役料という報酬の支払いを約することを内容とするものですから請負契約に該当します。したがって，別紙1の契約書による契約は，請負と寄託の2つの契約によるものであり，また，別紙2の覚書は，先に締結した請負契約及び寄託契約について，その報酬（荷役料及び保管料）を定めるものですから，別紙1及び2ともに，請負に関する契約書と寄託に関する契約書とに該当することになりますが，物品の寄託に関する契約書は印紙税の課税対象外の文書とされているところから，これらの文書は，請負に関する契約書（第2号文書）にのみ該当することになります。
　また，いずれの契約書も令第26条第1号の要件を満たすものですから，いずれも継続的取引の基本となる契約書（第7号文書）にも該当することとなります。
　このように，請負に関する契約書（第2号文書）と継続的取引の基本となる

契約書（第7号文書）とに該当する文書で，契約金額の記載のないものは，通則3のイただし書の規定により，継続的取引の基本となる契約書（第7号文書）に所属が決定されることとなります。

21. 取引代金の銀行口座振込承諾書

［問］ 当社では，売掛金の回収については，従来従業員が集金に回っていましたが，人手不足から，当社の預金口座に振り込んでもらうよう取引先に依頼書を出すことにし，取引先が口座振込みによることを承諾した場合には，別紙のような「承諾書」を提出してもらうことを検討していますが，この「承諾書」には印紙税が課されるでしょうか。

承　諾　書

平成　年　月　日

株式会社殿

　平成　年　月の定期支払以降当社が支払うべき代金は貴社の下記銀行の預金口座に振込みにより支払うことを承諾します。

記

1　振込銀行名　　　　銀行　　　　　支店
2　口座種別　　　当座預金，普通預金
　　　　　　　　　　　　　　　（記号番号　　　　）
3　口座名義

住　所
名　称　　　　　　㊞

［答］ ご質問の「承諾書」は，取引先が支払うべき代金を銀行口座振込の方法により支払うことの依頼に対する応諾の意思表示をするものです。代金の支払いは，支払債務を負う取引先の固有の事務であって，その支払方法を指図したとしても，指図者が自己の事務処理を取引先に委託するという性格のもの

ではありませんから，この契約は委任契約ではありません。
　しかし，取引先が支払うべき代金は売掛金であり，この支払いを銀行口座振込の方法により行うとすることは，物品の譲渡等の代金の支払方法を定めることになります。そして，その代金の支払方法が2以上の継続した取引に共通して適用されるものですから，継続的取引の基本となる契約書（第7号文書）に該当することとなります。

22. 代理業者が委託者のために行う取引の基本契約書

　|問|　航空会社から契約の締結を委託されている旅行取扱業者が，会社との間で，航空券の代金の支払方法等を定める基本契約書を作成する場合，これはどの号の文書として取り扱われますか。

　|答|　航空会社と旅行取扱業者の間で人の運送契約の締結について契約する場合には，この契約は運送の取次ぎとは解されておりません（商法第559条では物品の運送の取次ぎについて運送取次ぎと規定しています。）から，ご質問の文書は不課税文書である委任契約書となります。
　しかし，旅行取扱業者が特定の顧客（営業者）との間で，航空券の発行つまり運送契約を締結するに際し，その代金は毎月末締めの翌月10日払いとするなどの契約書を作成することとすれば，営業者間において2以上の運送取引に共通して適用される対価の支払方法を定めることの契約書として，継続的取引の基本となる契約書（第7号文書）に該当することになります。

23. 商品継続取引根抵当権設定契約書

　|問|　継続する商品の売買取引から発生した買掛債務を確認し，現在の債務及び将来発生する買掛債務の支払方法等を定めるほか，これらの債務の担保として根抵当権を設定することとした次の「商品継続取引根抵当

権設定契約書」に対する印紙税の課税関係について説明してください。

商品継続取引根抵当権設定契約書

　債権者甲と債務者乙との間における平成　年　月　日付商品継続取引契約に基づく売掛債権の存在確認及び根抵当権設定に関し，甲及び乙並びに連帯保証人丙は，次のとおり契約を締結する。

第1条　乙は，甲に対し，平成　年　月　日現在において，買掛代金債務1,000万円也の存在を確認する。

第2条　前条並びに次条の債務の弁済は，次の方法による。
　⑴　平成　年　月　日金　円を支払う。
　⑵　平成　年　月　日より毎月末日限り金　円あてを完済に至るまで月賦弁済する。
　⑶　平成　年　月　日以後の商品の売買取引により発生する取引代金は，取引約款に従い，毎月2回，甲の請求額を完済する。
　⑷　前各号の弁済を1回以上遅滞したる時は，乙は期限の利益を失い，以後乙はその支払うべき金額に対し，100円につき日歩4銭の割合による損害金を支払う。

第3条　甲は，第1条の債権及び平成　年　月　日以後の取引により発生する債権を担保するため，次のとおり，根抵当権を設定する。
　⑴　抵当物件
　⑵　極度額金　　円也

第4条　乙は，担保物件に火災保険を付し，当該火災保険請求権につき甲に対し質権を設定する。

（以下省略）

　答　この契約は，さきに締結された商品の継続取引契約に基づく物品売買につき締結されたものであり，その継続的物品売買について，売買代金の支払方法，履行遅滞の場合における損害金の支払について約したものであり，かつ，契約期間の定めがなく，営業者間におけるものですから，継続的取引の基本となる契約書（第7号文書）に該当します。

24. 水道の「計量（検針）業務委託契約書」

> ［問］　水道水を供給する水道事業者は，供給契約者（消費者）に対する水道料金の請求のために，水道メーターの計量（検針）業務を継続して検針員に委託しており，検針員との間で，委託する業務や地域の範囲，委託料及びその支払方法などを定める「計量（検針）業務委託契約書」等と称する契約書（契約期間は3か月超）を作成しています。この契約書の印紙税の取扱いはどうなりますか。

　［答］　水道事業者が消費者に対し水道水を供給する取引は水道水の売買であると解されます。したがって，水道事業者の水道料金請求のための基礎データとなる使用量を計量（検針）する業務は，令第26条第2号に規定する「売買に関する業務」に該当します。

　ご質問の契約書は，売買に関する業務を継続して委託するために作成するもので，委託する業務の範囲及び対価（委託料）の支払方法を定めていますから継続的取引の基本となる契約書（第7号文書）に該当します。

　また，電力会社やガス会社が電気やガスの使用量の検針を検針員や代行会社に委託するために作成する契約書も同様の取扱いとなります。

　ところで，水道事業者は一般に市町村等の地方公共団体が行っておりますが，地方公共団体は非課税法人となっていることから，この場合は，地方公共団体の所持する契約書のみが課税対象となり，検針員が所持する契約書は非課税となります（法第4条第5項，第5条第2号）。

【参考】

　水道料金の集金業務を継続して集金人に委託するために作成する契約書は，一般的に令第26条第2号の規定により継続的取引の基本となる契約書（第7号文書）に該当しますが，水道事業者が地方公共団体である場合には，法別表第3（非課税文書の表）に掲げる「国庫金又は地方公共団体の公金の取扱いに関する文書」に該当し，集金人は公金の取扱いをする者となり

ますから，地方公共団体の所持するものは法第4条第5項及び第5条第3号により，集金人が所持するものは法第4条第5項及び第5条第2号により，いずれも非課税文書となります。

25. 保険料収納事務委託契約書

[問] 当社は，保険会社ですが，このたび保険料をコンビニエンスストアでも支払えることとし，コンビニエンスストアとの間で契約期間2年の保険料収納事務委託契約書を作成することとしました。この契約書は継続的取引の基本となる契約書（第7号文書）に該当しますか。

[答] 保険募集の業務又は金融機関の業務を継続して委託するために作成する契約書で，委託する業務の範囲又は対価の支払方法を定めるものは，継続的取引の基本となる契約書（第7号文書）に該当します（令第26条第2号）。

しかし，保険料の収納事務は「保険募集の業務」には該当しません。また，保険会社は印紙税法上，金融機関に該当しますが，令第26条第2号に規定する「金融機関の業務を継続して委託する」とは，銀行，保険会社等の金融機関が預貯金業務，貸出業務，出納業務等の金融業務を他の金融業務を行うことができる金融機関に継続して委託することをいいます（基本通達第7号文書の14及び15）から，金融業務を行わないコンビニエンスストアなど金融機関以外の者に対して委託する保険料の収納事務は「金融機関の業務」には該当しません。

したがって，ご質問の契約書は，継続的取引の基本となる契約書（第7号文書）には該当しません。また，その他の契約書にも該当しません。

26. 株式事務代行委託契約書

[問] 株式事務代行委託契約書の取扱いについて説明してください。

[答]　株式事務を委託する契約は事務処理の委託ですが，令第26条第2号の規定により，株式の発行又は名義書換えの事務を継続して委託するため作成される契約書で，委託される事務の範囲又は対価の支払方法を定めるものは継続的取引の基本となる契約書（第7号文書）に該当します。

27. 団体取扱契約書

　　[問]　職場等で同一保険会社との契約者が多数いる場合に，その代表者との間において，保険料を集金して一括納付すること及び払込金額の3％の集金手数料を支払うことを約した団体取扱契約書を作成しますが，この文書には印紙税は課されますか。

　　[答]　保険料の集金及び払込事務を委託する契約ですから，不課税文書である委任に関する契約書となります。
（注）保険募集の業務を委託するものではありませんから，継続的取引の基本となる契約書（第7号文書）には該当しません。

28. 旅行券等の販売に関する覚書

　　[問]　旅行取扱業者間においては，航空券，旅行クーポン券，セット旅行券の販売の諸条件等を取り決めた次の覚書は，印紙税が課されるでしょうか。

覚　　　　書
　甲旅行取扱会社と乙旅行取扱会社とは，国内航空券，国内旅行クーポン券及び甲が企画し販売する国内主催旅行商品に関し，次のとおり覚書を作成し，確認する。
第1条　乙は，国内航空券，国内旅行クーポン券および甲が企画し販売す

る国内旅行商品の販売条件にもとづき，誠意をもって，甲の諸商品を販売する。

第2条　甲は，乙の集客については甲の旅客と同等の扱い方をなし，誠意をもって旅行を実施する。

第3条　甲は，乙が第1条に定める諸商品を販売するために必要な宣材，帳票類を甲の費用をもって乙に交付する。

第4条　第1条にもとづく，乙の甲に対する販売についての販売金額の支払は現金扱いとし，航空券および主催旅行参加会員券と引換えにこれを行う。

第5条　甲は乙の販売に対し，付属覚書に定める手数料を乙に支払う。支払日及び支払方法については，甲乙協議のうえ別に定める。

(中略)

第9条　本覚書は，平成　年　月　日より1カ年間有効とする。期間満了の1月前に当事者の一方より何らかの意思表示のない場合，さらに1か年間有効とし，以後この例による。

(以下省略)

付　属　覚　書

甲旅行取扱会社と乙旅行取扱会社とは，平成　年　月　日付で確認した覚書第5条の手数料について，次のとおり確認する。

1．国内航空券　航空運賃の1,000分の25
2．国内旅行クーポン券　取扱クーポンの1,000分の50
3．主催旅行商品　販売価格の100分の10。ただし，○○特選旅行等別に定めるものについては，その定めによる。
4．支払方法　月末締切り，翌月10日銀行振込みとする。

答　本覚書は，その有効期間は3か月を超えており（覚書9条），航空券，旅行クーポン券，セット旅行の販売を委託するもの（覚書1条）ですから，売買の委託又は売買に関する業務の委託を内容とし，継続的取引の基本と

なる契約書（第7号文書）に該当するものではないかとの疑義が生じます。

「売買」とは，有体物の売買に限らず，無体財産権の有償移転をも含むことはもちろんですが，本覚書において規定している「航空券，旅行クーポン券，セット旅行の販売」とは，乙と旅行申込人との間において運送契約ないしはこれに付随する契約を締結し，その契約成立の証として航空券，旅行クーポン券，セット旅行会員券（覚書4条）を相手方に交付することをいうのであって，航空券，旅行クーポン券又はセット旅行会員券によって証されている財産権（給付義務者との間において既に存在する給付請求権）を有償移転するものとは認められません。すなわち，覚書にいう「販売」とは，財産権の有償移転を目的とする「売買」には該当しないというべきと考えられます。

したがって，本覚書は，売買の委託ないしは売買に関する業務の委託には該当せず継続的取引の基本となる契約書（第7号文書）には該当しません。また，その他の課税文書にも該当しません。

なお，人を運送することの取次ぎは，運送の取次ぎとは解されていません（商法559条）。

29. クリーニング取次営業契約書

　　[問]　当社は，クリーニング業を営んでおりますが，当社と顧客との間の取次ぎを行う取次店との間で，次のような契約書を作成することとしました。
　この契約書に対する取扱いはどのようになりますか。

　　　　　　　　取　次　営　業　契　約　書
　　○○クリーニング㈱を甲とし，○○サービス㈱を乙として，取次業務並びに取次店開設等に関し，次のとおり契約する。
　第1条（営業取扱種目）
　　　　営業取扱種目は次のとおりとする。

　　　　　　　衣服類，繊維類一般のクリーニング加工品（ドライ及び水洗い）
（中略）
第４条（委託品の管理）
　　　　乙は，受け付けたクリーニング委託品を責任をもって管理する。
　　　　管理方法に関しては，甲の指示する業務管理方式及び業務指示書に従い管理する。
　　　　甲は，乙に対し責任をもって業務管理を教育指導する。
第５条（クリーニングの受付）
　　　　別紙「お客様のための取次店心得」による。
第６条（取次手数料及び支払日）
　　　　別紙「手数料率表」に定めるとおりとする。
（中略）
第15条（契約期間）
　　　　契約期間は，契約の日より３年間とし，双方異議なきときは更に１年間延長し，以後も同様とする。
（以下略）

　答　有償で衣料品等のクリーニングを行うことを約する契約は請負契約ですが，ご質問の場合のクリーニングの請負契約は，顧客と貴社との間で（貴社の代理人である取次業者を介して）成立するものと認められます。したがって，取次業者は，顧客からの注文を貴社の指示に従って取り次ぐことを約しているにすぎないものですから，貴社と取次業者との間の契約は，委託契約に該当します。

　また，この委任は令第26条第１号に規定する「売買の委託」又は同条第２号に規定する「売買に関する業務の委託」のいずれにも該当しません。したがって，ご質問の契約書は，課税文書には該当しません。

　なお，「クリーニング下請契約書」などのように，自己が請け負うクリーニングを下請業者に委託する場合に作成する契約書は，その内容により請負に関する契約書（第２号文書）又は継続的取引の基本となる契約書（第７号文書）

に該当します。

30. 保養所設置契約書

> [問] 会社又は健康保険組合等と温泉旅館の間において，保養施設として「冬山の家」又は「保養所」を設置し，従業員等が利用する際の利用方法，利用料金等を定める契約書は，印紙税法上どのように取り扱われますか。

[答] 保養施設として会社又は健康保険組合の従業員又は組合員が利用するについての委任契約と認められますから，課税文書に該当しません。

なお，従業員が利用するために行う契約ではなく，会社が自ら利用するもの（個々の利用は会社対温泉旅館との契約となるもの）は，営業者の間において2以上の宿泊契約（請負契約）に共通して適用される事項を定めるものとして，継続的取引の基本となる契約書（第7号文書）に該当することになります。

預貯金証書

〔第8号文書〕

1. 預貯金証書の意義

[問] 「預貯金証書」とは，どういうもので，どのようなものがあるでしょうか。

[答] 「預貯金証書」は，「預金証書」，「貯金証書」など銀行その他の金融機関等で法令の規定により預貯金業務を行うことができることとされている者が，預金者又は貯金者との間の消費寄託の成立を証明するために作成する免責証券をいいます（基本通達第8号文書の1）。

主なものとして，定期預金証書，積立定期預金証書，自動継続定期預金証書，通知預金証書，別段預金証書などがあります。

なお，勤務先預金について預金証書を作成すれば，これも預貯金証書（第8号文書）ということになります。

2. 積 金 証 書

[問] 積金証書は課税されないとのことですが，これはどのようなもので，どのような理由によるものですか。

[答] 積金は，一定期間毎月一定の掛金を積み立て，満期日に利息を計算することなく一定のまとまった金額を支払うもので，庶民の貯蓄方法に用いら

れています。

　このように，預貯金とは性格を異にしますから，預貯金証書（第8号文書）には該当せず，また，金融機関が顧客のために金銭を保管することを約したものではありませんから，金銭の寄託に関する契約書（第14号文書）にも該当しません。したがって，積金証書は課税文書に該当しません（基本通達第8号文書の3）。

3．預金証書の名義変更

　┌問┐　預金証書の預金者名をAからBに書き換える場合に，既に交付している預金証書の提供を受け，これの名義人をAからBに変更して再交付するものの取扱いはどのようになりますか。

　┌答┐　預金証書の預金者名をAからBに変更することは，預金債権者の変更による契約の更改となりますから，再交付する預金証書は，新たな証書の作成として改めて印紙税が課されます。

4．定期預金証書に対する追記

　┌問┐　2年ものの定期預金証書を交付している場合に，最初の1年分の利息を別個の定期預金とすることとし，1年経過後に定期預金証書の呈示を受けて，これの「子定期預金」欄に利息相当額を記載して交付するときは，印紙税法上どのような取扱いを受けますか。

　┌答┐　預金証書（第8号文書）に課税事項を追記すると，その追記部分の課税文書が作成されたものとして新たな課税を受けることになります（法第4条第3項）（ただし，金銭の受取事項の追記は課税されません。）。

　そのため，ご質問のように利息部分を定期預金とするために預金証書の「子

定期預金」欄に金額等を記入するときは，新たな預金証書を作成したとみなされることになります。

貨物引換証,倉庫証券又は船荷証券

〔第9号文書〕

1. 貨物引換証の範囲

> 問　「貨物引換証」の範囲について説明してください。

　答　貨物引換証とは,陸上運送等の場合において,運送人が荷送人の請求によって作成するもので,運送人が運送物品を受領したことを証し,目的地においてこれと引換えに運送物品を引き渡すこととされているもの,すなわち運送人に対する運送物品の引渡請求権を表彰する有価証券です。

　貨物引換証については,商法第571条第2項にその要件が記載されているところですが,第9号文書の定義欄において「記載事項の一部を欠く証書で,これらの証券と類似の効用を有するものを含む」と規定していますから,運送品の引渡請求権を表彰したものは貨物引換証として取り扱われます。

　ただ,譲渡性のないことが明記されているものは有価証券性がないことになりますから,貨物引換証とはなりません(基本通達第9号文書の5)。

（注）　貨物引換証は,商法によってその記載事項が定められている要式証券ですが,その要式性については手形や小切手のように厳格なものではなく,法定記載事項の一部を欠いていても貨物引換証としての本質的な記載事項,すなわち,運送品を特定するための記載及び運送人による運送品の受領と目的地における引渡義務が確認できる記載があれば有効であると解されています。なお,印紙税法上では,貨物引換証としての法定記載事項の一部を欠く証書について,それが貨物引換証として有効なものはもちろん,無効なものであってもそ

れらと類似の効用を有するものであれば，貨物引換証に含むこととなります。

2．倉庫証券の範囲

> 問　「倉庫証券」の範囲について説明してください。

　答　倉庫証券とは，商法第598条及び同法第627条第１項の規定により，倉庫営業者が寄託者の請求によって作成するもので，倉庫営業者が寄託貨物を受領したことを証し，これと引換えに寄託貨物を引き渡すこととされているもの，すなわち倉庫営業者に対する寄託貨物の返還請求権を表彰する有価証券です。なお，倉庫証券は，預証券及び質入証券又はこれに代えて交付する倉荷証券を総称するものです（基本通達第９号文書の２）。

　記載事項の一部を欠く証書で倉庫証券と類似の効用を有するものについての取扱いは，前問貨物引換証の範囲と同じですから，これを参照してください。

　また，農業倉庫証券，連合農業倉庫証券は，第９号文書の定義欄において，特に倉庫証券に含まないこととしています。

3．船荷証券の範囲

> 問　「船荷証券」の範囲について説明してください。

　答　船荷証券とは，海上運送人が運送物品を受け取ったことを証し，陸揚港においてこれと引換えに運送物品を引き渡すこととされているもの，すなわち海上運送物について，商法第767条及び国際海上物品運送法第６条《船荷証券の交付義務》第１項の規定により運送人，船長又は運送人等の代理人が，用船者又は荷送人の請求により作成する運送物品の引渡請求権を表彰する有価証券です。

　船荷証券の一部の記載を欠く文書で同様の効用を有するものの取扱いは貨物

〔第9号文書〕

引換証等と同じです。

　同一内容の船荷証券を数通作成する場合は，いずれも船荷証券として取り扱われますが，数通作成される場合のそれぞれに「Original」，「Duplicate」又は「First Original」，「Second Original」等の表示を明確にするときは，そのうち，「Original」又は「First Original」等と表示したもののみを課税文書として取り扱い，他のものは謄本として課税されないことになっています（基本通達第9号文書の3及び4）。また，通関その他の用途に使用するため発行するもので「流通を禁ず」又は「Non Negotiable」等の表示を明確にするものは，有価証券とは認められませんから課税文書に該当しないものとして取り扱われます。

(注)　商法第767条の規定に基づき，船長又はこれに代わる者が用船者又は荷送人に請求して署名を受けるために作成する船荷証券の謄本は，非課税文書とされています（第9号文書の非課税物件欄）。

保険証券

〔第10号文書〕

1. 保険証券の意義

> [問] 保険証券について説明してください。

[答] 保険証券とは，保険者が保険契約の成立を証明するために，保険法その他の法令の規定により保険契約者に交付する書面をいい，保険証券として記載事項の一部を欠くものであっても保険証券としての効用を有するものは，保険証券（第10号文書）として取り扱われます（基本通達第10号文書の1，2）。

また，印紙税法施行令第27条の2第3号に規定する「更新」には，保険期間の満了に際して既契約を継続するものを含みます（基本通達第10号の3）。

2. 保険証券の名称

> [問] 保険証券の名称を用いていない文書であっても，印紙税法上の保険証券に該当するのでしょうか。

[答] 保険証券については，第10号文書の定義欄において「保険証券その他名称のいかんを問わず」とされていますので，保険契約者に交付される書面がどのような名称であるかは問わないこととされています。

したがって，保険証券の名称を用いていない文書であっても，保険者が保険契約の成立を証明するために，保険法その他の法令の規定により保険契約者に

交付する書面であれば，印紙税法上の保険証券（第10号文書）に該当します。

信用状

〔第11号文書〕

1. 信用状の範囲

> 〔問〕 信用状の範囲について説明してください。

〔答〕 「信用状」とは,銀行が取引銀行に対して特定の者に一定額の金銭の支払をすることを委託する支払委託書をいいますが,商業信用状に限らず旅行信用状もこれに含みます。

しかし,既に発行されている商業信用状について,その金額,有効期限,数量,単価,船積み期限,船積み地又は仕向け地等を変更した場合に銀行が発行する商業信用状条件変更通知書は,信用状とはなりません(基本通達第11号文書の1及び2)。

ところで,今日では,旅行信用状に代わって「トラベラーズチェック(為替銀行が発行する自動支払い小切手)」が利用されているところですが,このトラベラーズチェックは課税文書に該当しません。

信託行為に関する契約書

〔第12号文書〕

1. 信託行為に関する契約書の範囲

> 〔問〕 「信託行為に関する契約書」の範囲について説明してください。

〔答〕 信託とは，契約，遺言又は一定の方式による意思表示（いわゆる信託宣言）により，「特定の者が一定の目的（専らその者の利益を図る目的を除く。）に従い財産の管理又は処分及びその他の当該目的を達成するために必要な行為をすべきものとすること」をいいます（信託法第2条第1項）。

信託の設定方法としては契約，遺言，信託宣言の3つの方法がありますが，課税物件表に掲げられている第12号文書の物件名は「信託行為に関する契約書」であることから，信託契約を証する文書のみが課税の対象となり，遺言により信託を設定する場合の遺言書及び信託宣言により信託を設定する場合の公正証書等の書面は課税の対象となりません（基本通達第12号文書の1）。

なお，担保付社債信託法，投資信託及び投資法人に関する法律，貸付信託法，資産の流動化に関する法律，著作権等管理事業法及び信託業法等の信託に関する特別の法令に基づいて締結する信託契約を証する文書は「信託行為に関する契約書」に該当します。

2. 財産形成信託取引証

　問　信託会社の実施している財産形成信託には，金銭信託型と貸付信託型とがあり，いずれの場合も次のような「財産形成信託取引証」を契約者に交付しています。この文書は「信託行為に関する契約書」として取り扱ってよいでしょうか。

　　　　　　　　　　　財産形成信託取引証

勤務先番号　　　　　　　　　　　この証は，あなた様の財産形成信託に
　　　　　　　　　　　　　　　　係る普通預金通帳，指定金銭信託証書
加入者名_____様　　　　　　　及び貸付信託受益証券の保護預り並び
　　　　　　　　　　　　　　　　にお取引の証として発行いたします。
積立期間　平成　年　月　日　　　今後は，先に提出いただきました財産
　　　　　から3年以上　　　　　　形成信託申込書及び裏面の規定によっ
　　　　　　　　　　　　　　　　てお取扱いいたします。
取引口座番号┌普通預金　　　　　平成　　年　　月　　日
　　　　　　│㈶指定金銭信託
　　　　　　└㈶貸付信託
　　　　　　　　　　　　　　　　F信託銀行株式会社
　　　　No._____
　　　　　　　　　　　　　　　　取締役社長　　　　　　　㊞

（裏面記載事項省略）

　答　この文書は，財産形成信託の受託を証するため，受託者である信託銀行が委託者に交付するために作成交付するものであり，金銭信託証書のように個々の信託行為の成立を証するものではありませんが，今後継続的に発生する信託行為につき，包括的又は基本的にその成立を証するためのものです。

　また，この文書は，信託を目的とする金銭の寄託契約（貸付信託型のものにあっては，信託による権利を表彰する貸付信託受益証券の寄託契約）の成立を証するものです。

　したがって，この文書は，信託行為に関する契約書（第12号文書）及び金銭

又は有価証券の寄託に関する契約書（第14号文書）に該当することとなり、通則3のハの規定により、信託行為に関する契約書（第12号文書）として、印紙税が課されることになります。

債務の保証に関する契約書

〔第13号文書〕

1. 債務の保証の意義

　　問　債務の保証に関する契約書（第13号文書）における債務の保証とは，どのようなものをいうのでしょうか。

　　答　債務の保証とは，債務者（主たる債務者）が債務を履行しない場合に，これに代わって履行するために債務者以外の者（保証人）が債権者に対し従たる債務（保証債務）を負担することをいいます（民法第446条～第465条）。
　保証債務は，主たる債務と同一の内容を有し，主たる債務が履行されない場合に，保証人がこの保証債務を履行することにより，債務者が主たる債務を履行したのと同一の効果を与えようとする人的担保であって，その法律的性格は，次のとおりであるとされています。
(1)　主たる債務と別個の債務である。
(2)　主たる債務と同一の内容を有する。
(3)　主たる債務に付従する。したがって，主たる債務が無効とされるか取り消されたときは，保証債務も無効又は取り消され，主たる債務の変更に応じて内容が変更され，また，主たる債務が消滅するときには，保証債務も消滅する。
(4)　主たる債務に随伴する。したがって，主たる債務が移転されると，これに伴い保証債務も移転する。
(5)　保証債務は，原則として補充性を有する。したがって，主たる債務が履行

されない場合において，第二次的に履行すべき債務である。
　なお，債務の連帯保証は債務の保証に含まれます（基本通達第13号文書の1）。

2. 損害担保契約

> [問]　損害担保契約は債務の保証と区分されるとのことですが，その差異について説明してください。

[答]　損害担保契約とは，ある人が一定の事項又は事業などから受けるかも知れない損害を担保することを約する契約です。これは保証契約に類似していますが，保証契約は主たる債務（他人の債務）が存在することを前提とするものであるのに対し，主たる債務が存在せず独立して成立する点（自己の債務）で異なります。
　例えば，雇用に際しての身元保証において，被用者が使用者に対し損害賠償債務を負担すればそれを保証するというのであれば，それは将来の債務の保証であるのに対して，被用者の病気その他責めに帰することのできない事由によって損害が生じた場合にも迷惑をかけないように直接的にそれを補塡するというのであれば，損害担保契約となります。

3. 保証委託契約書

> [問]　債務の保証契約は，債権者と保証人の間の契約であるといわれていますが，債務者と保証人の間で保証を行うということを定める文書は，課税文書に該当しないことになるのでしょうか。

[答]　債務者と保証人の間で債務者の債務の保証を行うことを約した文書は，一般に保証委託契約書といわれるような文書ですが，これは，保証人が債

務者の委託に基づいて債務の保証という法律行為を行うことの契約といえますから，法律行為を行うことの受託を証明する文書として委任に関する契約書に該当することになります。したがって，課税文書には当たりません（基本通達第13号文書の２）。

4．主たる債務の契約書に併記した債務の保証契約

　[問]　主たる債務の契約書に併記した債務の保証部分は課税事項に該当しないとのことですが，これの取扱いについて説明してください。

　[答]　保証契約は，単独で契約書とされることもありますが，主たる債務の契約書に併せて記載されることが多くあります。例えば，消費貸借契約書に債務者と共に保証人が署名押印しますと，これは主たる債務（消費貸借の元本，利息の返還債務）の契約書に併記された保証契約となります。このように，一の文書に２以上の課税事項が記載されているものは，本来ならそれぞれの号に該当する文書となるのですが，主たる債務の契約書に併記された保証契約だけは例外的に課税事項としては取り扱われないのです。そして，この場合の主たる債務とは消費貸借のような課税対象となるものだけでなく，交通事故の金銭賠償債務のような課税対象とならないものも含むのです。

　しかし，併記した保証契約を変更又は補充する契約書及び契約の申込文書に併記した債務の保証契約書については，保証契約のみが記載され主たる債務が記載されていませんから，課税対象となります（基本通達第13号文書の３）。

5．契約書に追記する保証契約

　[問]　主たる債務の契約書に併記した債務の保証に関する契約書は，課税されないとのことですが，次のような文書はどうなりますか。

〔第13号文書〕

```
                借用証書
 金1,000万円借用しました。
 平成27年10月 1 日
                            甲 野 太 郎 ㊞
   乙野次郎 殿
      上記の金額の返済を保証します。
         平成27年10月10日
            連帯保証人　丙　野　三　郎 ㊞
```

　┌答┐　印紙税法上，主たる債務の契約書に併記したものだけが課税されないのですから，保証契約を契約書に追記した場合には課税文書となります。

　ご質問の場合であれば，消費貸借契約の年月日と保証契約の年月日が異なりますので，契約書に追記したものとなり，法第4条第3項の規定により新たな第13号文書（債務の保証に関する契約書）が作成されたものとして取り扱われます。

　なお，主たる債務の契約に先行して保証人が記名押印する場合で，単に書類の持ち運びの時間差があるようなものは，常識的に同時に併記する意思で記載するものと認められますから，併記に含まれることになります。

6．契約の申込文書に併記された保証契約

　┌問┐　注文書に連帯保証人の欄を設け，注文に先立って連帯保証人の記名押印を求めることとしている場合には，この文書は債務の保証契約書ということになりますか。

　┌答┐　印紙税法上，主たる債務の契約書に併記した債務の保証契約書は，課税されないことになっています。

しかし、契約の申込文書（注文書、申込書、依頼書等）は、基本契約書、見積書等に基づくものを除いて契約書には該当しません（基本通達第21条参照）。

したがって、契約の申込文書に保証の事項を記載したものは、債務の保証に関する契約書（第13号文書）として課税されることになります。

この場合の保証は、主たる債務の成立を条件とする保証となります。

7. 住宅ローン保証契約書

［問］　不動産会社が自己の販売に係る不動産については、不動産会社の提携先の金融機関から融資が受けられることとしている場合に、当該不動産会社と提携先の金融機関との間において、当該不動産会社の販売に係るその購入者に対する融資についての取決めをし、その融資に対する借入金の債務については、その不動産会社が連帯して保証することを定めた、次の「住宅ローン保証契約書」に対する印紙税の課税関係について説明してください。

保証契約書

○○不動産株式会社（以下甲という）と××銀行（以下乙という）とは、別紙「○○不動産住宅ローン制度」（以下この制度という）により、甲から分譲土地・建物等を購入するため、乙から貸付けを受ける者（以下丙という）が乙に対して負担するいっさいの債務につき甲が連帯保証することについて次のとおり約定する。

（貸付金総額）
第1条　乙がこの制度に基づいて丙に貸し付ける貸付金の元本総額は金10億円を極度とする。

（年度計画の協議）
第2条　甲は毎年度頭初に当該年度内の土地・建物等の分譲計画、及びこの制度を対象とすることを希望する物件についての計画書を乙に提出し、乙はこれに基づき甲と協議のうえ、当該年度のこの制度の対象物件

及び当該年度の貸付金額を決定する。
　（連帯保証）
　第3条　甲は丙がこの制度を利用して，乙から借り入れる金銭債務の全てについて，この契約に基づき乙に対して保証人となり，丙と連帯して債務履行の責めを負う。また，丙の行為により生じた損害についても，甲はその責めに任ずるものとする。
　（保証債務の成立）
　第4条　甲の乙に対する保証は，甲が丙より所定の「借入金申込書」の提出を受け，これにあらかじめ乙に届け出た印鑑をもって記名捺印のうえ乙に送付し，乙がこれについて貸付けを承認し，丙に対して貸付けを実行したことにより，当然成立し効力を生ずるものとする。（以下省略）

　「答」　ご質問の契約は，その第1条において，金融機関は不動産会社の購入者全般を対象として10億円を限度として融資を行うことを規定しています。しかしながら，本契約書に記載されている融資に関しては，当該不動産会社の購入者から借入れの申込みがあった場合，当該金融機関は，その全てについて無条件に貸付けを実行すべき債務を負担するものではなく，当該金融機関の貸付条件に合致した場合に，初めて当該購入者と消費貸借の契約を締結して融資を行うことを定めたものにすぎないものですから，消費貸借に関する契約書（第1号の3文書）には該当しません。

　次に，本契約書は，その本文にも規定されているとおり，当該不動産会社と当該金融機関との間において，当該不動産会社から不動産を購入し，当該金融機関から同契約書に引用する住宅ローン制度により融資を受けた者の当該金融機関に対する金銭の消費貸借債務の返済について，当該不動産会社が連帯して返済することを約したことを内容とするものです。したがって，本契約書は，当該不動産会社から不動産を購入した者の住宅ローン制度による当該金融機関に対する金銭の消費貸借債務について，当該不動産会社と当該金融機関との間における債務の保証の契約の成立を証明することを内容とするものであり，か

つ，主たる債務（この場合は，当該不動産会社から不動産を購入した者の当該金融機関に対する金銭の消費貸借債務）の契約書に併記したものではありませんから，債務の保証に関する契約書（第13号文書）に該当することになります。

8. 身元保証に関する契約書

　　[問]　身元保証に関する契約書は非課税とされていますが，その適用範囲について説明してください。

　[答]　身元保証に関する法律は，事業主と従業員のように雇用関係に基づく使用者と被使用者間の身元保証契約に適用されるものであると解されています。
　入院又は入学の際等に作成する身元保証書は，病院と患者の間又は学校と学生，生徒との間においては雇用関係はなくても債務の保証及び損害の担保という点では身元保証に関する法律上の身元保証と同様な関係にあることから，印紙税法上も同様に取り扱うこととされています（基本通達第13号文書の４）。

9. 入 社 誓 約 書

　　[問]　当社は，新たに入社する社員から次のような「入社誓約書」を提出させることとしています。これには収入印紙の貼付の必要はないと聞きましたがそのとおりでしょうか。

　　　　　　　　　入　社　誓　約　書
　　Ｔ製作所御中
　　私儀貴社に採用されましたについては，次の事項を遵守いたします。
　１　貴社の諸規則，慣例を守り，上長の命に従い，責任をもって職務を果たすこと
　２　次の各号によって退職のときは，貴社のご措置に対して一切異議を申

し立てないこと
　(1)　貴社の名誉，信用を傷つけ，又は貴社に損失を及ぼして退職を命ぜ
　　　られたとき
　(2)　刑罰に処せられたとき
　(3)　貴社の了解を得ず勝手に退職したとき
　(4)　法による取り計らいを受けて退職を命ぜられたとき
　(5)　その他，貴社の規則命令に違背し，又は貴社の規則に基づいて退職
　　　を命ぜられたとき
　勤務中貴社の規則，命令に背き，又は過失により万一損害をかけた場合
は必ず私が弁償し，なお不足あるときは保証人が連帯で弁済いたします。
　　　　　　　　　　　　　　　　　　　　　　　　　　　(以下省略)

　答　結論からいいますと，ご質問の文書には，収入印紙を貼付する必要
はありません。
　ご質問の文書は，損害担保契約及び債務保証契約の成立を証するもので
すが，このような文書は，一種の身元保証書ということができますし，また，主
たる債務の契約書に併記した債務の保証に関する契約書ともいえますから，い
ずれにしても収入印紙を貼付する必要はありません。

10. 品質保証書

　問　カメラメーカーである当社は，その製造に係るカメラを出荷す
るに当たり，そのカメラに品質保証書を添付することとしております。こ
の品質保証書は，カメラが当社の厳格な検査に合格して出荷されるもので
あることを証明するとともに，一定期間内において通常の使用によって生
じた一切の自然故障に対して当社が無償修理の責任を負うことを保証する
ために作成するものですが，印紙税は課されますか。

　答　販売物品に対する品質保証書は，印紙税の課税対象とはなりません。

保証債務は，主たる債務と同一の内容を有し，主たる債務が履行されない場合に，保証人が保証債務を履行することにより，債務者が主たる債務を履行したのと同一の効果を与えようとする人的担保ですが，販売物品の保証書は，保証という語を用いていても，販売業者が販売物品について故障が生じた場合に無償で修理に応ずること等を約するものであり，主たる債務者に代わって債務を履行することを約するものではありませんから，債務保証には該当しないのです。

したがって，品質保証書は債務の保証に関する契約書には該当しませんし，また，このような文書は，印紙税法上，その他の課税文書にも該当しません（基本通達第13号文書の5）。

11. 取引についての保証契約書

> [問] 特定の第三者の取引等について事故が生じた場合は，一切の責任を負担する旨を当該第三者の取引先に約することを内容とする契約書は，どのように取り扱われるでしょうか。

[答] 特定の第三者が債務を履行しなかった場合や損害賠償債務を負担した場合にはそれを保証する（代わって履行する）という内容の契約は保証契約ですが，特定の第三者が損害賠償債務を負担しない場合（特定の第三者の責めに帰することができない事由によって損害が発生した場合）でもその損害を賠償するという内容の契約は損害担保契約となります。なお，保証契約と損害担保契約との双方を内容とする契約書は，通則2の規定により，債務の保証に関する契約書（第13号文書）に該当することとなります。特定の第三者の取引等について事故があった場合に一切の責任を負担するということは，第三者が損害賠償などの債務を負担することが多い実情から，特に損害担保契約であることが明らかなものを除き，債務の保証に関する契約書（第13号文書）として取り扱われます（基本通達第13号文書の6）。

金銭又は有価証券の寄託に関する契約書

〔第14号文書〕

1. 寄託契約の範囲

問 課税される寄託契約の範囲について、説明してください。

答 寄託とは、当事者の一方（受寄者）が相手方（寄託者）のために物（受寄物）を保管する契約です。

この契約関係については民法第657条《寄託》以下に定められているところですが、同法第666条《消費寄託》に規定する消費寄託も含まれます。

消費寄託とは、受寄者が受寄物を消費することができ、これと同種、同等、同量の物を返還すればよい寄託で、銀行預金は消費寄託の代表的なものです。

印紙税法では、寄託契約のうち、金銭と有価証券の寄託契約書だけを課税することとしていますから、物品の寄託契約の文書は課税されません。なお、預貯金証書は第8号文書に該当し、金銭又は有価証券の寄託に関する契約書（第14号文書）には該当しません。

2. 預り証

問 金融機関の外務員が、得意先から預金として金銭を受け入れた場合又は金融機関の窓口等で預金通帳の提示なしに預金を受け入れた場合に、預り証などの文書を交付しますが、これの取扱いはどうなるでしょうか。

答　金融機関は，金銭を預かること（金銭の寄託）を主要な業務としていますが，金銭を受け入れた際に作成する「預り証」等で，その記載文言から金銭の寄託を証明することが明らかなものは，金銭の寄託に関する契約書（第14号文書）として取り扱われます。

　しかし，金銭の受領事実のみを証明目的とすると認められるものは，金銭の受取書（第17号文書）として取り扱われます（基本通達第14号文書の２）。

　この取扱区分は，おおむね次のようになります。
・金銭の寄託に関する契約書（第14号文書）となるもの
　① 預り証，預金取次票など金銭の寄託を証明する目的で作成されると認められる名称を用いており，かつ，預金としての金銭を受領したことが文書上明らかなもの
　② 受取書，受領証などの名称を付されているが，受託文言，口座番号，預金期間など寄託契約の成立に結びつく事項が記載されているもの
・金銭の受取書（第17号文書）となるもの
　① 受取書，受領証などの名称が付されていて，単に受領原因としての預金の種類が記載されているもの
　② 預り証，取次票などの名称が付されているが文書上預金の預りであることが明らかにできないもの

3．依頼票（控）

　　問　「依頼票（控）」は，銀行の外務員が預金者から預金として金銭を受け取った場合に「依頼票」と複写で記載して，金銭の受取書として預金者に交付するものです。この「依頼票（控）」には外務員が署名押印等を一切行わないことにしていますので，課税文書に該当しないと考えますがいかがでしょうか。

〔第14号文書〕

```
┌─────────────────────────────────────────────┐
│ No.                                         │
│                   依頼票（控）               │
│   _____様                                  │
│  ┌──────┬─────────┬──────┬─────────┐       │
│  │ 日 付 │         │ 金 額 │         │       │
│  ├──────┼────┬────┴──┬───┴────┬────┤       │
│  │入金口座│(科目)│       │(口座番号)│    │       │
│  ├──────┴────┴───────┴────────┴────┤       │
│  │ 備 考                                │       │
│  │                                      │       │
│  │                                      │       │
│  │                          ○○銀行     │       │
│  └──────────────────────────────────┘       │
└─────────────────────────────────────────────┘
```

　答　ご質問の文書は，外務員が預金として金銭の受領事実を証明するために作成し，預金者に交付するものですから，外務員の署名，押印等が行われない場合であっても，預金科目及び口座番号の記載がありますので，金銭の寄託に関する契約書（第14号文書）に該当することになります。

（注）　契約書とは，契約の成立を証すべき文書をいい，契約の当事者の全部若しくは一部の署名を欠く文書であっても，当事者間の了解又は商慣習に基づき契約の成立等を証するものも含まれることにしています（通則5）。

4. 敷金の預り証

　問　家屋等の賃貸借契約に際し家主等が受け取る敷金の預り証は，金銭の寄託に関する契約書（第14号文書）でしょうか，それとも金銭の受取書（第17号文書）でしょうか。

　答　敷金の法律上の性質は，賃貸借終了の際，賃借人に債務不履行のあるときは当然にその弁済に充当された残額を，債務不履行がなければ全額を返

還するという停止条件付返還債務を伴う金銭所有権の移転であると解されているところですが，これは，相手方のために金銭を保管するものではありません。したがって，敷金の預り証は，金銭の寄託に関する契約書（第14号文書）ではなく売上代金以外の金銭の受取書（第17号の2文書）として取り扱われます（基本通達第14号文書の3）。

なお，保証金預り証も敷金の預り証と同様に取り扱われます。

5．差押物件等の保管証

> [問] 金銭又は有価証券を差し押え又は領置するに当たり，これをその占有者に保管させる場合がありますが，この際作成する保管証は，寄託に関する契約書ということになりますか。

[答] 金銭又は有価証券を保管させることの文書といえますが，公権力の行使に基づくもので契約に基づくものとはやや性格を異にするところから，ご質問の場合の保管証については，課税しないこととされています（基本通達第14号文書の4）。

6．クイック・カード利用申込書

> [問] クイック・カードと称する制度は，普通預金の預金者に，窓口での入出金のほか現金自動払出機を利用させるためのものですが，この制度を利用しようとする者からは次のような「クイック・カード利用申込書」を提出させています。この申込書に対する印紙税はどのようになるのでしょうか。

〔第14号文書〕

クイック・カード利用申込書

　　　　　　　　　　　　　　　　　　　　平成　　年　　月　　日

　株式会社　〇〇銀行　御中

ご住所	（郵便番号）　－	口座番号
本ご人署名	（フリガナ）　　　　（お届出印）	暗号
代ご理人署名	（フリガナ）	代理人をご選任の場合は，代理人も左欄にご自署ください

私は貴行普通預金約定に追加して裏面記載の各条項を承諾のうえクイック・カードの利用を申込みます。

検閲	実施	印鑑照合

（裏）
1．普通預金のお預け入れ，お引出しについては，通帳によるほか〇〇クイック・カードによることもできます。

「〇〇クイック・カード規定」

第1条（署名・暗号の届出）
　①　〇〇クイック・カード（以下カードという）のご使用に当っては，予め署名ならびに暗号（4桁の数字）を当行へお届け下さい。
　（中略）
第4条（現金自動払出機による払出し）
　①　当方オンライン現金自動払出機（以下払出機という）設置店で，払出機を使用してカードにより現金を払出すことができます。
　②　払出機による払出しについては，暗号のみを照合することにより行

　　　　ない払戻請求書は使用致しません。
　　③　1回あたりの払出金額は，当行が定めた金額とします。

　答　クイック・カード利用申込書を提出する普通預金の預金者は，金融機関が示した特約条項を承諾の上，普通預金の払戻方法を，通常の普通預金払戻請求書を提出して行う方法から，現金自動払出機の利用による方法に変更する目的で提出するものです。このように，普通預金の払戻方法を変更しようとする契約書は，寄託契約の重要な事項を変更するものですから，金銭の寄託に関する契約書（第14号文書）に該当します。

(注)　この文書は「申込書」となっていますが，預金者は金融機関の提示した特約を承諾して申し込むものであり，金融機関の取引慣行として申込書の提出があれば自動的に払戻方法が変更されることになっていることから，印紙税法上の契約書に該当することになります。

7．勤務先預金の「受入票」

　問　当社は，「社内預金」の受入れ及び払戻しの事務をコンピューター化することとしました。そのため，「社内預金」の受入れについては，その都度2枚複写になっている「受入票」に所要事項を記載して預入金とともに提出させ，また，払戻しについては，その都度2枚複写になっている「払戻票」に所要事項を記載して提出させることとする伝票方式を考えています。

　この場合，「受入票」の一枚は，総務部勤労課において保管し，他の一枚は，担当者が「出納印」を押なつして従業員に交付することとしています。また，「払戻票」も，その一枚は総務部勤労課において保管し，他の一枚は従業員の控えとすることとしています。

　「受入票」の様式及びこれに押なつする「出納印」は，次のとおりです

〔第14号文書〕 329

が，これは，当社の従業員に交付するものですから，単なる整理伝票として収入印紙を貼る必要がないでしょうか。

「出納印」

「受入票の様式」

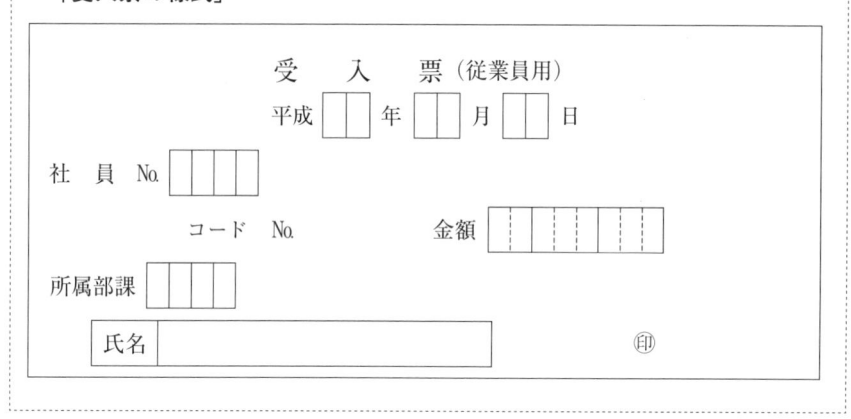

受　入　票（従業員用）
平成　　年　　月　　日
社員 No.
コード No.　　　金額
所属部課
氏名　　　　　　　　　　　　　　㊞

　答　ご質問の「受入票」は，会社が従業員から「社内預金」（預金とするための金銭は印紙税法にいう売上代金ではない。）を受け入れた際に作成するものであり，その受領事実を証明するため「受領印」を押なつして従業員に交付するものですから「売上代金以外の金銭の受取書」に該当します。また，この「受入票」は，社内預金として金銭を受け入れた場合に作成されるもので，社員番号，コード番号が記載されていることからみて，預金として受け入れたことが明らかとなっていますから，金銭の寄託契約の成立を証明する文書として金銭の寄託に関する契約書（第14号文書）にも該当し，印紙税法上は金銭の寄託に関する契約書（第14号文書）として取り扱われることになります。

この「受入票」は，会社が従業員に交付するものである点で，会社内部の間のものであり，単なる整理伝票とも考えられるのではないかとのご意見もあるようです。しかし，「社内預金」における会社と従業員との関係は，それぞれ独立した人格関係にあり，会社の内部関係ということはできません。

　なお「払出票」については，預金の払出しについての文書ですから受取書には該当せず，また，金銭の寄託の一部解除（いわゆる寄託契約の消滅に関するもの）を証明する文書ですから，課税文書のいずれにも該当しません。

8. 勤務先預金明細書等

> [問]　当社では，社内預金について，預金通帳の発行に代え社内預金明細書を発行することとし，毎月の給料の支給の際に給料明細書と共に社員に交付することとしました。
> この社内預金明細書に対する印紙税はどのようになるのでしょうか。

　[答]　勤務先預金について，預金通帳の発行に代えて発行する一定期間中の個々の預金取引の明細を記載した勤務先預金明細書等と称する文書は，預金の入金の事実を証明する文書と認められますから，金銭の寄託に関する契約書（第14号文書）に該当します。

　なお，預金残高通知書等と称する文書で，個々の預金取引の明細の記載はなく，一定期間中の受入金及び払戻金の合計額並びに残額のみが記載されているものについては，一定時点における預金の残高を証明する文書と認められますから，金銭の寄託に関する契約書（第14号文書）には該当しません（基本通達第14号文書の5）。

9. 現金自動預金機から打ち出される紙片

［問］ 現金自動預金機等の利用による預金があった際は，その預金機等から利用明細書（預入年月日，預入額，預入後の預金残高，口座番号等が記載される。）を打ち出し，預金者に交付することとしていますが，この利用明細書に対する印紙税はどのようになるのでしょうか。

［答］ ご質問の文書は，預金の預入れ事実を証明するために預金者に交付するものですから，金銭の寄託に関する契約書（第14号文書）に該当します（基本通達第14号文書の6）。

(注) 現金自動預金機専用通帳については第18号文書の問4「現金自動預金機専用通帳」（405頁）を参照してください。

10. 公共料金等の口座振替依頼書

［問］ 電気，ガス，水道などの料金を預金口座から引き落として振り替えることを依頼する「預金口座振替依頼書」は課税文書に該当しますか。

［答］ 預金口座振替依頼書は，依頼書という名称のもとに当事者の一方（預金者等）からの一方的な依頼の形式をとっている文書ではありますが，金融機関と預金者との間における普通預金契約又は当座預金契約を通じてあらかじめ了解ができており，また，金融機関業務の慣習として，この依頼書の提出があれば，自動的に口座振替え（2以上の取引）が行われることとなっていることから，契約の成立等を証する「契約書」に該当することになります。

電気，ガス，水道料金等の公共料金，国税，地方税等の租税，割賦販売代金等は，預金者が第三者に対して負担している債務であって，預金者自らが債権者に対して支払わなければならないものです。

この債務を口座振替払いとするために金融機関に依頼することは，支払事務

の処理を金融機関に委託することの準委任契約に該当することになり，この文書は不課税文書である委任に関する契約書として取り扱われます。

一方，口座振替は預金契約で定められている預金の払戻方法によることなく預金を払い戻すことになりますから，口座振替依頼書は金銭の寄託契約の変更契約書（第14号文書）に該当するのではないかとの疑義が生じます。

しかし，この文書は，預金の払戻方法の変更を直接証明する目的で作成されるものではないことから，金銭の寄託に関する契約書（第14号文書）としては取り扱わないこととされています（基本通達第14号文書の7）。

したがって，課税文書には該当しません。

11. 金融機関に対する債務等の預金口座振替依頼書

> 問　預金契約を締結している金融機関に対し，その金融機関に対する借入金，利息金額，手数料その他の債務，又は積立式の定期預貯金若しくは積金を預金口座から引き落として支払い又は振り替えることを依頼する場合に作成する預金口座振替依頼書には，印紙税が課されますか。
>
> なお，この場合，振替の普通預金又は当座預金の名義人と振替先の積立定期預金の名義人とが異なる場合がありますが，この場合における預金口座振替依頼書はどうなりますか。

答　前問の場合と同様に課税文書には該当しないものとして取り扱われます（基本通達第14号文書の8）。

振替の普通預金又は当座預金の名義人と振替先の積立定期預金又は定期積金の名義人とが異なる場合は，振替の名義人から振替先の名義人への金銭の支払いがあったと同等の効果を生ずるものですから，その依頼が振り替える普通預金又は当座預金の名義人からの依頼であると振替先の積立定期預金又は定期積金の名義人からの依頼であるとを問わず，振替の普通預金若しくは当座預金の払渡しに要する事務処理又は振替の積立定期預金の預入金の預入れに係る事務

処理を金融機関に委託することを内容とするものとして，本人名義の場合と同様に，課税文書に該当しないことになります。

　なお，金融機関に対する債務を預金口座から引き落として支払うことを内容とする文書であっても，契約書，承諾書（念書，同意書を含みます。）等として作成されるものは，単に預金者が自己の事務処理を委託する目的で作成する文書と異なり，債務の支払方法及び預金の払戻方法の特約を定めるものと認められますから，その内容により消費貸借に関する契約書（第1号の3文書）等に該当します。

債権譲渡又は債務引受けに関する契約書

〔第15号文書〕

1. 債権譲渡の意義

[問] 債権譲渡とはどういうことか，また，債権にはどんなものが含まれているのかを説明してください。

[答] 「債権譲渡」とは，債権をその同一性を失なわせないで旧債権者から新債権者へ移転させることをいいます（基本通達第15号文書の1）。

債権とは，他人をして将来財貨又は労務を給付させることを目的とする権利をいいます。債権は指名債権と証券的債権とに区分され，また，証券的債権は指図債権，無記名債権，記名式所持人払債権等に区分されます。証券的債権の譲渡契約書のうち，有価証券を譲渡するものは，この号の文書としては取り扱われません。

(注) 有価証券の譲渡を約する文書は，平成元年3月31日までは有価証券の譲渡に関する契約書（旧第19号文書）として課税されていましたが，同年4月1日から課税が廃止されました。

2. 債務引受けの意義

[問] 債務引受けとはどういうことか，また，債務引受けにはどんなものがあるかを説明してください。

答　　債務引受けとは，債務をその同一性を失なわせないで債務引受人に移転することをいいます。

　債務引受けには，債務者は債務を免れて引受人が新債務者としてこれに代わって同一内容の債務を負担する免責的債務引受けと，引受人は新たに同一内容の債務を負担するが債務者も依然として債務を負担し，債務者と引受人が連帯債務関係に入る重畳的債務引受けとがありますが，いずれも債務引受けに含まれます（基本通達第15号文書の２）。

3．債務の履行引受契約書等

　　問　　債務者の債務を第三者が引き受けることとした場合には，まず，債務者と第三者の間で債務を引き受けることを約し，その後に債権者と第三者の間で債務引受契約を締結する方法をとることがありますが，この場合の債務者と第三者の契約書に対する印紙税の課税関係について説明してください。

　　答　　債務の引受けというのは，債務者の債務を承継的に第三者に移転する契約をいいます。一般に行われている債務の引受契約は，債権者甲，債務者乙，引受人丙の三者間で行われるのですが，乙の意思に反しない限り甲と丙の間でも契約ができるものとされています（民法第474条第２項（第三者の弁済）参照）。したがって，甲，乙，丙の三者間の契約書及び甲，丙間の契約書は全て債務引受けに関する契約書（第15号文書）として取り扱うこととされています（基本通達第15号文書の３）。

　一方，債務者と引受人との間の契約については各種のものがありますので，その内容により印紙税の取扱いを判断しなければなりません。
(1)　引受人と債務者との間で債権者の承諾を条件とする債務引受契約を結ぶもの

　　一般に，債務者と引受人の間においても，債権者の承諾を停止条件とする

債務引受契約を有効に締結できるとされていますから，あらかじめ債権者の承諾を受けている場合又は債権者の承諾を条件とする場合は，債務者と引受人間の契約であっても債務の引受けに関する契約書（第15号文書）に該当することになります。

(2) 債務の履行引受け

　　債務者と引受人の間で，引受人が債務者の債務を履行することを約する契約（いわゆる債務の履行引受け契約）は，引受人が債務者に対して債務を負担するにとどまるものであり委任契約と認められ，直接債権者に対して義務を負担するものではありませんから，債務の引受けに関する契約書（第15号文書）には該当せず，他の課税文書にも該当しません。

(3) 引受人の債務の消滅を条件とした債務の履行引受け

　　引受人が，債務者に対し債務を負担している場合に，債務者の履行を引き受ける代わりに，債務者に対する債務を消滅させることとすれば，これは，目的の変更による更改ないし代物弁済契約（予約）と認められます。

　　すなわち，その契約によって，引受人の債務を消滅させる代わりに債務者の債務についてその履行を行うという債務を成立させるのであれば，これは更改契約ということになります。

　　更改契約書は，新たに成立する債務の内容によって印紙税の課否が定まることになるのですが，成立する債務は課税物件表のいずれの課税事項にも該当しませんから，結局，この場合の文書は，課税文書には該当しないことになります。

　　一方，その契約によって，引受人が債務者の有する債務を履行した場合には，債務者が引受人に対して有する債務と相殺することとしたものであれば，これは将来の相殺という一種の代物弁済的な契約となります。したがって，この場合には，債務の支払いを相殺の方法によって行うことを約することになり，支払方法を定める変更又は補充契約書に該当することになります。

　　相殺契約の場合には，それぞれの債務の内容により課税文書の所属が決まることになりますが，ご質問の場合には，一方の債務は課税事項とは認めら

れませんから，結局，引受人が債務者に有している債務の内容により課税文書の所属が決定されることになり，例えば不動産の売買代金であれば，不動産の譲渡に関する契約書（第1号の1文書）ということになります。

4．債権譲渡通知書，譲渡承諾書

　[問]　債権を譲渡した場合には，譲渡通知書を債務者に交付したり，債務者から債権譲渡承諾書を受ける場合がありますが，このようなものは債権譲渡に関する契約書（第15号文書）に該当することになりますか。

　[答]　債権譲渡契約は債権者とその譲渡人の間の契約をいうのに対し，指名債権の譲渡の場合の債務者に対する通知又は債務者の承諾は，第三者に対する対抗要件であって（民法第467条《指名債権の譲渡の対抗要件》），この通知又は承諾によって債権譲渡契約が成立するものではありませんから，この場合の通知書又は承諾書は債権譲渡に関する契約書（第15号文書）には該当しません（基本通達第15号文書の4）。

5．電話加入権の譲渡契約書

　[問]　電話加入権の譲渡契約書は，債権譲渡に関する契約書（第15号文書）に該当することになりますか。

　[答]　電話加入権は，経理上は一般に無形固定資産として分類されていますが，これは日本電信電話株式会社（東日本，西日本）に対して，特定の施設をなし労務を供給すべきことを請求する債権と解されますから，印紙税法上これの譲渡契約書は債権譲渡に関する契約書（第15号文書）に該当することになります（基本通達第15号文書の5）。

6．根抵当権設定契約書

> ［問］　根抵当権の設定契約書は平成元年3月31日限りで課税廃止されていますが，現在も引き続き課税対象となっているものがあるとのことですが，どのようなものが課税対象となるのですか。

［答］　抵当権の設定に関する契約書は，平成元年3月31日までは第14号の1文書として課税されていましたが，同年4月1日以降作成されるものから課税が廃止されました。このため，抵当権の設定を約することだけの文書であれば課税文書には該当しないことになります。

　しかし，根抵当権の設定契約書のうちには，不動産に根抵当を設定する場合，その契約条項として「抵当物件について，収用その他の原因により補償金，清算金などの債権が生じたときは，債務者（担保提供者）はその債権を貴行に譲渡します。」というような文言が入っているものがあります。この文言は，一定の事由が生じた場合とはいえ，補償金等の請求権という債権の譲渡を約するものですから，債権譲渡に関する契約書（第15号文書）の課税事項に当たることになります。

　したがって，このような文書は，抵当権を設定すること自体の契約は課税事項には当たらないものの，他の記載文言で課税事項が含まれていることから，債権譲渡に関する契約書（第15号文書）等として課税対象になることがあるということになります。

　なお，同じ収用があった場合でも，例えば「債権譲渡の手続をとる。」旨の記載は，債権譲渡が行われることは予想されるものの，債権譲渡自体を約しているものではありませんから，債権譲渡に関する契約書（第15号文書）の課税事項には該当しないことになります。

[第15号文書]

7. 不動産を信託財産とする「信託受益権売買契約書」

　[問]　不動産（土地及び建物）を信託財産とし，当該不動産の管理処分信託の受益権を売買の目的物とする「信託受益権売買契約書」の印紙税の取扱いはどのようになりますか。

　本契約において，不動産の管理処分信託の受益権は，信託期間満了時に信託受託者（信託会社）が当該不動産を第三者に譲渡（処分）するとともに，その処分代金を受益者（信託受益権の保有者）に交付することとされています。

　[答]　「信託受益権」は，受益者が信託行為に基づき信託財産から享受できる一切の権利・利益を包括する債権的要素（収益を享受する権利）と物件的要素（元本を享受する権利）とを併有する信託契約独特の権利です。

　このことから，信託受益権（証券）そのものの売買契約による売買の目的物は，当該信託によって享受することができる信託財産に対する権利（債権）であるということができます。

　したがって，ご質問の「信託受益権売買契約書」は，債権譲渡に関する契約書（第15号文書）に該当することとなります。

　なお，信託を設定する契約書は，信託行為に関する契約書（第12号文書）に該当します。

8. 電子記録債権割引利用契約書

　[問]　当社は，金融機関が行う電子記録債権取引を利用するに当たり，金融機関に「電子記録債権割引利用契約書」を差し入れることとしました。

　当該文書は，金融機関と別に締結した銀行取引約定書に規定する各条項のほか，金融機関に対して電子債権の割引を依頼する際の基本的事項を定めるものですが，印紙税法上の取扱いはどのようになるのでしょうか。

電子記録債権割引契約書

平成〇〇年〇〇月〇〇日

株式会社　〇〇銀行　御中

住　　　所
債　務　者　名

　債務者（割引依頼人）は，電子記録債権の割引に関する取扱いについて，平成〇年〇月〇日付銀行取引約定書の各条項のほか，次のとおり契約します。

第1条〈割引依頼〉
(1) 割引の依頼は，貴行インターネットバンキング，または電子記録債権割引申込書兼代行登録依頼書により，遅くとも対象債権の割引を希望する日の3営業日の15時までに申し込みます。
(2) 債務者は，電子記録債権に係る割引料および貴行所定の手数料を，貴行所定の日にあらかじめ指定された預金口座からの引き落としにより支払います。
(3) 債務者は，割引を依頼するに当たり，電子記録債権の全部について，貴行に対する譲渡記録および保証記録（電子記録債権の債権額の一部の割引を依頼する場合には，分割記録，譲渡記録及び保証記録）の請求を行います。
(4) 前項に係る費用は債務者の負担とします。
(5) 債務者は，貴行が電子記録債権記録機関に対し，電子記録債権に関して情報開示を求めることに同意します。
(6) 貴行が，電子記録債権の全部または一部について割引を承知しないことによって，債務者になんらかの損害が生じた場合であっても，貴行は，その損害について一切責任を負いません。

第2条〈効力発生日〉

(1)　電子記録債権の割引は，債務者に対する通知の有無にかかわらず，貴行が割引を決定した時にその効力を生ずるものとします。
　(2)　貴行は，前項の決定後合理的期間内において割引代金の支払日を定めることができます。
　(3)　貴行は，割引日までに電子記録債権の全部について，貴行に対する譲渡記録および保証記録（電子記録債権の債権額の一部の割引を依頼する場合には，分割記録，譲渡記録および保証記録）がなされていることを確認し，かかる記録ができない場合は当該債権につき割引代金の支払いを留保することができます。
　(4)　効力発生日以降，割引代金の支払い前に，貴行が対象債権の全部または一部について対象債権として適格でないと判断した場合，当該債権につき譲渡を解除し，または割引代金の支払を拒絶し，もしくはこれを留保することができます。

第3条〈買戻し，相殺等〉
　(1)　電子記録債権についての買戻し，相殺その他割引に関する事項は，銀行取引約定書その他貴行と債務者との間で定めた約定に従います。
　(2)　債務者は，電子記録債権について銀行取引約定書第4条第3項（担保）の規定が適用されることを確認します。
　(3)　買戻しに係る費用は債務者の負担とします。

（以下省略）

[答]　ご質問の文書の第1条では，顧客は電子記録債権の割引を金融機関に依頼するに当たり，電子記録債権について，譲渡記録の請求を行う旨を定めるとともに，割引料を差し引く旨を定めています。

電子記録債権法（平成19年法律第102号）では，譲渡記録を行うことにより，電子記録債権の譲渡の効力が生ずることとされています（電子記録債権法17，18）ので，ご質問の文書は，債権譲渡に関する契約書（第15号文書）に該当します。

なお，照会の文書は，金融機関とその金融機関と銀行約定書等を締結した顧

客（金融機関の信用の供与を受ける者）との間における契約書ですが，銀行取引約定書を引用した取引であり，包括的に債務の履行方法を定めるものとは認められないことから，令第26条第3号に規定する継続的取引の基本となる契約書（第7号文書）には該当しません。

また，ご質問の文書第1条(2)には，手形割引料金等を預金口座から引き落としにより支払う旨を定めていますが，当該規定は，あらかじめ指定された預金口座から手形割引料金等を引き落とすことを定めるものであり，ご質問の文書においてあらためて預金の払戻し方法の変更を証するものではないことから，金銭の寄託に関する契約書（第14号文書）には該当しません。

9. 電子記録債権譲渡担保約定書

　[問]　当社は，金融機関が行う電子記録債権取引を利用するに当たり，金融機関に「電子記録債権譲渡担保約定書」を差し入れることとしました。

　当該文書は，金融機関と別に締結した銀行取引約定書に規定する取引により，金融機関に対して当社が現在及び将来負担する一切の債務の根譲渡担保として，電子記録債権を金融機関に譲渡する際の基本的事項を定めるものですが，印紙税法上の取扱いはどのようになるのでしょうか。

電子記録債権譲渡担保約定書

平成〇〇年〇〇月〇〇日

株式会社　〇〇銀行　御中

住所
債務者　兼
担保権設定者

債務者は，貴行と別に締結した銀行取引約定書第１条に規定する取引によって，貴行に対して現在及び将来負担する一切の債務の根譲渡担保として，譲渡担保電子記録債権明細書記載の電子記録債権を貴行に譲渡するについては，貴行と別に締結した銀行取引約定書の各条項のほか，以下の約定を確約します。

第１条（担保電子記録債権の譲渡）
　債務者は，譲渡担保電子記録債権明細書記載の電子記録債権（以下「担保電子記録債権」といいます。）を担保として貴行へ譲渡するため，当該担保電子記録債権について，貴行に対する譲渡記録及び保証記録（電子記録債権の債権額の一部を提供する場合には，分割記録，譲渡記録及び保証記録）の請求を行います。

第２条（担保の処分）
①　債務者が表記債務を履行しなかった場合には，貴行は，債務者に事前の通知をすることなく，担保電子記録債権を一般に適当と認められる方法，時期，価格等によって処分のうえ，その取得金から諸費用を差し引いた残額を法定の順序にかかわらず債務の弁済に充当することができます。
②　貴行は，前項によるほか，設定者に通知のうえ，債務の全部または一部の弁済に代えて担保電子記録債権を取得することもできます。
③　前２項によって表記債務の弁済に充当し，なお残債務がある場合には，債務者は直ちに弁済します。

第３条（再担保等）
　貴行は，債務の期限の到来前後にかかわらず，また債務者の承諾の有無にかかわらず，都合によって，担保電子記録債権を他に譲渡し，または再担保することができます。

　　　　　　　　　　　　（以下省略）

[答]　ご質問の文書の第１条では，顧客である債務者は電子記録債権を担保として金融機関に提供するため，当該電子記録債権について，譲渡記録等の請求を行う旨を定めており，電子記録債権法（平成19年法律第102号）では，譲渡記録を行うことにより，電子記録債権の譲渡の効力が生ずることとされています（電子記録債権法17，18）。

　また，第２条では，債務者が債務を履行しなかった場合には，金融機関は当該電子記録債権を処分し，債務の弁済に充当することができる旨が定められていること，第３条では，金融機関は，当該電子記録債権を債務者の承諾の有無にかかわらず，他に譲渡し，または再担保することができる旨が定められていることから，ご質問の文書は，債権者に対する債務を担保するために，債務者が特定の物件を債権者に無償で譲渡しておき，債務の不履行があった場合には，当該物件を処分等して債務の弁済に充てることとするとともに，債務の弁済期限まではその物件を無償で使用させることを内容とする「譲渡担保契約」に該当します。

　ご質問の文書では担保とする物件を債権である電子記録債権と定めていますから，ご質問の文書は，債権譲渡に関する契約書（第15号文書）に該当することになります。

　なお，ご質問の文書は，金融機関とその金融機関と銀行約定書等を締結した顧客（金融機関の信用の供与を受ける者）との間における契約書ですが，銀行取引約定書を引用した取引であることが明らかであり，包括的に債務の履行を定めるものとは認められないことから，令第26条第３号に規定する継続的取引の基本となる契約書（第７号文書）には該当しません。

配当金領収証又は配当金振込通知書

〔第16号文書〕

1. 配当金の範囲

[問] 株式会社が事業年度の途中で支払ういわゆる中間配当金も，配当金に含まれるでしょうか。

[答] 「配当金」とは，株式会社の剰余金の配当に係るものをいうのですが，中間配当といわれるものも，株式会社の剰余金の配当ですから，当然配当金に含まれます（基本通達第16号文書の4）。

また，合併交付金のうち剰余金の配当の調整手段として支払われるものも同じです。

2. 配当金領収証の範囲

[問] 配当金領収証については，第16号文書の定義欄に説明してありますが，その意味がよくわからないので解説してください。

[答] 配当金領収証は，「配当金の支払を受ける権利を表彰する証書」と「配当金の受領の事実を証するための証書」をいうこととされていますが，この場合の「配当金の支払を受ける権利を表彰する証書」とは，会社が株主の具体化した配当請求権を証明した証書で，株主がこれと引換えに当該証書に記載された取扱銀行等のうち株主の選択する銀行等で配当金の支払いを受けること

ができるもののことであり,「配当金の受領の事実を証するための証書」とは,会社が株主に配当金の支払いをするに当たり,あらかじめ当該会社が株主に送付する証書のうち,配当金の支払いを受ける権利を表彰する証書以外のもので,株主が取扱銀行等から配当金の支払いを受けた際その受領事実を証するために使用するもののことです(基本通達第16号文書の1及び2)。

　したがって,会社が直接現金で配当金を支払った場合などに株主が作成することとなる受取書は,ここにいう配当金領収証ではなく,売上代金以外の金銭の受取書(第17号の2文書)ということになります。

　また,配当金領収証の中には,配当金支払副票などを添えることにより配当金を受けられるものがありますが,この場合の配当金領収証も配当金領収証(第16号文書)に含まれます(基本通達第16号文書の3)。

3. 株式の預託先が発行する配当金領収証等

> [問]　外国株式については,金融商品取引業者等に株券を預託し,その名義人は預託先である金融商品取引業者等にする場合がありますが,このような方法をとるものは預託先から預託者あてに配当金領収証等を交付します。
>
> 　この場合の配当金領収証等も課税文書ということになりますか。

[答]　ご質問の預託先が作成するものも,会社が事実上の株主に交付する配当金の支払を受ける権利を表彰する証書等といえますから,配当金領収証又は配当金振込通知書(第16号文書)に該当することになります(基本通達第16号文書の1)。

4. 配当金振込通知書の範囲

> [問]　第16号文書に掲げられている「配当金振込通知書」の範囲につ

いて説明してください。

〔答〕　第16号文書の定義欄には，「配当金振込通知書とは，配当金振込票その他名称のいかんを問わず，配当金が銀行その他の金融機関にある株主の預貯金口座その他の勘定に振込済みである旨を株主に通知する文書をいう」と規定しているところですが，この場合の「振込済みである旨を株主に通知する文書」とは，会社が株主に対して株主の預貯金口座等への配当金振込みの事実を通知する文書をいい，文書の表現が「振り込みます」又は「振り込む予定です」等となっているものを含むこととされています（基本通達第16号文書の5）。

なお，株主の指定により株主以外の者の預貯金口座等に振り込まれる場合にも，その他の勘定に振り込まれるものとして課税の取扱いを受けることになります。

5．再発行の配当金振込通知書等

〔問〕　配当金領収証を株主に交付した場合に，株主から銀行口座振込みを指示してきたとき，又は配当金領収証の未着又は喪失を理由に再発行を依頼してきたときなどに，改めて配当金領収証又は配当金振込通知書を作成することがありますが，これはどのような取扱いを受けることになりますか。

〔答〕　改めて交付することになる文書であっても，配当金の支払いを受ける権利を表彰する証書，配当金の受領の事実を証するための証書又は配当金が金融機関にある株主の預貯金口座その他の勘定に振込済みである旨を通知する文書は，配当金領収証又は配当金振込通知書（第16号文書）に該当することになります。

金銭又は有価証券の受取書

〔第17号文書〕

1. 金銭又は有価証券の受取書の範囲

[問] 受取書にはいろいろなものがありますが，課税される受取書とはどういうものか，その基本的な考え方を説明してください。

[答] 印紙税の課税対象となる受取書は，金銭又は有価証券の受取書に限られており，物品の受取書などは課税文書とはなりません。

「金銭又は有価証券の受取書」とは，金銭又は有価証券の引渡しを受けた者が，その受領事実を証明するため作成し，その引渡者に交付する単なる証拠証書をいいます。つまり，金銭又は有価証券の受領事実を証明する全ての文書をいい，債権者が作成する債務の弁済事実を証明する文書に限らないのです。

受取書は，文書の標題，形式がどのようなものであっても，また「相済み」，「了」等の簡略な文言を用いたものであっても，その作成目的が当事者間で金銭又は有価証券の受領事実を証するものであるときは，金銭又は有価証券の受取書（第17号文書）ということになります（基本通達第17号文書の1及び2）。

2. 売掛金を集金した際に作成する仮領収証

[問] 当社は，集金事故の防止を図るため，セールスマンが御得意様を訪問して売掛金を集金した際に，その場で「仮領収証」を作成交付し，その後その金額が会社の経理課に入金処理された時に経理課が社判を押し

た正式の「領収証」を作成し，得意先に郵送することとしています。

　この場合，後日郵送する「領収証」に所定の収入印紙を貼るのですから，「仮領収証」に収入印紙を貼らなくともよいのではないでしょうか。

　また，「仮領収証」が課税される場合，セールスマンの判しか押していませんが納税義務者は，会社とセールスマンのいずれですか。

　答　印紙税の課税文書たる「金銭の受取書」とは，金銭を受領した者がその金銭を支払った者に交付する文書で，金銭の受領事実を証明する目的をもって，その事実を記載証明した単なる証拠証書をいい，この場合その文書の形式的な名称若しくは呼称又はその記載文言の形式的な意義によるのではなく，記載文言の実質的な意義に基づいて判断することとなります。

　さらに，印紙税は，契約の成立や金銭の受領等の事実そのものを課税対象とするものではなく，これらの事実を証明する目的で作成される文書を課税対象とするものです。

　すなわち，一つの受領事実について数通の文書を作成交付すれば，それが受領事実を証明する目的で作成されたものである限り，印紙税の取扱いはいずれも金銭の受取書に該当します。

　ご質問の「仮領収証」は，後日会社（経理課）から正式の「領収証」が発行されれば無効となるものであっても，それまでの間は有効なものであり，また受取事実を証明するために作成されたものにほかなりませんから，売上代金に係る金銭の受取書（第17号の1文書）に該当し，所定の収入印紙を貼る必要があります（基本通達第17号文書の3）。

　また，この「仮領収証」は，セールスマンの判しかありませんが，セールスマン個人として受領し，「仮領収証」を作成交付するのではなく，会社の従業員として，会社の業務遂行上会社の収入金となる金銭を受領し，そして「仮領収証」を作成交付するのですから，印紙税法上の作成者は会社となります（基本通達第42条）。

3. 売掛金を集金した際に作成する預り証

> **問** 会社の外務員等が得意先で金銭を受領した際に作成する下記のような預り証に対する印紙税は、どのように取り扱えばよいでしょうか。

預り証

金　1,300,000円也

ただし，平成　　年　　月　　日販売の○○の代金の受入金として正に御預り致しました。

平成　年　月　日

甲野商事株式会社

取扱者　田中一郎　㊞

> **答**　「預り証」と称される文書には，後日仮領収書と同じように本領収証を発行することとしているために，金銭を受領したときには「預かり」としたもの，内入金等を受領した際に預り証を発行するもの，相手方のために保管することを約して預り証を発行するもの等いろいろな内容のものがあります。しかし，いずれにしても預り証は金銭等の受領に対して発行されるという共通点を有しております。この金銭の受領が，相手方(引渡者)のために保管することを約して受領するものであるのか，それ以外の目的で受領するのかにより印紙税法上の取扱いが異なってきます。その文書が相手方のために保管することを約して金銭を受領したことを証明する目的で作成されたものであれば，民法第657条《寄託》に規定する寄託契約(同法第666条《消費寄託》に規定する消費寄託契約を含みます。)の成立等を証する文書となり，金銭の寄託に関する契約書(第14号文書)に該当することになります。それ以外の目的で金銭を受領したことを証するために作成された文書であれば，金銭の受取書(第17号文書)に該当することになります。取扱上は，その文書に記載された文言から，相手方のために金銭を保管する目的で受領するものであることが明らかなものを金

〔第17号文書〕

銭の寄託に関する契約書（第14号文書）とし，それ以外のものは金銭の受取書（第17号文書）として取り扱うことになっております。

　ご質問の預り証は，販売代金の内入金として130万円を受領した際にその受領事実を証明するために作成するものですから，売上代金に係る金銭の受取書（第17号の1文書）に該当し，受取金額に応じた印紙税が課されることになります。

4．受取金引合通知書等

　┌問┐　当社は，営業担当者が得意先において集金をした際，その場で受取書を作成・交付しています。営業担当者は帰社後，社内の所定部門に入金処理をし，所定部門では得意先に対して次のような「受取金引合通知書」又は「入金記帳案内書」等と称する文書により，会社の所定部門に入金処理されたことを通知し，併せてセールスマンに支払った金額との照合を依頼するものを郵送しています。

　この「受取金引合通知書」等はどのように取り扱われるでしょうか。

```
　　　　　　　　　受取金引合通知書
　_____様　　　　平成　年　月　日
　このたび当社集金人_____参上しました際に金_____円也のご支
払をいただきありがとうございました。
　万一，お支払金額に相異がありましたらご連絡ください。
　　　　　　　　　東京都〇〇区〇〇町　　㈱〇〇〇
```

　┌答┐　金銭又は有価証券の受取書（第17号文書）に該当する受取書は，金銭又は有価証券の受領の事実を証明するための文書をいうのですから，営業担当者の作成交付する「受取書」も会社の作成交付する「受取金引合通知書」又は「入金記帳案内書」も金銭の受領事実を証明する限り，いずれも売上代金に

5．振込済みの通知書等

　　［問］　当社は，売掛金を預金口座振替の方法により，得意先から当社の預金口座に振り込んでいただくことにしており，振り込まれた場合には相手方に「振込済みの通知書」を交付することにしています。
　　この「振込済みの通知書」は，直接金銭を受け取った場合に作成するものではないので，金銭の受取書に該当しないと考えてよいでしょうか。

　［答］　預金は，預金者のために金銭を保管することの契約，すなわち寄託契約（消費寄託契約）の保管物となります。得意先から預金口座振替又は口座振込みの方法により預金口座に振り込まれた金銭は，預金者のための金銭の保管者が預金者の金銭を受領することであり，預金者が金銭を受領するのと同じことになります。
　したがって，「振込済みの通知書」と称する文書は，債権者が金銭の受領の事実を得意先に証明する文書といえますから，金銭の受取書（第17号文書）に該当し，その受領原因により売上代金に係る金銭の受取書又は売上代金以外の金銭の受取書として取り扱われることになります（基本通達第17号文書の4）。

6．受領事実の証明以外の目的で作成される文書

　　［問］　預金の払戻しを受ける際に作成する「預金払戻請求書」は，受取書に該当しますか。

　［答］　金銭又は有価証券の受取書は，その作成者が金銭又は有価証券の受領事実を証明するために作成するものをいいますから，文書の内容が間接的に金銭又は有価証券の受領事実を証明する効果を有するものであっても，作成者

が受領事実の証明以外の目的で作成したものは，金銭又は有価証券の受取書（第17号文書）に該当しません。

　例えば，手形割引計算書は，手形割引を行う場合に割引者が割引料，差引金額などを記載して交付するもので，その文書の記載内容から，手形及び割引後の金額の金銭の授受があったことが明らかとなりますが，割引料等の計算明細を示すものとして作成交付されるものであり，手形又は金銭の受取書として作成されるものではありません。また，預金払戻請求書は，預金の払戻しを受ける場合に作成されますが，預金者が預金の払戻請求のために作成するものであり，払い戻した金銭の受取書として作成するものではありませんから，いずれも金銭の受取書（第17号文書）には該当しないことになります（基本通達第17号文書の5）。

7. 銀行の発行する入金通知書等

　[問]　銀行が被振込人に対し交付する入金通知書，当座振込通知書又は当座振込報告書等は，課税文書に該当しますか。

　[答]　当座振込みなどがあった場合に，銀行が被振込人に対して交付する入金通知書等は，被振込人と銀行との間には金銭の授受がなく，預金口座に入金のあったことを顧客の便宜のために通知するものですから金銭の受取書（第17号文書）には該当しません。なお，被振込人あてのものであっても，振込銀行が振込人に対して交付するものは，振込人が振り込んだ金銭を受領したということを証明する目的のものにほかなりませんから，金銭の受取書（第17号文書）として取り扱われます（基本通達第17号文書の7）。

8. 銀行間で作成する手形到着報告書

　[問]　手形取立ての依頼をした仕向銀行が被仕向銀行にその手形を送

付した場合に，被仕向銀行が仕向銀行に交付する手形到着報告書は，どのような取扱いを受けますか。

　答　被仕向銀行は，手形取立ての委託を受けてその手形を受け取るのですから，仕向銀行に交付する手形到着報告書に手形を受領した旨の記載のあるものは有価証券の受取書（第17号文書）に該当することになります（基本通達第17号文書の8）。なお，受領した旨の文言の記載のないものは課税文書に該当しません。

　また，仕向銀行，被仕向銀行が同一銀行の本支店間等であれば，内部で事務整理上作成される文書になりますから，課税文書に該当しません。

9．不渡手形の受取書

　問　不渡手形の受取書でも有価証券の受取書になるのでしょうか。

　答　不渡手形も手形債権を表彰する有価証券ですから，その受取書は有価証券の受取書（第17号文書）に該当することになります（基本通達第17号文書の9）。

10．提出株券預り証等

　問　会社合併の場合等に旧株券を回収して後日新株券を交付することとなりますが，この場合に，旧株券の提出を受けたことを証するために交付する「提出株券預り証」は，印紙税法上どのように取り扱われますか。

　答　旧株券は法律上，有価証券性を失うものではありませんから，この受領事実を証明する文書は売上代金以外の有価証券の受取書（第17号の2文書）に該当します。

(注) 株券の発行者がその発行した株券を受け取った場合に作成する受取書であっても，有価証券の受取書（第17号文書）に該当します。

11. 現金販売の場合のお買上票等

[問] 商店が現金で物品を販売した場合に交付するお買上票などは，どのような取扱いを受けるのでしょうか。

[答] 文書の標題が受取書又は領収証となっていなくても，また，文書中に受領した旨の文言がなくても，文書の記載文言，形態等からみて金銭の受領事実を証明する目的で作成されると認められる文書は，全て金銭の受取書（第17号文書）に該当します。

お買上票等と称する文書でも，文書の記載文言により金銭の受領事実が明らかにされているもの又は金銭登録機によるもの若しくは特に当事者間において受取書としての了解があるものは，金銭の受取書（第17号文書）に該当することになります（基本通達第17号文書の10）。

12. ポスレジから打ち出される「仕切書」や「納品書」等

[問] 現金問屋を営業する者ですが，POSシステム（販売時点情報管理システム）により，販売した商品の詳細などを記載した「納品書」をお客様にお渡ししています。この納品書はPOSシステムの端末であるレジスターから打ち出すものですが，印紙税の取扱いはどのようになりますか。
なお，正式な領収書が欲しいというお客様にはこの納品書に代えて領収書をお渡ししています。

[答] 第17号文書である金銭又は有価証券の受取書とは，金銭又は有価証券の引渡しを受けた者が，その受領事実を証明するために作成し，その引渡者

に交付する単なる証拠証書をいい，その表題や形式は問いません。

　また，商店が現金で物品を販売した場合に買受人に交付するお買上げ票などと称する文書で次のものは，いずれも金銭の受取書に該当します。

(1)　金銭の受領事実が明らかにされているもの
(2)　金銭登録機（レジスター）によるもの
(3)　当事者間において特に受取書としての了解があるもの

　ご質問のPOSシステムの端末（POSレジ）は，レジスターに各種の機能を付加したものですから，現金販売に際してPOSレジから打ち出してお客様に交付する文書は，前述の(2)に当たります。したがって，その表題のいかんにかかわらず金銭又は有価証券の受取書（第17号文書）に該当することとなります。

　なお，クレジットや掛け売りの場合で，その旨を記載した文書は，金銭又は有価証券の受取書（第17号文書）には該当しません。

13. 支払通知書受領書等

　　問　売掛金の回収の場合等に，金銭の支払者に「支払通知書」等の文書を作成させ，その文書の受取りとして「支払通知書受領書」を作成して相手方に交付します。この場合の「支払通知書受領書」は課税文書に該当しないと考えてよいでしょうか。

　　答　金銭又は有価証券の受取書は，文書の標題，形式がどのようなものであっても，その作成目的が当事者間で金銭又は有価証券の受領事実を証するものであればこれに該当することになります。

　ご質問の「支払通知書受領書」と称する文書は，文書の記載内容は支払通知書という文書の受取りのような形式をとっていますが，これは金銭又は有価証券の受領の際に，その事実を証明することを当事者の間で了解の上作成するものといえますから，金銭又は有価証券の受取書（第17号文書）として取り扱われることになります（基本通達第17号文書の11）。

なお，これに類似するものとして，手形の受取時に作成する「手形発行依頼書」がありますが，これも有価証券の受取書（第17号文書）ということになります。

14. 支払通知書控等

> **問** 売上代金の受取書には階級定額税率が適用されるため，金額の記載のない受取書を作成することにし，別に金額を記載した「支払通知書控」を同時に交付したいと考えていますが，このような方法をとった場合の取扱いはどうなりますか。

答 金額の記載のない受取書は一律200円の印紙税が課されることになりますが，通則4のホの（三）では，金額の記載のない受取書を作成して印紙税の負担軽減を図る者を防止するため，受け取る有価証券又は受け取る金額の記載のある文書を特定できる文言等の記載のある受取書は，これにより間接的に証明できる金額の記載のある受取書とみることを規定しています。

また，「支払通知書控」等のように，金銭の支払者が作成して自己の控として所持するような表現となっていても，金銭等の授受に際してその受取人から支払人に対して金銭の受領事実を証明するために交付することが明らかであれば，これも売上代金に係る受取書（第17号の1文書）として取り扱われます。

15. 資産を譲渡することの対価の意義

> **問** 売上代金となる「資産を譲渡することの対価」には，どのようなものが含まれますか。

答 資産は有形，無形を問われませんから，現金を除く商品，備品等の流動資産，固定資産，無体財産権その他の資産を譲渡する場合の対価がこれに

該当します。

　譲渡の典型は売買ですが，交換の場合にも特定の物又は権利を譲渡する代わりに他の代替物を受領することとなりますから，その代替物が有価証券であれば，これに該当することとなります。

　資産を譲渡することの対価に該当するものとしては，次のようなものがあります。

(1)　商品の売上代金（その売掛金の回収を含みます。）
(2)　資産の売却代金（その未収金を含みます。）
(3)　手形割引の代金（手形の割引は，手形という有価証券を他人に譲渡し，その対価として金銭等を受領するものですから，有価証券の売買に該当します。）
(4)　無体財産権の譲渡代金（例えば，特許権，実用新案権，商標権などの譲渡代金）
(5)　債権の譲渡代金（例えば，電話加入権，売掛金などの譲渡代金）

16. 資産を使用させることの対価の意義

> ［問］　売上代金となる「資産を使用させることの対価」には，どのようなものが含まれますか。

　［答］　不動産，動産，無体財産権その他の権利を他人に使用させることの対価をいいます。
　これに該当するものとしては，次のようなものがあります。
(1)　土地，建物等不動産の賃貸料
(2)　建設機械，自動車，事務機器等のリース料
(3)　貸付金の利息
(4)　貸倉庫料，貸金庫使用料
(5)　特許権，著作権等の無体財産権の使用料
(6)　土地や建物の賃貸契約に行う権利金

17. 資産に権利を設定することの対価の意義

> 「問」 売上代金となる「資産に権利を設定することの対価」には，どのようなものが含まれますか。

「答」 不動産，無体財産権その他の権利を他人に使用させる場合等に，その資産上に一定の権利を設定するときの対価をいいます。
これに該当するものとしては，次のようなものがあります。
(1) 地上権，地役権の設定の伴う対価
(2) 土地の賃貸借契約に伴う権利金
(3) 建物の賃貸借契約に伴う権利金
(4) 無体財産権に実施権又は使用権を設定する場合の権利料

18. 役務を提供することの対価の意義

> 「問」 売上代金となる「役務を提供することの対価」には，どのようなものが含まれますか。

「答」 役務を提供する契約には，請負契約，運送契約，委任契約，寄託契約などのように，労務，便益その他のサービスを提供する契約があり，この役務の提供をすることによる対価がこれに該当します。
事例としては，次のようなものがあります。
(1) 請負契約の対価……工事請負代金，修繕費，宿泊料，出演料，広告料
(2) 運送契約の対価……運送料
(3) 委任契約の対価……委任報酬，情報の提供料
(4) 寄託契約の対価……保管料
(5) その他………仲介料，技術援助料

19. 売上代金の受取書に含まれるものの範囲

> [問] 売上代金の受取書には，事実は売上代金ではない場合であっても，法律上売上代金の受取書として取り扱われるものがあるとのことですが，その内容について説明してください。

[答] 印紙税法上は，次のような受取書も売上代金の受取書として取り扱うこととされています。

1 受取金額の一部に売上代金を含む受取書

この場合の売上代金に係る受取書の記載金額については，その記載の仕方によって次のようになります（通則4のハ）。

(1) 受取書の記載金額を売上代金に係る金額とその他の金額とに区別することができるものは，売上代金に係る金額をその受取書の記載金額とする。

(2) 受取書の記載金額を売上代金に係る金額とその他の金額とに区分することができないときは，その記載金額をその受取書の記載金額とする。

(3) (2)の場合に，その他の金額の一部だけ明らかにされているものは，その明らかにされている部分の金額を除いた金額をその受取書の記載金額とする。

2 受取金額の内容が明らかにされない受取書

受取金額の全部又は一部が売上代金であるかどうかがその受取書の記載事項により明らかにされない受取書は，売上代金に係る受取書とみなされます（第17号文書の定義欄1のイ）。

この規定は事実関係が売上代金以外の受取書であることが他の書類等により証明できる場合であっても，その受取書の記載事項より売上代金の受取金額ではないことが明らかとならなければ，売上代金の受取書として課税されるというものです。

したがって，受取書の記載方法については十分注意する必要があります。

3 受領委託を受けた者の受取書

売上代金の受領について委託を受けた者が，委託者に代わって売上代金を

受領する場合に作成する受取書は，売上代金の受取書として課税されます（第17号文書の定義欄1のロ）。

4　受領委託をした者の受取書

3の場合の委託者が受託者から回収売上代金を受領する場合に作成する受取書は，売上代金の受取書として課税されます（第17号文書の定義欄1のハ）。

5　支払委託を受けた者の受取書

売上代金の支払について委託を受けた者が，委託者から支払資金を受領する場合に作成する受取書は，売上代金の受取書として課税されます（第17号文書の定義欄1のニ）。

なお，売上代金の受取書であっても，次のものは売上代金の受取書から除外されて，その他の受取書として課税されます。

(1)　売上代金を預金口座振込の方法により支払う場合に，その受託者たる金融機関が作成する振込金の受取書

(2)　売上代金を信託会社にある支払先の信託勘定へ振り込むことを依頼された金融機関が作成する振込金の受取書

(3)　売上代金を為替取引により送金する場合に金融機関が作成する送金資金の受取書

20. 売上代金に該当しないものの事例

　問　売上代金に該当しないものとしてはどのようなものがあるか，事例をあげて説明してください。

　答　印紙税法上「売上代金」に該当しないものとしては，①本来的に売上代金に該当しないものと，②売上代金に該当するが法律上売上代金から除外しているものに区分されますが，本来的に売上代金に該当しないものについて説明します。

売上代金とは，資産の譲渡，資産の使用，役務の提供の対価をいうのですから，当然のこととして，対価性を有するものでなければなりません。

一般に「対価」という用語は，何らかの給付があって，これに対応する給付，すなわち反対給付の意味に用いられていますから，おおよそ，その契約体系は有償，双務契約ということができます。

そこで，対価性のないものにはどのようなものがあるかを考えてみれば，売上代金に該当しないものの範囲が明らかとなるものです。

対価性のないものとしては，次のものが考えられます。

(1) 無　償　契　約

　贈与などの無償契約においては，資産を譲渡又は使用させることの行為はあっても，対価は生じないのが普通ですから，売上代金の問題は生じません。

　ただし，使用貸借契約において，使用料は無料であるが契約時に権利金をとるように対価性の生ずる場合には，その権利金は売上代金となります。

(2) 譲受資産の受取

　印紙税法上の売上代金は，対価として受け取るものをいうのですから，譲り受けた資産又は借り入れる資産そのものの受取は当然売上代金の受取書ではありません。

　また，その借り入れた資産を返還する場合の受取も，同様です。

　(例)　イ　有価証券の譲受者が作成する有価証券の受取書
　　　　　　(注)　有価証券を交換する場合には，法律上売上代金から除外されている有価証券の場合を除き，双方の有価証券の受取とも売上代金の受取となります。
　　　　ロ　借入金の受取書及び返済元金の受取書

(3) 担保物としての受取

　担保として金銭又は有価証券を受け取っても，これは対価として受け取るものではありませんから，売上代金の受取書に該当しません。

　(例)　イ　手形貸付の場合の担保手形の受取書

ロ　担保とする有価証券の受取書
　　　ハ　質物とする有価証券の受取書
　　　ニ　保証金，敷金の受取書
　　　ホ　イからニまでの返還に伴う受取書
　　（注）　賃貸借契約の場合には，保証金等と称していても，その一部は契約解除時に返済しないこととしているものがありますが，返済しない保証金等の額は，権利金と同一視し，売上代金となります。

(4) 寄託物としての受取

　寄託契約などにより寄託物として金銭又は有価証券を受け取っても，これは対価として受け取るものではありませんから，売上代金の受取書に該当しません。

　（例）イ　預貯金の受取書
　　　　ロ　保護預り有価証券の受取書
　　　　ハ　積金，積立金の受取書
　　　　ニ　イからハまでの返還に伴う受取書

(5) 出資金等の受取

　新株払込金のように，新株式，社債券等を原始取得する場合の払込金は，新株式等を譲り受けるための対価とはいえませんから，売上代金の受取書に該当しません。

　（例）イ　出資払込金等の受取書
　　　（注）　株式発行会社が払込金を受け入れた場合に作成する受取書は，資本取引に係るものであり営業に関しないものとして非課税となりますが，株式払込取扱銀行等株式会社発行以外の者が作成する受取書は課税されます。
　　　　ロ　出資払込みに伴って受け取ることとなる出資証券等の受取書

(6) 弁済有価証券の替わり金の受取

　売上代金の弁済として手形又は小切手を受け取った後，その手形又は小切手の替わり金として受け取る金銭（特約により売上債権を手形債権に切り替えた場合に受け取る金銭）は，当初の売上代金として受け取るものではなく，一旦，手形債務等に切り替わった債務の支払いとして受け取るものですか

ら，売上代金には該当しません。

(注) 発行した手形を合意の上で無効とし，当初の売掛債権として復活させる場合には，その後に受け取る金銭等は，売上代金に該当することとなります。

(7) 書替え手形の受取

手形の期日を変更するため，旧手形を回収して新手形を発行する場合には，旧手形を譲渡する対価として新手形を受け取るものではなく，この行為は一種の更改ないし代物弁済と解されていますから，売上代金には該当しません（相手方の手形についても同じ。）。

(8) 割戻金の受取

売上値引，割戻金などは物品の売買などに伴って発生するものでも，割戻金自体は対価として給付されるものではありませんから，これの受取は売上代金の受取に該当しません。なお，割戻金の用語は広い意味に用いられていて，中には，相手方に何らかの役務の提供を条件とするものがあります（例えば，製品のチラシ広告をした場合などに限り支払うもの）が，この場合は売上代金に該当しますので，一律には判断できません。

(9) 過払金の返還に伴う受取

売買などの売上代金として支払った金額が過払であった時には，その過払分を返還することとなりますが，これは対価として生ずるものではありませんから，これの受取は売上代金の受取に該当しません。

(10) 契約解除に伴う返戻金の受取

契約を解除した場合に，既に給付を受けた前受金等を返還することとなりますが，これは何らかの対価として給付するものではありませんから，売上代金に該当しません。

(11) 損害賠償金の受取

損害賠償金，例えば債務不履行の場合の遅延利息，違約金，事故補償金などは，対価として生ずるものではありませんから売上代金に該当しません。

なお，貸付金の支払期限の途過に伴う遅延利息の場合には，その全てが損害賠償金となるものではなく，期限後利息と損害賠償金が混在するものと認

〔第17号文書〕

められるものもありますから，期限後利息を含むことが明確な場合には資産を使用させることの対価として，売上代金に該当することとなります。

これに対して，売掛債務等の場合の契約不履行に伴う遅延利息は，相手方に資産を使用させているものではありませんから，売上代金に該当しないこととなります。

⑿　株式配当金とその他の利益分配金の受取

株式配当金その他の利益分配金は，対価として支払うものではありませんから，これの受取は売上代金の受取に該当しません。

⒀　保険金の受取

損害その他の保険加入者が，保険事故が生じた場合に取得する保険金には，対価性は認められませんから売上代金に該当しません。

⒁　その他の対価性のないもの

会費，協賛金，負担金など以上に述べたもの以外にも，その性質上対価性がないものや，資産の譲渡，資産の使用又は役務の提供には当たらないため印紙税法上の売上代金に該当しないものが考えられますが，一律に判断できないものが多いので，その判定は個別具体的に行う必要があります。

21．売上代金から除外されるもの

　問　印紙税法上売上代金から除くこととされているものがあると聞きましたが，その範囲について説明してください。

　答　資産の譲渡の対価等，印紙税法上売上代金に該当するもののうち，次に掲げるものは法律上特に売上代金から除外しています（第17号文書の定義欄及び令第28条）。

⑴　金融商品取引法第2条第1項に掲げる有価証券の譲渡の対価の受取書等

これには，例えば，国債証券，地方債証券，社債券，特別法人の出資証券，株券，投資信託又は貸付信託若しくは特定目的信託の受益証券を譲渡し

た場合の代金の受取書が該当します。

また，次に掲げる権利は有価証券に類するものとして，これらの権利を譲渡した対価の受取書も売上代金に係るものには該当しないものとされています。

① 金融商品取引法第2条第1項第1号から第15号まで《定義》に掲げる有価証券及び同項第17号に掲げる有価証券（同項第16号に掲げる有価証券の性質を有するものを除きます。）に表示されるべき権利（これらの有価証券が発行されていないものに限ります。）

② 合名会社，合資会社又は合同会社の社員の持分，法人税法第2条第7号《定義》に規定する協同組合等の組合員又は会員の持分その他法人の出資者の持分

③ 株主又は投資主（投資信託及び投資法人に関する法律第2条第16項《定義》に規定する投資主をいいます。）となる権利，優先出資者（協同組織金融機関の優先出資に関する法律第13条《優先出資者となる時期》の優先出資者をいいます。）となる権利，特定社員（資産の流動化に関する法律第2条第5項《定義》に規定する特定社員をいいます。）又は優先出資社員（同法第26条《社員》に規定する優先出資社員をいいます。）となる権利その他法人の出資者となる権利

(2) 保険料の受取書

保険料は，一般に何らかの給付を行うことの対価ではありません。例えば，損害担保等の掛金などの相互保険の場合において一部に業務手数料的部分があるときには対価性要素を含む場合もありますが，保険料の受取者又は支払者にとって，これは明確に区分されるものではありませんから，生命保険，損害保険等全ての保険の保険料について売上代金に該当しないものとされているのです。

(3) 公債及び社債（特別の法律により法人の発行する債券及び相互会社の社債を含みます。）並びに預貯金の利子の受取書

これには，(1)に掲げた国債，地方債，社債券及び預貯金の利子が該当します。

(4) 財務大臣と銀行等との間又は銀行等相互間で行われる対外支払手段又は外貨建債権の譲渡の対価の受取書

22. 端株処分代金の受取書

> **問** 端株を買い取ってもらったときに受け取る処分代金の受取書は，売上代金以外の金銭の受取書とされていました。会社法において端株制度が廃止されましたが，印紙税の取扱いに何か変更はありますか。

答 旧商法では，出資単位の少ない者の権利に関するものとして，①1株に満たない端数を有する者（端株主）に対して，議決権以外の一定の権利を与える端株制度と，②一定の数の株式をもって一単元の株式とし，一単元の数に満たない株式については議決権を与えないものとする単元株制度がありました。

会社法は，これを単元株制度に一本化することとし，端株制度を廃止しました。旧商法により端株制度を採用している会社においては，会社法施行後も端株制度の存続が認められ，旧商法の規定が適用されますが（会社法の施行に伴う関係法律の整備等に関する法律第86条第1項），株式の分割等の方法により端株を単元株に変更することができます。

会社法の単元株制度は，単元株式数に満たない株式を有する株主（単元未満株主）については，株主総会の議決権を持たない（会社法第189条第1項）ほか，定款の定めにより，会社法第189条第2項各号に定めるもの（単元未満株式の買取請求権，残余財産の分配を受ける権利等）を除く権利を制限できるというものです。

旧商法と同様に，単元未満株の株主は，会社に対し，所有する単元未満株の買取りを請求でき（旧商法第221条第6項，第220条ノ6，会社法第192条，第193条），また，会社は，定款で定めることにより，単元未満株の株主に対し，単元未満株と併せて単元株式数となる数の株式の売渡請求権（買増し請求権）を

与えることができます (旧商法第221条ノ2，会社法第194条)。

　第17号文書である金銭又は有価証券の受取書のうち，売上代金に係るものはその記載金額を課税標準とすることとされています。この売上代金とは資産の譲渡等の対価とされていますが，有価証券その他これに準ずるもので政令で定めるものの譲渡の対価については，売上代金に該当しないものとされています(第17号文書の定義欄1，令第28条第1項(前問「売上代金から除外されるもの」参照))。

　端株については，この有価証券その他これに準ずるものとして，改正前の令第28条第1項第1号に規定されていましたが，端株制度の廃止に伴い，この規定は削除されました。しかし，会社法施行の際に現に存する端株については，従前の例によることとする経過措置が設けられています(印紙税法施行令の一部を改正する政令(平成18年3月31日政令第131号)附則第2条)。したがって，会社法施行後に端株の譲渡を行った場合その譲渡の対価は会社法施行前とかわらず売上代金に該当しないことになります。

23. 手付金，内入金等の受取書

　[問]　売買などの契約を結ぶ場合，手付金や内入金などを受け取る場合がありますが，これの受取書は売上代金の受取書に該当するでしょうか。

　[答]　第17号文書の定義欄において，手付けは売上代金に含むことを規定しています。手付けという契約が成立するかどうかが不確定な場合に受領する金銭までも売上代金としているのですから，売上代金との結びつきが直接できるものである限り，あらかじめ手付金，内入金等として受け取るものは，全て売上代金の受取書として課税されることになります。

　なお，一般に前渡金などの名称を用いてあらかじめ資金を供給する場合がありますが，これについては一律に判断できない面があり，その供給する実質的意義に基づいて判断しなければなりませんが，手付金的性格を有するものは売

上代金として取り扱われることになります。
(注) 第1号文書や第2号文書などにおいては、手付金、内入金等について記載金額（契約金額）に該当しない場合がありますから、注意を要します（総則編第4の問17「手付金額、内入金額の記載がある文書」（56頁）参照）。

24. 利札の受取書の記載金額

　　[問]　供託していた利札の返還を受けた場合に作成する利札の受取書については、利札の券面金額を記載すればその券面金額を記載金額として取り扱うこととされると聞きましたが、そのとおりですか。

　　[答]　利札は、そのもの自体が利息請求権を表彰する有価証券ですから、これの受取書は売上代金以外の有価証券の受取書（第17号の2文書）に該当します。
　ところで、昭和59年6月以前は、金銭に代えて受け取る場合以外の有価証券の受取書については、たとえその受取書に有価証券の券面金額が記載されていても、それは受取金額としての記載ではなく受け取った有価証券を特定するための記載と認められることから、その記載された券面金額は記載金額に該当しないものとして取り扱われていました。したがって、例えば、供託していた券面金額が3万円未満の利札の返還を受けたときの受取書については、有価証券の受取書（第17号文書）として印紙税を納付する必要がありました。印紙税法により3万円未満（当時）の受取書が非課税とされていることを考慮すると、この取扱いは必ずしも適当とはいえないので、昭和59年6月の基本通達の改正で、このような受取書については、その受取書に受取に係る有価証券の券面金額を記載した場合は、その記載された券面金額を記載金額として取り扱うこととされました。
　なお、売上代金に係る有価証券の受取書（例えば、売上代金として受け取る額面株式の株券の受取書など）にまでこの取扱いを適用するのは適当でないため、

この取扱いは，第17号の2文書に該当する有価証券の受取書に限定した取扱いとされています（基本通達第17号文書の18）。

25. 売上代金の受取書の記載金額

　　[問]　売上代金として受け取った場合に作成する受取書の記載金額については，特別の取扱いがあるとのことですが，これについて説明してください。

　[答]　課税文書の記載金額の判断は，基本的に当該課税文書に記載された事項により行うことになります（基本通達第4条）が，受取書の記載金額の見方については，通則4のホの㈢に特別の規定が設けられているところです。これは，受取書に直接金額を記載しないでも記載事項から受領金額を間接的に証明することができ，このような方法で印紙税の負担の軽減を図ることを防止するために規定されているのです。

　つまり，売上代金に係る金銭又は有価証券の受取書については，受取書に金額を記載しないものであっても，受け取る有価証券を特定したり，受け取る金額の記載がある支払通知書，請求書等を特定するために，文書の名称，発行者の名称，発行の日，記号，番号その他の記載があることにより，金額を明らかにすることができるものは，その金額の記載のある受取書として取り扱われることになるのです。

　この規定は，その受取書上金額を明らかにできる事項が記載されているかどうかが問題となるのであって，発行者の名称，発行の日，記号，番号等の各要素はそれほど重要視されません。

　すなわち，特定の事項を記載することにより，当事者間で金額を明らかにすることができるものは全て適用されます。

26. 売上代金と売上代金以外の金額の受取書の記載金額

> [問] 印紙税法では，売上代金の受取書には受取金額に応じた収入印紙を貼ることになっていますが，売上代金とその他の金額とを併せて受け取った場合の受取書の記載金額はどのようになるのでしょうか。

[答] 売上代金と売上代金以外の金額とを併せて受け取った場合の受取書も売上代金の受取書になりますが，このような受取書に対して税率を適用する場合の記載金額については，通則4のハに特別の規定が設けられています。

通則4のハでは，

(1) 当該受取書の記載金額を売上代金に係る金額とその他の金額に区分することができるときは，売上代金に係る金額を当該受取書の記載金額とする。

(2) 当該受取書の記載金額を売上代金に係る金額とその他の金額に区分することができないときは，当該記載金額（当該金額のうちに売上代金に係る金額以外の金額として明らかにされている部分があるときは，当該明らかにされている部分の金額を除く。）を当該受取書の記載金額とする。

と規定されています。この規定からお分かりのように，その受取書の金額を売上代金と売上代金以外とに区分して記載した場合には，売上代金の金額に応じた印紙税が課されることになりますが，両者を区分しないで合計金額で記載した場合には，その合計金額に応じた印紙税が課されることになります。

例えば，貸付金元金の返済金1,000万円とその利息80万円とを併せて受け取った場合に作成する受取書に，「1,080万円也，但し平成○年○月○日付消費貸借契約による貸付金の返済金1,000万円，利息80万円，上記正に受け取りました。」と記載した場合には，「売上代金に係る金額」である利息の金額の80万円が記載金額となります。これに対し，「1,080万円也，上記の金額正に受け取りました。」と記載した場合には，売上代金に係る金額とその他の金額に区分することができませんから，1,080万円が記載金額となります。

このように，同じ金額を受け取った場合でも，その受取書にどのように記載

されているかによって印紙税法の適用が異なることになりますから，このような受取書の作成に当たっては特に注意する必要があります。

27. 書換え手形の受取書

[問] ① 当社は，中古の機械一式を売却し，その代金として約束手形1通（金額350万円）を受け取り，これに対する受取書を作成しました。

② 手形期日になったところ，相手方から資金繰りの都合で一部の支払いを延ばすことを依頼されましたので，前期①の手形を相手方に返還するとともに，期日を延期した新しい約束手形1通（金額200万円）と小切手1通（旧手形と新手形の差金150万円（特約により手形債務に切り替えたもの）と支払期日を延期することに伴う利息相当分金額5万円を合わせた金額155万円）を受け取り，それぞれ各別の受取書を作成しました。

これらの受取書に係る，印紙税法の取扱いを教えてください。

[答] 手形や小切手は有価証券に当たりますから，ご質問の場合いずれの受取書も有価証券の受取書（第17号文書）に該当します。

問題は，売上代金の受取書に当たるかどうかというところにありますから，この点について説明を加えることとします。

印紙税法でいう「売上代金」とは，資産の譲渡，資産の使用，資産に係る権利の設定，役務の提供に伴う対価をいうこととしていますから，売上代金に係る受取書に該当するかどうかは，金銭又は有価証券を受け取ることとなった原因が，資産の譲渡などの売上げの対価として行われたものであるかどうかによることになります。

したがって，当初の中古機械一式を売却したときに受け取った旧手形の受取書は，資産を譲渡した対価として受け取る有価証券の受取書ですから，売上代金に係る受取書（第17号の1文書）として，その金額350万円に相当する印紙税が課されます。

次に，新手形の受取書ですが，支払期日などを延期するため新しい手形に書き換えることは，一般に手形の書換え又は切換えといって融通手形の場合などによく行われています。この行為を手形の交換としてとらえますと，旧手形を引き渡すことによって新しい手形を受け取ること，つまり資産（有価証券）を譲渡する対価として有価証券を受け取ることになるのではないかという疑問が生じます。

しかし，手形の書換えは学説，判例からみて民法上の更改ないし代物弁済と解されておりますから，有価証券の譲渡の対価としてとらえることは無理があるようです。

したがって，書換え手形の受取書は，売上代金以外の受取書として取り扱うことになります。

ご質問の場合には，350万円の手形のうち200万円部分を書き換えることになりますが，これも一種の手形の書換えですから，この新手形の受取書も売上代金以外の受取書（第17号の2文書）として印紙税が課税されます。

最後に，旧手形と新手形の差金150万円と支払期日を延期することに伴う利息相当分5万円の小切手の受取書ですが，この場合の150万円分は，特約による手形債務の一部弁済ですから売上代金には該当しません。

支払期日を延期することに伴う利息相当分5万円は，この場合には借入金利息のように資産を使用させることの対価たる金額ではありませんから，売上代金には該当しません。したがって，この小切手の受取書は売上代金以外の受取書（第17号の2文書）として印紙税が課されます。

しかし，単に「金利」と表示するときには，売上代金であるかどうかが受取書の記載事項から明らかにされていることにはなりませんから，印紙税法上，売上代金とみなされてしまいます。そのため，受取書の記載方法には十分注意する必要があり，手形書換えのときには「手形書換え分」，支払延期利息については「手形期日延期利息」等と文書上よく分かるように記載しておかなければなりません。

28. 営業用建物の売却代金の受取書

[問] 家庭電化製品の販売業をしている者ですが，このたび営業所を移転することとなり，旧営業所で使用していた建物を5,000万円で売却しました。この売却代金の受取書は売上代金の受取書として金額に応じた収入印紙を貼る必要があるのでしょうか。

[答] 売上代金に係る金銭又は有価証券の受取書（第17号の1文書）の「売上代金」となる資産を譲渡することによる対価とは，不動産，動産，無体財産その他の権利を他人に譲渡した代金をいいますから，会計上それが主たる業務の売上げとして処理されるものはもちろんのこと，主たる業務以外の営業外損益として処理されるものであっても，資産の譲渡の対価として受け取るものである限り売上代金に含まれることになります。したがって，不用となった土地，建物，機械器具などの売却代金や作業屑などの売却代金も売上代金に含まれます。

このように，印紙税法でいう売上代金とは，会計上使用される売上げの概念とは異なり，およそ経済取引における何らかの対価として受け取るもの，いいかえれば対価性のあるものはほとんど含まれることになっており，相当広範なものとなります。

ご質問の場合には，営業用財産の売却であって，営業に付随した行為の一環として行われるものですから，「営業に関しないもの」という非課税規定の適用はありません。したがって，売上代金に係る金銭の受取書（第17号の1文書）として課税されることになります。

29. 船荷証券の売買代金の受取書

> 【問】 有価証券の譲渡の対価は売上代金から除かれていますから、その受取書には200円の収入印紙を貼ればよいと聞きましたが、船荷証券の売買代金250万円を受け取った場合の受取書も200円の収入印紙を貼ればよいのでしょうか。

【答】 売上代金とは、「資産を譲渡し若しくは使用させること又は役務を提供することによる対価」をいうものとされています。有価証券も資産ですから、その譲渡の対価は売上代金に含まれることになるのですが、実体的にみて売上代金の受取書として階級定額税率を適用することが適当でないとの配慮から「金融商品取引法第2条第1項に規定する有価証券の譲渡の対価」は売上代金から除くことにされています。

そこで、その譲渡の対価が売上代金から除かれる有価証券の範囲が問題となるのですが、金融商品取引法第2条第1項には次のものが掲げられています。

(1) 国債証券
(2) 地方債証券
(3) 特別の法律により法人の発行する債券（(4)及び(11)に掲げるものを除きます。）
(4) 資産の流動化に関する法律に規定する特定社債券
(5) 社債券（相互会社の社債券を含みます。以下同じ。）
(6) 特別の法律により設立された法人の発行する出資証券（次号、(8)及び(11)に掲げるものを除きます。）
(7) 協同組織金融機関の優先出資に関する法律（以下「優先出資法」といいます。）に規定する優先出資証券
(8) 資産の流動化に関する法律に規定する優先出資証券又は新優先出資引受権を表示する証券
(9) 株券又は新株予約権証券
(10) 投資信託及び投資法人に関する法律に規定する投資信託又は外国投資信託

の受益証券

(11) 投資信託及び投資法人に関する法律に規定する投資証券，新投資口予約権証券若しくは投資法人債券又は外国投資証券

(12) 貸付信託の受益証券

(13) 資産の流動化に関する法律に規定する特定目的信託の受益証券

(14) 信託法に規定する受益証券発行信託の受益証券

(15) 法人が事業に必要な資金を調達するために発行する約束手形のうち，内閣府令で定めるもの

(16) 抵当証券法に規定する抵当証券

(17) 外国又は外国の者の発行する証券又は証書で(1)から(9)まで又は(12)から(16)までに掲げる証券又は証書の性質を有するもの（(18)に掲げるものを除きます。）

(18) 外国の者の発行する証券又は証書で銀行業を営む者その他の金銭の貸付けを業として行う者の貸付債権を信託する信託の受益権又はこれに類する権利を表示するもののうち，内閣府令で定めるもの

(19) 金融商品市場において金融商品市場を開設する者の定める基準及び方法に従い行う金融商品取引法第2条第21項第3号に掲げる取引に係る権利，外国金融商品市場において行う取引であつて同条第21項第3号に掲げる取引と類似の取引に係る権利又は金融商品市場及び外国金融商品市場によらないで行う同条第22項第3号若しくは第4号に掲げる取引に係る権利（オプション）を表示する証券又は証書

(20) 前各号に掲げる証券又は証書の預託を受けた者が当該証券又は証書の発行された国以外の国において発行する証券又は証書で，当該預託を受けた証券又は証書に係る権利を表示するもの

(21) 前各号に掲げるもののほか，流通性その他の事情を勘案し，公益又は投資者の保護を確保することが必要と認められるものとして政令で定める証券又は証書

上記(1)から(21)までに掲げた債券，株券，出資証券，受益証券等の有価証券の譲渡の対価が売上代金から除かれていますから，これらの有価証券を金融商

取引所を通じて取引するか，金融商品取引所以外の場所で取引するかを問わず，その対価を受け取った際に作成する受取書は売上代金以外の受取書となります。

(注) 上記(1)～(15)の有価証券及び(17)の有価証券（(16)の有価証券の性質を有するものを除きます。）が発行されていない場合，これらの有価証券に表示されるべき権利を譲渡したときの対価も売上代金から除かれます（問21「売上代金から除外されるもの」（365頁）参照。）。

しかしながら，これらの有価証券以外の有価証券，例えば，手形，貨物引換証，船荷証券等を譲渡した対価は売上代金に該当することになりますから，その対価の受取事実を証するために作成する受取書は売上代金の受取書となり，受取金額に応じた印紙税が課されることになります。

ご質問の領収書は，船荷証券の販売代金を受け取った際に作成されるものであり，売上代金から除かれる有価証券の譲渡の対価ではありませんから，売上代金の受取書に該当することになり，受取金額250万円に応じた印紙税が課されることになります。

30. 旅館等におけるタクシー代等の受取書

問 旅館等においては，お客が支払うべきタクシー代，電話代，玉代，マッサージ代等を宿泊料とは別に受け取りますが，この場合の受取書は売上代金の受取書になるのでしょうか。

答 「売上代金に係る金銭又は有価証券の受取書」とは，資産を譲渡することによる対価，資産を使用させること（その資産に係る権利を設定することを含みます。）による対価及び役務を提供することによる対価として受け取る金銭又は有価証券の受取書をいいます。

また，売上代金であるかどうかは，最終的に受け取る者が資産の譲渡の対価，資産の使用の対価又は役務提供の対価として受け取るものであるかどうか

により判断するものです。

　さて、タクシー代、電話代、玉代、マッサージ代についてですが、これらは、資産の使用の対価又は役務提供の対価として支払われるものですから、売上代金に該当します。

　次に、これらのタクシー代などを旅館等がお客から受け取るのは、旅館等がタクシー会社、マッサージ師等から代金受領の委託を受けて、これらの者に代わって受け取る場合、あるいは、お客からタクシー会社等への支払いの委託を受けてその代金を受け取るものと考えられます。したがって、旅館等はお客又はタクシー会社等の受託者の立場に立つことになります。

　このような、売上代金の代理受領をする場合、あるいは売上代金の支払委託を受けてその支払資金を受領する場合に作成する受取書に対する印紙税の取扱いについては、第17号文書の定義欄1に規定されています。すなわち、①他人の事務の委託を受けた者（受託者）が当該委託をした者（委託者）に代わって売上代金を受け取る場合に作成する受取書、②受託者が委託者に代わって受け取る売上代金の全部又は一部に相当する金額を委託者が受託者から受け取る場合に作成する受取書、及び③受託者が委託者に代わって支払う売上代金の全部又は一部に相当する金額を委託者から受け取る場合に作成する受取書も売上代金の受取書に含むこととされています。この①～③の関係を委託販売及び買付委託に例をとって図示すれば次表のようになり、この①～③の規定は、資産の使用の対価又は役務の提供の対価を受託者が受け取る場合にも適用されます。

A　委託販売の場合

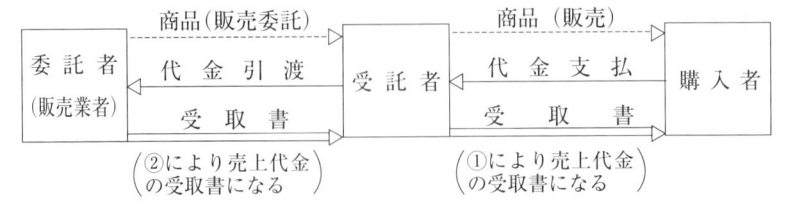

```
                商品（販売委託）              商品（販売）
┌─────┐  ─ ─ ─ ─ ─ ─ ─ ─ ─▷ ┌─────┐ ─ ─ ─ ─ ─ ─ ─ ─ ─▷ ┌─────┐
│ 委託者 │    代 金 引 渡       │       │   代 金 支 払     │       │
│(販売業者)│◁────────────│ 受託者 │◁────────────│ 購入者 │
│     │    受　取　書       │       │   受　取　書     │       │
└─────┘                   └─────┘                   └─────┘
         （②により売上代金              （①により売上代金
          の受取書になる）               の受取書になる）
```

B　買付委託の場合

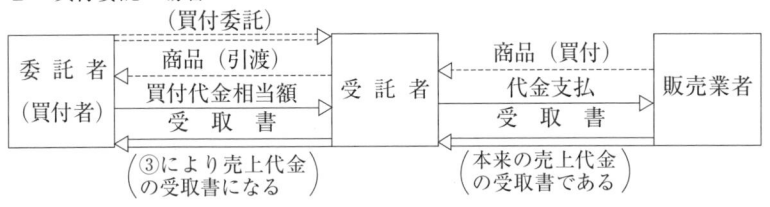

```
                    （買付委託）
  ┌─────┐ ────────────▷ ┌─────┐    商品（買付）  ┌─────┐
  │委 託 者│   商品（引渡）  │受 託 者│ ◁──────────── │販売業者│
  │(買付者)│ ◁──────────── │     │   代金支払    │     │
  └─────┘  買付代金相当額   └─────┘    受 取 書    └─────┘
            受  取  書
           (③により売上代金)  (本来の売上代金)
           (の受取書になる )  (の受取書である)
```

　この関係を旅館等がタクシー代などをお客から受け取る場合に当てはめますと，旅館等がタクシー会社等から委託を受けて代理受領する場合の受取書は，上記Ａの受託者が購入者に交付する受取書と同じ性質のものであり，逆に，旅館等がお客からタクシー代などの支払いを委託されて，その支払資金を受け取るものであるならば，この受取書は上記Ｂの受託者が委託者に交付する受取書と同じ性質のものであります。このように，いずれの場合であっても，売上代金に相当する金銭の受取書に該当することになります。

　なお，マッサージ代などのように，最終的に受け取る者が営業者でない場合には，営業に関しない受取書として印紙税は課されないのではないかと誤解されるむきもありますが，営業に関しない受取書であるかどうかは，その受取書を作成した者が営業に関して作成したものであるかどうか，いいかえれば，作成者が営業者であるか否かによってきまるものですから，最終的な受取者が営業者であるか否かは問題となりません。

31. 事務代行者が受け取る租税相当額の受取書

　　問　輸入者が納付すべき関税相当額を輸入代行会社が輸入者から受け取る場合，自動車の所有者が納付すべき自動車重量税相当額を自動車整備会社が自動車の所有者から受け取る場合などのように，他人の事務の委託を受けた者が，委託者が納付すべき租税相当額を受け取る場合の金銭は，売上代金に該当しますか。

答　ご質問のような，委託者が納税義務を負う租税の額に相当する金銭は，輸入品の取引，自動車検査証の交付等又は車両番号の指定などに伴って輸入者等が納税義務を負うものであって，資産の譲渡若しくは使用又は役務の提供の対価として支払われるものではありませんから，売上代金には該当しません。したがって，他人の事務の委託を受けた者が作成する受取書であっても，課税物件表の第17号の定義欄1のロ〜ニの規定の適用はありません。

　なお，例えば輸入代行会社自体が輸入者である場合に，委託者から受け取る関税や酒税などについては，その納税義務者は輸入代行会社となりますから，たとえこれらの租税相当額を区分して決済されたとしてもこれは譲渡価額に含まれるべきもので，これらの租税相当額は売上代金に該当することになります。

32. 競売代金等の受取書

　　問　当社は，金融業者ですが，このたび貸付先が倒産し，当社のほか数社の担保としていた不動産が競売にかけられ，債権額に応じて配当（分配）を金銭で受けることになりました。この配当金（分配金）を受領するとき作成する領収書は，全て売上代金以外の金銭の受取書に該当すると考えてよいでしょうか。

　　答　配当金と言われるものは通常，対価性を有していないことから売上代金に該当しないのが一般的ですが，担保物件の競売による配当金は，債権者の債権額の多少などによって配当され，債権者は貸付金や売掛金の回収として受領するものですから，受領する債権者が何に係る債権の回収として受け取るかにより，売上代金に係るものか，それ以外のものかを判断する必要があります。

　したがって，配当を金銭で受け取った場合に作成する領収書については，具体的にはその債権の種類に応じ次により取り扱うこととなります。

(1)　金銭の消費貸借に係る債権の場合

イ　受取額が貸付元金以内の額であり，その旨が明らかにされている受取書
　　……売上代金以外の金銭の受取書（第17号の2文書）
　（注）　その旨が明らかにされていないものは，売上代金に係る金銭の受取書
　　（第17号の1文書）に該当することとなります。
　ロ　受取額に貸付利息を含む場合の受取書……売上代金に係る金銭の受取書
　（第17号の1文書）
　（注）　元金の額と利息の額が明らかにされているものは，利息額のみが記載金
　　額となります。
(2)　売掛債権の場合
　　売上代金に係る金銭の受取書（第17号の1文書）
　なお，担保物件を競売し，配当や換価費用などを差し引いてもなお余剰金が生ずる場合には，その余剰金は担保物件の所有者であった者に返還されることとなりますが，債務者等がその余剰金を受け取る際に作成する受取書は，資産の譲渡の対価として受け取るものですから，売上代金に係る金銭の受取書（第17号の1文書）に該当します。

33. 記載金額5万円未満の受取書の判定

　[問]　売上代金分4万円，売上代金以外分2万円，計6万円の受取書は，2万円の売上代金に係る金銭の受取書（第17号の1文書）となりますが，これは5万円未満の受取書として非課税文書に該当するでしょうか。

　[答]　通則4のハには，売上代金とその他の金額が記載されている受取書の取扱いについて規定していますが，この通則4のハの規定は税率をどのようにして適用するかについての規定であって，第17号文書の非課税物件欄1に該当するかどうかを判断する場合にまで及ぶものではありませんから，この場合には同一の号に該当する金額はその合計の記載金額によるという通則4のイの規定によって，その合計額が5万円未満である場合にだけ非課税文書となりま

す（基本通達第34条）。

　なお，営業に関しない金額と営業に関する金額を併せた場合の受取書は，その内訳が明記されている場合に限り，営業に関する部分の金額により5万円未満であるかどうかを判断することになります（基本通達第17号文書の28）。

34．共同企業体と構成員の間で作成する受取書

> ［問］　工事等を数人の者によって共同受注する場合に共同企業体契約を結びますが，この共同企業体とその構成員の間の金銭の授受による受取書の取扱いについて説明してください。

　［答］　ご質問の共同企業体契約というのは，複数の当事者が出資をして共同の事業を営むという契約ですから，民法第667条《組合契約》以下に規定する組合契約と認められます。

　共同企業体と構成員の関係は，法人と出資者の関係のように明確に区分することは困難ですが，共同企業体は一つの組織体と認められますから，単なる内部組織間の金銭の授受ではなく，一面，対立的な立場での金銭の授受であると考えられます。

　そこで，両者間の受取書の取扱いについては，法人と出資者の取扱いに準じたものによることが相当となります。

(1)　共同企業体の作成する受取書

　①　出資金等の受取書

　　　会社と株主の出資関係は，資本的取引となり，会社が作成する株式払込金等の受取書は，営業に関しないものとして課税されません。

　　　したがって，共同企業体が構成員から出資金として受け取る金銭の受取書も，営業に関しないものとして取り扱われます。

　　　なお，出資金の名称によらず，例えば費用分担金などと称する場合でも，これは個人事業主が店主借勘定に払い込むのと同様に資本的取引とな

りますから，営業に関しない受取書ということになります。
② 受領委託金の受取書
　共同企業体の受領すべき債権等の受領を特定の構成員に委託する場合には，構成員が受領してきた金銭を共同企業体がさらに受領することになりますが，この関係は，第17号文書の定義欄ハに規定する「受託者が委託者に代わって受け取る売上代金の全部又は一部に相当する金額を委託者が受託者から受け取る場合」に該当しますから，受領委託した金銭の内容が売上代金であれば売上代金に係る金銭の受取書（第17号の1文書）に，売上代金でなければ売上代金以外の金銭の受取書（第17号の2文書）に該当することになります。

(2) 構成員の作成する受取書
　① 利益分配等の受取書
　共同企業体の事業目的が終了した場合等に，その利益分配金又は残余財産分配金として構成員が金銭を受領する場合に作成する受取書は，株主が受け取る株主配当金と同様な性格を有するものですから，売上代金以外の金銭の受取書（第17号の2文書）に該当します。
　② 支払委託金の受取書
　共同企業体の支払うべき債務等の支払を特定の構成員に委託する場合には，その構成員が立替払いをするとしても替り金を共同企業体から受け取ることになりますが，この関係は，第17号文書の定義欄ニに規定する「受託者が委託者に代わって支払う売上代金の全部又は一部に相当する金額を委託者から受け取る場合」に該当しますから，支払委託された金銭の内容が売上代金であれば売上代金に係る金銭の受取書（第17号の1文書）に，売上代金でなければ売上代金以外の金銭の受取書（第17号の2文書）に該当することになります。
　なお，これまでに説明したことは共同企業体と構成員の間の金銭の授受についての取扱いですが，共同企業体が第三者に対して作成する受取書の取扱いは，当然一般の場合と同様に取り扱われます。

35. 相殺したことを証明する領収書

> **問** 当社は，取引先である乙社に対して販売した物品の売上代金について，既に乙社との間において生じている当社の消費貸借債務と相殺することとし，その相殺の事実を証明するため，次のような領収書を作成しました。この領収書には印紙税が課されるでしょうか。
>
> ```
>                  領　　収　　書
>  乙株式会社御中
>     金100,000円也
>       上記正に領収しました。
>         但し，○月○日付消費貸借契約に基づく借入金と相殺
>         平成○年○月○日
>                                       甲株式会社㊞
> ```

答 第17号文書に掲げる金銭又は有価証券の受取書とは，金銭又は有価証券の引渡しをした者が，その受領事実を証明するため作成してその引渡者に交付する単なる証拠証書をいうものとされています。

ところで，一般に債権と債務を相殺した場合において，その事実を証明する方法として領収書を作成することがあります。この領収書は，領収書としての表示がなされていますが，現実には金銭又は有価証券の受領事実はないのですから，印紙税法上の受取書には該当しません。

しかし，たとえ，相殺の事実を証明するため作成される領収書であってもその事実が文書上明らかでないときには，その領収書は文書上は金銭又は有価証券の受領事実を証明しているとみられますので，印紙税法上の受取書に該当することになります。

ご質問の領収書は，ただし書において，相殺の事実が明らかにされていますので，受取書には該当せず，また，ほかの印紙税の課税文書にも該当しません

から，印紙税は課されません。

　なお，一部の金額については相殺とし，残りの金額を受領したことの文書は，その区分が明確にできる限り当該残りの金額についての受取書として取り扱われることになります（基本通達第17号文書の20）。

36. 一部を宿泊予約券で受け取った場合の記載金額

> ［問］　宿泊予約券（予約預り金10,000円としたもの）の提供を受けた場合に，その宿泊料（60,000円）の領収書を次のように記載すれば，その記載金額はどのように取り扱われますか。
> (1)　金60,000円
> (2)　現金50,000円，宿泊予約券10,000円，計60,000円
> (3)　金60,000円（ただし，内宿泊予約券10,000円）

　［答］　宿泊日，宿泊者名等が記載された宿泊予約券は有価証券ではなく，単に宿泊を予約済であることと予約金を支払済であることを証する文書ですから，その受取書は金銭又は有価証券の受取書（第17号文書）に該当しません。したがって，予約券を受領したことが受取書上明らかにされていれば，その部分は記載金額に含まれないことになります。

　ご質問の場合には，(1)のものは60,000円，(2)及び(3)のものは，それぞれ50,000円が記載金額となります。

(注)　1　旅行クーポン券と称されるものには，その券の所持人が正当な所持人とみられるような有価証券となるものがありますが，この場合には，仮に区分したとしても全体の金額が記載金額となります。

　　　2　「宿泊予約券」の受領の記載ではなく，前納金を内訳表記する領収書である場合には，前納分に係る領収書が未発行の場合であって，前納分を含めた宿泊料金全額についての領収事実を証明することが明らかなものについては，(2)，(3)のような場合であっても，60,000円が記載金額となります。

37. 非課税規定のかっこ書の意義

【問】 金銭又は有価証券の受取書（第17号文書）の非課税物件欄2の「営業（会社以外の法人で，法令の規定又は定款の定めにより利益金又は剰余金の配当又は分配をすることができることとなっているものが，その出資者以外の者に対して行う事業を含み，当該出資者がその出資をした法人に対して行う営業を除く。）に関しない受取書」とはどういうことか説明してください。

【答】 会社（株式，合同，合名，合資）の行為は，営業に関するものとなるのですが，営利法人及び公益法人以外の法人については営業，非営業の区分をすることは難しいことから，金銭又は有価証券の受取書（第17号文書）の非課税物件欄2に規定する営業の意義のかっこ書の規定によりその区分をすることとしているものです。

つまり，法令又は定款により利益金又は剰余金の配当又は分配ができることとなっている法人等の場合，その法人等と出資者（組合員等）との間で作成される受取書については営業に関しないものとして（非課税），また，これらの法人等とその出資者以外の者との間で作成される受取書は営業に関するものとして（課税）取り扱うこととなるのです。

（例）農協組合員 →(出資) 農協 →(出資) 農協連合会

この場合の農協組合員と農協，農協と農協連合会にはそれぞれ出資関係がありますから，それぞれの相互間の取引は営業に関しないものとなりますが，農協組合員と農協連合会とは出資関係がありませんから，この間の取引については営業ということができます。

38. 利益金又は剰余金の分配ができる法人

【問】 「会社以外の法人で，法令の規定又は定款の定めにより利益金又は剰余金の配当又は分配をすることができることとなっているもの」に

は，どのようなものがあるでしょうか。

答 おおむね次に掲げる法人がこれに該当します（基本通達第17号文書の21）。

(1) 貸家組合，貸家組合連合会
(2) 貸室組合，貸室組合連合会
(3) 事業協同組合，事業協同組合連合会
(4) 事業協同小組合，事業協同小組合連合会
(5) 火災共済協同組合，火災共済協同組合連合会
(6) 信用協同組合，信用協同組合連合会
(7) 企業組合
(8) 協業組合
(9) 塩業組合
(10) 消費生活協同組合，消費生活協同組合連合会
(11) 農林中央金庫
(12) 信用金庫，信用金庫連合会
(13) 労働金庫，労働金庫連合会
(14) 商店街振興組合，商店街振興組合連合会
(15) 船主相互保険組合
(16) 輸出水産業協同組合
(17) 漁業協同組合，漁業協同組合連合会
(18) 漁業生産組合
(19) 水産加工業協同組合，水産加工業協同組合連合会
(20) 共済水産業協同組合連合会
(21) 森林組合，森林組合連合会
(22) 蚕糸組合
(23) 農業協同組合，農業協同組合連合会
(24) 農事組合法人

⑵⑸　貿易連合
⑵⑹　相互会社
⑵⑺　輸出組合（出資のあるものに限る。以下同じ。），輸入組合
⑵⑻　商工組合，商工組合連合会
⑵⑼　生活衛生同業組合，生活衛生同業組合連合会
（注）　ここに掲げる以外の法人については，その法人に係る法令の規定又は定款の定めにより判断する必要があります。

39. 学校法人等が作成する受取書

　[問]　学校法人など，公益を目的として設立された法人が収益事業に関して作成する受取書は，営業に関する受取書となるのでしょうか。

　[答]　祭祀，宗教，慈善，学術，技芸その他公益を目的として設立された法人（学校法人，宗教法人，医療法人，社会福祉法人など）は，その法人の公益目的を遂行するために必要な資金を得る目的で行う行為がたとえ収益事業に関するものであっても，営業に関しないものとして取り扱われます（基本通達第17号文書の22）。

40. 公益社団法人等が作成する受取書

　[問]　次の法人が作成する金銭又は有価証券の受取書について，印紙税の取扱いを教えてください。
　1　行政庁の公益認定を受けた公益社団法人・公益財団法人が作成する場合
　2　公益認定を受けていない一般社団法人・一般財団法人が作成する場合

〔第17号文書〕

|答|

1　行政庁の公益認定を受けた公益社団法人・公益財団法人が作成する場合

　　公益社団法人・公益財団法人は，公益目的事業を行うことを主たる目的とし，営利を目的とする法人ではないことから，その作成する金銭又は有価証券の受取書は，収益事業に関して作成するものであっても，営業に関しない受取書に該当し，非課税となります（印紙税法別表第一　課税物件表第17号文書非課税物件欄2）。

2　公益認定を受けていない一般社団法人・一般財団法人が作成する場合

　　印紙税法においては，会社（株式会社，合名会社，合資会社又は合同会社）以外の法人のうち，法令の規定又は定款の定めにより利益金又は剰余金の配当又は分配をすることができないものは営業者に該当しないこととされています（印紙税法別表第一　課税物件表第17号文書非課税物件欄2かっこ書）。

　　したがって，この要件に該当する一般社団法人・一般財団法人が作成する金銭又は有価証券の受取書は，収益事業に関して作成するものであっても，営業に関しない受取書に該当し，非課税となります。

【参考】

　公益三法の制定により新たな公益法人制度が創設され，平成20年12月1日から施行されています。

（注）　公益三法とは，次の法律をいいます。

　①　一般社団法人及び一般財団法人に関する法律（平成18年法律第48号）

　②　公益社団法人及び公益財団法人の認定等に関する法律（平成18年法律第49号）

　③　一般社団法人及び一般財団法人に関する法律及び公益社団法人及び公益財団法人の認定等に関する法律の施行に伴う関係法律の整備等に関する法律（平成18年法律第50号）

41. 人格のない社団の作成する受取書

[問] 人格のない社団が作成する受取書の取扱いについて説明してください。

[答] 人格のない社団（権利能力なき社団）には，公益を目的とするもの，会員相互間の親睦を目的とするもの，営利を目的とするもの等いろいろの目的のものがありますが，これらの社団が作成する受取書が営業に関するものであるかどうかは，社団の設立目的に従って，すなわちその社団の規約等に定められた事業目的に従って判断することになり，公益及び会員相互間の親睦等の非営利事業を目的とする人格のない社団が作成する受取書は，営業に関しないものとして取り扱われ，その他の人格のない社団が作成する受取書については，収益事業に関して作成するものを営業に関するものとして取り扱うことになります（基本通達第17号文書の23）。

42. 医師等の作成する受取書

[問] 医師等の発行する受取書は営業に関しないものとして取り扱われていますが，類似のものにはどのようなものがあるのでしょうか。

[答] 営業とは，営利を目的として同種の行為を反復継続して行うことをいうのですが，医師等の行為はこれらの職業の本来あるべき姿や専門的技術や知識を有する個性的特徴を有する職業であることから商法上もまた一般通念上も営業行為ではないと解されてきたところであり，印紙税法上も，これらの者の作成する受取書は，営業に関しないものに該当し，非課税とされます（基本通達第17号文書の25）。

現在，その業務上作成するものを営業に関しないものとして取り扱われているものに，医師，歯科医師，歯科衛生士，歯科技工士，保健師，助産師，看護

師,あんま・マッサージ・指圧師,はり師,きゅう師,柔道整復師,獣医師,弁護士,弁理士,公認会計士,計理士,司法書士,行政書士,税理士,中小企業診断士,不動産鑑定士,土地家屋調査士,建築士,設計士,海事代理士,技術士,社会保険労務士等があります。

なお,ここに掲げたものは,一般にこれらの者の行為は営業行為と受け取られるおそれがあるところから掲げられたもので,これら以外の者の行為を全て営業行為とみる趣旨ではありません。例えば,サラリーマン,農漁業者,作家などの行為は営業行為ではありませんから,これらの者の作成する受取書は非課税となります。

(注) 1 これらの者の本来の業務以外の営業行為に関して作成する受取書は非課税とはなりません。
　　 2 農業,漁業,山林業に従事するものであっても,店舗その他これらに類する設備をもって生産物を販売する場合には,営業に該当します(商法第4条第2項《定義》)。

43. 薬剤師が作成する受取書

[問] 薬局を経営する者ですが,医師などが作成する受取書は営業に関しないものとして非課税となると聞きました。私も薬剤師という資格を持っており,医師の処方せんによる調剤や市販薬の販売を行っていますがこれらに伴い作成する領収書には印紙税が課されますか。

[答] 医師等がその業務上作成する金銭等の受取書は営業に関しないものとして取り扱われ非課税となります。薬剤師がその業務上作成する金銭等の受取書も同様の取扱いとなります。

ただし,薬剤師の業務は「販売又は授与の目的で行う調剤」であり,薬事法により薬剤師の行う調剤は医師等の処方せんによらなければならないとされています。

したがって，処方せんによる調剤の販売等に係る領収書は，営業に関しないものとして非課税となりますが，一般の市販薬の販売やその他の物品の販売に係る領収書は，薬剤師がその業務上作成するものではありませんから，売上代金に係る金銭又は有価証券の受取書（第17号の1文書）として課税されます。

なお，このように，その者の本来の業務以外の営業行為に関して作成する受取書が非課税とならないことは，前問の「医師等の作成する受取書」において掲げた者全てに共通することです。

44. 法人組織の病院等が作成する受取書

[問] 営利法人組織の病院等又は営利法人の経営する病院等が作成する受取書は，営業に関するものに該当するが，医療法人が作成する受取書は，営業に関するものに該当しないとのことですが，どうして差異があるのですか。

[答] 会社法によって規定されている法人（営利法人）は，利益を獲得し出資者にそれを分配することを目的として設立されたものですから，一切の行為が営業に関するものということができます。したがって，一般的には営業行為として評価されない医療行為であっても，営利法人が行えば営業に関するものとなります。これに対し，医療法に基づく医療法人は，利益金又は剰余金の分配をすることができませんから，医療法人の行為は金銭又は有価証券の受取書（第17号文書）の非課税物件欄2の規定により，営業に関しないものとなります。

45. 茶華道の先生の謝礼領収書

[問] 当社では，社員の厚生活動の一環として茶華道教室を開いており，外部から先生を招いています。先生に謝礼を支払ったときには領収書

を書いてもらっていますが、この領収書に収入印紙を貼る先生と貼らない先生があります。このような領収書には収入印紙を貼る必要があるのでしょうか。また、当社では、外部から講師を招いて講演をしてもらったり、社内紙のために原稿を書いてもらうことがありますが、これらの場合の講演料とか原稿料の領収書はどうですか。

　　答　茶華道教授の謝礼、講演料、原稿料のいずれの領収書にも収入印紙を貼る必要はありません。

　金銭又は有価証券の受取書（第17号文書）の非課税物件欄1には「記載された受取金額が5万円未満の受取書」、同欄2には「営業に関しない受取書」と記載されていますから、領収書（金銭又は有価証券の受取書）に収入印紙を貼る必要があるのは、受取金額が5万円以上で、かつ営業に関するものに限られ、受取金額が5万円未満のもの又は営業に関しないものについては収入印紙を貼る必要がないのです。

　ところで、営業とは、営利を目的として同種の行為を反復継続して行うことをいいます。具体的には商法上の商人に該当する人の行為をいい、また、株式会社など会社の行為は全て営業に当たります。

　さて、ご質問の茶華道の教授、講演、原稿の執筆行為は、商法上の商人の行為（商行為）には当たりませんから、たとえ茶華道の教授、講演、原稿の執筆を専業としている人の行為であっても営業とはなりません。したがって、茶華道の先生、講演会の講師、執筆者が作成する謝礼、講演料、原稿料の領収書は、営業に関しない受取書となりますから、印紙税の課税対象とはなりません。

46. 内職代金の領収書

　　問　当社は、電気製品の製作をしている会社です。最近はなかなか従業員が確保できないところから、製作工程のなかで部品の組立てのよう

な単純作業については，家庭の主婦などに内職として出すことにしました。そして内職代金を支払った際には領収書を書いてもらうこととしていますが，この領収書には収入印紙を貼る必要がありますか。

　答　金銭又は有価証券の受取書（第17号文書）の非課税物件欄2には「営業に関しない受取書」と記載されているところから，売上代金に係る金銭の領収書でも，領収した金銭がその領収者にとって営業に関しないものには収入印紙を貼る必要がないことになります。

　ところで，営業に関しない領収書であるかどうかは，印紙税法にいう営業とは何をいうのかがはっきりしないと，その判断はできません。

　営業の意義については，印紙税法上に明文の規定はありませんが，一般の通念によると営利を目的として同種の行為を反復継続して行うことをいうものと解されています。このような営業とはそもそも商法上の概念であり，商法では，物品の売買，製造加工，賃貸，運送等を業とする者を商人とし，商人の行為をもって営業ととらえています。しかし，収益を伴う事業であっても農林漁業者が店舗をもたないでする生産物の販売や，専ら賃金を得る目的をもって物を製造したり労務に服する者の行為は，たとえ反復継続して行われるものであっても営業とはいわないこととされています。

　さて，ご質問の電気製品の部品の組立ての内職ですが，家庭の主婦が家事の合い間に行う程度のものは，専ら賃金を得る目的をもって物を製造するものといえますから，たとえ長期にわたって継続するものであっても営業とはいえません。

　したがって，このような内職代金の領収書は，営業に関しない金銭の受取書ということができますから，収入印紙を貼る必要はないことになります。

47. 受取金額の記載中に営業に関するものと関しないものとがある場合

　問　1通の受取書に営業に関する部分の金額と営業に関しない部分

の金額を区分しているときは，どのような取扱いを受けますか。

　[答]　内訳等で営業に関するものと関しないものとが明確に区分されているものは，営業に関するものの金額より，5万円未満非課税の規定を適用することになります。

　例えば，営業に関する金額4万8,000円，営業に関しない金額3万円の場合には，その受取書の記載金額は4万8,000円とみて，これは5万円未満非課税の規定の適用を受けることになります（基本通達第17号文書の28）。

　なお，営業に関する部分の金額と関しない部分の金額とが区分して記載されていない場合には，記載金額7万8,000円の受取書となり，非課税の規定の適用はありません。

48. 租税過誤納金等の受取書

　[問]　租税の過誤納金の受取書は，たとえ会社が作成するものでも課税されないと聞きましたが本当でしょうか。またこれと類似の取扱いを受けるものはありますか。

　[答]　国税及び地方税の過誤納金とこれに伴う還付加算金等を受領した際（納税者が指定した金融機関から支払を受ける場合を含みます。）に作成する受取書は，課税しないことに取り扱われています（基本通達第17号文書の29）。これは，国等が徴収しすぎた税金を返還する場合にまで印紙税を課すことはできないという趣旨のものです。

　類似の取扱い例として，次のものがあります。
1　租税の担保として提供した金銭又は有価証券の返還を受ける際に作成する受取書
2　差押物件の返還を受ける際に作成する受取書

49. 株式払込金領収証等

> [問] 株式払込金（株式申込証拠金）領収証は，課税されないと聞きましたが間違いありませんか。

[答] 会社と株主との出資関係は，資本取引であって営業には該当しませんから，直接会社が作成する株式払込金領収証並びに出資金領収証等は非課税として取り扱われます。

しかし，募集及び払込取扱業者は会社の委託に基づいて自己の営業として株式払込金を領収するのですから，それらの者が作成するものは売上代金以外の金銭の受取書（第17号の2文書）として課税対象となります（基本通達第17号文書の32）。

50. 担保品預り証

> [問] 金銭又は有価証券を担保として預かった場合に作成する「担保品預り証」は課税文書となりますか。
> また，後日，その有価証券の返戻を受けた際に受領事実を追記すれば，新たな課税文書の作成となりますか。

[答] 金銭又は有価証券を担保として受け入れたことを内容とするものは，金銭又は有価証券の受取書（第17号文書）に該当することとなります。また，法第4条第3項では，金銭又は有価証券の受取書（第17号文書）に課税事項を追記した場合には，その追記した事項の課税文書を新たに作成したものとみなすことにしています。

ただし，追記した事項が金銭又は有価証券の受領事実である場合には，そのうち，預貯金証書（第8号文書），信託行為に関する契約書（第12号文書），金銭又は有価証券の寄託に関する契約書（第14号文書）又は配当金領収書又は配

〔第17号文書〕

当金振込通知書（第16号文書）に追記したものを非課税としているところです（第17号文書の非課税物件欄の3）。

したがって，ご質問の場合には，法第4条第3項の規定は適用されますが，金銭又は有価証券の受取書（第17号文書）に追記するものですから，非課税文書とはならないため，改めて有価証券の受取書（第17号の2文書）としての課税を受けることになります。

51. 災害義援金の受取書

[問] 新聞社，放送局等では，災害救助等を目的として一般から義援金を募集する場合があります。この義援金に対して新聞社，放送局名で受取書を作成すれば，これに対しても印紙税が課されるでしょうか。

[答] 新聞社，放送会社は株式会社ですから，これの行う業務は基本的に全て営業となるのですが，災害その他の救助を目的とし，そのための義援金であるという性格に顧み，これの受取書は営業に関しないものとして取り扱うこととされています（基本通達第17号文書の33）。

なお，金融機関が，災害その他の義援金の振込依頼を窓口で受け付けた際に作成する振込金受取書で，次のいずれにも該当するものについては，前述と同様の理由から営業に関しないものとして取り扱われます。

(1) 振込手数料が無料であること
(2) 振込先が社会福祉法人中央共同募金会等，広く一般に義援金を募っている団体であること
(3) 災害その他の義援金の振込金受取書であることが文書上明らかであること

52. 権利金等の受領文言のある建物賃貸借契約書

[問] 私はアパートの経営をしているものですが，入居者との間で建

物賃貸借契約書を取り交わします。この契約書には権利金，敷金に関する条項があって，「賃貸人は権利金として○○円，敷金として××円を本日賃借人から受領した。」と記載されています。このような建物賃貸借契約書についても，印紙税の課税文書に該当しないと考えてよいのでしょうか。

　答　ご質問の文書は，賃貸借に関する事項のほか，それに関連して権利金，敷金の受領事実が記載されています。権利金は貸主が取得するものですから売上代金に該当することになり，また敷金は通常退居時に賃借人に返還されるものですから売上代金以外の代金に該当することになります（ただし，敷金としているものでも賃借人に返還されないものは，売上代金となります。）。

　ご質問の文書のように，権利金等の受領事実が記載されているものは，その金銭を支払った者，すなわち賃借人からみれば貸主が権利金等を受け取ったことを証する書類となることになります。

　したがって，このような文書は，賃借人の所持するものは売上代金に係る金銭の受取書（第17号の1文書）となり，権利金の額（敷金が賃借人に返還されない場合は，その額を加えた額）に応じた印紙税が課されることになります。

　なお，賃借人以外の者が所持する文書については，課税文書に該当しないことになります。

（注）　例えば，「権利金○○円を支払うものとします。」の記載のように，金銭を受領したことの文言ではなく，金銭を支払うことを約するだけの文言の場合は，賃借人の所持するものであっても，金銭の受取書（第17号文書）には該当しないことになります。

【参考】

　建物の賃貸借に関する契約書は平成元年4月1日から課税廃止されました。このため，賃貸借に関する事項のみを内容とする文書であれば課税されません。

53. 担保品預り証書

> [問] 担保品預り証書は，印紙税の課税文書に該当しますか。

[答] 担保の目的物によって，取扱いが異なることになります。

すなわち，担保の目的物が有価証券である場合は，たとえ担保として受け取ったものであっても，有価証券の受領事実を証している文書であることから，売上代金以外の有価証券の受取書（第17号の2文書）となります。このような文書は担保として預ることが明らかですから，売上代金以外の有価証券の受取書（第17号の2文書）となるのですが，単に「預り証」等の名称で，担保として預ったことが文書上明らかでないものは，売上代金に係る有価証券の受取書（第17号の1文書）とされます。

一方，有価証券以外のものを担保として預った場合は，担保として物品を受領したことを証する文書ですから，課税文書に該当しないことになります。

(注) 平成元年3月31日までは，有価証券又は物品のいずれを受け取る場合であっても，担保として受け取ったことが明らかな文書は，質権の設定に関する契約書（旧第14号の1文書）とされていました。

54. 取次票

> [問] 金融機関が顧客から送金又は代金取立依頼を受けた場合に作成する「取次票」，「預り証」等の文書は，どのように取り扱われることになりますか。

[答] 金融機関が顧客から送金，代金取立てその他の事務を依頼され，その際に取次票等と称する文書を作成するときは，事務処理の受託を証する文書であるとともに取次対象物の受領事実を併せて証明する目的で作成するものですから，取次対象物が金銭又は有価証券である場合，売上代金以外の金銭又は

有価証券の受取書（第17号の2文書）に該当することになります。
(注) 平成元年3月31日までは，事務処理のために預ったことが明らかなものは，通則3の規定により，委任に関する契約書（旧第17号文書）として課税されていました。

55. 代金取立手形の預り証

[問] 手形取立ての依頼を受けた銀行が，依頼者に交付する代金取立手形の預り証は，どのような取扱いを受けることになりますか。

[答] たとえ，手形代金の取立依頼のために手形を預ったとしても，手形（有価証券）の受取事実を証する文書ですから，有価証券の受取書（第17号文書）に該当します。この場合，売上代金以外の有価証券の受取書（第17号の2文書）となり，定額税率が適用されます。

(注) 手形代金の取立ての依頼を内容とする契約は委任契約ですから，平成元年3月31日までは代金取立ての受託文言が記載され，取立てのために手形を預ったことが明らかな文書は，通則3の規定により委任に関する契約書（旧第17号文書）として課税されていました。

56. 株式名義書換取次票等

[問] 金融商品取引業者等が株式の名義書換えの取次依頼を受けた場合に作成する株式名義書換取次票は，課税文書になりますか。

[答] たとえ，名義書換えの取次依頼に基づくものであっても，株券を受領したことを証するものは，有価証券の受取書（第17号文書）に該当します。この場合，名義書換えのために預ることが明らかですから，売上代金以外の有価証券の受取書（第17号の2文書）となり，定額税率が適用されます。

〔第17号文書〕 401

　なお，保護預りしている株券の名義書換えの依頼を受けた場合のように，株券を受領していないことが明らかな文書は，課税文書に該当しません。
(注)　株式の名義書換えの依頼を内容とする契約は委任契約ですから，平成元年3月31日までは株式の名義書換えのために株券を預ったことが明らかな文書は，通則3の規定により委任に関する契約書（旧第17号文書）として課税されていました。

57. 輸出免税物品購入記録票に貼付・割印するレシート

　　問　輸出物品販売場を経営する事業者が，輸出免税物品購入記録票を作成する際に，購入される物品の品名や数量，価額等の明細を記載する代わりにレシートの写しを貼り付けて割印をし，これをパスポート等に貼り付けることがありますが，当該レシートの写しは，印紙税法上の「売上代金に係る金銭の受取書」（第17号の1文書）に該当するのでしょうか。

　　答　ご質問のレシートの写しは，輸出免税物品購入記録票に品名や数量，価額等の明細を記載する代わりに貼り付けられるものであり，かつ，当該購入記録票との間に割印がされることから当該購入記録票の一部と認められます。
　したがって，輸出物品販売場を経営する事業者が購入者から金銭を受領した事実を証するために作成されたものではありませんから，売上代金に係る金銭の受取書（第17号の1文書）に該当しません。

58. 遺失物法の規定に基づき交付する書面の取扱い

　　問　遺失物法（平成18年6月15日法律第73号）第14条（書面の交付）において，施設の占有者は，遺失物の拾得者に対し，その拾得者から請求があったときは，同条に規定する次に掲げる内容を記載した書面の交付が義務付けられています。

（記載する事項）
① 物件の種類及び特徴
② 物件の交付を受けた日時
③ 施設の名称及び所在地並びに施設占有者の氏名（法人にあっては，その名称及び代表者の氏名）

　遺失物として届けられた物件が金銭又は有価証券である場合，遺失物法に基づき，拾得者に対して，上記の内容を記載して交付する書面は，金銭又は有価証券の受取書として課税の対象となるのでしょうか。

　答　遺失物法に基づきその拾得物を受け付けた際に書面を交付する行為は，遺失物法第14条《書面の交付》に基づき施設の占有者に対して義務付けられた行為と考えられます。このため，書面を交付する行為は，施設占有者である法人が営利団体又は非営利団体を問わず，その施設占有者としての立場において行う行為であると認められます。また，遺失物法により義務付けられた行為を会社法上の会社が行ったとしても，「公法上要求された義務の履行としての行為」であることから，会社法第5条にいう商行為には該当しないものと考えられます。

　このため，遺失物法の規定に基づき拾得物が届けられた際に交付する書面は，その施設占有者の立場で法令の規定に基づき交付するものであることから，事業のためにする行為として交付するものとは認められません。

　したがって，遺失物として届けられた物件が「金銭又は有価証券」であるとしても，これを受領した際に拾得者に交付する書面は，金銭又は有価証券の受取書（第17号文書）の非課税物件の欄に規定する「営業に関しない受取書」に該当しますから，印紙税の非課税文書に該当します。

預貯金通帳，信託行為に関する通帳，銀行又は無尽会社の作成する掛金通帳，生命保険会社の作成する保険料通帳又は生命共済の掛金通帳

〔第18号文書〕

1. 預貯金通帳の意義

[問]　第18号文書に該当する「預貯金通帳」の意義について説明してください。

[答]　「預貯金通帳」とは，法令の規定による預金又は貯金業務を行う銀行その他の金融機関等が，預金者又は貯金者との間における継続的な預貯金の受払等を連続的に付け込んで証明する目的で作成する通帳をいいます（基本通達第18号文書の1）。

預貯金通帳には，普通預金通帳，通知預金通帳，定期預金通帳，総合口座通帳などがありますが，預貯金通帳は，預貯金の受払いを連続的に付け込んで証明するという性格上，基本的にはその通帳に預金残が示されるもので，これを呈示することによりその預金残まで払戻しが受けられるものといえます。

しかし，当座勘定入金帳など例外的なものもあります。

2. 勤務先預金通帳

[問]　会社等が労働基準法の規定により，従業員から預金を受け入れた場合に作成する勤務先預金通帳は，第18号文書に該当するでしょうか。

┌答┐　法令の規定により預金業務を行うものですから，継続的な預金の受払等を付け込むものは，預貯金通帳（第18号文書）ということになります（基本通達第18号文書の2）。

　なお，勤務先預金通帳についても4月1日現在における口座の数により印紙税を申告納付する方法があります。総則編第10の問13「預貯金通帳に係る納付の特例」（112頁）を参照してください。

3．当座勘定入金帳

　┌問┐　当座預金は，その払出しが小切手により行われることから，受入れと払出しを記入するという通帳がなく，受入れについてのみ当座勘定入金帳に記入されますが，この通帳は第18号文書と第19号文書のどちらの文書となりますか。
　また，外務員が得意先で当座預金を受け入れる場合に使用する集金用の当座勘定入金帳はどのようになりますか。

　┌答┐　預貯金通帳とは，金融機関等が預貯金者との間における継続的な預貯金の受入れ，払出し等を連続的に付込み証明するための通帳をいいますが，当座預金への入金の事実のみを付け込んで証明する目的をもって作成される，いわゆる当座勘定入金帳も当座預金通帳として一般に預金通帳とみられていることもあって，預貯金通帳（第18号文書）として取り扱われます。

　また，外務員が得意先で当座預金を受け入れる場合に付け込む集金用の当座勘定入金帳でも，①当座勘定入金帳など特定の当座預金専用のものであることが明らかなもの，②通帳に付け込まれるときに当座勘定への入金となることが通帳上に記載されていて，窓口用のものと全く同じ効用を有するものであれば，当座預金通帳に該当し，預貯金通帳（第18号文書）として取り扱われます（基本通達第18号文書の3）。

　なお，当座預金通帳についても4月1日現在における口座の数により印紙税

を申告納付する方法がありますから，総則編第10の問13「預貯金通帳に係る納付の特例」(112頁)を参照してください。

4. 現金自動預金機専用通帳

[問] 金融機関に備え付けた現金自動預金機を利用する場合には，利用の登録をした者にあらかじめ専用通帳の表紙を交付しておき，利用の都度打ち出される追加ページを順次とじ込んでいく方法がとられていますが，この場合の印紙税の取扱いはどのようになりますか。

[答] ご質問のような方法のものは，各追加ページごとに課否を判定するのか，それとも表紙を含めた全体で課否を判定するのかという問題があります。
利用の都度打ち出される追加ページといわれる紙片には，預入年月日，預入額，預入後の預金残額，口座番号及びページ数などが記入されていて，各片ごとにみれば金銭の寄託に関する契約書(第14号文書)に該当するものといえます。
しかし，あらかじめ専用通帳の表紙を交付しておき，これに必ず編てつされることになっていること，各片にはページ数が記載されていて各片ごとに別々に保存するものではないこと，もともと通帳方式で行っていたことを機械化に伴って変形したものであることなどの理由により特にその全体で課否を判定し，全体を1冊の預貯金通帳(第18号文書)として取り扱うこととされています(基本通達第18号文書の4)。

5. 総合口座通帳

[問] 普通預金通帳と定期預金通帳を併合した総合口座通帳は，印紙税法上2冊の通帳として取り扱われますか。

答　総合口座通帳は，普通預金通帳と定期預金通帳の2冊分の効用を有することになりますが，印紙税法上の一の文書とは形態からみて1個の文書のことをいうのですから，切離し等が予定されていない総合口座通帳は，全体が1冊の預貯金通帳（複合預金通帳）として印紙税が課されることになります。また，預貯金に関する事項と有価証券の寄託に関する事項を併せ付け込んで証明する目的をもって作成される信託総合口座通帳は，複合寄託通帳として全体が1冊の第19号文書となります。

　なお，複合預金通帳及び複合寄託通帳については，税務署長の承認を受けて4月1日現在における口座の数により印紙税を申告納付することができますが，この場合の口座の数の計算については，総則編第10の問16「複合預金通帳及び複合寄託通帳に係る口座の数の計算」（115頁）を参照してください。

6. 非課税の預金通帳

　　問　第18号文書の非課税物件欄に規定されている非課税となる預貯金通帳の範囲について説明してください。

　　答　第18号文書の非課税物件欄に掲げられているものは，次のとおりです。
(1)　信用金庫，信用金庫連合会，労働金庫，労働金庫連合会，農林中央金庫，信用協同組合，信用協同組合連合会，農業協同組合，農業協同組合連合会，漁業協同組合，漁業協同組合連合会，水産加工業協同組合，水産加工業協同組合連合会の作成する預貯金通帳
(2)　所得税法第9条第1項第2号《非課税所得》に規定する預貯金に係る預貯金通帳
　　これはいわゆるこども銀行の代表者名義で預け入れる預貯金に係る預貯金通帳のことです。
(3)　所得税法第10条《障害者等の少額預金の利子所得等の非課税》の規定により

その利子につき所得税が課されないこととなる普通預金に係る預金通帳

　これは、預金者が同条に規定する非課税貯蓄申告書を提出し、かつ、受入れの際、同条に規定する非課税貯蓄申込書を提出して受け入れた普通預金に係る普通預金通帳で、当該預金の元本が同条第１項に規定する最高限度額を超えないもののことです。

（注）　非課税貯蓄申告書に記載された最高限度額を超える付込みをしたときは、課税となる普通預金通帳を作成したこととなります。

7. 非課税限度額を超える付込みとなった預貯金通帳

　問　普通預金通帳については、所得税の非課税貯蓄申告書を提出し、その預金額が非課税貯蓄申告書に記載された最高限度額以下のものを印紙税の非課税文書としていますが、この最高限度額を超えることとなる付込みを行った場合には、どのように取り扱われることになりますか。

　答　非課税となる預貯金通帳は、「所得税法第10条《障害者等の少額預金の利子所得等の非課税》の規定によりその利子につき所得税が課されないこととなる普通預金に係る預金通帳」ですから、所得税が課されることとなる普通預金通帳となれば、その時に課税の預貯金通帳が作成されたことになります。

　したがって、最高限度額を超える付込みをした時に印紙納付その他の方法により印紙税を納付しなければなりません。

　なお、普通預金通帳について一括納付の承認を受けている金融機関等にあっては、年度途中で課税通帳を作成しても、その作成は４月１日に作成したものとみなされて印紙税は既に納付済みであることになりますが、翌年４月１日現在の申告時には、たとえその通帳の預金残高が最高限度額以下となっていたとしても、この通帳に係る口座数は課税数量に含めなければなりません。

8. こども銀行の作成する預貯金通帳

> 問　学校のこども銀行の作成する預貯金通帳等と称する通帳は，課税文書に該当するでしょうか。

答　こども銀行は，法令の規定により預金又は貯金業務を行うものとはいえませんから，その作成する預金通帳は，第18号文書には該当せず，また，その他の課税文書にも該当しないものとして取り扱われます（基本通達第18号文書の6）。

9. 信託行為に関する通帳

> 問　信託行為に関する通帳とは，どのようなものをいうのでしょうか。

答　「信託行為に関する通帳」とは，信託会社が，信託契約者との間における継続的財産の信託関係を連続的に付け込んで証明する目的で作成する通帳のことです（基本通達第18号文書の8）。

10. 保険料通帳

> 問　保険料通帳は，全て第18号文書となりますか。

答　第18号文書には，生命保険会社の作成する保険料通帳と規定していますから，損害保険会社が保険料通帳を作成しても，これは預貯金通帳等（第18号文書）には該当せず，金銭の受取通帳等（第19号文書）ということになります。

「生命保険会社の作成する保険料通帳」とは，生命保険会社が，保険契約者

との間における保険料の受領事実を連続的に付け込んで証明する目的で作成する通帳のことです（基本通達第18号文書の11）。

11. 生命共済の掛金通帳

> ［問］　生命共済の掛金通帳として第18号文書に該当するのはどのようなものですか。

　［答］　共済の掛金通帳は，金銭の受取通帳として第19号文書に該当することになりますが，生命保険会社の作成する保険料通帳が第18号文書に掲名されていることとの比較から，生命共済の掛金通帳に限って第18号文書として取り扱うこととされたものです。
　生命共済の掛金通帳とは，人の死亡又は生存（死亡した場合又は何歳まで生存していた場合に共済金を支払うとするもの）のみを共済事故とする共済，及びこれらに併せて人の廃疾若しくは傷害等を共済事故とする共済の掛金の通帳をいいます。
　したがって，生命共済に併せて建物，動産（動植物を含みます。）の損害共済を含んでいる共済の掛金通帳は，預貯金通帳等（第18号文書）ではなく金銭の受取通帳等（第19号文書）として取り扱われます。
　また，生命共済の掛金と損害共済の掛金とを1通の通帳に付け込むこととすれば，この通帳は第19号文書となります。
　なお，生命共済の掛金通帳に該当するのは，現在のところ農業協同組合又は農業協同組合連合会が作成するものに限られています（令第29条）。

第1号，第2号，第14号又は第17号に掲げる文書により証されるべき事項を付け込んで証明する目的をもって作成する通帳

〔第19号文書〕

1. 第19号文書の範囲

　　問　第19号文書に該当する通帳の範囲について説明してください。

　　答　第19号文書とは，不動産の譲渡，消費貸借又は運送等に関する契約書（第1号），請負に関する契約書（第2号），金銭又は有価証券の寄託に関する契約書（第14号）又は金銭又は有価証券の受取書（第17号文書）の課税事項のうち1又は2以上を付込み証明する目的で作成する通帳で，預貯金通帳等（第18号文書）に該当しないものをいうのですから，これら以外の事項を付込み証明する目的で作成する通帳，例えば物品の受取通帳などは，預貯金通帳等（第18号文書）に該当するものを除き，課税文書に該当しません（基本通達第19号文書の1）。

　なお，預貯金通帳等（第18号文書）と金銭の寄託通帳等（第19号文書）とに該当する場合，例えば，預金通帳とその他の入金通帳とを一冊にしたようなものの所属については，法律上特に明らかにされていないところですが，①もともと印紙税は高い税率の適用を受ける文書として課税しようとする思想があること，②第19号文書の事項を付け込むものは全体として第18号文書であるとはいえないこと，③通帳のうち，特に印紙税の負担を軽減しようとするものが第18号文書として掲げられていることなどから，このような場合の通帳は，第19

文書として取り扱われることになります（基本通達第11条第2項）。

(注) 第19号文書は，1年を超える付込みとなる場合，みなし作成の規定の適用があります。

2. クリーニング預り品引合せカード

> [問] 当社はクリーニング業を営んでおりますが，外務員が注文を受けた際のお預り品の受領と仕上り品配達の確認のために，次のような内容の引合せカードを顧客の手許に渡してあります。
>
> この引合せカードは，顧客からの注文があれば，その品物の引渡しを受けるごとに，注文年月日，品名，数量を記入し，クリーニングが完了して顧客に現品を引渡した時に，納入月日を記載するほか，客の認印を押していただき，これをもって預り品の引渡しを証するようにしております。
>
> このような引合せカードの印紙税の取扱いについてご教示ください。
>
> | 月 日 | 品　名 | 数　量 | 納入月日 | 認印・摘要 |
> |---|---|---|---|---|
> | | | | | |
> | | | | | |
> | | | | | |

[答] 印紙税法でいう通帳とは，「課税物件表」の第19号に掲げられていて，その号の物件名の欄を見ますと，「第1号，第2号，第14号又は第17号に掲げる文書により証されるべき事項を付け込んで証明する目的をもって作成する通帳」と規定されています。

クリーニングは，一般に請負に該当するものですから，第2号文書の請負に

関する契約書が関係してきます。

　しかし，請負に関する契約書とは，請負契約の成立，変更等を証する文書をいうのですから，ご質問の引合せカードのように，単に物品の引渡し事実のみを証明するものであって，クリーニングの引受けまでも証明するものでなければ，請負契約の成立を証するものとはいえませんから，請負通帳（第19号文書）には該当しないこととなります。

　その他にも課税すべき事項がないことから，ご質問の引合せカードは，印紙税の課税文書には該当しないこととなります。

3. 金銭又は有価証券の受取通帳

　[問]　金銭又は有価証券の受取書には，5万円未満の非課税規定及び営業に関しないものの非課税規定があるのですが，これらの非課税事項だけを付け込む金銭又は有価証券の受取通帳は，課税されないと考えてよいでしょうか。

　[答]　金銭の受取通帳等（第19号文書）には非課税規定はありませんから，金銭又は有価証券の受領事実を付け込んで証明する目的で作成する受取通帳は，その受領事実が営業に関しないもの又はその付込み金額の全てが5万円未満であっても，非課税規定の適用はありません（基本通達第19号文書の2）。

4. 家賃の領収通帳

　[問]　賃貸マンション業を営む者ですが，賃借人から支払われる賃料については，各人別に受取通帳を作成していて，便宜的に私が保管することとしています。

　この通帳に対する印紙税の取扱いはどのようになりますか。

[答]　家賃等の賃貸料の受取事実を連続的に付け込む通帳ですから，金銭の受取通帳等（第19号文書）に該当することになります。

　なお，通帳は通常金銭の支払者が所持するものですが，中にはその散逸を防止する等のため家主等が便宜保存するものがあります。

　このように家主等が保存しているものでも，賃借人が所持することを建前として作成されているものは金銭の受取通帳等（第19号文書）となります。

5．貸付金の支払通帳

　[問]　消費貸借契約に基づいて貸し付けた金銭及び利息金の返済を分割払とすることとなり，そのための通帳を作成しました。
　この通帳には印紙税が課されますか。

　[答]　貸付金及びその利息の返済金の受取を連続的に付込み証明するための通帳は，第17号に掲げる文書により証されるべき事項を付け込んで証明する目的をもって作成する通帳となりますから，金銭の受取通帳等（第19号文書）に該当することになります。この場合の通帳の作成者は，通帳に付け込む者，つまり金銭の受取者となります。

6．入金取次帳

　[問]　金融機関の外務員が得意先で預金を受け入れる場合に，入金取次帳によりその事実を連続的に付け込むこととしていますが，この通帳の取扱いはどのようになるのでしょうか。

　[答]　金融機関の外務員が得意先から預金としての金銭を受け入れる場合に付け込む入金取次帳は，預金の受払を連続的に付け込むものではありませんから預貯金通帳（第18号文書）とはなりません。

この入金取次帳に付け込む内容は，単に金銭の受領事実を記載すれば金銭の受取書（第17号）の課税事項を，金銭を保管するために預ることを明らかにしていれば金銭の寄託に関する契約書（第14号）の課税事項を付け込むことになり，入金取次帳は，いずれにしても金銭の受取通帳等（第19号文書）に該当することになります（基本通達第19号文書の３）。

7. 担保差入通帳

[問] 継続する貸金の担保のため，定期預金証書とか，有価証券の質入事実を付け込む通帳を作成しますが，この通帳の課税関係について説明してください。

[答] 第19号文書に該当するのは，不動産の譲渡，消費貸借又は運送等に関する契約書（第１号），請負に関する契約書（第２号），金銭又は有価証券の寄託に関する契約書（第14号）又は金銭又は有価証券の受取書（第17号）の事項を付け込む通帳に限られています。

質権の設定の成立等を証する事項は課税事項には当たりませんから，その事項を連続的に付け込むための通帳を作成しても課税文書には該当しないといえます。

しかし，有価証券を質物とすることは，同時に有価証券の受取の事実を証することでもありますから，これは有価証券の受取書（第17号）の課税事項にも該当します。したがって，有価証券の担保差入通帳については，有価証券の受取通帳（第19号文書）に該当することになります。

8. 積金通帳

[問] 積金通帳は第19号文書となりますか。

答　積金は預金とは性格を異にしていて預貯金ではないこと等から，積金通帳は課税文書に該当しないものとして取り扱われています（基本通達第19号文書の5）。

　なお，積金に入金するための掛金を日割で集金し，一定期日に積金に振り替えることとしている日掛通帳といわれるものも，積金通帳として取り扱われます。

9. 授業料納入袋

　　問　学習塾などで月謝袋と称するものにより毎月の月謝の受領印を押していくものを作成していますが，これは金銭の受取通帳となりますか。

　　答　金銭の受取通帳として第19号文書に該当するのですが，生徒等が金銭を落とさないように持ち運ぶための袋形式のものまで課税することは適当でありません。

　そこで，基本通達第19号文書の6において，私立学校法（昭和24年法律第270号）第2条《定義》に規定する私立学校，各種学校又は学習塾等が，その学生，生徒，児童又は幼児から授業料等を徴するために作成する授業料納入袋，月謝袋等又は学生証，身分証明書等で，授業料納入の都度その事実を裏面等に連続して付込み証明するものは，課税しないことに取り扱うと規定しているところです。

　なお，公立学校の作成するものであれば，国又は地方公共団体が作成するのですから，もともと課税文書には該当しません。

10. 宗教団体の献金袋

　　問　当宗教団体では，信者から献金を受ける際に「献金袋」を次のように使用しています。
① 宗教団体の信者等は「献金袋」の前面に毎月の献金額を記載したうえ

で金銭を封入し，儀式の際等にその宗教団体に対する献金を行います。
② 儀式終了後，宗教団体の会計担当者が袋の中身を確認します。
③ 宗教団体の施設の入口等に備え付けられている棚等に返却されます。
④ 信者等は，棚に返却された自分の献金袋を翌月以降も繰り返し使用します（1年間継続使用することが一般的です。）。
　この「献金袋」等と証する文書は，金銭の受取通帳に該当して，印紙税の課税文書となるのでしょうか。

　答　宗教上の儀式に際して，宗教団体の信者等から宗教団体へ毎月の献金等を行うために，繰り返し使用される「献金袋」等と称する文書は，次のものを除いて，第19号文書には該当しません。
(1) 袋に明らかに金銭の受領の事実を表す「領収」，「受取」，「受領」，「収受」，「入金」等の欄が印刷されており，かつ，その欄に宗教団体の会計責任者等が押印又はサイン等をしているもの。
(2) 信者が記載した毎月の献金額の横に設けられた摘要欄等に明らかに金銭の受領の事実を表す「領収」，「受取」，「受領」，「収受」，「入金済」等の文言の記載又は押印がされているもの。
　（注）宗教団体の会計責任者が，袋の中身を確認した後に，袋の摘要欄等に記載又は押印する「納入」，「受付」，「確認」，「記入済」，「記帳済」，「済」，「スミ」，「OK」，「✓」及び会計責任者等の印又はサインは会計責任者自身の事務整理上の記載であり，献金を行った信者等に対して金銭を受領した旨を通知しているものとは認められません。

11. 付込みによる金銭消費貸借契約書等のみなし作成

　問　従業員に金銭を貸し付けるに当たり，従業員ごとに貸付けの事実を継続して付込み証明する通帳を作成していますが，その貸付金額によっては，消費貸借に関する契約書（第1号の3文書）が作成されたもの

とみなされる場合があるとのことですが，具体的に説明してください。

[答] 第19号文書の通帳に次の事項が付込みされた場合は，その付込みされた部分については，第19号文書の通帳への付込みはなく，それぞれの課税文書が新たに作成されたものとみなされます（法第4条第4項，租税特別措置法第91条）。

(1) 第1号文書が新たに作成されたものとみなされる場合

　第1号文書により証されるべき事項で，その付込み金額が10万円（租税特別措置法第91条第2項の軽減措置が適用される不動産譲渡契約書の場合は50万円）を超えたとき

(2) 第2号文書が新たに作成されたものとみなされる場合

　第2号文書により証されるべき事項で，その付込み金額が100万円（租税特別措置法第91条第3項の軽減措置が適用される建設工事請負契約書の場合は200万円）を超えたとき

(3) 第17号の1文書が新たに作成されたものとみなされる場合

　第17号の1文書により証されるべき事項で，その付込み金額が100万円を超えたとき

ご質問の場合は，消費貸借に関する契約書（第1号の3文書）により証されるべき事項の付込みとなりますので，10万円を超えた場合には，新たに第1号の3文書が作成されたものとみなされます。

なお，みなし作成に係る納税義務者は，付込み証明を行う者となりますので，ご質問の場合は，その会社の従業員が納税義務者となります。

判取帳

〔第20号文書〕

1. 判取帳の範囲

> [問] 判取帳の性格及び課税される範囲について説明してください。

[答] 判取帳は，2以上の相手方から付込み証明を受ける目的で作成される帳簿をいうのですが，その付込み証明を受ける事項は，不動産の譲渡，消費貸借又は運送等に関する契約書（第1号文書），請負に関する契約書（第2号文書），金銭又は有価証券の寄託に関する契約書（第14号文書）又は金銭又は有価証券の受取書（第17号文書）に掲げる事項に限られています。

したがって，これら以外の事項を2以上の相手方から付込み証明を受ける目的で帳簿を作成しても，課税文書とはなりません（基本通達第20号文書の1）。

2. 営業に関しない金銭の受取用の判取帳

> [問] 5万円未満のもの又は営業に関しないもののみの金銭の授受について付け込む判取帳は，課税されないと考えてよろしいでしょうか。

[答] 判取帳は第20号文書に該当することになりますが，この号の文書には非課税規定が全くありません。したがって，個々に受取書を作成すれば印紙税が課されない5万円未満ばかりのもの，又は営業に関しないものばかりの金銭の授受について付け込む通帳であっても，当然課税されることになります

(基本通達第20号文書の2)。

3. 配当金支払帳

> **問** 当社は10人ほどの株主を有する中小企業ですが、利益配当金は会社において現金で支払う方法をとっており、その支払いの事実を証明するため配当支払帳を備えておき、これに株主の印章又はサインを求めることとしています。
> この配当金支払帳には印紙税が課されますか。

答 配当金支払帳は、配当金の受領事実、すなわち、金銭又は有価証券の受取書(第17号文書)の課税事項を2以上の相手方から付込み証明を受ける目的をもって作成される帳簿ですから、判取帳(第20号文書)に該当します。

なお、1年以上付込みを続ける場合には、その1年経過後の最初の付込み時に新たな判取帳を作成したものとして改めて印紙税を納付しなければなりません(法第4条第2項)。

4. 諸給与一覧表

> **問** 事業主が、従業員に対し諸給与の支払をした場合に、従業員の支給額を連記してこれに領収印を徴する諸給与一覧表等は、2以上の者から付込みを受けることから、判取帳となりますか。

答 諸給与の支払いに関する点では事業主と従業員は対立関係にあり、同一法人等の内部の文書とはいえないのですが、諸給与の支払いという性格及び事務整理上作成されるという性格から、諸給与一覧表は課税しないこととされています(基本通達第20号文書の3)。

5. 団体生命保険契約の配当金支払明細書

［問］ 団体生命保険の配当金については，団体の代表者がまとめて受領し，加入者各人に配付する場合には「配当金支払明細書」に各人の受領印を押すこととしています。この「配当金支払明細書」は課税文書（判取帳）に該当するでしょうか。

［答］ 団体生命保険の代表者と各加入者の関係は，同一法人等の内部関係ということはできず，また，加入者各人の受領印を求めることは金銭の支払事実の証明を多数人に求めることになりますから，ご質問の「配当金支払明細書」は判取帳（第20号文書）の要件を充足するものとなります。

しかし，この行為は，従業員等の福利厚生活動の一環として行われているなど，その性格は諸給与一覧表と同様のものと認められますので，印紙税の取扱上はこの文書は課税しないこととされています（基本通達第20号文書の4）。

6. 判取帳への付込みによる受取書のみなし作成

［問］ 当社では，売上代金の受領事実を付け込む判取帳を作成していますが，その領収金額によって，売上代金に係る金銭の受取書（第17号の1文書）が作成されたものとみなされる場合があるとのことですが，具体的に説明してください。

［答］ 判取帳に次の事項が付込みされた場合は，その付込みされた部分については，判取帳への付込みはなく，それぞれの課税文書が新たに作成されたものとみなされます（法第4条第4項，租税特別措置法第91条）。

(1) 第1号文書が新たに作成されたものとみなされる場合

第1号文書により証されるべき事項で，その付込み金額が10万円（租税特別措置法第91条第2項の軽減措置が適用される不動産譲渡契約書の場合は50万円）

を超えたとき

(2) 第2号文書が新たに作成されたものとみなされる場合

　第2号文書により証されるべき事項で，その付込み金額が100万円（租税特別措置法第91条第3項の軽減措置が適用される建設工事請負契約書の場合は200万円）を超えたとき

(3) 第17号の1文書が新たに作成されたものとみなされる場合

　第17号の1文書により証されるべき事項で，その付込み金額が100万円を超えたとき

　したがって，ご質問の場合は，第17号の1文書により証されるべき事項の付込みになりますので，100万円を超えた場合には，新たに売上代金に係る金銭の受取書（第17号の1文書）が作成されたものとみなされます。

　なお，みなし作成に係る納税義務者は，付込み証明を行う者となりますので，ご質問の場合は，相手方が納税義務者になります。

非課税文書

1. 非課税法人等から委託を受けた者の作成する文書

> [問] 非課税法人から業務の委託を受けた者が作成する文書は，非課税と考えてよいでしょうか。

[答] 印紙税は文書の作成者が納付することになるのですが，非課税法人から業務の委託を受けていても，その受託者名で作成する文書は，受託者が作成者ということになり，非課税法人が作成したものとはなりません。したがって，非課税とはなりません（基本通達第43条，非課税文書の1）。

なお，実際には業務の受託者が作成した文書でも，非課税法人の名により作成したものであれば，その非課税法人の作成した文書として取り扱われますから，この場合には非課税文書となります。

2. 非課税法人名で代理人が作成する受取書

> [問] 住宅資金の貸付けを行っている法別表第2の非課税法人である独立行政法人から業務の委託を受けた銀行が，住宅貸付金の償還を受ける場合に払込人に交付する領収書には，委託者である独立行政法人が表示されていますが，銀行の取扱者の印も押されます。
> このような場合の作成者は独立行政法人でしょうか，それとも銀行でしょうか。

[答] 代理人名義で作成する文書は，仮に委託者名が表示されているものであっても代理人が作成者となる（基本通達第43条）のですが，ご質問の場合

には、代理人の取扱者の印が押されているにすぎませんから、委託者名のみが表示されている文書として判断すべきものと認められます。

したがって、非課税者が作成した文書となります。

なお、取扱者の印だけでなく、例えば銀行の収納印等が押されているものについては、当該銀行が作成した文書となりますから、注意することが必要です。

3. 返還された保管金の受取書

> 問　国の工事入札について保証金を差し入れておき、その後これの返還時に作成する「保管金受取書」は、法別表第3に規定する「国庫金の取扱いに関する文書」として非課税となりますか。

答　工事の入札者は、国庫金の取扱いをする者ではありませんから、別表第3に規定する非課税文書には該当しません。

4. コンビニエンスストアが国庫金の納付委託を受けた場合の領収証書

> 問　コンビニエンスストアが国税や国民年金保険料等の国庫金の納付委託を受けた場合、顧客が持参した領収証書の用紙にコンビニエンスストアの領収印を押印して顧客に交付しています。納付委託を受けた金額が5万円以上である場合、コンビニエンスストアは顧客に交付する領収証書に収入印紙を貼る必要があるのでしょうか。

答　国庫金は単に国の所有に属する現金だけではなく、保管金等政府の保管に属する現金も含まれますが、日本銀行国庫金取扱規定により日本銀行の本店、支店及び財務大臣の認可を得た代理店において取り扱うこととされています。

日本銀行の代理店である金融機関は一般的には印紙税の非課税法人ではありませんが，金融機関の窓口で国税や国民年金保険料等（以下「国税等」といいます。）を納付した場合に，その金融機関が領収印を押印して納付者に交付する国税等の領収証書は，「国庫金の取扱いに関する文書」として非課税文書となります。

　コンビニエンスストアでは，電気料金や電話料金などの公共料金の収納を従来から行っていましたが，最近では国税等の納付の委託を受けることもできるようになってきました。ところで，コンビニエンスストアは日本銀行の代理店ではありません。このことから，コンビニエンスストアが国税や国民年金保険料等の国庫金の納付委託を受けた場合に，委託者に交付する国庫金の領収証書は「国庫金の取扱いに関する文書」には該当しないのではないかとの疑義を持つ向きもあります。

　しかし，国税等の納付委託を受けることのできるコンビニエンスストアは，法令に基づいて，国税等の納付事務を適正かつ確実に実施できると認められ，かつ，一定の要件に該当する者として納付受託者としての指定を受けた者であり，また，コンビニエンスストアが国税等の納付の委託を受けた場合，政府に対してその国税等の納付の責任を負うこととされています。

　このことから，法令に基づいて国税等の納付受託者として指定を受けているコンビニエンスストアが，国税等の納付の委託をしようとする者から金銭の交付を受けたときに，委託者に交付する領収証書は，「国庫金の取扱いに関する文書」に含まれるものとして取り扱われます（基本通達非課税文書の2）。

（注）　コンビニエンスストアが，法令に基づいて，地方公共団体から地方税や水道料金等の収納の事務の委託を受けた場合についても同様に取り扱われます（基本通達非課税文書の3）。

5．地方公共団体の行う奨学金事業についての奨学金借用証書

　　問　地方公共団体が学生に奨学金を貸与する場合に，学生から奨学

金借用証書を提出させますが，これは独立行政法人日本学生支援機構の行う学資の貸与と同じ内容ですから，課税されないことになりますか。

　[答]　経済的な事情により就学が困難な大学生，高校生等に対する国策としての奨学金事業は，従来，日本育英会が行ってきたところであり，この日本育英会が行う奨学金事業に関して日本育英会，日本育英会から委託を受ける者又は学資の貸与を受ける者が作成する文書は，法別表第3において非課税とされてきました。

　しかし，日本育英会は「特殊法人等整理合理化計画」の実施の一環として解散するとともに，新たに独立行政法人日本学生支援機構（以下「日本学生支援機構」といいます。）が設立され，また，日本育英会の主要な業務である奨学金事業については，大学生に対する奨学金事業は日本学生支援機構が引き継ぐこととされる一方，高校生等に対する奨学金事業は都道府県に移管され，平成17年度より高校生等に対する奨学金事業は都道府県の事務として実施されることとなりました。

　このうち，日本学生支援機構が引き継いだ大学に対する奨学金事業に関して，日本学生支援機構，日本学生支援機構から委託を受ける者又は学資の貸与を受ける者が作成する文書は，従前と変わらず，法別表第3において非課税とされています。

　一方，都道府県に移管された高校生等に対する奨学金事業については，①都道府県が行う高校生に対する奨学金事業は，教育基本法第3条に基づく都道府県の責務として行うことになること，②これまで日本育英会が行ってきた際には非課税とされていたこととのバランス等から，租税特別措置法第91条の2に「都道府県が行う高等学校の生徒に対する学資としての資金の貸付けに係る消費貸借契約書等の印紙税の非課税措置」が創設され，平成17年4月1日以後に作成される都道府県が行う高等学校の生徒に対する学資としての資金の貸付けに係る消費貸借契約書等に係る印紙税が非課税とされました。

　（注）　大学生，高校生等に対する奨学金制度には，日本育英会が行ってきたもの

のほか，地方公共団体（都道府県，市町村）が独自に行っているものがあります。この地方公共団体が独自に行ってきた奨学金事業に係る消費貸借契約書等は法別表第3に掲げられていないことから，それまで課税文書とされてきたところですが，「都道府県が行う高等学校の生徒に対する学資としての資金の貸付けに係る消費貸借契約書等の印紙税の非課税措置」では，都道府県が行う高校生に対する奨学金事業は，都道府県の責務として行うこととなること，日本育英会から移管される高校生等に対する奨学金事業と従前から都道府県が行ってきた高校生等に対する奨学金事業の区分はできないこと等から，従前から都道府県が行ってきた奨学金事業についても高校生等に対し無利息で行うものについては非課税措置の対象とすることとされました。

　本措置は具体的には都道府県又は一定の公益社団法人若しくは公益財団法人が，高等学校等の生徒に対して無利息で行う学資としての資金の貸付けに係る消費貸借に関する契約書を非課税とするというものです。

　ここでいう一定の公益社団法人若しくは公益財団法人とは，都道府県から無利息で行う学資としての資金の貸付けに係る事業の費用に充てるための資金の提供を受けている法人で，かつ，資金の提供を受けるに当たり学資としての資金の貸付けの条件が都道府県により定められているもの又は貸付けの条件を都道府県（知事又は教育委員会）が承認しているもので文部科学大臣が財務大臣と協議して指定したものとされていて，次の法人が指定されています。（平成27年7月1日現在）。

名　　　　　称	所 在 地
公益財団法人北海道高等学校奨学会	北海道
公益財団法人青森県育英奨学会	青森県
公益財団法人岩手育英奨学会	岩手県
公益財団法人秋田県育英会	秋田県
公益財団法人栃木県育英会	栃木県
公益財団法人群馬県教育文化事業団	群馬県

公益財団法人東京都私学財団	東京都
公益財団法人山梨みどり奨学会	山梨県
公益財団法人大阪府育英会	大阪府
公益財団法人兵庫県高等学校教育振興会	兵庫県
公益財団法人島根県育英会	島根県
公益財団法人岡山県育英会	岡山県
公益財団法人岡山県私学振興財団	岡山県
公益財団法人山口県ひとづくり財団	山口県
公益財団法人福岡県教育文化奨学財団	福岡県
公益財団法人長崎県育英会	長崎県
公益財団法人大分県奨学会	大分県
公益財団法人鹿児島県育英財団	鹿児島県
公益財団法人沖縄県国際交流・人材育成財団	沖縄県

(注) 1. 「貸付けに係る事業の費用に充てるための資金の提供」とは、いわゆる貸付原資を補助金で交付することや貸し付けることのほか、法人が奨学金原資を金融機関から借り入れた場合の支払利息分の給付、貸倒れによる損失補てんなどが該当しますが、単なる事務経費の給付などは該当しません。

2. 「高等学校等」とは、高等学校のほか中等教育学校（後期課程に限ります。）、特別支援学校（高等部に限ります。）、並びに専修学校（高等課程に限ります。）とされています。

3. 高等学校等の生徒に対して無利息で行う学資としての資金の貸付けに係る消費貸借契約書の作成は、高等学校等への入学前並びに卒業後等作成される場合もありますが、これも非課税となる消費貸借契約書に該当します。

なお、都道府県が行う大学生に対する奨学金事業及び市町村が行う奨学金事業に関して作成される文書については、地方公共団体の独自の事業であるという位置づけに変更はないことから従前のとおり課税文書とされています（基本通達非課税文書の4）。

6. 法別表第2　非課税法人の表

> [問]　国，地方公共団体が作成する文書には印紙税が課されないとのことですが，このほかにも同じような団体があったら説明してください。

[答]　国，地方公共団体のほかに法別表第2「非課税法人の表」に掲げられた者の作成する文書は非課税とされています（法第5条第2号）。

　これは，文書の公共性に着目して課税しないこととされているもので，その大部分は，国又は地方公共団体若しくは国が出資した法人が出資して設立された法人です。したがって，国又は地方公共団体の行うべき事業を代行するという性格が強く，賦課金，負担金等について国等に準じた強制徴収の権限を有していたり，経費を国等の支出によってまかなっている団体が多いことになります。

　非課税法人の表に掲げられた者とは，次の者です。

名　　　　称	根　　拠　　法
沖縄振興開発金融公庫	沖縄振興開発金融公庫法（昭和47年法律第31号）
株式会社国際協力銀行	会社法及び株式会社国際協力銀行法（平成23年法律第39号）
株式会社日本政策金融公庫	会社法及び株式会社日本政策金融公庫法（平成19年法律第57号）
漁業信用基金協会	中小漁業融資保証法（昭和27年法律第346号）
軽自動車検査協会	道路運送車両法（昭和26年法律第185号）
広域臨海環境整備センター	広域臨海環境整備センター法（昭和56年法律第76号）
港務局	港湾法（昭和25年法律第218号）

国立大学法人	国立大学法人法（平成15年法律第112号）
市街地再開発組合	都市再開発法（昭和44年法律第38号）
自動車安全運転センター	自動車安全運転センター法（昭和50年法律第57号）
住宅街区整備組合	大都市地域における住宅及び住宅地の供給の促進に関する特別措置法（昭和50年法律第67号）
消防団員等公務災害補償等共済基金	消防団員等公務災害補償等責任共済等に関する法律（昭和31年法律第107号）
信用保証協会	信用保証協会法（昭和28年法律第196号）
全国農業会議所	農業委員会等に関する法律（昭和26年法律第88号）
大学共同利用機関法人	国立大学法人法（平成15年法律第112号）
地方公共団体金融機構	地方公共団体金融機構法（平成19年法律第64号）
地方公共団体情報システム機構	地方公共団体情報システム機構法（平成25年法律第29号）
地方公務員災害補償基金	地方公務員災害補償法（昭和42年法律第121号）
地方住宅供給公社	地方住宅供給公社法（昭和40年法律第124号）
地方道路公社	地方道路公社法（昭和45年法律第82号）
地方独立行政法人	地方独立行政法人法（平成15年法律第118号）
中小企業団体中央会	中小企業等協同組合法（昭和24年法律第181号）
独立行政法人（その資本金の額若しくは出資の金額の全部が国若しくは地方公共団体の所有に属しているもの又はこれに類するもののうち，財務大臣が指定をしたものに限る。）	独立行政法人通則法（平成11年法律第103号）及び同法第1条第1項（目的等）に規定する個別法
独立行政法人農林漁業信用基金	独立行政法人農林漁業信用基金法（平成14年法律第128号）
土地開発公社	公有地の拡大の推進に関する法律（昭和47年法律第66号）

土地改良区	土地改良法（昭和24年法律第195号）
土地改良区連合	
土地改良事業団体連合会	
土地区画整理組合	土地区画整理法（昭和29年法律第119号）
都道府県農業会議	農業委員会等に関する法律（昭和26年法律第88号）
日本勤労者住宅協会	日本勤労者住宅協会法（昭和41年法律第133号）
日本下水道事業団	日本下水道事業団法（昭和47年法律第41号）
日本司法支援センター	総合法律支援法（平成16年法律第74号）
日本赤十字社	日本赤十字社法（昭和27年法律第305号）
日本中央競馬会	日本中央競馬会法（昭和29年法律第205号）
日本年金機構	日本年金機構法（平成19年法律第109号）
農業協同組合中央会	農業協同組合法（昭和22年法律第132号）
農業信用基金協会	農業信用保証保険法（昭和36年法律第204号）
防災街区整備事業組合	密集市街地における防災街区の整備の促進に関する法律（平成9年法律49号）
放送大学学園	放送大学学園法（平成14年法律第156号）

○財務省告示第56号

　印紙税法（昭和42年法律第23号）別表第二独立行政法人の項の規定に基づき，印紙税を課さない法人を次のように指定する。

　　　　　　　　　　　　　　平成13年3月15日財務省告示第56号
　　　　　　　　　　　最終改正　平成27年3月31日財務省告示第110号

別表に掲げる法人

別表

名称	根拠法
国立研究開発法人医薬基盤・健康・栄養研究所	国立研究開発法人医薬基盤・健康・栄養研究所法（平成16年法律第135号）
国立研究開発法人海上技術安全研究所	国立研究開発法人海上技術安全研究所法（平成11年法律第208号）
国立研究開発法人建築研究所	国立研究開発法人建築研究所法（平成11年法律第206号）
国立研究開発法人港湾空港技術研究所	国立研究開発法人港湾空港技術研究所法（平成11年法律第209号）
国立研究開発法人国際農林水産業研究センター	国立研究開発法人国際農林水産業研究センター法（平成11年法律第197号）
国立研究開発法人国立環境研究所	国立研究開発法人国立環境研究所法（平成11年法律第216号）
国立研究開発法人国立がん研究センター	高度専門医療に関する研究等を行う国立研究開発法人に関する法律（平成20年法律第93号）
国立研究開発法人国立国際医療研究センター	
国立研究開発法人国立循環器病研究センター	
国立研究開発法人国立成育医療研究センター	
国立研究開発法人国立精神・神経医療研究センター	
国立研究開発法人国立長寿医療研究センター	

国立研究開発法人産業技術総合研究所	国立研究開発法人産業技術総合研究所法（平成11年法律第203号）
国立研究開発法人森林総合研究所	国立研究開発法人森林総合研究所法（平成11年法律第198号）
国立研究開発法人水産総合研究センター	国立研究開発法人水産総合研究センター法（平成11年法律第199号）
国立研究開発法人電子航法研究所	国立研究開発法人電子航法研究所法（平成11年法律第210号）
国立研究開発法人土木研究所	国立研究開発法人土木研究所法（平成11年法律第205号）
国立研究開発法人日本医療研究開発機構	国立研究開発法人日本医療研究開発機構法（平成26年法律第49号）
国立研究開発法人農業環境技術研究所	国立研究開発法人農業環境技術研究所法（平成11年法律第194号）
国立研究開発法人農業生物資源研究所	国立研究開発法人農業生物資源研究所法（平成11年法律第193号）
国立研究開発法人物質・材料研究機構	国立研究開発法人物質・材料研究機構法（平成11年法律第173号）
国立研究開発法人防災科学技術研究所	国立研究開発法人防災科学技術研究所法（平成11年法律第174号）
国立研究開発法人放射線医学総合研究所	国立研究開発法人放射線医学総合研究所法（平成11年法律第176号）
自動車検査独立行政法人	自動車検査独立行政法人法（平成11年法律第218号）
独立行政法人奄美群島振興開発基金	奄美群島振興開発特別措置法（昭和29年法律第189号）
独立行政法人医薬品医療機器総合機構	独立行政法人医薬品医療機器総合機構法（平成14年法律第192号）
独立行政法人海技教育機構	独立行政法人海技教育機構法（平成11年法律第214号）

独立行政法人家畜改良センター	独立行政法人家畜改良センター法（平成11年法律第185号）
独立行政法人環境再生保全機構	独立行政法人環境再生保全機構法（平成15年法律第43号）
独立行政法人教員研修センター	独立行政法人教員研修センター法（平成12年法律第88号）
独立行政法人空港周辺整備機構	公共用飛行場周辺における航空機騒音による障害の防止等に関する法律（昭和42年法律第110号）
独立行政法人経済産業研究所	独立行政法人経済産業研究所法（平成11年法律第200号）
独立行政法人航海訓練所	独立行政法人航海訓練所法（平成11年法律第213号）
独立行政法人工業所有権情報・研修館	独立行政法人工業所有権情報・研修館法（平成11年法律第201号）
独立行政法人航空大学校	独立行政法人航空大学校法（平成11年法律第215号）
独立行政法人交通安全環境研究所	独立行政法人交通安全環境研究所法（平成11年法律第207号）
独立行政法人高齢・障害・求職者雇用支援機構	独立行政法人高齢・障害・求職者雇用支援機構法（平成14年法律第165号）
独立行政法人国際観光振興機構	独立行政法人国際観光振興機構法（平成14年法律第181号）
独立行政法人国際協力機構	独立行政法人国際協力機構法（平成14年法律第136号）
独立行政法人国際交流基金	独立行政法人国際交流基金法（平成14年法律第137号）
独立行政法人国民生活センター	独立行政法人国民研究センター法（平成14年法律第123号）
独立行政法人国立印刷局	独立行政法人国立印刷局法（平成14年法律第41号）

独立行政法人国立科学博物館	独立行政法人国立科学博物館法（平成11年法律第172号）
独立行政法人国立高等専門学校機構	独立行政法人国立高等専門学校機構法（平成15年法律第113号）
独立行政法人国立公文書館	国立公文書館法（平成11年法律第79号）
独立行政法人国立重度知的障害者総合施設のぞみの園	独立行政法人国立重度知的障害者総合施設のぞみの園法（平成14年法律第167号）
独立行政法人国立女性教育会館	独立行政法人国立女性教育会館法（平成11年法律第168号）
独立行政法人国立青少年教育振興機構	独立行政法人国立青少年教育振興機構法（平成11年法律第167号）
独立行政法人国立大学財務・経営センター	独立行政法人国立大学財務・経営センター法（平成15年法律第115号）
独立行政法人国立特別支援教育総合研究所	独立行政法人国立特別支援教育総合研究所法（平成11年法律第165号）
独立行政法人国立美術館	独立行政法人国立美術館法（平成11年法律第177号）
独立行政法人国立病院機構	独立行政法人国立病院機構法（平成14年法律第191号）
独立行政法人国立文化財機構	独立行政法人国立文化財機構法（平成11年法律第178号）
独立行政法人住宅金融支援機構	独立行政法人住宅金融支援機構法（平成17年法律第82号）
独立行政法人種苗管理センター	独立行政法人種苗管理センター法（平成11年法律第184号）
独立行政法人酒類総合研究所	独立行政法人酒類総合研究所法（平成11年法律第164号）
独立行政法人水産大学校	独立行政法人水産大学校法（平成11年法律第191号）

独立行政法人製品評価技術基盤機構	独立行政法人製品評価技術基盤機構法（平成11年法律第204号）
独立行政法人石油天然ガス・金属鉱物資源機構	独立行政法人石油天然ガス・金属鉱物資源機構法（平成14年法律第94号）
独立行政法人造幣局	独立行政法人造幣局法（平成14年法律第40号）
独立行政法人大学入試センター	独立行政法人大学入試センター法（平成11年法律第166号）
独立行政法人大学評価・学位授与機構	独立行政法人大学評価・学位授与機構法（平成15年法律第114号）
独立行政法人地域医療機能推進機構	独立行政法人地域医療機能推進機構法（平成17年法律第71号）
独立行政法人駐留軍等労働者労務管理機構	独立行政法人駐留軍等労働者労務管理機構法（平成11年法律第217号）
独立行政法人鉄道建設・運輸施設整備支援機構	独立行政法人鉄道建設・運輸施設整備支援機構法（平成14年法律第180号）
独立行政法人統計センター	独立行政法人統計センター法（平成11年法律第219号）
独立行政法人都市再生機構	独立行政法人都市再生機構法（平成15年法律第100号）
独立行政法人日本学術振興会	独立行政法人日本学術振興会法（平成14年法律第159号）
独立行政法人日本芸術文化振興会	独立行政法人日本芸術文化振興会法（平成14年法律第163号）
独立行政法人日本高速道路保有・債務返済機構	独立行政法人日本高速道路保有・債務返済機構法（平成16年法律第100号）
独立行政法人日本スポーツ振興センター	独立行政法人日本スポーツ振興センター法（平成14年法律第162号）

独立行政法人日本貿易振興機構	独立行政法人日本貿易振興機構法（平成14年法律第172号）
独立行政法人日本貿易保険	貿易保険法（昭和25年法律第67号）
独立行政法人農畜産業振興機構	独立行政法人農畜産業振興機構法（平成14年法律第126号）
独立行政法人農林水産消費安全技術センター	独立行政法人農林水産消費安全技術センター法（平成11年法律第183号）
独立行政法人福祉医療機構	独立行政法人福祉医療機構法（平成14年法律第166号）
独立行政法人北方領土問題対策協会	独立行政法人北方領土問題対策協会法（平成14年法律第132号）
独立行政法人水資源機構	独立行政法人水資源機構法（平成14年法律第182号）
独立行政法人郵便貯金・簡易生命保険管理機構	独立行政法人郵便貯金・簡易生命保険管理機構法（平成17年法律第101号）
独立行政法人労働安全衛生総合研究所	独立行政法人労働安全衛生総合研究所法（平成11年法律第181号）
独立行政法人労働者健康福祉機構	独立行政法人労働者健康福祉機構法（平成14年法律第171号）
独立行政法人労働政策研究・研修機構	独立行政法人労働政策研究・研修機構法（平成14年法律第169号）
年金積立金管理運用独立行政法人	年金積立金管理運用独立行政法人法（平成16年法律第105号）

7. 法別表第3 非課税文書の表

> **問** 印紙税法上，特定の者が一定の目的で作成する文書には印紙税が課せられないとのことですが，その内容について説明してください。

答 印紙税法別表第3「非課税文書の表」の上欄（下表の左欄）に掲げる文書で，同表の下欄（下表の右欄）に掲げる者が作成したものは，非課税文書とされています（法第5条第3号）。これは社会政策的見地から特定の者が作成するものの全部について非課税とする必要はないが，その文書の内容によっては課税しないことが適当であると判断されたものです。

これに該当するものは，次のとおりです。

文 書 名	作 成 者
国庫金又は地方公共団体の公金の取扱いに関する文書	日本銀行その他法令の規定に基づき国庫金又は地方公共団体の公金の取扱いをする者
清酒製造業等の安定に関する特別措置法（昭和45年法律第77号）第3条第1項第1号（中央会の事業の範囲の特例）の事業に関する文書	同法第2条第3項（定義）に規定する中央会
独立行政法人中小企業基盤整備機構法（平成14年法律第147号）第15条第1項第1号から第4号まで，第5号ロ及びハ，第6号，第8号（中心市街地の活性化に関する法律（平成10年法律第92号）第39条第1項の規定による特定の地域における施設の整備等の業務に限る。），第9号（中小企業の新たな事業活動の促進に関する法律（平成11年法律第18号）第34条第1項の規定による特定の地域における工場又は事業場の整備，出資等の業務に限る。），第11号，第13号，第15号並びに第16号に掲げる業務並びに独立行政法人中小企業基盤整備機構法第15条第2項（業務の範囲）に掲げる業務（同項第7号に掲げる業務を除	独立行政法人中小企業基盤整備機構

く。）並びに同附則第 5 条（公団の工業再配置等業務に係る業務の特例）の業務（同条第 1 項第 5 号ロからニまでに掲げる業務を除く。），同法附則第 6 条（公団の産炭地域経過業務に係る業務の特例）の業務，同法附則第 8 条（旧繊維法に係る業務の特例）の業務並びに同法附則第 8 条の 2 第 1 項（旧新事業創出促進法に係る業務の特例）及び第 8 条の 4 第 1 項（旧特定産業集積活性化法に係る業務の特例）の業務に関する文書	
国立研究開発法人情報通信研究機構法（平成11年法律第162号）第14条第 1 項第 1 号から第 7 号まで（業務の範囲）の業務，特定通信・放送開発事業実施円滑化法（平成 2 年法律第35号）第 6 条第 1 項第 1 号（機構による特定通信・放送開発事業の推進）の業務及び電気通信基盤充実臨時措置法（平成 3 年法律第27号）第 6 条第 1 号（機構による施設整備事業の推進）の業務に関する文書	国立研究開発法人情報通信研究機構
日本私立学校振興・共済事業団法（平成 9 年法律第48号）第23条第 1 項第 2 号（業務）の業務に関する文書	日本私立学校振興・共済事業団
国立研究開発法人宇宙航空研究開発機構法（平成14年法律第161号）第18条第 1 項第 1 号，第 2 号及び第 9 号（業務の範囲等）の業務に関する文書	国立研究開発法人宇宙航空研究開発機構
国立研究開発法人農業・食品産業技術総合研究機構法（平成11年法律第192号）第14条第 1 項第 1 号から第 4 号まで及び第10号（業務の範囲）の業務に関する文書	国立研究開発法人農業・食品産業技術総合研究機構
情報処理の促進に関する法律（昭和45年法律第90号）第20条第 1 項第 3 号及び第 4 号（業務の範囲）の業務に関する文書	独立行政法人情報処理推進機構
国立研究開発法人海洋研究開発機構法（平成15	国立研究開発法人海洋研究開

年法律第95号）第17条第3号（業務の範囲）の業務に関する文書	発機構
独立行政法人日本学生支援機構法（平成15年法律第94号）第13条第1項第1号（業務の範囲）に規定する学資の貸与に係る業務に関する文書	独立行政法人日本学生支援機構，独立行政法人日本学生支援機構の業務の委託を受ける者又は当該業務に係る学資の貸与を受ける者
社会福祉法（昭和26年法律第45号）第2条第2項第7号（定義）に規定する生計困難者に対して無利子又は低利で資金を融通する事業による貸付金に関する文書	社会福祉法人その他当該資金を融通する者又は当該資金の融通を受ける者
船員保険法（昭和14年法律第73号）又は国民健康保険法（昭和33年法律第192号）に定める資金の貸付けに関する文書のうち政令で定めるもの	当該資金の貸付けを受ける者
公衆衛生修学資金貸与法（昭和32年法律第65号）に定める公衆衛生修学資金の貸与に係る消費貸借に関する契約書	当該修学資金の貸与を受ける者
矯正医官修学資金貸与法（昭和36年法律第23号）に定める矯正医官修学資金の貸与に係る消費貸借に関する契約書	当該修学資金の貸与を受ける者
母子及び父子並びに寡婦福祉法（昭和39年法律第129号）に定める資金の貸付けに関する文書	当該資金の貸付けを受ける者
独立行政法人自動車事故対策機構法（平成14年法律第183号）第13条第5号及び第6号（業務の範囲）に規定する資金の貸付けに関する文書	独立行政法人自動車事故対策機構又は当該資金の貸付けを受ける者
私立学校教職員共済法（昭和28年法律第245号）第26条第1項第3号（福祉事業）の貸付け並びに同項第4号及び第5号（福祉事業）の事業に関する文書	日本私立学校振興・共済事業団又は同法第14条第1項（加入者）に規定する加入者
国家公務員共済組合法（昭和33年法律第128号）第98条第1項第3号（福祉事業）の貸付け並びに同項第4号及び第5号（福祉事業）の事業に関する文書	国家公務員共済組合，国家公務員共済組合連合会又は国家公務員共済組合の組合員

地方公務員等共済組合法（昭和37年法律第152号）第112条第1項第2号（福祉事業）の貸付け並びに同項第3号及び第4号（福祉事業）の事業に関する文書	地方公務員共済組合，全国市町村職員共済組合連合会又は地方公務員共済組合の組合員
社会保険診療報酬支払基金法（昭和23年法律第129号）に定める診療報酬の支払及び診療報酬請求書の審査に関する文書	社会保険診療報酬支払基金又は同法第1条（目的）に規定する保険者
自動車損害賠償保障法（昭和30年法律第97号）に定める自動車損害賠償責任保険に関する保険証券若しくは保険料受取書又は同法に定める自動車損害賠償責任共済に関する共済掛金受取書	保険会社又は同法第6条第2項に規定する組合
国民健康保険法に定める国民健康保険の業務運営に関する文書	国民健康保険組合又は国民健康保険団体連合会
高齢者の医療の確保に関する法律（昭和57年法律第80号）第139条第1項各号（支払基金の業務）に掲げる業務，同法附則第11条第1項（病床転換助成事業に係る支払基金の業務）に規定する業務，国民健康保険法附則第17条各号（支払基金の業務）に掲げる業務及び介護保険法（平成9年法律第123号）第160条第1項各号（支払基金の業務）に掲げる業務に関する文書	社会保険診療報酬支払基金
国民年金法（昭和34年法律第141号）第128条第1項（基金の業務）又は第137条の15第1項（連合会の業務）に規定する給付及び同条第2項第1号（連合会の業務）に掲げる事業並びに確定拠出年金法（平成13年法律第88号）第73条（企業型年金に係る規定の準用）において準用する同法第33条第3項（支給要件），第37条第3項（支給要件）及び第40条（支給要件）に規定する給付に関する文書	国民年金基金又は国民年金基金連合会
中小企業退職金共済法（昭和34年法律第160号）第7条第3項（退職金共済手帳の交付）の退職金共済手帳又は同法第70条第1項（業務の範囲）に規定する業務のうち，同法第44条第4項（掛	同法第2条第6項（定義）に規定する共済契約者又は同法第72条第1項（業務の委託）の規定に基づき，独立行政法

金）に規定する退職金共済証紙の受払いに関する業務に係る金銭の受取書	人勤労者退職金共済機構から退職金共済証紙の受払いに関する業務の委託を受けた金融機関
漁業災害補償法第101条第1項（事務の委託）に規定する事務の委託に関する文書又は同法第196条の3第1号（業務）に定める資金の貸付け若しくは同条第2号（業務）に定める債務の保証に係る消費貸借に関する契約書（漁業共済組合又は漁業共済組合連合会が保存するものを除く。）	漁業共済組合若しくはその組合員又は漁業共済組合連合会
労働保険の保険料の徴収等に関する法律（昭和44年法律第84号）に定める労働保険料その他の徴収金に係る還付金の受取書又は同法第33条第1項（労働保険事務組合）の規定による労働保険事務の委託に関する文書	同法の規定による事業主又は同法第33条第3項に規定する労働保険事務組合
独立行政法人農業者年金基金法（平成14年法律第127号）第9条第1号（業務の範囲）に掲げる農業者年金事業に関する文書又は同法附則第6条第1項第1号（業務の特例）に規定する給付に関する文書	独立行政法人農業者年金基金又は同法第10条第1項第2号（業務の委託）に規定する農業協同組合
児童福祉法（昭和22年法律第164号）第56条の5の2（連合会の業務）の規定による業務，高齢者の医療の確保に関する法律第155条第1項（国保連合会の業務）の規定による業務，介護保険法第176条第1項第1号及び第2号並びに第2項第3号（連合会の業務）に掲げる業務並びに障害者の日常生活及び社会生活を総合的に支援するための法律（平成17年法律第123号）第96条の2（連合会の業務）の規定による業務に関する文書	国民健康保険団体連合会
確定給付企業年金法（平成13年法律第50号）第30条第三項（裁定）に規定する給付又は同法第91条の18第4項第1号（連合会の業務）に掲げる事業及び同法第91条の23第2項（裁定）に規定する給付に関する文書	企業年金基金又は企業年金連合会

8. 特別法により非課税となる文書

> [問] 印紙税法以外の法律により印紙税が課されないこととなる文書には、どのようなものがありますか。

[答] 印紙税法以外の法律によって印紙税が課されないこととなっている文書には、おおむね次のようなものがあります。

○ 健康保険に関する書類（健康保険法第195条）
○ 失業保険に関する書類（雇用保険法附則第19条）
○ 労働者災害補償保険に関する書類（労働者災害補償保険法第44条）
○ 森林保険に関する書類（森林国営保険法第18条）
○ 漁船乗組員給与保険に関する書類（漁船乗組員給与保険法第31条）
○ 農業災害補償に関する書類（農業災害補償法第11条）
○ 国家公務員災害補償に関する書類（国家公務員災害補償法第31条）
○ 漁船損害等補償に関する書類（漁船損害等補償法第12条）
○ 戦傷病者，戦没者遺族等の援護に関する書類及び交付された国債を担保とする金銭の貸借に関する書類（戦傷病者戦没者遺族等援護法第48条）
○ 未帰還者留守家族等の援護に関する書類（未帰還者留守家族等援護法第32条）
○ 引揚者給付金を受ける権利の譲渡，交付された国債を担保とする金銭の貸借に関する書類（引揚者給付金等支給法第21条）
○ 未帰還者に対する弔慰料に関する書類（未帰還者に関する特別措置法第12条）
○ 戦没者等の妻に対する特別給付金に関する書類及び交付された国債を担保とする金銭の貸借に関する書類（戦没者等の妻に対する特別給付金支給法第10条）
○ 戦傷病者特別援護に関する書類（戦傷病者特別援護法第27条）
○ 戦没者等の遺族に対する特別弔慰金に関する書類及び交付された国債を担

保とする金銭の貸借に関する書類（戦没者等の遺族に対する特別弔慰金支給法第12条）
○ 戦傷病者等の妻に対する特別給付金に関する書類及び交付された国債を担保とする金銭の貸借に関する書類（戦傷病者等の妻に対する特別給付金支給法第10条）
○ 戦没者の父母等に対する特別給付金に関する書類及び交付された国債を担保とする金銭の貸借に関する書類（戦没者の父母等に対する特別給付金支給法第12条）
○ 引揚者に対する特別交付金の支給に関し交付された国債を担保とする金銭の貸借に関する書類（引揚者等に対する特別交付金の支給に関する法律第12条）
○ 納税貯蓄組合の業務及び納税貯蓄組合預金に関する書類（納税貯蓄組合法第9条）
○ 納税準備預金通帳（租税特別措置法第92条）
○ 合衆国軍隊及び軍人用販売機関等が発する証書及び帳簿（日本国とアメリカ合衆国との間の相互協力及び安全保障条約第6条に基づく施設及び区域並びに日本国における合衆国軍隊の地位に関する協定の実施に伴う所得税法等の臨時特例に関する法律第8条）
○ 特別葬祭給付金に関する書類及び交付された国債を担保とする金銭の貸借に関する書類（原子爆弾被爆者に対する援護に関する法律第46条）。
○ 額面株式の株券の無効手続に伴い作成する株券（商法等の一部を改正する等の法律の施行に伴う関係法律の整備に関する法律（平成13年法律第80号）第48条第2項）
　（注）　このほかにも法律自体は存在していても取引の実態のないものがありますが，これらは省略しています。

9. 震災特例法により非課税となる文書

> [問] 東日本大震災の被災者が作成する契約書については、印紙税の非課税措置が設けられているとのことですが、どのようなものがありますか。

[答] 「東日本大震災の被災者等に係る国税関係法律の臨時特例に関する法律」により、印紙税について次のような非課税措置が設けられています。

1 特別貸付けに係る「消費貸借に関する契約書」の非課税

東日本大震災により被害を受けた方を対象として、地方公共団体又は政府系金融機関等が行う災害特別貸付けに際して作成される「消費貸借に関する契約書」（金銭借用証書など）で、平成23年3月11日から平成33年3月31日までの間に作成されるものについて、印紙税を非課税とする措置が設けられています。

2 一定の金融機関が行う特別貸付けに係る消費貸借に関する契約書の非課税

銀行、信用金庫などの金融機関が、東日本大震災の被災者を対象として、新たに設けた特別貸付制度の下で行う金銭の貸付けに際して作成される「消費貸借に関する契約書」（金銭借用証書など）で、平成23年3月11日から平成33年3月31日までの間に作成されるものについて、印紙税を非課税とする措置が設けられています。

非課税対象となる特別貸付けは、次の①、②の区分に応じ、当該要件を満たす貸付けです。

① 貸付金の利率が明示されている金銭の貸付けの場合
　要件：被災者以外の者に対する貸付金の利率に比べて年0.5％以上有利であること
② ①以外の金銭の貸付けの場合

要件：貸付金の据置期間が6か月以上であること（償還期間が1年以上のものであり，被災者に該当しない場合の条件より不利になっていないものに限ります。）
（注）　非課税措置の適用を受けようとする場合には，市町村長が発行した「り災証明書」等を当該消費貸借に関する契約書に添付しなければなりません。

3　東日本大震災により滅失した消費貸借に関する契約書等に代わるものとして作成する文書の非課税

　東日本大震災により，金融機関が保存する次に掲げる文書が滅失したことにより，当該滅失した文書の作成者と当該金融機関との間の約定に基づき，滅失した文書に代わるものとして作成（復元）される文書で，平成23年3月11日から平成25年3月31日までの間に作成されるものについて，印紙税を非課税とする措置が設けられています。
①　消費貸借に関する契約書
②　約束手形又は為替手形
③　継続的取引の基本となる契約書
④　債務の保証に関する契約書
⑤　債権譲渡又は債務引受けに関する契約書

　非課税となる文書は，滅失した文書により証されるべき①から⑤の事項と同一の証されるべき事項が記載されている文書です。
（注）　非課税措置の適用を受けようとする場合には，①，③，④，⑤の契約書については，「約定に基づき金融機関の求めに応じて作成された滅失した文書に代わる文書であることについてその金融機関が証明した書類」を当該契約書に添付しなければなりません。また，②約束手形又は為替手形については，約定に基づき金融機関の求めに応じて作成された滅失した文書に代わる文書である旨の記載をその金融機関から受けなければなりません。

4　被災者が作成する「不動産の譲渡に関する契約書」等の非課税
(1)　東日本大震災の被災者が，次のいずれかに該当する場合に作成する「不

動産の譲渡に関する契約書」又は「建設工事の請負に関する契約書」で，平成23年3月11日から平成33年3月31日までの間に作成されるものについて，印紙税を非課税とする措置が設けられています。
① 東日本大震災により滅失した建物又は損壊したため取り壊した建物（滅失等建物）が所在した土地を譲渡する場合
② 東日本大震災により損壊した建物（損壊建物）を譲渡する場合
③ 滅失等建物に代わる建物（代替建物）の敷地のための土地を取得する場合
④ 代替建物を取得する場合
⑤ 代替建物を新築する場合
⑥ 損壊建物を修繕する場合
　（注）　代替建物については，滅失等建物に代わるものであることが，契約書その他の書面において明らかにされている必要があります。

(2) 上記(1)のほか，東日本大震災の被災者が，次のいずれかに該当する場合に作成する「不動産の譲渡に関する契約書」又は「建設工事の請負に関する契約書」で，警戒区域設定指示等が行われた日から，その警戒区域設定指示等が解除された日から起算して3月を経過する日と平成33年3月31日のいずれか早い日までの間に作成されるものについて，印紙税を非課税とする措置が設けられています。
① 警戒区域設定指示等が行われた日においてその警戒区域設定指示等の対象区域内に所在していた建物（以下「対象区域内建物」といいます。）が所在した土地を譲渡する場合
② 対象区域内建物を譲渡する場合
③ 対象区域内建物に代わる建物（以下「代替建物」といいます。）の敷地の用に供する土地を取得する場合
④ 代替建物を取得する場合
⑤ 代替建物を新築する場合

> ※ 「警戒区域設定指示等」とは，東北地方太平洋沖地震に伴う原子力発電所の事故に関して，原子力災害対策特別措置法第15条第3項等により，内閣総理大臣又は原子力災害対策本部長が，市町村長又は都道府県知事に対して行った，警戒区域の設定を行うことの指示（警戒区域），住民に対し避難のための立退きを求める指示，勧告，助言その他の行為を行うことの指示（避難指示区域・計画的避難区域）をいいます。

（注）非課税措置の適用を受けようとする場合には，対象区域内建物の所有者であることについてその建物の所在地の市町村長等が証明した書類を当該契約書に添付しなければなりません。

5 被災した農地用の代替農用地の譲渡に係る不動産の譲渡に関する契約書等の非課税

東日本大震災の被災者で農業を営む者が，次のいずれかに該当する場合に作成する「不動産の譲渡に関する契約書」又は「地上権又は土地の賃借権の設定又は譲渡に関する契約書」で，平成23年3月11日から平成33年3月31日までの間に作成されるものについて，印紙税を非課税とする措置が設けられています。

① 東日本大震災により耕作又は養畜の用に供することが困難となった農用地（以下「被災農用地」といいます。）を譲渡する場合

② 警戒区域設定指示等が行われた日においてその警戒区域設定指示等の対象区域内に所在していた農用地（以下「対象区域内農用地」といいます。）を譲渡する場合

③ 被災農用地又は対象区域内農用地に代わる農用地（以下「代替農用地」といいます。）を取得する場合

④ 代替農用地の地上権又は土地の賃借権を設定し，又は取得する場合

（注）1 対象区域内農用地に係るものであって，上記②から④の場合に作成するものの非課税措置の適用期間は，警戒区域設定指示等が行われた日から，

その警戒区域設定指示が解除された日から起算して3月を経過する日と平成33年3月31日のいずれか早い日までの間となります。
2　非課税措置の適用を受けようとする場合には，次のいずれかの書類を当該契約書に添付しなければなりません。
イ　東日本大震災によりその所有する農用地又は地上権若しくは賃借権を有する農用地に被害を受けた者であることについて農業委員会が証明した書類
ロ　対象区域内農用地の所有者又は対象区域内農用地に地上権若しくは賃借権を有する者であることについて当該対象区域内農用地の所在地の市町村長が証明した書類

6　被災した船舶・航空機に代わる船舶・航空機の取得等に係る船舶又は航空機の譲渡に関する契約書等の非課税

東日本大震災の被災者が，次のいずれかに該当する場合に作成する「船舶又は航空機の譲渡に関する契約書」又は「請負に関する契約書」で，平成23年3月11日から平成33年3月31日までの間に作成されるものについて，印紙税を非課税とする措置が設けられています。

① 東日本大震災により滅失し又は損壊したため取り壊した船舶に代わる船舶（以下「代替船舶」といいます。）を取得又は建造する場合
② 東日本大震災により滅失し又は損壊したため取り壊した航空機に代わる航空機（以下「代替航空機」といいます。）を取得又は建造する場合
(注)　非課税措置の適用を受けようとする場合には，次の書類を当該契約書被災者に添付する必要があります。

区分	添付書類
①代替船舶の取得等に関する契約書	次のいずれかの書類を添付する必要があります。 イ　船舶登録事項証明書（抹消） ロ　漁船原簿の謄本（抹消） ハ　海難証明 ニ　船舶の「り災証明書」

② 代替航空機の取得等に関する契約書	次のいずれかの書類を添付する必要があります。 イ 航空機登録原簿の謄本又は抄本（抹消） ロ 航空機の「り災証明書」

7 独立行政法人中小企業基盤整備機構が仮設施設整備事業に関して作成する不動産の譲渡に関する契約書等の非課税

　独立行政法人中小企業基盤整備機構が，東日本大震災により被害を受けた市町村からの要請に基づき，事務所，店舗等の用に供するための仮設施設を建築する際に作成する「建設工事の請負に関する契約書」又は建築した仮設施設を譲渡する際に作成する「不動産の譲渡に関する契約書」で，平成23年5月2日（東日本大震災に対処するための特別の財政援助及び助成に関する法律の施行の日）から平成29年3月31日までの間に作成されるものについて，印紙税を非課税とする措置が設けられています。

【留意点】
　4から6までの非課税措置については，「被災者」と「被災者以外の者（例えば不動産業者や船舶の建造業者）」が共同して作成する契約書の場合，「被災者」が保存するものは被災者が作成したものとみなされて非課税となりますが，「被災者以外の者」が保存するものは被災者以外の者が作成したものとみなされ課税となります。

租税特別措置法の一部改正（平成25年）に伴う軽減措置の内容

1. 印紙税の軽減措置の概要

　問　租税特別措置法の一部が改正され、平成26年4月1日以降に作成される特定の契約書については、これらの契約書に課税される印紙税の税率が軽減されたと聞きましたが、これについて説明してください。

　答　所得税法等の一部を改正する法律（平成25年法律第5号）の施行により、租税特別措置法の一部が改正され、平成26年4月1日から平成30年3月31日までの間に作成される不動産の譲渡契約書や建設工事の請負契約書について、印紙税の軽減措置が講じられ、税率が引き下げられています。

　軽減措置の対象となる契約書は、租税特別措置法第91条《不動産の譲渡等に関する印紙税の税率の特例》の規定により、以下のとおりとなります。

① 軽減措置の対象となる「不動産譲渡契約書」

　軽減措置の対象となる「不動産譲渡契約書」とは、印紙税法別表第一第1号の物件名の欄1に掲げる「不動産の譲渡に関する契約書」をいいます。

　なお、不動産の譲渡に関する契約書と同号に掲げる他の契約が併記された契約書も軽減措置の対象となります。

② 軽減措置の対象となる「建設工事請負契約書」

　軽減措置の対象となる「建設工事請負契約書」とは、印紙税法別表第一第2号に掲げる「請負に関する契約書」のうち、建設業法第2条に規定する建設工事の請負に係る契約に基づき作成されるものをいいます。

　なお、建設工事の請負に係る契約に基づき作成される契約書であれば、その契約書に建設工事以外の請負に係る事項が併記されていても軽減措置の対象となります。

(注) 建設工事とは，建設業法第2条に規定する土木建築に関する工事の全般をいいます。
　したがって，建設工事に該当しない，建物の設計，建設機械等の保守，船舶の建造又は家具・機械等の製作若しくは修理等のみを定める請負契約書は，軽減措置の対象とはなりません。

　ところで，軽減措置の対象となる契約書に課税される印紙税の税率については，課税物件表の第1号及び第2号に定められた税率（本則税率）にかかわらず，次の表の「契約金額」欄に掲げる金額の区分に応じ，1通当たり次の表の「軽減税率」欄の金額によることとなります。

　なお，軽減措置の対象となる契約書に該当するものとしては，土地売買契約書，土地建物売買契約書，マンション標準売買契約書，建築工事請負契約書，民間建設工事請負契約書，建設工事下請契約書，（建設工事）請書等の名称を用いたものが多いようです。

契約金額		本則税率	軽減後の税率	参考（軽減額）
不動産譲渡契約書	建設工事請負契約書			
10万円超　50万円以下	100万円超　200万円以下	400円	200円	200円（50％軽減）
50万円超　100万円以下	200万円超　300万円以下	1千円	500円	500円（50％軽減）
100万円超　500万円以下	300万円超　500万円以下	2千円	1千円	1千円（50％軽減）
500万円超　1千万円以下		1万円	5千円	5千円（50％軽減）
1千万円超　5千万円以下		2万円	1万円	1万円（50％軽減）
5千万円超　1億円以下		6万円	3万円	3万円（50％軽減）

1億円超　5億円以下	10万円	6万円	4万円 （40％軽減）
5億円超　10億円以下	20万円	16万円	4万円 （20％軽減）
10億円超　50億円以下	40万円	32万円	8万円 （20％軽減）
50億円超	60万円	48万円	12万円 （20％軽減）

※なお，契約金額の記載のないものの印紙税額は，本則どおり200円となります。

なお，平成9年4月1日から平成26年3月31日までの間に講じられていた軽減措置は，以下のとおりとなります。

契約金額	本則利率	軽減税率	参考（軽減額）
1千万円を超え5千万円以下のもの	2万円	1万5千円	5千円
5千万円を超え1億円以下のもの	6万円	4万5千円	1万5千円
1億円を超え5億円以下のもの	10万円	8万円	2万円
5億円を超え10億円以下のもの	20万円	18万円	2万円
10億円を超え50億円以下のもの	40万円	36万円	4万円
50億円を超えるもの	60万円	54万円	6万円

2. 軽減措置の対象となる建設工事の範囲

　[問]　建設工事の請負に係る契約に基づき作成される請負に関する契約書については，租税特別措置法の規定により印紙税が軽減されることとなりますが，ここにいう建設工事を具体的に説明してください。

　[答]　租税特別措置法の規定により，建設工事の請負に係る契約に基づき作成される請負に関する契約書については，印紙税額が軽減されることとなり

ますが，ここにいう「建設工事」とは，建設業法第2条第1項に規定する建設工事で，同項の別表の上欄に掲げられているそれぞれの工事をいい，具体的には，土木建築に関する次に掲げる工事をいいます。

〔建設工事の種類（建設業法第2条第1項，同法別表）〕
土木一式工事，建築一式工事，大工工事，左官工事，とび・土工・コンクリート工事，石工事，屋根工事，電気工事，管工事，タイル・れんが・ブロック工事，鋼構造物工事，鉄筋工事，ほ装工事，しゅんせつ工事，板金工事，ガラス工事，塗装工事，防水工事，内装仕上工事，機械器具設置工事，熱絶縁工事，電気通信工事，造園工事，さく井工事，建具工事，水道施設工事，消防施設工事，清掃施設工事

したがって，上記の建設工事に該当しない工事や建築物等の設計，建設機械の保守，船舶の建造，機械器具の製造・修理等の請負契約書は，印紙税の軽減措置の対象にはなりません。

なお，上記の建設工事の工事内容については，昭和47年建設省告示（建設業法第2条第1項の別表の上欄に掲げる建設工事の内容）の「建設工事の内容」欄に具体的に記載されています。

(注) 建設工事により工作物に取付け又は設置した設備，機械器具等の保守又は修理等については建設工事に該当しませんが，これらの設備又は機械器具等を保守又は修理等のために工作物等から取り外し，更に修理等を行った後に工作物等に取付け又は設置する場合は，この取付け又は設置する工事は建設工事に該当することとなります。

＜参考＞建設業法第2条第1項の別表の上欄に掲げる建設工事の内容

昭和47年3月8日建設省告示第350号

建設業法（昭和24年法律第100号）第2条第1項の別表の上欄に掲げる建設工事の内容を次のとおり告示する。ただし，その効力は昭和47年4月1日から生ずるものとする。

建設工事	建設工事の内容
土木一式工事	総合的な企画，指導，調整のもとに土木工作物を建設する工事（補修，改造又は解体する工事を含む。以下同じ。）
建築一式工事	総合的な企画，指導，調整のもとに建築物を建設する工事
大工工事	木材の加工又は取付けにより工作物を築造し，又は工作物に木製設備を取付ける工事
左官工事	工作物に壁土，モルタル，漆くい，プラスター，繊維等をこて塗り，吹付け，又ははり付ける工事
とび・土工・コンクリート工事	イ　足場の組立て，機械器具・建設資材等の重量物の運搬配置，鉄骨等の組立て，工作物の解体等を行う工事 ロ　くい打ち，くい抜き及び場所打ぐいを行う工事 ハ　土砂等の掘削，盛上げ，締固め等を行う工事 ニ　コンクリートにより工作物を築造する工事 ホ　その他基礎的ないしは準備的工事
石工事	石材（石材に類似のコンクリートブロック及び擬石を含む。）の加工又は積方により工作物を築造し，又は工作物に石材を取付ける工事
屋根工事	瓦，スレート，金属薄板等により屋根をふく工事
電気工事	発電設備，変電設備，送配電設備，構内電気設備等を設置する工事
管工事	冷暖房，空気調和，給排水，衛生等のための設備を設置し，又は金属製等の管を使用して水，油，ガス，水蒸気等を送配するための設備を設置する工事
タイル・れんが・ブロック工事	れんが，コンクリートブロック等により工作物を築造し，又は工作物にれんが，コンクリートブロック，タイル等を取付け，又ははり付ける工事

鋼構造物工事	形鋼，鋼板等の鋼材の加工又は組立てにより工作物を築造する工事
鉄筋工事	棒鋼等の鋼材を加工し，接合し，又は組立てる工事
ほ装工事	道路等の地盤面をアスファルト，コンクリート，砂，砂利，砕石等によりほ装する工事
しゅんせつ工事	河川，港湾等の水底をしゅんせつする工事
板金工事	金属薄板等を加工して工作物に取付け，又は工作物に金属製等の付属物を取付ける工事
ガラス工事	工作物にガラスを加工して取付ける工事
塗装工事	塗料，塗材等を工作物に吹付け，塗付け，又ははり付ける工事
防水工事	アスファルト，モルタル，シーリング材等によって防水を行う工事
内装仕上工事	木材，石膏ボード，吸音板，壁紙，たたみ，ビニール床タイル，カーペット，ふすま等を用いて建築物の内装仕上げを行う工事
機械器具設置工事	機械器具の組立て等により工作物を建設し，又は工作物に機械器具を取付ける工事
熱絶縁工事	工作物又は工作物の設備を熱絶縁する工事
電気通信工事	有線電気通信設備，無線電気通信設備，放送機械設備，データ通信設備等の電気通信設備を設置する工事
造園工事	整地，樹木の植栽，景石のすえ付け等により庭園，公園，緑地等の苑地を築造し，道路，建築物の屋上等を緑化し，又は植生を復元する工事
さく井工事	さく井機械等を用いてさく孔，さく井を行う工事又はこれらの工事に伴う揚水設備設置等を行う工事
建具工事	工作物に木製又は金属製の建具等を取付ける工事
水道施設工事	上水道，工業用水道等のための取水，浄水，配水等の施設を築造する工事又は公共下水道若しくは流域下水道の処理設備を設置する工事

消防施設工事	火災警報設備，消化設備，避難設備若しくは消火活動に必要な設備を設置し，又は工作物に取付ける工事
清掃施設工事	し尿処理施設又はごみ処理施設を設置する工事

3. 2以上の号の課税事項が記載されている文書

> [問] 一の文書に，課税物件表の2以上の号に該当する課税事項が記載されている場合で，その中に不動産の譲渡に関する事項や建設工事の請負に関する事項が記載されているときには，軽減措置の対象となる契約書に該当するのでしょうか。

[答] 印紙税法では，一の文書に課税物件表の2以上の号の課税事項が記載されていても，いずれか一の号の課税文書としてだけ課税することとされており，通則の規定により所属の決定と記載金額の計算を行う事となっております。このため，不動産の譲渡に関する事項（第1号の1文書）とその他の号の課税事項が記載された文書や建設工事の請負に関する事項（第2号文書）とその他の号の課税事項が記載された文書についても，通則の規定により所属の決定及び記載金額の計算を行うこととなります。

（注） 所属の決定等の詳しい説明は，総則編第2「文書の所属の決定等」及び総則編第4の問8「2以上の号の記載金額がある場合」（49頁）を参照してください。

2以上の号に該当する課税事項が記載されている文書のうち，通則の規定により不動産の譲渡に関する契約書（第1号の1文書）又は建設工事の請負に関する契約書（第2号文書）に所属が決定されたもので，記載金額が10万円（建設工事に関するものは100万円）を超えるものは，軽減措置の対象となりますが，他の号に所属が決定されたものは軽減措置の対象とはなりません。

（例）
　　1　6,000万円の土地売買と3,000万円の建築請負が記載された契約書（第1号の1

文書と第2号文書とに該当)

　この契約書は，通則3のロ及び通則4のロ(1)の規定により，記載金額6,000万円の第1号の1文書(不動産の譲渡に関する契約書)に該当しますから，印紙税の軽減措置の対象となります。
2　4,000万円の建築請負とその請負代金の消費貸借が記載された契約書(第2号文書と第1号の3文書とに該当)

　この契約書は，通則3のロ及び通則4のロ(1)の規定により，記載金額4,000万円の第1号の3文書(消費賃借に関する契約書)に該当しますから，軽減措置の対象とはなりません。

4. 不動産の譲渡とその他の事項が記載されている第1号文書

[問]　一の文書に，不動産の譲渡に関する事項と不動産の譲渡に関する事項以外の第1号に掲げる事項(例えば，船舶の譲渡に関する事項)の両方が記載されている場合は，軽減措置の対象となるのでしょうか。

[答]　一の文書に第1号に掲げる2以上の事項が記載されているもののうち，不動産の譲渡に関する事項が記載されているもので，通則4の規定により計算した記載金額が10万円を超える場合は，軽減措置の対象となります。
　なお，一の文書に第1号に掲げる2以上の事項が記載されている場合であっても，不動産の譲渡に関する事項が記載されていない場合には，軽減措置の対象とはなりません。
(例)
1　900万円の建物売買と300万円の借地権の売買が記載された契約書(第1号の1文書と第1号の2文書とに該当)

　この契約書は，不動産の譲渡に関する事項(第1号の1文書)と土地の賃借権の譲渡に関する事項(第1号の2文書)とが記載されており，通則4のイの規定により記載金額が1,200万円の第1号文書と判定されますから，軽減措置の対象となります。
2　5,000万円の船舶の譲渡と3,000万円の金銭の消費貸借が記載された文書(第1

号の1文書と第1号の3文書とに該当)

　この契約書は，通則4のイの規定により記載金額8,000万円の第1号文書と判定されますが，不動産の譲渡に関する事項が記載されていませんから，軽減措置の対象とはなりません。

5. 建設工事の請負とその他の事項が記載されている第2号文書

> [問]　一の文書に，建設工事の請負と建設工事以外の請負に関する事項（例えば，保守契約事項）の両方が記載されている場合は，軽減措置の対象となるのでしょうか。

[答]　一の文書に2以上の請負に関する事項が記載されているもののうち，建設工事の請負に関する事項が記載されているもので，通則4の規定により計算した記載金額が100万円を超える場合は，軽減措置の対象となります。
　なお，一の文書に2以上の請負に関する事項が記載されている場合であっても，建設工事の請負に関する事項が記載されていない場合には，軽減措置の対象とはなりません。
(例)
1　5,000万円の建物建築請負と500万円の建物設計請負が記載された契約書（いずれも第2号文書に該当）

　この契約書は，建設工事の請負（建築請負）に関する事項と建設工事以外の請負（設計請負）に関する事項とが記載されており，通則4のイの規定により記載金額が5,500万円の第2号文書と判定されますから，軽減措置の対象となります。

2　3,000万円の工作機械の製造請負と500万円の機械の保守が記載された契約書（いずれも第2号文書に該当）

　この契約書は，記載金額3,500万円の第2号文書と判定されますが，建設工事の請負に関する事項が記載されていませんから，軽減措置の対象とはなりません。

6. 請負金額を変更する契約書等

　[問]　建物の建築工事について、建築仕様の一部を変更したことから、工事代金が増額することとなり、変更契約書を作成することとなりましたが、軽減措置の対象となるのでしょうか。

　[答]　軽減措置の対象となる「契約書」とは、通則5に規定する契約書をいいますから、契約の内容の変更又は補充の事実を証明するために作成される文書も含まれることとなります。

　したがって、不動産の譲渡に関する契約又は建設工事の請負に関する契約の変更契約書や補充契約書で、通則4の規定により計算した記載金額が10万円（建設工事に関するものは100万円）を超えるものについては、軽減措置の対象となります。

（例）
　平成26年6月10日に作成した建築請負契約書の請負金額4,000万円を6,000万円に変更する平成26年8月20日作成の変更契約書
　この契約書は、通則4のニの規定により記載金額が2,000万円の建設工事の請負に関する契約書に該当しますから、軽減措置の対象となります。

（注）　契約金額を変更する契約書の詳しい説明は、総則編第4の問20「契約金額を変更する契約書」（60頁）を参照してください。

7. 不動産の譲渡や建設工事の請負に関連して作成される文書

　[問]　不動産の譲渡契約や建設工事の請負契約に関連して、この契約書以外に、手形や領収書を作成する場合がありますが、これら契約書以外の文書は軽減措置の対象となるのでしょうか。

　[答]　軽減措置の対象となる契約書は、第1号の1文書である不動産の譲

渡に関する契約書と第 2 号文書である建設工事（建設業法第 2 条第 1 項に規定する建設工事に限ります。）の請負に関する契約書で，契約金額が10万円（建設工事に関するものは100万円）を超えるものです。

　したがって，不動産の譲渡や建設工事の請負に関連して作成する文書であっても，
(1)　不動産の譲渡代金や建築請負代金を支払うために振り出した約束手形（第 3 号文書），
(2)　不動産の譲渡代金や建築請負代金を受領した際に作成・交付する金銭又は有価証券の受取書（第17号の 1 文書）
(3)　不動産の購入資金や建築請負代金を借り入れる際に作成する金銭消費貸借契約書（第 1 号の 3 文書）
等については，軽減措置の対象とはなりません。

〔参考〕1 印紙税法の一部改正（平成元年）に伴う課税廃止文書の内容

> **問** 印紙税法の一部が改正され，平成元年4月1日以後に作成される特定の文書については，印紙税の課税が廃止されていると聞きましたが，これについて説明してください。

　答　昭和63年12月30日に公布された「所得税法等の一部を改正する法律（昭和63年法律第109号）」により，印紙税法の一部が改正され，平成元年4月1日以後作成される次の5文書について，印紙税の課税が廃止されました。
　これは税制全般の抜本的見直しの一環として，印紙税の簡素化等を図る観点から，①消費税の課税対象取引に伴って作成される割合が高く，かつ，②執行上の観点等からみて税負担の不均衡が認められた次の5文書について課税を廃止し，印紙税の簡素・合理化が図られたものです。

① **物品切手**（旧第4号文書）
　　（課税廃止となった主な文書）
　　　デパート等で発行する商品券・ギフト券，清酒券，ウィスキーボトル券，図書券，ガソリン券，ディナー券，プリペイドカードなど
　　（注）　券面の金額が700円未満のものは，従来から課税されていませんでした。

② **質権等の設定等に関する契約書**（旧第14号文書）
　イ　永小作権，地役権，質権，抵当権，租鉱権，採石権，漁業権又は入漁権の設定又は譲渡に関する契約書（旧第14号の1文書）
　　（課税廃止となった主な文書）
　　　永小作権設定契約書，地役権設定契約書，質権設定契約書，担保差入証，抵当権設定証書，租鉱権設定契約書，入漁権設定契約書など
　ロ　無体財産権の実施権又は使用権の設定又は譲渡に関する契約書（旧第14

号の 2 文書）

（課税廃止となった主な文書）

　　特許権の専用実施権の設定契約書，特許権の通常使用許諾書，意匠権の通常使用許諾書，商標権の通常使用許諾書，出版権の譲渡契約書など

　（注）　無体財産権とは，特許権，実用新案権，商標権，意匠権，回路配置利用権，商号及び著作権をいい，また，無体財産権の使用権には，出版権が含まれます。なお，現在においては，「育成者権」が加えられています。

③　**賃貸借又は使用貸借に関する契約書**（旧第16号文書）

（課税廃止となった主な文書）

　　建物賃貸借契約書，貸室賃貸借契約書，裸用船契約書，社宅借用書，車両リース契約書，自動車借受契約書，貸金庫借入証書，建設機械賃貸借契約書，婚礼衣裳の賃貸借契約書など

④　**委任状又は委任に関する契約書**（旧第17号文書）

（課税廃止となった主な文書）

　　株主総会の委任状，PTA総会の委任状，その他各種の委任状，取締役就任承諾書，事務委託契約書，研究委託契約書，不動産の仲介契約書，給与振込みに関する協定書，当座勘定貸越契約書，商業信用状約定書，保証委託契約書，公共料金等の口座振替依頼書など

⑤　**物品又は有価証券の譲渡に関する契約書**（旧第19号文書）

（課税廃止となった主な文書）

　　物品売買契約書，自動車の注文書及び注文請書，商品の割賦購入契約書，商品の注文請書，ダイヤモンドの下取保証書，物品の買掛債務の弁済契約書，株券売買契約書，株券譲渡承諾書，売買契約条項が記載されている納品書など

　（注）1　「課税廃止となった主な文書」は，廃止される番号の文書以外には該当しないことを前提としていますので，これらの文書と同じ名称を用いている文書であっても，他の番号の課税文書の課税事項を併せて記載しているものには，従来と異なる番号の文書に所属が決定されますから，引き続き課

税対象となる場合があります。

2　この改正に伴って，従来の第5号文書以下の番号が繰り上がりましたが，改正前と改正後の番号の比較は，次表のとおりです。

改正前番号	1	2	3	4	5	6	7	8	9	10	11	12	13	14	15	16	17	18	19	20	21	22	23	24	25
改正後番号	1	2	3	廃	4	5	6	7	8	9	10	11	12	廃	13	廃	廃	14	廃	15	16	17	18	19	20

（注）「廃」は，課税が廃止されたものです。

〔参考〕2　平成2年以後の印紙税の主な改正点

> 問　平成2年以後印紙税はどのような改正が行われてきましたか。

答　(1)　平成2年の改正

　手形に係る印紙税は，階級定額率が適用されており，コマーシャル・ペーパー（以下「CP」といいます。）についても，その法的性格が約束手形として位置付けられているところから，通常の約束手形と同じく手形金額に応じた税率が適用されていましたが，短期金融市場の育成・拡充を図るという政策的観点から，CPに対する印紙税を一通につき5,000円の税率とする約束手形に係る印紙税の税率等の軽減措置（CPに係る印紙税の特例措置）が租税特別措置法の改正による特例措置として講じられました。

(2)　平成5年の改正
① 　株式市場の活性化を図る観点から，株式の投資単位の引下げを促進するため，一定の株式分割等によって上場企業等が発行する株券に係る印紙税を非課税とする特例措置が租税特別措置法の改正によって講じられました。
② 　信用金庫及び信用金庫連合会等の作成する出資証券については，その設立の援助を図るなどの観点から，印紙税が非課税とされています。
　　平成5年4月に成立した協同組織金融機関の優先出資に関する法律において，協同組織金融機関について，組合員からの出資（普通出資）を補完するものとして，組合員以外の不特定多数の者から出資を受け入れることを可能とする優先出資制度が設けられました。
　　新たに認められた優先出資制度は不特定多数の者からの出資を受け入れるものであること等が考慮され，印紙税が非課税とされている出資証券の範囲

から協同組織金融機関が発行する優先出資証券を除くこととされました。

(3) 平成7年の改正
① 株式分割等に係る株券等の印紙税の非課税措置が，その特例措置の対象となる株式分割の範囲を拡充するとともに，平成9年3月31日まで2年間延長されました。
② 公的貸付機関等が阪神・淡路大震災の被害者に対して行う特別貸付けに係る消費貸借に関する契約書について印紙税を非課税とする措置が，阪神・淡路大震災の被災者等に係る国税関係法律の臨時特例に関する法律の一部を改正する法律に設けられました。

(4) 平成8年の改正
CPについて，平成8年4月1日から，発行適格基準の実質的撤廃，及び②償還期間制限の延長が図られたことに伴い，約束手形に係る印紙税の税率等の特例措置（CPに係る印紙税の税率等の特例措置）の適用要件を，①振出人については「上場会社等」を「法人」に，②振出しの日から満期までの期間については「9か月以内」を「1年未満」に，それぞれ拡充した上で，その適用期限が平成10年3月31日までの2年間延長されました。

(5) 平成9年の改正
① 平成9年度の税制改正において，住宅取得促進税制の見直しや，登録免許税の特例措置の拡充など住宅・土地関連税制の改正が行われ，その一環として，印紙税についても，租税特別措置法による2年間の臨時的な措置として，住宅・土地等の取引に伴って作成される「不動産の譲渡に関する契約書」及び「請負に関する契約書（建築業法第2条第1項に規定する建設工事の請負に係る契約に基づき作成されるものに限ります。）」のうち，これらの契約書に記載された契約金額が1,000万円を超えるものについて，次表のとおり，印紙税の税率を軽減する特例措置が講じられました。

契約金額	印紙税率（改正前）	印紙税率（改正後）
1,000万円超5,000万円以下	2万円	1万5千円
5,000万円超1億円以下	6万円	4万5千円
1億円超5億円以下	10万円	8万円
5億円超10億円以下	20万円	18万円
10億円超50億円以下	40万円	36万円
50億円超	60万円	54万円

② 株式分割等に係る株券等の印紙税の非課税措置が平成11年3月31日まで2年間延長されました。

(6) 平成10年の改正

① 金融機関等が流通業務として取り扱えるCPの範囲を間接発行CPに限定するルールが平成10年4月から撤廃されたことに伴い、約束手形に係る印紙税の税率等の軽減措置（CPに係る印紙税の税率等の特例措置）の適用対象に直接発行方式によるCPも含めることとした上で、その適用期限が平成12年3月31日までの2年間延長されました。

② 阪神・淡路大震災の被害者に対する特別貸付けに係る消費貸借契約書の非課税措置の適用期限が、平成12年3月31日までの2年間延長されました。

(7) 平成11年の改正

① 不動産の譲渡に関する契約書等に係る印紙税の税率の特例措置の適用期限が平成13年3月31日まで2年間延長されました。

② 株式分割等に係る株券等の印紙税の非課税措置が平成13年3月31日まで2年間延長されました。

(8) 平成12年の改正

① 約束手形に係る印紙税の税率等の特例措置（CPに係る印紙税等の特例措置）

の適用期限が平成14年3月31日までの2年間延長されました。
② 日本銀行が行う社債等を担保とするオペレーションの対象手形について、一律200円の定額税率とする特例措置を講ずるための特例措置が租税特別措置法に設けられました。
③ 阪神・淡路大震災の被害者に対する特別貸付けに係る消費貸借契約書の非課税措置が、平成17年3月31日までの5年間延長されました。

(9) 平成13年の改正
① 不動産の譲渡に関する契約書等に係る印紙税の税率の特例措置の適用期限が平成15年3月31日まで2年間延長されました。
② 株式分割等に係る株券等の印紙税の非課税措置が平成15年3月31日まで2年間延長されました。
③ 会社分割制度が創設され、吸収分割の場合には「分割契約書」を、新設分割の場合には「分割計画書」を、それぞれ作成することが義務付けられたことに伴い、分割契約書と分割計画書が課税文書に追加され、平成13年4月1日以後作成されるものについては、合併契約書と同様に一通につき4万円の税率で印紙税が課税されることとされました。
④ 商法の改正により、額面株式の発行が全面的に廃止され、記載金額のない無額面株式に一本化されたことから、株式に係る印紙税額は、その発行価額（発行価額がない場合は、資本の額及び資本準備金の合計額を発行済株式（その発行する株式を含みます。）の総数で除して得た額）により求めることとされました。
　また、額面株式の廃止に伴う経過措置として、取締役会の決議により平成13年10月1日前に発行されている額面株式の株券を無効とし、新株券を発行することができることとされました（商法等の一部を改正する法律第20条）が、この新株券の発行は、商法改正により強制的に額面株式制度が廃止されたことによるものであることなどを考慮し、印紙税は非課税とすることとされました（商法等の一部を改正する法律の施行に伴う関係法律の整備に関する法律第48条第2項）。

(10) 平成14年の改正

① 約束手形に係る印紙税の税率等の特例措置（CP に係る印紙税の税率等の特例措置）の適用期限が平成16年３月31日までの２年間延長されました。

② 所得税法の一部改正により，老人等の少額預金非課税制度が障害者等を対象とする非課税制度に改組されたことから，老人等の少額預金非課税制度のもとで印紙税が非課税とされていた普通預金に係る通帳のうち，障害者等に対する少額預金非課税制度の対象外となる普通預金に係る通帳については新たに印紙税が課税されることとなりました。この改正は平成18年１月１日に施行されました。

(11) 平成15年の改正

① 不動産の譲渡に関する契約書等に係る印紙税の税率の特例措置の適用期限が平成17年３月31日まで２年間延長することとされました。

② 株式分割等に係る株券等の印紙税の非課税措置に，対象範囲に協同組織金融機関の作成する優先出資証券を追加した上で，平成17年３月31日まで２年間延長されました。

(12) 平成16年の改正

約束手形に係る印紙税の税率等の特例措置（CP に係る印紙税の税率等の特例措置）の適用期限が平成17年３月31日までの１年間延長されました。

(13) 平成17年の改正

① 不動産の譲渡に関する契約書等に係る印紙税の税率の特例措置の適用期限が平成19年３月31日まで２年間延長されました。

② 金融市場における電子化の進展に伴い，CP はいわゆる電子 CP（法律上の位置づけは手形ではなく短期社債に該当します。）に移行することが見込まれたことから，約束手形に係る印紙税の税率等の特例措置（CP に係る印紙税の税率等の特例措置）は平成17年３月31日の期限の到来に伴い廃止されました。

③　日本育英会の解散により，それまで日本育英会が実施してきた高校奨学金事業が都道府県に移管されたことに伴い，都道府県が行う高等学校の生徒に対する学資としての資金の貸付けに係る消費貸借契約書等の印紙税の非課税措置が租税特別措置法に創設されました。

④　株式分割等に係る株券等の印紙税の非課税措置が平成19年3月31日まで2年間延長されました。

(14)　平成18年の改正

会社法において株式の無償割当てについて新たに規定が設けられたことに伴い，株式分割等に係る株券等の印紙税の非課税措置の対象に，それまで非課税とされていた株式分割と同様の効果を持つ株式の無償割当てを含むこととされました。

(15)　平成19年の改正

①　信託法の全面改正により，新たに発行が認められることとなった受益証券発行信託の受益証券が，印紙税の課税対象に加えられました。

②　日本銀行において「共通担保資金供給オペレーション」が導入され，社債等を担保とする手形オペレーションは廃止されたことに伴い，日本銀行が社債等を担保として買い入れる為替手形に係る印紙税の税率の特例措置は使命を終えたものとして廃止されました。

③　不動産の譲渡に関する契約書等に係る印紙税の税率の特例措置の適用期限を平成21年3月31日まで2年間延長されました。

④　株式分割等に係る株券等の印紙税の非課税措置が平成21年3月31日まで2年間延長されました。

(16)　平成21年の改正

①　不動産の譲渡に関する契約書等に係る印紙税の税率の特例措置の適用期限を平成23年3月31日まで延長されました。

② 平成21年1月5日から、「社債、株式等の振替に関する法律（平成13年法律第75号）により、いわゆる株券の電子化（ペーパーレス化）が行われ、株式分割等に係る株券等の印紙税の非課税措置の対象となる上場株式等も対象とされました。これにより、今後は上場株式等について株式分割等が行われた場合であっても、本特例措置の対象となる株券等が発行されなくなったことから、平成21年3月31日をもって本特例措置は廃止されました。

(17) 平成22年の改正

保険法（平成20年法律第59号）が平成22年4月1日から施行されました。同法では、必ずしも、従来のように保険証券の名称が用いられることにはならない可能性があると考えられました。このため、保険証券の意義を明らかにすることを目的として、印紙税法別表第一に掲げられている保険証券（第10号文書）の定義が新たに設けられました。

保険証券とは、保険証券その他名称のいかんを問わず、保険法第6条第1項、第40条第1項又は第69条第1項その他の法令の規定により、保険契約に係る保険者が当該保険契約を締結したときに当該保険契約に係る保険契約者に対して交付する書面をいう。

---

(18) 平成23年の改正

不動産の譲渡に関する契約書等に係る印紙税の税率の特例措置の適用期限を平成25年3月31日まで延長されました。

(19) 平成24年の改正

東日本大震災の被災者等に係る国税関係法律の臨時特例に関する法律（平成23年法律第29号）により、特別貸付けに係る消費貸借に関する契約書の印紙税の非課税措置及び被災者が作成する不動産の譲渡に関する契約書等の印紙税の

非課税措置が講じられました。

⑳ 平成25年の改正

① 平成26年4月1日以降に作成する金銭又は有価証券の受取書については，記載された金額が5万円未満（従前は3万円未満）のものについて非課税とされました。

② 不動産の譲渡に関する契約書等に係る印紙税の税率の特例措置の適用期限を平成30年3月31日まで延長するとともに，平成26年4月1日以降に作成されるものについては，以下のとおり印紙税の軽減措置が拡充されました。

契約金額	本則税率	軽減税率 （平成26年3月31日まで）	軽減税率 （平成26年4月1日以降）
1千万円以下	400円～1万円	—	200円～5千円 （50％軽減）
1千万円超～ 5千万円以下	2万円	1.5万円（25％軽減）	1万円（50％軽減）
5千万円超～ 1億円以下	6万円	4.5万円（25％軽減）	3万円（50％軽減）
1億円超～ 5億円以下	10万円	8万円（25％軽減）	6万円（50％軽減）
5億円超～ 10億円以下	20万円	18万円（25％軽減）	16万円（50％軽減）
10億円超～ 50億円以下	40万円	36万円（25％軽減）	32万円（50％軽減）
50億円超	60万円	54万円（25％軽減）	48万円（50％軽減）

③ 独立行政法人中小企業整備機構が作成する不動産の譲渡に関する契約書等の印紙税の非課税措置（東日本大震災関係）が平成27年3月31日まで延長されました。

⑴ 平成26年の改正

　独立行政法人中小企業整備機構が作成する不動産の譲渡に関する契約書等の印紙税の非課税措置（東日本大震災関係）が平成29年3月31日まで延長されました。

〔附　録〕

別表第1　課税物件表

課税物件表の適用に関する通則

1　この表における文書の所属の決定は，この表の各号の規定による。この場合において，当該各号の規定により所属を決定することができないときは，2及び3に定めるところによる。

2　一の文書でこの表の2以上の号に掲げる文書により証されるべき事項又はこの表の1若しくは2以上の号に掲げる文書により証されるべき事項とその他の事項とが併記され，又は混合して記載されているものその他一の文書でこれに記載されている事項がこの表の2以上の号に掲げる文書により証されるべき事項に該当するものは，当該各号に掲げる文書に該当する文書とする。

3　一の文書が2の規定によりこの表の各号のうち2以上の号に掲げる文書に該当することとなる場合には，次に定めるところによりその所属を決定する。

　イ　第1号又は第2号に掲げる文書と第3号から第17号までに掲げる文書とに該当する文書は，第1号又は第2号に掲げる文書とする。ただし，第1号又は第2号に掲げる文書で契約金額の記載のないものと第7号に掲げる文書とに該当する文書は，同号に掲げる文書とし，第1号又は第2号に掲げる文書と第17号に掲げる文書とに該当する文書のうち，当該文書に売上代金（同号の定義の欄1に規定する売上代金をいう。以下この通則において同じ。）に係る受取金額（100万円を超えるものに限る。）の記載があるもので，当該受取金額が当該文書に記載された契約金額（当該金額が2以上ある場合には，その合計額）を超えるもの又は契約金額の記載のないものは，同号に掲げる文書とする。

　ロ　第1号に掲げる文書と第2号に掲げる文書とに該当する文書は，第1号に掲げる文書とする。ただし，当該文書に契約金額の記載があり，かつ，当該契約金額を第1号及び第2号に掲げる文書のそれぞれにより証されるべき事項ごとに区分することができる場合において，第1号に掲げる文書により証されるべき事項に係る金額として記載されている契約金額（当該金額が2以上ある場合は，その合計額。以下このロにおいて同じ。）が第2号に掲げる文書により証されるべき事項に係る金額として記載されている契約金額に満たないときは，同号に掲げる文書とする。

　ハ　第3号から第17号までに掲げる文書のうち2以上の号に掲げる文書に該当する文書は，当該2以上の号のうち最も号数の少ない号に掲げる文書とする。ただし，当該文書に売上代金に係る受取金額（100万円を超えるものに限る。）の記載があるときは，第17号に掲げる文書とする。

　ニ　ホに規定する場合を除くほか，第18号から第20号までに掲げる文書と第1号から第17号までに掲げる文書とに該当する文書は，第18号から第20号までに掲げる文書とする。

　ホ　第19号若しくは第20号に掲げる文書と第1号に掲げる文書とに該当する文書で同号に掲げる文書に係る記載された契約金額が10万円を超えるもの，第19号若しくは第20号に

附　　録　　　　　　　　　　　　　　475

　　掲げる文書と第2号に掲げる文書とに該当する文書で同号に掲げる文書に係る記載された契約金額が100万円を超えるもの又は第19号若しくは第20号に掲げる文書と第17号に掲げる文書とに該当する文書で同号に掲げる文書に係る記載された売上代金に係る受取金額が100万円を超えるものは，それぞれ，第1号，第2号又は第17号に掲げる文書とする。
4　この表の課税標準及び税率の欄の税率又は非課税物件の欄の金額が契約金額，券面金額その他当該文書により証されるべき事項に係る金額（以下この4において「契約金額等」という。）として当該文書に記載された金額（以下この4において「記載金額」という。）を基礎として定められている場合における当該金額の計算については，次に定めるところによる。
　　イ　当該文書に2以上の記載金額があり，かつ，これらの金額が同一の号に該当する文書により証されるべき事項に係るものである場合には，これらの金額の合計額を当該文書の記載金額とする。
　　ロ　当該文書が2の規定によりこの表の2以上の号に該当する文書である場合には，次に定めるところによる。
　　　(1)　当該文書の記載金額を当該2以上の号のそれぞれに掲げる文書により証されるべき事項ごとに区分することができるときは，当該文書が3の規定によりこの表のいずれの号に掲げる文書に所属することとなるかに応じ，その所属する号に掲げる文書により証されるべき事項に係る金額を当該文書の記載金額とする。
　　　(2)　当該文書の記載金額を当該2以上の号のそれぞれに掲げる文書により証されるべき事項ごとに区分することができないときは，当該金額（当該金額のうちに，当該文書が3の規定によりこの表のいずれかの号に所属することとなる場合における当該所属する号に掲げる文書により証されるべき事項に係る金額以外の金額として明らかにされている部分があるときは，当該明らかにされている部分の金額を除く。）を当該文書の記載金額とする。
　　ハ　当該文書が第17号に掲げる文書（3の規定により同号に掲げる文書となるものを含む。）のうち同号の物件名の欄1に掲げる受取書である場合には，税率の適用に関しては，イ又はロの規定にかかわらず，次に定めるところによる。
　　　(1)　当該受取書の記載金額を売上代金に係る金額とその他の金額に区分することができるときは，売上代金に係る金額を当該受取書の記載金額とする。
　　　(2)　当該受取書の記載金額を売上代金に係る金額とその他の金額に区分することができないときは，当該記載金額（当該金額のうちに売上代金に係る金額以外の金額として明らかにされている部分があるときは，当該明らかにされている部分の金額を除く。）を当該受取書の記載金額とする。
　　ニ　契約金額等の変更の事実を証すべき文書について，当該文書に係る契約についての変更前の契約金額等の記載のある文書が作成されていることが明らかであり，かつ，変更の事実を証すべき文書により変更金額（変更前の契約金額等と変更後の契約金額等の差

額に相当する金額をいう。以下同じ）が記載されている場合（変更前の契約金額等と変更後の契約金額等が記載されていることにより変更金額を明らかにすることができる場合を含む。）には、当該変更金額が変更前の契約金額等を増加させるものであるときは、当該変更金額を当該文書の記載金額とし、当該変更金額が変更前の契約金額等を減少させるものであるときは、当該文書の記載金額の記載はないものとする。
　ホ　次の(1)から(3)までの規定に該当する文書の記載金額については、それぞれ(1)から(3)までに定めるところによる。
　　(1)　当該文書に記載されている単価及び数量、記号その他によりその契約金額等の計算をすることができるときは、その計算により算出した金額を当該文書の記載金額とする。
　　(2)　第1号又は第2号に掲げる文書に当該文書に係る契約についての契約金額又は単価、数量、記号その他の記載のある見積書、注文書その他これらに類する文書（この表に掲げる文書を除く。）の名称、発行の日、記号、番号その他の記載があることにより、当事者間において当該契約についての契約金額が明らかであるとき又は当該契約についての契約金額の計算をすることができるときは、当該明らかである契約金額又は当該計算により算出した契約金額を当該第1号又は第2号に掲げる文書の記載金額とする。
　　(3)　第17号に掲げる文書のうち売上代金として受け取る有価証券の受取書に当該有価証券の発行者の名称、発行の日、記号、番号その他の記載があること、又は同号に掲げる文書のうち売上代金として受け取る金銭若しくは有価証券の受取書に当該売上代金に係る受取金額の記載のある支払通知書、請求書その他これらに類する文書の名称、発行の日、記号、番号その他の記載があることにより、当事者間において当該売上代金に係る受取金額が明らかであるときは、当該明らかである受取金額を当該受取書の記載金額とする。
　ヘ　当該文書の記載金額が外国通貨により表示されている場合には、当該文書を作成した日における外国為替及び外国貿易法（昭和24年法律第228号）第7条第1項（外国為替相場）の規定により財務大臣が定めた基準外国為替相場又は裁定外国為替相場により当該記載金額を本邦通貨に換算した金額を当該文書についての記載金額とする。
5　この表の第1号、第2号、第7号及び第12号から第15号までにおいて「契約書」とは、契約証書、協定書、約定書その他名称のいかんを問わず、契約（その予約を含む。以下同じ。）の成立若しくは更改又は契約の内容の変更若しくは補充の事実（以下「契約の成立等」という。）を証すべき文書をいい、念書、請書その他契約の当事者の一方のみが作成する文書又は契約の当事者の全部若しくは一部の署名を欠く文書で、当事者間の了解又は商慣習に基づき契約の成立等を証することとされているものを含むものとする。
6　1から5までに規定するもののほか、この表の規定の適用に関して必要な事項は、政令で定める。

附　録

番号	課税物件 物件名	課税物件 定義	課税標準及び税率	非課税物件
1	1　不動産，鉱業権，無体財産権，船舶若しくは航空機又は営業の譲渡に関する契約書 2　地上権又は土地の賃借権の設定又は譲渡に関する契約書 3　消費貸借に関する契約書 4　運送に関する契約書（用船契約書を含む。）	1　不動産には，法律の規定により不動産とみなされるもののほか，鉄道財団，軌道財団及び自動車交通事業財団を含むものとする。 2　無体財産権とは，特許権，実用新案権，商標権，意匠権，回路配置利用権，育成者権，商号及び著作権をいう。 3　運送に関する契約書には，乗車券，乗船券，航空券及び運送状を含まないものとする。 4　用船契約書には，航空機の用船契約書を含むものとし，裸用船契約書を含まないものとする。	1　契約金額の記載のある契約書 　次に掲げる契約金額の区分に応じ，1通につき，次に掲げる税率とする。 10万円以下のもの　　200円 10万円を超え50万円以下のもの　　　　　　　400円 50万円を超え100万円以下のもの　　　　　　1,000円 100万円を超え500万円以下のもの　　　　　　2,000円 500万円を超え1,000万円以下のもの　　　　　　1万円 1,000万円を超え5,000万円以下のもの　　　　　　2万円 5,000万円を超え1億円以下のもの　　　　　　　6万円 1億円を超え5億円以下のもの　　　　　　　10万円 5億円を超え10億円以下のもの　　　　　　　20万円 10億円を超え50億円以下のもの　　　　　　　40万円 50億円を超えるもの　60万円 2　契約金額の記載のない契約書 　1通につき　　　　200円	1　契約金額の記載のある契約書（課税物件表の適用に関する通則3イの規定が適用されることによりこの号に掲げる文書となるものを除く。）のうち，当該契約金額が1万円未満のもの
	※《参考》 　租税特別措置法により，上記1のうち，不動産の譲渡に関する契約書で平		記載された契約金額が 1万円以上　50万円以下のもの　　　　　　　200円	

	成26年4月1日から平成30年3月31日までの間に作成されるものは右の税率とされている。		50万円を超え100万円以下のもの　　　　500円 100万円を超え500万円以下のもの　　　　1千円 500万円を超え1千万円以下のもの　　　　5千円 1千万円を超え5千万円以下のもの　　　　1万円 5千万円を超え1億円以下のもの　　　　3万円 1億円を超え5億円以下のもの　　　　6万円 5億円を超え10億円以下のもの　　　　16万円 10億円を超え50億円以下のもの　　　　32万円 50億円を超えるもの　48万円	
2	請負に関する契約書	1　請負には，職業野球の選手，映画の俳優その他これらに類する者で政令で定めるものの役務の提供を約することを内容とする契約を含むものとする。	1　契約金額の記載のある契約書 次に掲げる契約金額の区分に応じ，1通につき，次に掲げる税率とする。 100万円以下のもの　　200円 100万円を超え200万円以下のもの　　　　400円 200万円を超え300万円以下のもの　　　　1,000円 300万円を超え500万円以下のもの　　　　2,000円 500万円を超え1,000万円以下のもの　　　　1万円 1,000万円を超え5,000万円以下のもの　　　　2万円 5,000万円を超え1億円以下のもの　　　　6万円	1　契約金額の記載のある契約書（課税物件表の適用に関する通則3イの規定が適用されることによりこの号に掲げる文書となるものを除く。）のうち，当該契約

附　　録

			1億円を超え5億円以下のもの　　　　　　10万円 5億円を超え10億円以下のもの　　　　　　20万円 10億円を超え50億円以下のもの　　　　　　40万円 50億円を超えるもの 60万円 2　契約金額の記載のない契約書 　　1通につき　　　　200円	金額が1万円未満のもの
	※《参考》 　租税特別措置法により，上記のうち，建設業法第2条第1項に規定する建設工事の請負に係る契約に基づき作成される契約書で，平成26年4月1日から平成30年3月31日までの間に作成されるものは右の税率とされている。		記載された契約金額が 1万円以上　200万円以下のもの　　　　　　　200円 200万円を超え300万円以下のもの　　　　　　　500円 300万円を超え500万円以下のもの　　　　　　　1千円 500万円を超え1千万円以下のもの　　　　　　　5千円 1千万円を超え5千万円以下のもの　　　　　　　1万円 5千万円を超え1億円以下のもの　　　　　　　3万円 1億円を超え5億円以下のもの　　　　　　　6万円 5億円を超え10億円以下のもの　　　　　　　16万円 10億円を超え50億円以下のもの　　　　　　　32万円 50億円を超えるもの 48万円	
3	約束手形又は為替手形		1　2に掲げる手形以外の手形 　　次に掲げる手形金額の区分に応じ，1通につき，次に掲げる税率とする。 100万円以下のもの　　200円	1　手形金額が10万円未満の手形 2　手形金額の記載

100万円を超え200万円以下のもの　　　　　　　400円	のない手形
200万円を超え300万円以下のもの　　　　　　　600円	3　手形の複本又は謄本
300万円を超え500万円以下のもの　　　　　　1,000円	
500万円を超え1,000万円以下のもの　　　　　　2,000円	
1,000万円を超え2,000万円以下のもの　　　　　　4,000円	
2,000万円を超え3,000万円以下のもの　　　　　　6,000円	
3,000万円を超え5,000万円以下のもの　　　　　　　1万円	
5,000万円を超え1億円以下のもの　　　　　　　　2万円	
1億円を超え2億円以下のもの　　　　　　　　　4万円	
2億円を超え3億円以下のもの　　　　　　　　　6万円	
3億円を超え5億円以下のもの　　　　　　　　10万円	
5億円を超え10億円以下のもの　　　　　　　　15万円	
10億円を超えるもの　20万円	
2　次に掲げる手形 　1通につき　　　　200円 イ　一覧払の手形（手形法（昭和7年法律第20号）第34条第2項（一覧払の為替手形の呈示開始期日の定め）（同法第77条第1項第2号（約束手形への準用）において準用する場合を含む。）の定めをするものを除く。）	

ロ　日本銀行又は銀行その他政令で定める金融機関を振出人及び受取人とする手形（振出人である銀行その他当該政令で定める金融機関を受取人とするものを除く。）

ハ　外国通貨により手形金額が表示される手形

ニ　外国為替及び外国貿易法第6条第1項第6号（定義）に規定する非居住者の本邦にある同法第16条の2（支払等の制限）に規定する銀行等（以下この号において「銀行等」という。）に対する本邦通貨をもつて表示される勘定を通ずる方法により決済される手形で政令で定めるもの

ホ　本邦から貨物を輸出し又は本邦に貨物を輸入する外国為替及び外国貿易法第6条第1項第5号（定義）に規定する居住者が本邦にある銀行等を支払人として振り出す本邦通貨により手形金額が表示される手形で政令で定めるもの

ヘ　ホに掲げる手形及び外国の法令に準拠して外国において銀行業を営む者が本邦にある銀行等を支払人として振り出した本

			邦通貨により手形金額が表示される手形で政令で定めるものを担保として，銀行等が自己を支払人として振り出す本邦通貨により手形金額が表示される手形で政令で定めるもの	
4	株券，出資証券若しくは社債券又は投資信託，貸付信託，特定目的信託若しくは受益証券発行信託の受益証券	1　出資証券とは，相互会社（保険業法（平成7年法律第105号）第2条第5項（定義）に規定する相互会社をいう。以下同じ。）の作成する基金証券及び法人の社員又は出資者たる地位を証する文書（投資信託及び投資法人に関する法律（昭和26年法律第198号）に規定する投資証券を含む。）をいう。 2　社債券には，特別の法律により法人の発行する債券及び相互会社の社債券を含むものとする。	次に掲げる券面金額（券面金額の記載のない証券で株数又は口数の記載のあるものにあつては，1株又は1口につき政令で定める金額に当該株数又は口数を乗じて計算した金額）の区分に応じ，1通につき，次に掲げる税率とする。 500万円以下のもの　　200円 500万円を超え1,000万円以下のもの　　1,000円 1,000万円を超え5,000万円以下のもの　　2,000円 5,000万円を超え1億円以下のもの　　1万円 1億円を超えるもの　　2万円	1　日本銀行その他特別の法律により設立された法人で政令で定めるものの作成する出資証券（協同組織金融機関の優先出資に関する法律（平成5年法律第44号）に規定する優先出資証券を除く。） 2　受益権を他の投資信託の受託者に取得させることを目的とす

				る投資信託の受益証券で政令で定めるもの
5	合併契約書又は吸収分割契約書若しくは新設分割計画書	1　合併契約書とは，会社法（平成17年法律第86号）第748条（合併契約の締結）に規定する合併契約（保険業法第159条第1項（相互会社と株式会社の合併）に規定する合併契約を含む。）を証する文書（当該合併契約の変更又は補充の事実を証するものを含む。）をいう。 2　吸収分割契約書とは，会社法第757条（吸収分割契約の締結）に規定する吸収分割契約を証する文書（当該吸収分割契約の変更又は補充の事実を証するものを含む。）をいう。	1通につき　　　4万円	

		3 新設分割計画書とは，会社法第762条第1項（新設分割計画の作成）に規定する新設分割計画を証する文書（当該新設分割計画の変更又は補充の事実を証するものを含む。）をいう。		
6	定款	1 定款は，会社（相互会社を含む。）の設立のときに作成される定款の原本に限るものとする。	1通につき 4万円	1 株式会社又は相互会社の定款のうち，公証人法第62条ノ3第3項（定款の認証手続）の規定により公証人の保存するもの以外のもの
7	継続的取引の基本となる契約書（契約期間の記載のあるもののうち，当該契約期間が3月以内であり，かつ，更新に関する定めのないものを除く。）	1 継続的取引の基本となる契約書とは，特約店契約書，代理店契約書，銀行取引約定書その他の契約書で，特定の相手方との間に継続的に生	1通につき 4,000円	

		ずる取引の基本となるもののうち，政令で定めるものをいう。				
8	預貯金証書		1通につき	200円	1	信用金庫その他政令で定める金融機関の作成する預貯金証書で，記載された預入額が1万円未満のもの
9	貨物引換証，倉庫証券又は船荷証券	1 貨物引換証又は船荷証券には，商法（明治32年法律第48号）第571条第2項（貨物引換証）の記載事項又は同法第769条（船荷証券）若しくは国際海上物品運送法（昭和32年法律第172号）第7条（船荷証券）の記載事項の一部を欠く証書で，これらの証券と類似の効用を有するものを含むものとする。	1通につき	200円	1	船荷証券の謄本

		2　倉庫証券には，預証券，質入証券及び倉荷証券のほか，商法第599条（預証券等）の記載事項の一部を欠く証書で，これらの証券と類似の効用を有するものとし，農業倉庫証券及び連合農業倉庫証券を含まないものとする。			
10	保険証券	1　保険証券とは，保険証券その他名称のいかんを問わず，保険法（平成20年法律第56号）第6条第1項（損害保険契約の締結時の書面交付），第40条第1項（生命保険契約の締結時の書面交付）又は第69条第1項（傷害疾病定額保険契約の締結時の書面交付）その他の法令の規定により，保険契約に係る保険者が当該保険	1通につき	200円	

		契約を締結したときに当該保険契約に係る保険契約者に対して交付する書面（当該保険契約者からの再交付の請求により交付するものを含み，保険業法第3条第5項第3号（免許）に掲げる保険に係る保険契約その他政令で定める保険契約に係るものを除く。）をいう。		
11	信用状		1通につき　　200円	
12	信託行為に関する契約書	1　信託行為に関する契約書には，信託証書を含むものとする。	1通につき　　200円	
13	債務の保証に関する契約書（主たる債務の契約書に併記するものを除く。）		1通につき　　200円	1　身元保証ニ関スル法律（昭和8年法律第42号）に定める身元保証に関する契約書

14	金銭又は有価証券の寄託に関する契約書		1通につき　　　200円	
15	債権譲渡又は債務引受けに関する契約書		1通につき　　　200円	1　契約金額の記載のある契約書のうち，当該契約金額が1万円未満のもの
16	配当金領収証又は配当金振込通知書	1　配当金領収証とは，配当金領収書その他名称のいかんを問わず，配当金の支払を受ける権利を表彰する証書又は配当金の受領の事実を証するための証書をいう。 2　配当金振込通知書とは，配当金振込票その他名称のいかんを問わず，配当金が銀行その他の金融機関にある株主の預貯金口座その他の勘定に振込済みである旨を株主に通知する文書をいう。	1通につき　　　200円	1　記載された配当金額が3千円未満の証書又は文書

| 17 | 1　売上代金に係る金銭又は有価証券の受取書
2　金銭又は有価証券の受取書で1に掲げる受取書以外のもの | 1　売上代金に係る金銭又は有価証券の受取書とは，資産を譲渡し若しくは使用させること（当該資産に係る権利を設定することを含む。）又は役務を提供することによる対価（手付けを含み，金融商品取引法（昭和23年法律第25号）第2条第1項（定義）に規定する有価証券その他これに準ずるもので政令で定めるものの譲渡の対価，保険料その他政令で定めるものを除く。以下「売上代金」という。）として受け取る金銭又は有価証券の受取書をいい，次に掲げる受取書を含むものとする。
イ　当該受取書に記載されている受取金額の一部に売上代金が含 | 1　売上代金に係る金銭又は有価証券の受取書で受取金額の記載のあるもの
　　次に掲げる受取金額の区分に応じ，1通につき，次に掲げる税率とする。
100万円以下のもの　　200円
100万円を超え200万円以下のもの　　400円
200万円を超え300万円以下のもの　　600円
300万円を超え500万円以下のもの　　1,000円
500万円を超え1,000万円以下のもの　　2,000円
1,000万円を超え2,000万円以下のもの　　4,000円
2,000万円を超え3,000万円以下のもの　　6,000円
3,000万円を超え5,000万円以下のもの　　1万円
5千万円を超え1億円以下のもの　　2万円
1億円を超え2億円以下のもの　　4万円
2億円を超え3億円以下のもの　　6万円
3億円を超え5億円以下のもの　　10万円
5億円を超え10億円以下のもの　　15万円
10億円を超えるもの　20万円
2　1に掲げる受取書以外の受取書
　　1通につき　　　　　200円 | 1　記載された受取金額が5万円未満の受取書
2　営業（会社以外の法人で，法令の規定又は定款の定めにより利益金又は剰余金の配当又は分配をすることができることとなつているものが，その出資者以外の者に対して行う事業を含み，当該出資者がその出資をした法人に対して行う営業を除く。）に関しない受取書 |

| | | まれている金銭又は有価証券の受取書及び当該受取金額の全部又は一部が売上代金であるかどうかが当該受取書の記載事項により明らかにされていない金銭又は有価証券の受取書
ロ　他人の事務の委託を受けた者（以下この欄において「受託者」という。）が当該委託をした者（以下この欄において「委託者」という。）に代わつて売上代金を受け取る場合に作成する金銭又は有価証券の受取書（銀行その他の金融機関が作成する預貯金口座への振込金の受取書その他これに類するもので政令で定めるものを除く。ニにおいて同じ。） | | 3　有価証券又は第8号、第12号、第14号若しくは前号に掲げる文書に追記した受取書 |

附　　録　　　　　　　　491

		ハ　受託者が委託者に代わつて受け取る売上代金の全部又は一部に相当する金額を委託者が受託者から受け取る場合に作成する金銭又は有価証券の受取書 ニ　受託者が委託者に代わつて支払う売上代金の全部又は一部に相当する金額を委託者から受け取る場合に作成する金銭又は有価証券の受取書			
18	預貯金通帳，信託行為に関する通帳，銀行若しくは無尽会社の作成する掛金通帳，生命保険会社の作成する保険料通帳又は生命共済の掛金通帳	1　生命共済の掛金通帳とは，農業協同組合その他の法人が生命共済に係る契約に関し作成する掛金通帳で，政令で定めるものをいう。	1冊につき	200円	1　信用金庫その他政令で定める金融機関の作成する預貯金通帳 2　所得税法第9条第1項第2号（非課税所得）に規定する預貯金に係る預貯金通帳その

					他政令で定める普通預金通帳
19	第1号,第2号,第14号又は第17号に掲げる文書により証されるべき事項を付け込んで証明する目的をもつて作成する通帳（前号に掲げる通帳を除く。)		1冊につき	400円	
20	判取帳	1 判取帳とは,第1号,第2号,第14号又は第17号に掲げる文書により証されるべき事項につき2以上の相手方から付込証明を受ける目的をもつて作成する帳簿をいう。	1冊につき	4,000円	

基本通達別表第2

重要な事項の一覧表

第12条《契約書の意義》，第17条《契約の内容の変更の意義等》，第18条《契約の内容の補充の意義等》及び第38条《追記又は付け込みの範囲》の「重要な事項」とは，おおむね次に掲げる文書の区分に応じ，それぞれ次に掲げる事項（それぞれの事項と密接に関連する事項を含む。）をいう。

1　第1号の1文書
　　第1号の2文書のうち，地上権又は土地の賃借権の譲渡に関する契約書
　　第15号文書のうち，債権譲渡に関する契約書

---

(1)　目的物の内容
(2)　目的物の引渡方法又は引渡期日
(3)　契約金額
(4)　取扱数量
(5)　単価
(6)　契約金額の支払方法又は支払期日
(7)　割戻金等の計算方法又は支払方法
(8)　契約期間
(9)　契約に付される停止条件又は解除条件
(10)　債務不履行の場合の損害賠償の方法

2　第1号の2文書のうち，地上権又は土地の貸借権の設定に関する契約書

---

(1)　目的物又は被担保債権の内容
(2)　目的物の引渡方法又は引渡期日
(3)　契約金額又は根抵当権における極度金額
(4)　権利の使用料
(5)　契約金額又は権利の使用料の支払方法又は支払期日
(6)　権利の設定日若しくは設定期間又は根抵当権における確定期日
(7)　契約に付される停止条件又は解除条件

(8) 債務不履行の場合の損害賠償の方法

> 3 第1号の3文書

(1) 目的物の内容
(2) 目的物の引渡方法又は引渡期日
(3) 契約金額（数量）
(4) 利率又は利息金額
(5) 契約金額（数量）又は利息金額の返還（支払）方法又は返還（支払）期日
(6) 契約期間
(7) 契約に付される停止条件又は解除条件
(8) 債務不履行の場合の損害賠償の方法

> 4 第1号の4文書
> 　　第2号文書

(1) 運送又は請負の内容（方法を含む。）
(2) 運送又は請負の期日又は期限
(3) 契約金額
(4) 取扱数量
(5) 単価
(6) 契約金額の支払方法又は支払期日
(7) 割戻金等の計算方法又は支払方法
(8) 契約期間
(9) 契約に付される停止条件又は解除条件
(10) 債務不履行の場合の損害賠償の方法

> 5 第7号文書

(1) 令第26条《継続的取引の基本となる契約書の範囲》各号に掲げる区分に応じ，当該各号に掲げる要件
(2) 契約期間（令第26条各号に該当する文書を引用して契約期間を延長するものに限るものとし，当該延長する期間が3か月以内であり，かつ，更新に関する

定めのないものを除く。)

6　第12号文書

(1) 目的物の内容
(2) 目的物の運用の方法
(3) 収益の受益者又は処分方法
(4) 元本の受益者
(5) 報酬の金額
(6) 報酬の支払方法又は支払期日
(7) 信託期間
(8) 契約に付される停止条件又は解除条件
(9) 債務不履行の場合の損害賠償の方法

7　第13号文書

(1) 保証する債務の内容
(2) 保証の種類
(3) 保証期間
(4) 保証債務の履行方法
(5) 契約に付される停止条件又は解除条件

8　第14号文書

(1) 目的物の内容
(2) 目的物の数量（金額）
(3) 目的物の引渡方法又は引渡期日
(4) 契約金額
(5) 契約金額の支払方法又は支払期日
(6) 利率又は利息金額
(7) 寄託期間
(8) 契約に付される停止条件又は解除条件
(9) 債務不履行の場合の損害賠償の方法

9　第15号文書のうち，債務引受けに関する契約書

(1)　目的物の内容
(2)　目的物の数量（金額）
(3)　目的物の引受方法又は引受期日
(4)　契約に付される停止条件又は解除条件
(5)　債務不履行の場合の損害賠償の方法

【編者】
見﨑治久

【執筆者】
末安直貴
南淵康行

本書の内容に関するご質問は、なるべくファクシミリ等、文書で編集部宛に
お願いいたします。（fax 03-3233-0502）
なお、個別のご相談は受け付けておりません。

本書刊行後に追加・修正事項がある場合は、随時、当社のホームページ
(http://www.zeiken.co.jp 「書籍」をクリック)にてお知らせいたします。

→ 税務研究会　書籍訂正 と検索してください。

《四訂増補版》印紙税実務問答集

昭和52年7月1日　初　版　発　行　　　（著者承認検印省略）
平成27年9月5日　四訂増補版第一刷発行

Ⓒ　編　者　　見﨑　治久（みさき　はるひさ）
　　発行所　　税 務 研 究 会 出 版 局
　　　　　　　代表者　藤 原 紘 一

郵便番号101-0065
東京都千代田区西神田1-1-3（税研ビル）
振替 00160-3-76223
電話〔書 籍 編 集〕03(3294)4831〜2
　　〔書 店 専 用〕03(3294)4803
　　〔書 籍 注 文〕
　　〈お客さまサービスセンター〉03(3294)4741

●各事業所　電話番号一覧●

北海道 011(221)8348	中部 052(261)0381	九　州 092(721)0644
東　北 022(222)3858	関西 06(6943)2251	神奈川 045(263)2822
関　信 048(647)5544	中国 082(243)3720	研修センター 03(5298)5491

http://www.zeiken.co.jp

乱丁・落丁の場合は、お取替えします。　　印刷・製本　藤原印刷㈱
ISBN978-4-7931-2162-3